인도 선교 시리즈 6

인도의 눈으로 본 예수

Living Water
and
Indian Bowl

다야난드 바라띠 지음 | 이계절 옮김

도서
출판 **밀알서원**

**도서
출판 밀알서원**

밀알서원(Wheat Berry Books)은 **CLC**가 공동으로 운영하는
복음주의 출판사로서 신앙생활과 기독교문화를 위한 설교,
시, 수필, 간증, 경건 등의 도서를 출판하고 있습니다.

Living Water and Indian Bowl

Written By
Dayanand Bharati

Translated by
Gyegeol Lee

Korean Edition
Copyright © 2017 by Wheat Berry Books
Seoul, Korea

감수의 글

진 기 영 박사
인도 UBS신학교(Union Biblical Seminary) 선교학 교수
『인도 선교의 이해 1, 2』(CLC 刊) 저자

1. 인도 선교 상황

현대 500년간의 인도 선교 역사는 외국인 선교사든 인도인 전도자든 잘 익은 곡식만 추수했다고 볼 수 있다. '잘 익은 곡식'은 주로 인도 문화를 고려하지 않아도 혜택만 제공하면 쉽게 거둘 수 있는 하층 카스트와 교육 수준이 낮은 인도인들을 말한다.

19세기 후반에 일부 선교사들이 특별히 상층 카스트와 교육 수준이 높은 인도인들에게 복음을 전하려고 노력했지만 금방 다시 예전의 흐름으로 되돌아갔다. 왜냐하면 상층 카스트와 교육 수준이 높은 힌두를 대상으로 사역을 했을 때 열매를 얻기 힘들었을 뿐 아니라 차갑고 적대적인 반응까지 받았기 때문이다.

이 상황에서 저자는 질문한다.

상층 카스트와 교육 수준이 높은 힌두들은 왜 복음에 반응하지 않을까?

저자는 한 마디로 말해서 원제(*Living Water and Indian Bowl*, 생명수와 인도 그릇)가 나타내는 것처럼, 선교사들이 생명수인 예수님(복음)을 인도 그릇이 아니라 서양 그릇에 담아 전한 결과 인도인들이 복음을 이해하지 못하고 불편하게 느끼고 있다고 말한다. 즉 선교사들이 '복음 전파'가 아니라 '서양 문화로 개종'을 시도한 결과 소통이 되지 않고 있다는 말이다.

폴 히버트(Paul Hiebert)는 "비판적 상황화"(1984)라는 논문에서 대략 1800년부터 1950년대까지 서양 선교사들이 복음과 문화에 대한 통찰력을 가지지 못해서 복음을 외국적인 것으로 소개했다고 말한다. 즉 복음과 동시에 서양의 문화 양식을 받아들이라고 했다는 말인데, 그것은 책의 저자 다야난드 바라띠의 주장과 정확히 일치한다.

이 책 전체를 통해서 저자는 서양 문화로 표현된 복음이 인도인의 관점으로 보면 얼마나 부정하고 불경건하고 혐오스럽고 불편하고 인도인을 비애국적으로 만들고 인도인의 정체성을 상실케 하고 있는가를 예배, 언어와 용어, 힌두 경전, 인도 국가와 관련하여 구체적이고 다양한 예를 들며 설명하고 있다.

저자의 지적은 독자에게 큰 충격과 불편한 마음과 슬픔을 준다. 왜냐하면 그동안 하나님을 향한 선교사들의 열정과 인도 영혼들을 향한 사랑으로 바친 그 많은 시간과 재정과 에너지와 생명을, 인도인들이 이해할 수도, 받아들일 수도 없을 정도로 불편하게 여겼으며 나아가 혐오와 분노까지 품었다는 것을 인식하게 되기 때문이다.

또한 도와주고자 인도에 왔는데 도움이 되기는커녕 기본적인 소통도 되지 않았을 뿐만 아니라 그동안의 대부분의 노력이 결국 인도 선교에 장애물만 쌓는 역할만 했다는 것을 발견하게 되기 때문이다.

어느 선교사가 이런 사실을 정직하게 받아들일 수 있을까?

받아들이기에는 너무나 큰 부담을 주는 사실이다. 그렇다고 저자가 서양 선교사의 모든 업적을 부정적으로만 부각시키려는 것은 아니다. 저자도 훌륭한 일부 서양 선교사들에게 존경심을 표하고 있다.

2. 인도 그릇(문화)에 복음 담기

저자는 기독교가 힌두교에 깊은 뿌리를 갖고 있는 상층 카스트와 교육 수준이 높은 인도인들과 소통하는데 실패한 원인을 분석하고 대안을 제시하고 있다. 또한 저자는 인도 선교가 소통과 반대방향으로 진행되어 온 사례를 뼈아프게 지적하며 인도 문화에 알맞고 인도의 공동체가 받아들일 수 있는 형식으로 소통하자고 한다.

그래서 저자는 선교사들이 현지인들의 삶의 방식을 존중하고 수용하며 그들이 이해할 수 있는 방식으로 복음을 소통하고, 인도인의 문화유산과 인도인으로서 정체성을 무너뜨리는 방식이 아니라 세우는 방식으로 복음을 전해야 현지인이 부담 없이 받아들일 수 있다고 말한다. 그리고 저자는 인도인의 정체성을 유지하고 인도 사회 공동체를 떠나지 않고 그 내부에 남아서 예수님을 따르며 증거 하는 '예슈 박따'(Yeshu Bhakta, 예수님을 따르는 자)를 소개한다.

복음을 인도 그릇(문화)에 담자는 저자의 주장은 인도 문화의 관점에서 볼 때 깊은 공감을 준다. 하지만 복음주의 선교사들은 복음을 전하기 위해 인도의 문화와 종교 철학 체계와 용어를 사용하는 것에 의문을 품는다. 왜냐하면 저자도 인식했듯이, 그들 대부분은 힌두교를 우상숭배, 악마숭배의 종교이며 인도 사회의 모든 것은 악마로부터 온 것으로 보기 때문이다.

인도 문화를 '이교도의 터무니없는,' '악마로부터 온' 것이라고 생각하는 상태에서 어떻게 '자유롭고 관대하게' 인도의 철학과 종교 언어, 그리고 인도의 사고방식을 복음전파에 사용할 수 있을까?

저자는 서양사람 칼 켈러(Carl Keller)의 말을 인용하며 인도인의 사고방식이 성경의 영원한 깊이를 음미하기에 훨씬 더 적합하며 서양인보다 훨씬 더 성경적 사상에 가깝다고 주장하지만 복음주의 선교사들은 성경에 동양적인 요소가 있다는 것을 인정하면서도 우상숭배와 악마적 요소가 가득한 것으로 보이는 인도인의 사고방식이 서양보다 더 성경적 사상에 가깝다는 것을 납득하지 못한다.

이에 대해 저자는 인도 문화를 고려한다고 해도 철저히 성경이 가는 만큼 가기 때문에 혼합적 요소를 배격할 수 있다고 말한다. 문화 분석과 문화 소통에 대한 근거와 함께 혼합주의 방지책에 대해서도 좀 더 많은 증거를 댔더라면 하는 아쉬움이 남긴 하지만 무분별하고 과격한 시도를 거부하기에 안심이 된다.

"인도의 베단타 사상을 이용하여 복음을 표현한 비숍칼리지 교수인 K. P. 에일리즈가 추구한 '예수학'과 같은 시도는 적절하지 않다."

3. 성취신학에 대한 오해

복음주의 선교사들이 인도의 사상 체계와 용어로 기독교 복음을 전하지 못하는 이유는 그것이 마귀에게서 온 것이라는 생각 때문이다. 아무리 문화친화적일 필요가 있다고 여겨도 성경적인 근거가 없다면 인도의 철학과 종교와 언어로 복음을 전할 수 없을 것이다. 이에 대한 고민을 성취신학이 풀어준다. 성취신학과 로고스신학은 타 종교 속에도 부분적이지만 진리의 요소, 기독교적 요소가 있음을 인정하고, 그것을 마귀가 아니라 모든 인류에게 공평하시고 자비로우신 하나님께서 주신 것이라고 보고 성경적 근거를 들어 증명하는 신학이다.

그런데 저자는 아군과 적군을 구분하지 못하고 성취신학을 공격한다. 미국인 학자이자 선교사인 리처드 히브너(H. L. Richard)의 연구를 언급하며 성취신학이 힌두 경전을 왜곡, 오역하는 철학에 기초를 두고 있다는 입장을 취하고 있다. '성취'라는 단어를 '실행'과 '완전한 순종'이라는 의미라고 해석한 로이드 존스의 글을 인용하며 예수님이 힌두교의 경전을 완전히 순종하며 성취한 것이 어디에 있냐고 묻는다.

물론 성취신학을 주장하는 사람들 가운데 일부가 힌두교 경전의 맥락은 무시한 채 경전을 아전인수 격으로 활용하여 힌두교 속에 있는 갈망을 기독교가 성취했다고 주장한다. 그것은 분명히 잘못된 것이고 수정되어야 할 부분이다. 그런 식의 잘못된 해석을 공감하고 받아들일 상층 카스트와 교육 수준이 높은 힌두는 없다. 공감을 줄 수 있는 복음을 전하자는 것이 성취신학의 목적이라면 이런 부분은 마땅히 지적되어야 한다.

그런데 저자는 자신이 부정하는 성취신학의 입장에 서 있다. 이는 저자가 우상숭배를 비난하는 자들에게 "우상숭배를 영적 여행의 준비로 말할 필요가 있다"고 주장하는 데에 잘 나타난다. 저자가 말하는 영적 여행은 진리를 아는 여행인데, 그 여행에 힌두의 종교와 철학이 예수님의 복음을 영접하는 좋은 '준비'가 된다는 것이다. 물론 저자는 우상숭배를 반대하지만 그럼에도 불구하고 참되시고 살아계신 하나님을 찾고 예배하고자 하는 마음이 우상숭배 속에 있음을 긍정하고 이를 복음의 '준비'로 본다. 그는 '성취'란 말을 사용하지 않았지만 '준비'는 성취신학에서 사용하는 대표적인 용어이다. 또한 저자는 "지금까지 내적 존재가 당신을 준비시켰습니다"라고 말했다.

그가 말하는 '내적 존재'가 누구인가? 마귀일까? 자기 자신(자아)일까?

그가 암시하는 바는 분명히 마귀도 아니며 자기 자신도 아니다. 사람 속에 있지만 사람으로 하여금 진리를 알도록 준비시키며 이끄는 '신적 존재,' '하나님'을 가리키는 말이다. 이것은 성취신학이 말하는 '신적 로고스' 또는 '보편적 로고스'다. 이교도(힌두)라 해도 그들이 모두 마귀의 생각만 가진 것은 아니다. 그들도 참되고 살아계신 하나님을 예배하는 마음을 가지고 있으며, 무슬림 사상에는 없는 '성육신' 사상을 가지고 있다. '삼위일체' 개념도 있다.

이런 것들이 기독교와 정확히 일치하는 것은 아니지만 적어도 우리 크리스천들은 '힌두들도 하나님이 인간이 되셨다는 사상 그리고 세 인격의 하나님이 사실은 한 분이시라는 사상을 가지고 있다'는 것을 부인할 수 없다.

요약하면, 저자는 '성취'라는 용어를 사용하지 않았지만 그것의 짝이 되는 '준비'라는 용어를 사용하였으며, 뿐만 아니라 파커의 진화론적 변종 성취신학이 아니라 슬레이터의 전형적이고 균형 잡힌 성취신학의 핵심 내용을 말하고 있다.

다만, 저자와 리처드 히브너는 성취신학 전반을 제대로 이해하지 못해 자신들이 인도의 경전과 철학 용어를 사용하여 기독교 복음을 전하고 있으면서도 그 근거가 되는 성취신학, 로고스 신학을 부정하는 모순을 범했다.

4. 이 책은 인도 선교의 교과서

저자가 성취신학에 대해 오해하고 있는 점은 안타깝지만 한 사람이 모든 것을 다 알 수도 없고 모든 것을 다 잘 설명할 수도 없다는 점을 생각하면 이해할 수 있다. 그러므로 우리는 이 책의 약점보다 강점에 주목해야 한다.

이 책은 인도 선교의 적절한 방법론을 모색하는 선교사들에게 교과서가 될 수 있을 만큼 중요한 사항을 다루고 있다. 저자는 힌두 상층 카스트와 교육 수준이 높은 힌두들이 전통적인 선교사의 접근방식을 어떤 입장에서 보고 있는지를 잘 소개하며 지금까지의 실패를 딛고 일어설 수 있는 유용한 해결책을 조언한다. 지금까지 우리는 열정을 갖고 선교했지만 힌두들이 복음을 제대로 잘 이해했는지, 그들에게 복음이 제대로 전달됐는지에 대해서는 상대적으로 관심이 적었다. 그 결과 상층 카스트와 교육 수준이 높은 힌두들이 선교 대상에서 거의 배제되고 잊혀졌다.

우리는 이 책을 통해서 복음이 소통되지 않는 원인을 바르게 진단하며 어떻게 전달할 것인가를 고민해야 한다. 저자가 말하는 것이 하나의 답일 수 있다. 물론 적용할 때 여러 가지 어려움이 있겠지만 성경의 토대 위에 견고하면서도 인도인들이 가장 잘 이해하고 받아들일 수 있는 방법들을 모색하는 작업을 시작해야 한다. 그런 작업에 이 책이 큰 도움이 될 것이다. 아무쪼록 우리 모두가 이 책을 읽고 우리 자신을 성찰하고 이전보다 좀 더 바람직한 방향으로 선교를 할 수 있는 전기를 마련하면 좋겠다.

역자는 오랫동안 북인도에서 낮은 계층뿐 아니라 상층 힌두와 교육 수준이 높은 힌두 대상으로 인도 문화를 고려해 선교를 하는 동시에 선교사 후보생들과 선교사들도 안내하고 있다. 그런 점에서 그는 인도 사회 내에서는 인도인의 용어와 방식으로 선교를 해야 한다는 저자의 주장을 누구보다 잘 이해한다고 볼 수 있다.

인도 선교의 개론서라고 할 수 있는 이 중요한 책을 한국어로 잘 이해할 수 있도록 번역해 준 역자와 상층 카스트와 교육 수준이 높은 힌두를 대상으로 선교를 하고 있고 앞으로 할 모든 한인 선교사들에게 깊이 감사드린다.

추천사 1

김 만 태 박사
GCMI(글로벌선교연구원) 원장. 미국 풀러신학교 객원 교수
『변화하는 선교』(CLC 刊) 역자

위대한 선교사 바울의 선교는 네 가지 특징을 보인다.

첫째, 미전도 지역 초점(롬 15:20).
둘째, 현지 지도력 수립과 지도력 이양(행 20:32).
셋째, 성령님의 사역(고전 2:4).
넷째, 문화적응(고전 9:22).

사도 바울은 문화적응과 관련하여 이렇게 말했다.

> 내가 여러 사람에게 여러 모습이 된 것은 아무쪼록 몇 사람이
> 라도 구원하고자 함이니(고전 9:22).

수세기 전 인도에서 사역한 한 선교사는 인도 복장을 하고 가죽신을 신지 않았다. 가죽신은 인도인들이 혐오하는 살생을 뜻하기 때문이었다. 그 선교사는 사도 바울처럼 그들의 모습이 되고 그들

과 친구가 되어 그들의 마음을 먼저 얻고자 한 것이다.

이 책은 사도 바울이 당시 사람들의 문화를 이해하여 복음을 전한 것처럼 인도인들의 문화를 제대로 이해하여 복음을 전할 수 있게 하는 탁월한 저서다. 저자는 인도인들에게 합당한 방식을 인정하고 격려해야 한다고 제안하며 이 책에 인도인들에게 합당한 방식을 잘 소개한다. 즉 인도인의 모습이 된다는 의미를 설명한다.

예를 들어, 우리에게는 신발을 신고 의자에 앉아서 하나님을 예배하고 기도하는 형식이 자연스럽지만 인도인들에게는 신발을 벗고 바닥에 앉아 두 손을 모으는 형식이 자연스럽다. 인도인들은 하나님을 예배할 때는 마땅히 그렇게 해야 한다고 믿는다.

2011년 인구 조사에 따르면 인도의 인구는 12억 명 정도다. 80퍼센트가 힌두교도이고 2.3퍼센트가 크리스천이다. 다시 말하면 10억 명 가까이 되는 인구가 힌두교도다. 세계에서 가장 큰 미전도 그룹이 인도의 힌두교도다. 이 책을 통해 선교사들이 힌두교도들을 깊이 이해하고 많은 열매를 맺을 것이라는 것을 의심치 않는다.

추천사 2

한 정 국 박사
한국세계선교협의회(KWMA) 사무총장

한 인도 청년(저자)이 예수님과 함께 딸려온 서구 문화 때문에 겪은 불필요한 대가는 너무나 크고 충격적이었다. 경험을 통해 그는 인도에서 예수님에게 입혀졌던 서구의 옷을 제거하고 성경의 틀로써 바라보자고 제안한다. 그리고 실제로 저자는 인도 문화에 적합한 새로운 기독교를 만들어가고 있다.

결국 선교사는 기독교 신앙을 각 종족의 문화로 표현해야 한다. 그렇지 않으면 사람들이 이해할 수 없기 때문이다. 그런데 한국 크리스천은 아직도 서구 기독교의 옷을 입고 있다. 한국 기독교가 인구의 25% 정도에서 주저앉고 있는 것은 대다수의 한민족이 이해할 수 있는 신학 대신 이해하지 못하는 서구 신학에 머물러 있기 때문이다. 우리도 저자의 주장처럼 한국 문화에 적합한 기독교, 즉 자신학(Self-Theology)을 찾아야 한다. 그것을 한국 신학(Korean Theology)이라고 부를 수 있을 것이다.

민족 복음화와 신앙과 문화를 고민하는 한국의 모든 크리스천들에게 일독을 권할 만큼 타산지석으로 삼고 싶은 보기 드문 책이다.

추천사 3

K. B. 로카야 박사
네팔 트리부반대학교 공과대학 교수

나는 아주 큰 관심을 가지고 다야난드 바라띠(Dayanand Bharati)의 책 『인도의 눈으로 본 예수』(*Living Water and Indian Bowl*)를 읽었다. 의심할 여지없이 나는 이 책이 '복음 소통'으로 가는 긴 여행 위의 중요한 이정표가 될 획기적인 작품이라고 생각한다.

복음 소통이라는 개념은 새로운 것이 아니다. 어떤 사람이 말했듯이, 성경은 복음을 소통하기 위해 기록한 책이다. 창조와 전 세계 홍수에 대한 바벨론의 이야기, 그리고 창조와 노아의 홍수에 대한 성경의 기록의 유사성은 이에 대한 사례다. 구약 성경에 나오는 이스라엘 사람들은 자신들이 살았던 지역의 많은 사상, 이야기, 그리고 관습을 받아들였다. 그러나 동시에 그들은 유일한 참된 하나님의 예배자로서의 정체성을 유지하기 위해 끊임없이 분투했다.

로마서 10:13에 "누구든지 주의 이름을 부르는 자는 구원을 받으리라"라고 쓰여 있다.

사도 바울은 질문한다.

> 그들이 믿지 아니하는 이를 어찌 부르리요? 듣지도 못한 이를 어찌 믿으리요? 전파하는 자가 없이 어찌 들으리요? 보내심을 받지 아니하였으면 어찌 전파하리요?(롬 10:14-15)

다시 말하면, 구원받기 위해서 사람들은 주님의 이름을 불러야 한다. 구원 받기 위해서 먼저 주님을 믿어야 한다. 주님을 믿기 위해서 주님에 대해 들어야 한다. 전파하는 자가 가서 사람들에게 복음을 들려 줘야 한다. 복음을 전하는 사람의 방법과 주님을 믿는 사람들 사이에 아주 중요한 요소 즉 복음을 이해하고 귀하게 여기는 마음이 있어야 한다. 예수님을 믿기 위해서 사람들은 복음을 듣고, 이해하고, 귀하게 여겨야 한다.

사람들이 복음을 이해하고 귀하게 여기게 하기 위하여 전하는 자는 사람들이 쉽게 이해할 수 있는 형식과 적절하고 의미 있는 방법으로 복음을 전해야 한다. 우리가 정말 사람들이 복음을 듣고, 이해하고, 받아들이고, 믿기를 원한다면 그들의 사회적, 문화적, 그리고 종교적 상황에 알맞은 방법과 형식으로 복음을 소개해야 한다. 그렇게 하려면 선교사는 자신이 사역하고 있는 대상의 배경과 영적인 수준과 정체성을 알아야 한다. 우리가 사람들이 하나님을 이해하는 수준을 알고 싶다면 사람들이 아는 것과 사람들의 현재 상태에서 출발해야 한다. 이 모든 과정에서 우리는 복음을 소통해야 한다.

처음에 예수님의 제자들은 오직 유대인들만 예수님을 믿을 수 있다고 생각했음이 틀림없다. 예수님을 따르는 자 즉 크리스천이라는 단어는 안디옥에서 예수님을 모르는 이방인들이 이방 출신의 예수님의 제자들에게 붙여준 이름이다. 그러나 제자라는 개념은 하나님이 베드로에게 보여주신 환상을 통해서 명확해졌다. 즉 이방인들도 유대인들과 동등하게 예수님을 통해 하나님의 은혜를 맛볼 수 있다는 것이다. 모든 제자들이 유대인이었을 때는 정말 문제가 전혀 없었다.

그러나 이방인들이 크리스천이 되자마자 문제가 생겼다. 예수님을 믿는 어떤 유대인들이 이방 출신의 크리스천들에게 모세의 율법에 따라 할례를 받지 않으면 구원을 얻지 못할 것이라고 주장했다. 그들은 이방 출신의 크리스천들에게 할례를 주고 모세의 율법을 지키도록 명령하는 것이 필수적이라고 요구했다. 다른 말로, 이방 출신의 크리스천들은 유대인이 돼야하고 반드시 유대의 관습과 전통을 지켜야 한다고 말했다.

이것이 오늘날에도 문제가 아닌가?

그러나 베드로, 사도 바울, 그리고 다른 사람들은 이방 출신의 크리스천들이 할례를 받고 모세의 율법을 지키는 것이 필수적이지 않다고 주장했다. 베드로는 나아가 유대 출신의 제자들이 자신들의 조상들도, 자신들도 메지 못하던 멍에를 이방 출신의 제자들의 목에 씌워 하나님을 시험하고 있다고 말했다.

이것이 우리에게도 일어나는 일이 아닌가?

우리는 자주 다른 사람들에게서 우리가 절대 달성하지 못한 기준을 기대한다.

성경의 배경은 동양 문화다. 그래서 성경은 동양의 책이다. 성경에서 우리는 동양식 삶의 방식, 동양 문화, 동양의 지혜, 그리고 동양의 가치를 만난다. 그런데 오늘날 사람들은 성경을 서양 종교의 책, 예수님을 서양의 신, 기독교를 서양식 삶을 추구하는 종교로 인식하고 있다. 불행한 일이다. 세계의 모든 종교는 동양의 토양에서 태동했고 기독교도 예외가 아니다. 인도와 네팔에서 크리스천들이 서양 기독교 양식을 따르는 것은 안타까운 일일 뿐 아니라 계속되고 있는 역사적 실수다.

예수님이 탄생한지 2천년이나 됐지만 여전히 인도의 크리스천들은 소수다. 그리고 대부분 하류 카스트 출신인 크리스천들은 예수님을 위해 인도 사람들을 제자 삼는 대신 정부가 달리트(불가촉천민)에게 제공하는 혜택을 받으려고 권리 투쟁을 하고 있다.

1973년 꼴까따(Kolkata)의 자다브뿌르대학교(Jadavpur University)의 공학도였던 나는 당시 영적으로 심각한 정체성 위기를 겪고 있었다. 그때 나에게 예수님을 소개해 준 인도 친구들에게 감사드린다. 예수님의 말씀과 크리스천 친구들과의 교제가 나를 살렸다.

나는 캐리침례교회(Carey Baptist Church)에서 침례를 받았다. 침례 후 일요일에 교회에 가기 위해 처음으로 넥타이와 양복을 샀다. 자주 뱅갈리(Bengali) 친구들이 나에게 와서 "교회에 가고 싶지만 넥타이와 양복이 없어요"라고 말했다. 그들은 정직하게 말했다. 그들은 내가 일요일 아침마다 양복과 구두를 신은 것을 봤기 때문에 교회에 가려면 넥타이와 양복을 입어야 한다고 생각했다.

신실했고 진리를 찾던 많은 뱅갈리(Bengali) 친구들은 단지 그들이 넥타이와 양복을 살 수 없거나 그들의 인도 정서 때문에 그렇게 입을 수 없어서 결국 예수님을 알 수 있는 기회를 가질 수 없었다. 이런 상황이 여전히 많은 네팔 사람들 그리고 내가 믿기로는 대다수의 인도 사람들의 마음속에 그려진 기독교의 모습이다.

얼마나 슬픈가?

네팔의 크리스천들은 '소고기 먹는 종교'를 따르는 사람들이라고 낙인찍혀 있고 네팔의 문화유산을 파괴하고 있다는 혐의를 받고 있다. 문화는 사람들, 공동체 또는 사회생활의 필수적인 부분이다. 물고기가 물 없이 살 수 없듯이 어떤 공동체도 자신의 문화와 별개로 존재할 수 없다.

당신이 한 공동체를 파괴하고 싶다면 그들의 문화를 파괴하라.

그렇게 해서 당신은 그들을 그들의 과거 역사로부터 떼어낼 수 있다.

특별한 존재인 그들의 정체성을 더럽혀라.

자부심을 가졌던 것을 빼앗아라.

그런 식으로 그들이 스스로 가치 없다고 느끼게 해서 다른 사람들에게서 후원, 도움, 목적, 의미, 그리고 정체성을 찾게 하라.

이것이 네팔의 불신자들이 크리스천들에게 그렇게 적대적인 이유다. 그들은 크리스천들이 자신들의 선조들이 물려준 나라의 역사적 배경과 풍부한 문화유산을 파괴하고 있다고 생각한다. 즉 한 종족, 한 나라의 국민으로서 갖고 있는 특별한 정체성을 없애고 있다고 보는 것이다.

네팔에서 어떤 사람이 크리스천이 되면 그는 자신이 이전에 가지고 있었던 삶의 모든 방식을 포기해야 한다. 그것이 네팔 크리스천의 전통과 관습이 되고 있다. 사람들이 공동체로서 가지고 있는 음악, 예술, 춤, 노래, 시, 문학, 그리고 정체성들을 모두 무시한다. 전통 축제들을 지키지 않고 중요한 국경일도 더 이상 기억하지 않는다. 크리스천들은 자신이 천국 시민권과 하나님 나라의 대가족에 속하는 영적 구성원의 자격을 얻은 후, 자신이 여전히 네팔의 국민이자 공동체 구성원이라는 것을 잊는다.

그들은 주님의 사역을 하려고 종종 교사, 교수, 간호사, 작가, 가수, 사업가 등 자신의 이전 직업을 그만둔다. 네팔 교회는 신자들이 전도 사역에 적극적으로 참여하는 것을 장려하지만 다양한 세속 직업에 적극적으로 참여하는 것은 장려하지 않는다. 불신자들(Non-Christians)이 교육, 보건 활동, 사업, 음식 생산, 정치, 국가 경영을 하도록 하게하고 크리스천들은 주님의 일과 복음 전파만 해야 한다고 생각한다. 이것에 네팔의 크리스천들이 생각하는 방식이다. 그들은 계속 복음만 전하는 경향을 보이고 있다. 이런 상황에서 나는 상상한다.

그렇다면 언젠가 우리나라의 모든 사람들이 크리스천이 될 때 우리나라는 어떤 모습이 될까?

노래, 춤, 축제, 국경일, 극장, 영화관, 정치가 사라지고 사람들은 민족의 정체성을 잃을 것이다.

그러면 다른 나라들이 우리나라의 정체성을 뭐라고 생각할 것인가?

누가 정치를 하고 나라를 통치할 것인가?

이것은 우리 크리스천들이 진짜 걱정할 문제다. 나는 한 불신자 친구와의 대화를 통해 스스로에게 심각하게 다음의 질문들을 했다.

우리는 복음을 제대로 전파하고 있는가?

우리는 옳은 일을 하고 있는가?

우리는 올바른 방향으로 가고 있는가?

이런 경향이 계속되면 역사, 과거의 영광, 그리고 세계에 알려진 우리나라의 문화 정체성에 무슨 일이 생길까?

오늘날 네팔에는 크리스천이 법적 도움과 조언이 필요할 때 찾아갈 수 있는 단 한 명의 좋은 크리스천 변호사가 없다. 국회에 단 한 명의 크리스천이 없다. 네팔의 크리스천들이 가끔 사회와 정부가 크리스천 공동체를 인정하지 않고 있다고 불평할 때 나는 반문한다.

왜 우리나라 사람들과 정부가 크리스천들을 인정해야 하나요?

크리스천 공동체는 우리나라의 발전과 어려움 극복에 어떤 기여를 해 왔나요?

인정은 받는 것이 아니라 획득하는 것이다. 크리스천들이 교육, 산업, 농업 등의 영역에서 국가 발전과 사회의 진짜 필요성에 기여할 때, 불신자들과 정부는 내키지 않더라도 크리스천 공동체를 인정할 것이다.

왜 크리스천들은 불신자들과 함께 나라를 지키기 위해 목숨을 바친 사람들을 기리는 순교자들의 날과 제헌절을 즐길 수 없는가?

크리스천들은 이 나라의 국민이 아닌가?

우리가 이 나라의 국민이 아니라면 국민과 사회의 구성원으로서의 의무를 이행하지 말아야 한다. 네팔 사람들은 천성적으로 애국심이 많고 모국의 정체성과 주권을 구하고 지키기 위해 자신의 생명이라도 바칠 준비가 되어 있다.

크리스천들이 불신자들과 함께 살면서도 그들에 대해 무관심하고 다양한 사회적 그리고 국가적 문제를 무시한다면 그들한테서 어떤 종류의 행동과 대우를 기대할 수 있겠는가?

아주 적당한 때 흥미와 도전을 주고 있는 다야난드 바라띠의 『인도의 눈으로 본 예수』는 지금까지 내가 말한 상황을 제대로 지적하고 있다.

나는 전에 인도의 구도자이자 예슈 박따인 다야난드 바라띠에 대해서 들었고 그를 개인적으로 만날 기회를 찾고 있었다. 1년 전 그가 네팔을 방문했을 때 기회가 왔다. 내 친구 집에서 사려 깊은 그를 만났을 때 나는 그의 검소한 삶에 감동을 받았고 그의 모습 안에서 정직하고 신실한 인도 구도자이자 동시에 예수님을 진정으로 따르는 사람의 모습을 봤다. 나는 인도 전통 형식을 취한 그의 시작 기도와 마침 기도를 좋아했다. 그 소리는 놀라움과 존경심을 일으켰고, 정말 거룩한 하나님의 존재 안에 있는 것 같은 깊은 감동을 느끼게 했고, 방해받지 않고 영원한 진리를 맛보게 했다.

인도 교회는 지난 세기의 브라마반답 우빠드야이(Brahmabandab Upadhyay)와 다스(R. C. Das) 같은 예언자적인 지도자들 그리고 인도 교회 역사의 다른 시기에 있었던 사람들의 말을 듣지 않아서 크게 실패한 상태다. 나는 이것이 바로 인도의 크리스천들이 여전히 소수인 한 가지 주요 이유라고 믿는다.

인도 교회는 20세기에 출현한 또 한 명의 예언자인 다야난드 바라띠의 목소리도 무시하고 계속 과거 인도를 통치했던 영국 제국주의의 하수인으로 남아있을 것인가?

그러지 않기를 소망한다.

저자 개정판 서문

다야난드 바라띠

    일부 기독교 단체들의 격려로 개정판을 내면서 이 책의 기본 원리를 더 명확히 설명하기 위해 중요한 인용문을 추가했다. 그러나 로랜드 알렌(Roland Allen)의 『자발적인 교회 확장과 방해 요인』(*The Spontaneous Expansion of the Church and the Causes which Hinder it*, 1956)을 읽었을 때 나는 초판을 내기 전에 그의 책을 먼저 읽었어야 했다고 생각했다. 어쩌면 읽지 않은 것이 가장 좋았을 것이다. 왜냐하면 내가 그의 책을 광범위하게 인용했을 테니까 말이다.
    나는 알렌의 연구가 복음주의 크리스천 가운데 잘 알려져 있지 않다는 것에 정말 놀랐다. 이 개정판에서 나는 그의 책을 광범위하게 인용하기보다는 부록으로 그의 견해와 함께 내 의견을 싣는 것이 낫겠다고 결정했다. 이렇게 한 이유는 알렌의 책을 구할 수 없는 사람들도 나처럼 좋은 정보를 얻기를 바라기 때문이다(현재 알렌의 책은 인도에서 절판되어 구할 수 없다).
    알렌의 책의 개요를 연구할 때 친절한 도움을 준 로버트 슈미트(Robert Schmidt, 미국 오레곤 포틀랜드 소재 콘코르디아대학교 신학 연구소 명예 학장)박사에게 감사드린다. 알렌 연구의 권위자인 그의 제안으로 나는 몇 가지 내용을 바꿨다. 그는 알렌의 연구를 글로 지지했다. 나는 슈미트 박사의 「교회의 변혁」(*The Transformation of the Church*)이라는 글을 읽고 감동해서 내 책에 적절하게 인용했다. 2001년 그가 인도를 짧게 방문했을 때 하나님은 나에게 그를 인도 중부 뿌네(Pune)에서 만날 수 있는 기회를 주셨고 인도에서 구할 수 없는 그의 책을 감사하게도 선물로 받았다. 다시 한 번 나는 ISPCK 출판사, 특히 이 개정판도 기꺼이 친절하게 출판해 주신 아쉬쉬 아모스(Ashish Amos) 대표에게 감사드린다.

저자 초판 서문

다야난드 바라띠

    어떤 점에서 이것은 책이 아니라 지난 15년간 예슈 박따(Yeshu Bhakta, 예수님을 따르는 자)였던 내가 쓴 수필 모음집이다. 예수님을 따르기로 결정했을 때부터 내 안에 많은 어려움이 있었다. 그 어려움은 힌두 문화에 사는 동시에 크리스천들 가운데 살면서 예수님을 제대로 믿기 위한 투쟁이었고, 내가 속한 종족에게 복음을 전하기 시작했을 때 더 복잡해졌다.

    무엇보다도 내가 읽은 몇 권의 기독교 신학 도서와 인도 크리스천의 삶을 관찰한 것과 모든 교회 활동이 나를 혼란스럽게 했다. 왜냐하면 성경과 교회의 모습 사이에 몇 가지 모순을 발견했기 때문이다. 가끔씩 소수의 사람들과 이런 것들을 나눴지만 오해할 것에 대한 두려움 때문에 크리스천들과 토론을 많이 하지는 않았다. 내 견해를 밝힐 때마다 나는 낙담과 실망을 맛보았다. 그러나 그런 경험이 오히려 내 모든 생각에 영감을 줘서 내가 글을 쓸 수 있었다.

    우연히 알게 되어 나중에 친한 친구가 된 알프(Alf)와 에이미

(Amy)와의 교제가 내 삶에 전환점이 되었다. 그들은 파키스탄에서의 삶과 사역을 통해 나를 이해했다. 하지만 안타깝게도 인도 사람들의 문제를 깊이 이해하지 못해서 내가 느낀 긴장들을 해결하는데 많은 도움을 줄 수는 없었다. 고민하는 동안 나는 소수의 선교사들 특히 FMPB(Friends Missionary Prayer Band), YWAM(예수전도단), OM 그리고 다른 대부분의 복음주의 선교 단체들에게 강의할 기회를 가졌다.

강의 경험을 통해서 나는 인도 크리스천들이 나를 이해하는 것과 내가 그들을 이해하는 것 둘 다에 한계가 있다는 것을 깨달았다. 다행히 그 모든 어려움 가운데 나의 스승이신 데바다산(Devadasan) 박사가 몇 가지 문제에 대해 내 생각에 동의했고 위의 한계를 이해하도록 도와주셨다. 그렇지 않으면 나는 길을 잃었을 것이다.

내 견해를 힌두 상류 카스트와 교육 수준이 높은 사람들을 대상으로 깊이 사역하고 있는 사람들과 공유하지는 못하고 있던 차에 1991년 하나님께서 내가 새 친구를 만나도록 허락하시고 인도하셨다. 놀랍게도 나는 내 삶에서 처음으로 힌두를 향한 내 태도와 접근법 그리고 힌두 문화에서 예슈 박따로서 사는 것에 대해 완전히 동의한 크리스천을 만났다.

불행하게도 알프(Alf)도, 새 친구도, 둘 다 인도 사람이 아니었다. 그러나 특히 후자는 힌두의 의미를 사고와 마음 둘 다로 이해하려고 연구했다. 나는 그에게서 감동 받아 다시 일부 글을 썼고 처음으로 격려뿐 아니라 더 폭넓고 명확하게 연구하고, 쓰고, 나눠야 한다는 동기부여를 받았다.

그러는 동안 전환점을 맞았다. 내가 내 종족에게 더 집중하기 위해서 거의 10년 동안 사역한 FMPB(Friends Missionary Prayer Band)의 동의를 얻어 사임했을 때다. 상류 카스트를 대상으로 하는 직접 사역이 몇 가지 과제를 남겼다. 복음을 이해하지 못하고 있는 힌두들과 복음을 소통하는 문제였다. 그리고 우리의 믿음을 지키기 위해, 적절한 성경적 해결책을 찾기 위해 서로 협력해야 하는 문제였다.

감사하게도 크리스천들 가운데 같은 마음과 동정심을 가진 사람들과 함께 더 연구하고, 집필하고, 토론과 상호 접촉을 할 수 있는 기회를 얻었다. 우리의 직접 사역 대상은 특히 우리 인도 사람의 정체성을 유지하는 동시에 각각의 공동체에서 예슈 박따로서 힘겹게 살면서 예수님을 믿는 사람들이었다.

대부분 정리되지 않은 영감들이었지만 많은 자료들을 구하고 편집해서 '우리가 실패한 곳, 우리가 실패한 이유, 그리고 복음을 소통하는 것에 있어서 실패한 우리의 방법'이라는 제목으로 원고를 준비했다. 나중에 더 편집한 후 『인도의 눈으로 본 예수』(*Living Water and Indian Bowl*)라는 제목으로 바꿨다.

내 원고를 유통시키지 말고 개인적 용도로 출판하라고 제안하는 사람들도 있었지만 나는 그들의 제안을 좋아하지 않았다. 하나님은 다시 델리의 형제애의 집(The Brotherhood House)에서 사역하고 있던 제임스 스튜어트(James Stuart)를 통해 내 삶 속에서 일하셨다. 그는 내 원고의 일부와 마지막 원고를 ISPCK(Indian Society for Promoting Christian Knowledge) 출판사에 추천하고 제출했다. 삶과 사역에 있어서의 예슈 박따의 접근법에 원칙적으로 동의한 내 일부 친구들이 출판 비용을 보조했고 최종적으로 하나님의 은혜로 이 책이 당신의 손 안에 있다.

책을 쓸 수 있는 기회를 주신 하나님께 감사드린다. 그리고 힌두 공동체 안에 살며 예수님의 증인이 되려고 노력하는 예슈 박따, 특히 아쇼깐과 라니 우다야르, 쑤브라마니아 아이어, 짜나끼 쁘라싸드, 모한 꾸마르 라오, 아룬 꾸마르, 데샤베 미슈라, 샤시 깐뜨 두베, 랄란 빤데이, 비렌드라 미슈라, 나발 끼쇼르 싱, 알씨 딸와르, 쁘렘다스 바바, 요게쉬와 우르밀라 빠뗄, 라만과 부바나, 마두쑤단과 로쉬니 라오, 라지브와 아르짜나 라오, 그리고 나에게 자신들의 어려움을 나누고 자기 일처럼 발벗고 나선 준 분들에게 감사드린다.

크리스천 사회에 있는 친구들에게도 똑같은 감사를 드린다. 데바다산 박사 부부, 또 다른 데바다산 부부, 라제쉬와 그의 아내, 알프와 에이미 람슬라인, 라이놀드와 루쯔 베쯔, 쁘라딥과 주디스 아이어, 프랑클린과 바이올라 엠마누엘, 쑤다르산과 리디아 토마스, 쌈라즈와 다나슬리 로버트, 글라드윈과 샤를라 짜끄라바르띠, 다그와 론 자콥슨, 마지막으로 결코 공이 절대 가볍지 않은, 처음부터 예슈 박따인 내가 갖고 있는 어려움을 지지해준 친한 친구들인 폴과 사라다 깐난에게 감사드린다.

라제쉬는 전체 원고를 편집했을 뿐 아니라 내 견해가 영어로 적절하게 소통될 수 있도록 몇 군데를 고쳤다. 깐난과 사라다는 내 모든 원고를 주의 깊게 읽고 특히 극단적인 비판을 수정하라는 가치 있는 제안을 해줬다.

그들이 귀한 시간을 투자해 내 원고를 읽어 준 것에 대해 감사드린다. 나를 환대해 주시고 머물 수 있도록 허가해 주시고 내가 필요할 때마다 도서관을 이용할 수 있게 해 주신 델리에 있는 승천한 예수님의 형제애의 집(The Brotherhood House of the Ascended Christ)에게 감사드린다.

제임스 스튜어트 신부는 내가 요청할 때마다 제대로 된 책을 찾을 수 있도록 도움을 줬고 이안 위드랄드는 내가 중요한 논문과 잡지를 발췌해 가도록 허가해줬을 뿐 아니라 나에게 주려고 중요한 잡지들을 보관해줬다.

카트만두의 로카야(Rokhaya) 박사는 내가 밤 11시에 찾아갔는데도 친절하게 추천서를 써주시겠다고 하셨다. 우리는 최근에 알게 됐지만 나는 그를 통해 네팔과 인도의 기독교 상황이 얼마나 비슷한지 깨달았다. 그는 바쁘고 제한된 시간 가운데서도 추천사에 자신의 견해와 경험을 나눠 내 책을 풍요롭게 했다. 나는 독자들도 나와 마찬가지로 그에게 감사할 것이라고 확신한다.

내 책이 하나의 논문이 아니라 개인적 경험을 바탕으로 쓴 여러 논문들을 모아놓은 것이기 때문에 몇 군데 반복이 있을 것이다. 다른 사람들이 귀한 제안을 했음에도 불구하고 대부분의 독자들이 이 책에서 마음이 불편한 표현과 실수를 발견할 것이다. 그에 대한 책임은 나에게만 있다.

이 책에서 다루는 대부분의 문제들은 '상류 카스트와 교육 받은 인도 사람들을 대상으로 복음 전하기'에 대한 상황에 한정되고 다른 모든 것에 적용되지는 않는다. 성경이 감사하게도 우리에게 지켜야 할 형식들이 아니라 받아들여야 할 원리들을 준다는 사실을 기억하면서, 나는 어떤 획일적인 공식이 아니라 문화적 고려가 필요한 상황을 위해 기본 원리들을 소개했다.

끝맺기 전에 힌두 공동체에 있는 내 종족들에게 한 마디를 하려고 한다.

언젠가 우연히 당신이 이 책을 읽을지도 모릅니다. 이 책을 기독교를 공격하는 무기로 사용하는 대신, 모든 어려움에도 불구하고 내가 왜 예수님을 따르는지에 대해 깊이 생각하는 계기로 삼으면 좋겠습니다. "당신이 나에게 우리 힌두들이 차원 높은 철학과 절대적인 신들을 믿고 있는데 당신은 왜 예수님을 따릅니까?"라고 물으면, 나는 다음과 같이 말할 것입니다. 내가 실수로 이렇게 사는 것이 아닙니다. 나는 나를 어둠에서 빛으로 인도할 스승(guru, 구루)을 찾았습니다. 그러나 우리가 스승을 찾으려고 시도해도 스승이 먼저 우리에게 찾아오지 않으면 우리는 스승을 찾을 수 없습니다. 우리 전통에 따르면, 우리는 스승을 선택할 수 없고 스승이 우리를 선택해서 그의 제자로 받아들여야 합니다. 그래서 내가 다양한 방법으로 영원한 스승을 찾다가 마음과 영혼이 준비됐을 때, 예수님은 나를 인도할 스승으로서 나에게 오셨습니다. 내가 예수님을 선택한 것이 아니라 그분이 나를 찾았습니다. 그래서 내 앞에는 한 가지 선택 사항만 남았습니다. 즉 예수님을 따를 것인지 거절할 것인지. 마지막에 나는 지쳤고 더 이상 힘이 없어서 모든 희망을 거의 포기했습니다. 결국 나는 예수님을 따르기로 했고 예수님은 나를 실망 시키지도, 버리지도 않겠다고 말씀하셨습니다.

"내가 또 이 고난을 받되 부끄러워하지 아니함은 내가 믿는 자를 내가 알고 또한 내가 의탁한 것을 그 날까지 그가 능히 지키실 줄을 확신함이라"(딤후 1:12).

진리의 길을 닦으러 오신 예수님은 진리를 가르쳐 주시고 빛을 주시고 당신을 실망시키지 않으실 것입니다. 그러므로 크리스천들이 의도적이지 않게 한 실수를 할 때 지적하면서 변명하지 말고 다른 예슈 박따의 경험에서 배우고 힌두 문화에 살면서 예슈 박따로 사시길 바랍니다. 예수님은 "내게 오는 자는 내가 결코 내쫓지 아니하리라"(요 6:37)라고 말씀하셨습니다.

예슈 박따인 현재의 나의 모습을 받아주신 주 예수님에게 감사드린다. 왜냐하면 예수님은 우리가 인도 사람으로서의 정체성을 가지고 예수님을 따를 수 있는 문을 여셨기 때문이다. 제50회 인도 독립기념일을 축하하며, 예수님이 모든 나라에 있는 모든 종족들에게도 자신의 문화 정체성을 지키면서 예수님을 따를 수 있는 똑같은 자유를 주시도록 기도하면서 이 책을 예수님의 발 앞에 놓는다.

Living Water and Indian Bowl

역자 서문

세 가지 감정

이 계 절 선교사

2011년 쯤 이 책을 발견하고 번역하고 싶었지만 여러 사정으로 인해 이제야 끝냈다. 당시 책의 내용을 파악하고 세 가지 감정이 교차했다.

"기쁘고 슬프고 놀란 자여, 친구에게 달려가라."

기뻤다는 것은 저자의 통찰력에서 배울 수 있는 것들이 많았다는 뜻이고, 슬펐다는 것은 1997년에 나온 책을 대부분의 한인 선교사들이 모르고 있었다는 의미다. 번역이 되지 않아서 구할 수 없었다는 점은 이해한다. 그리고 놀랐다는 것은, 1997년에 저자가 성경과 자신의 경험을 통해 조언한 내용이 아직도 인도에 거의 또는 전혀 적용되지 않고 있다는 말이다. 그 결과 인도에서 기독교는 처참할 정도로 실패하고 있다.

비록 우리가 이 책과 저자가 소개한 로랜드 알렌의 『자발적인 교회 확장과 방해 요인』의 모든 내용에 동의하지 않더라도 그들의 견해를 우리의 삶과 사역을 비춰볼 수 있는 거울로 사용해 실제로 많은 것을 적용할 수 있을 것이다.

이 책의 초판이 나온 이래 영어권 사람들이 이 책의 내용을 토론하고 정보를 교환하고 각종 선교학교의 교재나 과제로 사용하고 있는 모습을 보면서 나는 빈약한 한국어 자료 상황에 대해 안타까워하지 않을 수 없었다. 한국 책이 한 권이라면 영어 책은 백 권, 천 권 이상인 것 같다.

인도 선교를 다루는 한글 서적의 경우, 간증 중심의 책을 제외하고는 자발적인 교회 확장, 복음과 문화의 관계, 현지 지도자 양성, 건강한 열매 등을 고민하고 바람직한 방향을 제안하는 책은 10권 정도밖에 안 되는 실정이다. 그에 비해 영어 책은 셀 수 없이 많다.

한인 선교사들이 다양성을 인정하며 선교를 제대로 하고 있을까? 최소한 자료적인 관점에서 볼 때 그렇지 않다고 할 수 있다. 어떤 일을 할 때 다양한 자료가 있어야 한쪽으로 치우치지 않는데 한국인 작가들이 뛰어난 책을 쓰지 않는 한 또는 다른 언어의 뛰어난 책이 한국어로 번역되지 않는 한 한인 선교사들은 편견에 치우친 선교를 할 가능성이 크다.

한 가지 예로 빈디(bindi, 기혼 여성이 기혼을 표시하기 위해 이마에 찍는 빨간 점. 과부는 하지 않음)와 신두르(sindur, 기혼 여성이 기혼을 표시하기 위해 가르마에 뿌리는 빨간 가루. 과부는 하지 않음)를 들 수 있다. 저자는 "어떤 힌두 경전도 빈디와 신두르가 종교적인 의미를 갖고 있다고 말하지 않는다. 그런데 인도 크리스천들은 근거도 없는 추측으로 빈디와 신두르가 힌두신과 관계되어 있다고 생각하고 거부하고 있다"고 말한다.

실제로 인도 기혼 크리스천들 여성들과 외국인 기혼 여성 선교사들이 빈디와 신두르를 하지 않고 있어서 힌두들이 '미혼'이나 '과부'나 '동거'로 오해하고 있다. 심지어 기혼을 표시하는 목걸이(mangalsutra, 망갈수뜨라)와 발 반지(bicha, 비쭈아)도 하지 않고 있어서 사회 문제가 된 지 이미 오래다.

한인 선교사들이 이 책을 읽고 서양 문화 형식의 기독교만 답이라고 주장하지 않으며 하나님 나라의 다양성을 수용하는 마음을 가지기를 바란다. 성경에는 다양한 방식으로 하나님을 믿는 사람들이 나타나고 기독교 역사도 그것을 증명하고 있다.

그런데 안타깝게도 서양 선교사들이 서양 밖에 복음을 전하면서 다양성이 무너지기 시작했다. 성경의 배경은 서양이 아니라 동양이다. 동양 문화 출신의 한국 선교사들이 히브리 문화 또는 한국 문화를 소개하는 대신 서양 문화를 소개하는 것은 코미디라고 할 수 있다. 성경은 모든 신자들이 히브리 문화도, 한국 문화도, 서양 문화도 아니고 자신의 문화를 지키면서 예수님을 믿을 수 있다고 강조한다(행 15장).

이 귀한 책을 집필한 저자의 수고와 인도를 향한 애국심과 예수님을 향한 굳건한 믿음에 존경심이 생긴다. 흔쾌히 자신의 책을 번역하도록 허락해 주신 저자에게 감사드린다. 통찰력 있는 책을 집필한 영국인 알렌(Roland Allen, 중국에서 선교사로 활동)에게도 감사를 전하고 싶다.

IVP가 한국의 권위 있는 학자들에게 의뢰해 뛰어난 책들(19세기부터 20세기까지) 가운데 하나로 알렌의 또 다른 책 『선교 방법론: 바울의 선교 vs 우리의 선교』(Missionary Methods: St. Paul's or Ours?, 1956)를 선정해 IVP 모던 클래식스라는 이름으로 출판했다.

앞으로 한국교회와 기독교 출판사들이 다양한 선교 자료를 번역하고 집필하는 일에 더 많이 투자 해주시길 간절히 부탁드린다. 본 역서를 기독교문서선교회(CLC)에서 "인도 선교 시리즈 6"으로 출간해 주심을 감사드린다.

귀한 시간을 내어 이 긴 원고를 읽고 감수의 글 또는 추천사를 써주신 분들, 교정을 해주신 분들, 그리고 출판 비용을 후원해 주신 분들에게 깊이 감사드린다. 특히 번역하는 기간 내내 적절한 단어 선택과 부드러운 문장을 선택할 수 있도록 조언해 주고 두 번이나 교정해 준 아내에게 감사드린다.

목 차

감수의 글_ 진기영 박사(인도 UBS신학교 교수) 5
추천사 1_ 김만태 박사(미국 풀러신학교 객원 교수) 13
추천사 2_ 한정국 박사(KWMA 사무총장) 15
추천사 3_ K. B. 로카야 박사(네팔 트리부반대학교 공대 교수) 16
저자 개정판 서문 24
저자 초판 서문 26
역자 서문 33

제1장 도입 41

제2장 힌두 사고방식과 문화 이해에 실패한 크리스천 56

1. 확신과 관계 56
2. 이해하기와 이해받기 57
3. 성경의 충분함 60
4. 문화인류학적 연구 62
5. 선교사가 교사 역할을 할 때의 위험성 66
6. 설교하기 전에 배우기 75
7. 비전 79
8. 올바른 학습 80
9. 새 크리스천의 사고방식 83
10. 독창성 결여 85

11. 문화와 진리   88

12. 독창성   91

13. 듣지 않음   92

14. 사람들의 감정 존중   96

15. 선교사들을 향한 태도   97

16. 선교사들의 태도   99

17. 인도 교회 안에 있는 서양 교회의 규정   103

18. 오늘날에도 문제가 많은 선교사들   106

19. 종교 또는 제자도?   110

20. 조직화된 종교 또는 사회   111

21. 교단   113

22. 교리교(Creedianity)   118

23. 힌두가 가지고 있는 영적 선택의 자유   121

24. 조직화된 기독교   122

25. 조직화된 힌두 사회   124

26. 예루살렘에서 살렘(Salem, 남인도 타밀나두에 위치)까지   126

27. 힌두 사회 안에 있는 악   128

28. 더 깊은 반대   130

29. 교회 없는 기독교   134

30. 공동체와 공동체주의   135

31. 신자와 공동체   138

32. 믿음과 공동체   141

33. 성경의 방법과 원리   143

제3장 실패한 구체적인 영역   145

1. 전체적인 면   146
2. 우리의 예배   154
3. 우리의 언어   168
4. 우리의 신학   188
5. 힌두 경전 무시 또는 오용   209
6. 어디서든지 문외한을 속이지 마라   218
7. 힌두 종교 관습과의 관계   222
8. 인도 공화국과의 관계   260

제4장 현대 인도의 예슈 박따   278

부록

1. 크리스천 여성이 빨간 점을 찍는 것의 적절성(P. 쩬찌아)   297
2. 옴(OM) 이해하기   299
3. 인도적 특성: 뭐가 잘못인가?   302
4. 로랜드 알렌의 『자발적인 교회 확장과 방해 요인』:
   다야난드 바라띠의 견해를 붙인 개요   309

일러두기

1. 저자는 원문에 '예수님을 따르는 자'(Follow of Jesus)의 의미로 세 가지 표현 즉 bhakta of Christ(박따 오브 크라이스트, 그리스도를 따르는 자), Christ bhakta(크라이스트 박따, 그리스도를 따르는 자), Yeshu bhakta(예슈 박따, 예수님을 따르는 자)를 사용했지만 역자는 현재 인도에서 인도 문화 안에서 예수님을 믿는 사람들과 선교사들이 선호하고 있는 Yeshu bhakta(예슈 박따)로 통일했다.

2. 원서의 모든 성경 구절은 NIV를 사용했으나 한글로 번역할 때는 『현대인의 성경』과 『한글개역개정』을 참고하거나 간혹 의역(意譯)을 하였다.

제1장
도입

　예수 그리스도의 복음은 하나님으로부터 시작되었고 또한 관계적인 면을 가지고 있다. 하나님께서 자신의 사랑을 주도적으로 드러내신 주요 이유는 우리를 구원시키려는 그의 관심 때문이다. 그래서 우리도 예수님의 복음을 가지고 믿지 않는 사람들과 소통하기 위해 우리의 모든 노력을 기울이는 관심이 필요하다.
　'소통'은 일방통행이 아니다. 이 단어는 소통하기 위한 우리의 노력에 응답할 다른 사람이 관련되어 있다는 것을 나타낸다. 그러나 비극은 이 주제에 대한 책이 많이 나왔고 이 주제의 심각성을 인식한 일부 크리스천들이 강의를 하고 있음에도 불구하고 아직도 힌두를 대상으로 복음을 소통하려고 하는 거의 모든 복음 전파 노력이 일방통행으로 남아 있다는 것이다.
　크리스천들은 항상 예수님을 위해 힌두와의 대결에서 '승리'(군대와 제국주의 용어)해야 한다는 공식을 갖고 있는 것 같다. 힌두들이 복음에 적절한 이해로 반응하기보다는 아무것도 모른 채 복종해야 한다고 생각하는 것 같다. 그렇게 모든 민족 집단에게 접근할 때 획일화된 공식을 강요하며 잘못 접근하고 있다.

중요한 것은 예수님을 따르게 할 단순한 믿음이지 신학이나 철학의 이해가 필수적인 것이 아니다.

> 하나님은 세상 사람들이 그들의 지혜로는 자기를 알지 못하게 하시고 오히려 그들의 눈에 어리석게 보이는 전도의 말씀으로 믿는 사람을 구원하려 하셨습니다(고전 1:21).

우리는 복음의 기본을 소개할 때 성실하게 노력해야 한다. 하나님이 사람들에게 은혜를 부어 주실 때 우리의 노력을 사용할 수 있도록 말이다. 그렇지 않으면 복음을 전하려는 우리의 모든 일 자체가 허사가 된다. 최소한 사람들이 하나님이 누구이며 하나님 앞에 자신들이 누구인지에 대한 명확한 이해를 한 후에 그들이 믿기를 원하지 않으면 부인하도록 선택의 기회를 주자.

이 소통 문제에 대한 해결책은 10년 안에 인도에 기독교가 널리 퍼질 것이다 등과 같은 감정적인 복음 문구로 시작해서는 안 된다. 서양식 사고방식과 안락의자에 앉아서 떠드는 복음주의자들이 지배하는 전도대회에서의 지적인 공식으로 출발해서도 안 된다. 오히려 실패한 복음전파 상황에 대해 '의심'하며 우리 자신에게 몇 가지 어려운 질문을 하면서 시작해야 한다.

'왜 힌두들 특히 상류 카스트라고 불리는 사람들이 복음에 반응하지 않고 있나요?'라고 묻는다면, 답변 대신 나는 '왜 우리는 그들에게 나아가지 않고 있나요?'라고 질문할 것이다.

'왜 사람들이 예수님을 구원자로 고백하지 않고 있나요?'라고 질문한다면, 답변 대신 나는 '우리가 주님을 소개할 때 왜 올바르게 소통하지 않고 있나요?'라고 질문할 것이다.

그리고 우리 앞에 놓인 진짜 도전은 이러한 질문에 사실적이고 진실한 대답을 해야 하는 것이다.

20세기가 시작된 이래 전도에 대해 많은 것을 개발한 전도대회들은 자주 감정적인 구호를 내세웠다. 그러한 복음 공식들은 어떤 사람들에게는 도움이 됐을지도 모르지만 주로 도서관에 묻혀 있는 전집 속으로 사라져 버렸다. 그런 것들은 지금 오직 연구 목적을 위해서만 존재하고, 더 깊이 구호와 공식들을 개발하고자 하는 사람들만 이용하고 있다. 기독교 구호들은 마치 인기 있는 것처럼 인도 전역에 붙어 있지만, 외관을 흉측하게 하고 그 내용들은 예수님의 지적인 증인들을 당황시킨다. 이스라엘 셀바나야감(Israel Selvanayagam)은 그런 '증인'의 비극을 한 사건과 관련시켜서 설명한다.

> … 몇 년 전 남인도 마두라이(Madurai) 특별 전도 집회 때 크리스천들이 '예수님이 답이다'라는 구호를 그 지역의 벽에 붙였다. 즉시 힌두들은 벽에 '그 질문이 뭔가?'라고 쓰는 반응을 보였다. 인도에서 대다수의 크리스천들이 힌두들의 진짜 질문과 열망에 응답하지 않고 있는 상황에서 일부 크리스천들만이 힌두들에게서 이전에 전혀 질문 받아본 적이 없는 질문에 대답하려고 시도하고 있는 것을 대다수의 크리스천들은

거의 알지 못한다 ….[1]

오늘날 우리가 필요로 하는 것은 더 많은 이론과 선교대회와 구호가 아니라 **쓸모 있는 전도**다. 부르심을 받고 **복음**을 진지하게 전하고 있는 사람들은 **우리가 실패한 곳, 우리가 실패한 이유, 우리가 실패한 방법**에 대해 사실적으로 적나라하게 직시해야 한다. 우리는 질문을 하는 사람들의 마음에 답해야 한다. 특히 매일 우리가 예수님의 증인으로 살면서 다른 사람들로부터 그런 질문들을 받을 때 그렇다.

진짜 문제들이 무엇인가?

먼저 우리 모두는 인도 사람들이, 원래의 의미를 대부분 잃어 '교회교'(Churchianity)가 된 서양 기독교의 형태와 같은 것을 원하지 않는다는 것을 이해해야 한다. 이미 인도는 어떤 다른 나라보다도 많고 충분한 종교를 가지고 있다. 종교의 국회라고 불리는 힌두교 하나만 보더라도 말이다. 힌두는 2만 8백 개의 서양 기독교와 더 많은 교단의 형태로 된 또 하나의 종교를 원하지 않는다.[2]

더 이상의 교리, 신조, 행동지침, 철학 등은 필요 없다. 우리가 필요로 하는 것은 하나님이 보내신, 하나님으로 인해 살아있는, 초대교회 때 예수님의 제자들이 간증하고 전한 완전히 실제적인 영, 즉 하나님의 원래의 형태 안에 **살아있는 예수님**이다.

종교는 교리나 교단의 신조로서 존재해야 하는 것이 아니라 **살아있는 영**이 되어야 한다는 것을 기억해야 한다. 살아있는 영은 지

---

1 Israel Selvanayagam, *The Dynamics of Hindu Traditions*, Bangalore, Asian Trading Corporation, 1996, 128.

2 David B. Barret, *World Christian Encyclopedia*, Oxford University, 1988, v.

적 능력의 핵심이라기보다 그 존재 자체로 중요하다.

성경에서 예를 찾아라.

예수 그리스도도 그의 제자들은 사람들에게 새로운 신조나 철학을 전하지 않았다. 그들은 결코 추상적인 생각(예를 들면 베단타처럼 항상 인간 지성의 높은 수준으로 존재하는)을 동반한 절대적인 철학 용어로 말하지 않았다.[3] 그들은 인기를 추구하는 힌두교와 기독교에서 볼 수 있는 어떤 새로운 미신적인 것들 또는 눈먼 믿음을 소개하지 않았다.[4]

그러나 그들은 하나님이 주신 영으로 사는 방법을 실제적으로 설명했다. 그들은 영에 대해서 전했을 뿐 아니라 실천까지 했다.

---

[3] 참고. 케인(P. V. Kane)의 지적인 믿음에 대한 통찰력 있는 비판. "오직 소수의 사람들만 수준 높은 추상적인 관점을 인식한다. 그 밖의 많은 사람들은 경험적인 관점만을 갖고 있다. 소수의 수준 높은 철학적인 사고를 하는 사람들만, 현실에 존재하는 것은 유일한 것이자 절대적인 것이고 다른 것들은 절대적인 것의 현상이라고 말할 능력이 있다. 그러나 보통 사람들은 그런 철학자들의 설명에 만족하지 못하거나 이해하지 못하겠다고 불평한다." P. V. Kane, *History of Dharmasastra*, Pune, Bhandarkar Oriental Research Institute, 1990 vol. V. part. II, 1508-09.

[4] 내 의견으로는 힌두교를 철학적 관점과 대중적 관점으로 분류하는 것은 인위적이라고 보지만 보통 사람들(특히 크리스천 지도자들)의 이해를 돕기 위해 여기서 시도해본다. 철학적인 힌두도 자신만의 대중적인 형태의 종교 행위를 하고 있고, 대중적인 힌두도 자신만의 철학적인 형태의 종교 행위를 하고 있다. 즉 양쪽 모두 양면을 가지고 있다. 엣저톤(Edgerton)의 설명이 도움이 된다. "힌두 사상은 근본적으로 리그베다(Rig-Veda) 중심의 경전의 영향력을 탈피했다. 그래서 힌두 사상은 영향력이 작은 즉 체험을 중시하는 대중 신앙을 유지하고 있다. 두 영역(경전 중심 신앙과 대중 신앙)을 분리하는 것은 결코 쉬운 일이 아니다. 주로 경전의 종교 의식을 중요하게 여기는 제사장들이 대중의 힌두 사상을 전수하고 있다는 것은 사실처럼 보인다. 거의 대부분의 지적인 공동체 지도자들은 경전을 중시하는 제사장 계급에 속했지만 자연스럽게(거의 불가피하게) 자신들을 둘러싼 대중 신앙의 영향을 받았다. 두 영역(경전 중심 신앙과 대중 신앙) 사이에는 반목도 없었고 우리가 열거할 수 있는 분열도 없었다. 경전 숭배자들도 대중적인 종교가 갖고 있는 관습을 따랐다. 이것이 우리가 모든 시대에서 관찰할 수 있는 현상 즉 낮은 계급의 신앙이 높은 계급의 사상 속으로 침투한 것에 대한 설명이다. 대중 신앙이 제사장 계급의 사상에 침투해서 새로운 현상이 생긴 것인지 아니면 제사장 계급 자체의 내부 혁명인지 결론짓기는 어렵다." Franklin Edgerton, *The Bhagavad Gita Translated and Interpreted*, Delhi, Mothilal Banarsidass Publishers Pvt. Ltd., First Published Cambridge, 1944, Reprint: Delhi, 1996, 10.

하나님의 말씀인 성경은 누군가의 지적인 갈증을 풀어주려고 기록된 철학적인 책이 아니다. 도리어, 현실적이고 실제적인 책이다. 신과 인간의 관계를 다루는 작업지침서라고 할 수 있을 것이다. 확실히 종교에 관한 책도 아니고 소수 개인의 지적 즐거움을 충족시키는 책도 아니다. 오히려, 하나님과 인간 그리고 인간과 인간 사이의 관계에 대한 책이다.

그래서 우리는 그 책 안에서 어떤 구호나 공식을 발견하지 못한다. 자신들의 가르침과 실천을 다른 것과 타협하지 않은 예수님과 그의 제자들처럼 오늘날 우리가 인도에서 필요로 하는 것도 타협하지 않는 실제적인 영이다. 예수님이 그 영을 자신의 삶으로 설명해 주셨다.

이 실제적인 영만이 우리가 인도 사람들을 대면할 때 겪는 모든 도전을 직시하도록 도울 것이다. '당신이 구원 받은 것을 보여주면 내가 당신의 구원자를 믿을 것이다'가 우리 앞에 놓인 도전이다.[5] 그러나 우리는 예수님의 명령(실천하고 전하라. 마 5:19)을 따를 준비가 되어 있지 않은 기독교의 애처로운 모습을 본다.

소위 명목상의 크리스천이라고 불리는 사람들을 뺀다 해도, 나머지 크리스천들도 복음을 실천하고 전한 우리 주님의 발자국을 따르지 않고 있다. 인도 크리스천 지도자들과 전임 사역자들은 어떤 희생도 치루지 않고 영광을 받으려고 한다. 복지 수준이 선진국의

---

5 라다끄리쉬난(Radhakrishnan) 박사가 자신의 선교사 친구에게 말했다. "'보통 당신 크리스천들은 우리 힌두에게 자기는 행하지 않는 엄청난 일을 요구를 하는 사람처럼 보입니다.' 그 선교사가 그 요구들은 예수님을 대신해서 한 것이라고 설명했을 때, 라다끄리쉬난 박사는 자신이 관찰한 것을 말했다. '예수님이 당신을 제대로 된 예수님의 제자로 만들지 못했는데 어떻게 그가 우리가 크리스천이 되었을 때 우리를 도울 수 있을까요?'" Selvanayagam, op. cit., 132.

수준까지 높아져야 한다고 생각하는 등 너무 많이 동경하고 기대한다. 서쪽에 있는 약속의 땅(미국, 유럽)을 방문하거나 정착하기 위해 사역의 이름으로 기회를 갖고자 하는 동경이, 우리 자신한테도 숨기고 싶은, 언급할 수 없는 욕망 사이에 남아 있다.

우리 크리스천들은 지나치게 비교하면서 살고 있다. 자선이 기독교의 독점 사업이 아니며 포기가 힌두교의 독점 사업도 아니다. 참된 포기의 영(어떤 크리스천들이 비꼬는 식으로 말하는 책임 회피나 자기 몰두가 아닌)[6]은 현재 어디서나 존재하는 물질주의를 위한 정확한 해독제다. 그리고 힌두들도 역시 참된 포기의 영을 추구한다.

주님을 섬기기 위해 힌두의 도전을 직시하고자 한다면, 크리스천들은 자신을 부인하고, 십자가를 지고, 그를 따라야 한다. 그러나 슬프게도 자끄 푸난(Zac Poonan)이 지적한 대로 '크리스천들이 돈을 만나면 똑같은 모습으로 타락한다.' 카스트주의, 힘, 신분, 분열, 그리고 권위에 더해진 번영신학과 물질주의는 살아있는 예수님의 영과 신약 성경에 반대되는 것이다.

더 앞으로 나아가기 전에, 질문을 해보자.

"왜 우리가 실패하고 있는가?"

---

6 유명한 크리스천 학자인 비샬 망갈와디(Vishal Mangalwadi)가 어떻게 냉소적으로 자기 자신에게 모순되는 말을 하는지 주의하라. "스와미 아그니베쉬(Swami Agnivesh)와 아리아 사마즈(Arya Samaj)가 선거 전에 열 명의 가장 부패한 정치가들을 찾아내 낙선 운동을 시도했다. … 인도에서 포기는 정말 가치 있는 종교 개념이다. 우리의 힌두 스승들은 '자아 초월'에 대해 아주 많이 이야기한다. 그러나 그들은 우리 '자신'이 영원한 실재라고 주장하면서 '자아 초월'을 '자아 몰두'로 이해한다. 그래서 우리는 포기한다고 하면서 대중이 아니라 우리 자아에게 관심을 돌리는 것이다. 우리 문화에는 남을 위해 자기를 희생하는 십자가의 철학 같은 것이 없기 때문에 우리 정치가들이 자기 이익을 초월해 국가의 이익을 추구할 수 없다." Vishal Mangalwadi, "Who's Sick: The System or the Society? Indian Election Analysis," *The International Indian*, Dubai, UAE. 스와미 아그니베쉬가 비샬 망갈와디의 공격에 반박하고 자신의 명성을 지키는 것은 내가 도울 문제는 아닌 것 같다.

그리고 그 질문에 대한 한 가지 유용한 해결책을 찾아보도록 하자. 개인적인 관심은 인간의 기본적인 태도가 되어야 한다. 개인적인 관심은 우리의 소통을 결정한다. 사람들은 삶의 다른 영역에서 그들의 열망을 표현하려고 소통하기를 원한다. 즉 다른 사람들과 협력하는 것을 기대한다.

그러나 복음을 전하는 데 있어, 우리의 관심은 우리 자신이 아니라 다른 사람들의 구원을 위한 관심에서 출발해야 한다. 그래서 우리는 복음을 소통하기 위한 방법과 수단을 생각해야 한다. 즉 우리 자신을 만족시키기 위해 우리가 사람들을 이용하는 무감각에 빠지지 않도록 조심해야 한다. 또한 대위임령(마 28:19)의 빛 안에서 죄의식과 죄의식에 바탕을 둔 감정적인 호소를 하는 사람들의 마음을 가라앉히기 위한 행동을 할 때도 역시 조심해야 한다.

이 원리는 영국 교회 문서에 잘 진술되어 있다.

"크리스천의 행동은 이기주의나 전도운동에 대한 집단적 이기주의가 아니라 이웃 사랑에 동기를 둬야 한다."[7]

하나님을 예배하고 섬기는 데 있어서 사랑만이 유일한 동기라면, 다른 사람들을 섬기는 데 있어서도 우리의 동기는 같아야 한다. 그러나 많은 경우 우리는 사역을 의무감을 갖고 하거나 어떤 전도 충동을 채우기 위해서 한다. 그런 과정에서 당연히 우리의 참된 관심 부족이 드러난다. 의무를 처리하기 위해 우리는 사람들에게 이렇게 말한다.

---

7 The Committee on Black Anglican Concerns. *Seed of Hope: Report of a Survey on combating RACISM in the Dioceses of The Church of England*, The General Synod of the Church of England), Church House, Great Smith Street, England SWLP 3NZ, 55.

"여기 의무 때문에 내가 당신에게 주어야 하는(나누는 것이 아니라) 복음이 있습니다. 당신이 복음 내용을 이해하든 안하든 저는 상관없습니다."

예수님과 예수님의 제자들은 진정한 관심으로 정말 복음을 사람들과 소통하려고 했다. 그러므로 현대의 크리스천들도 복음을 소통하기 위해 그들과 똑같은 관심을 가져야 한다. **왜냐하면 복음은 사람들이 이해하기 전까지는 절대 소통되지 않기 때문이다.**

사람들이 자신들의 상품을 선전하고 고객을 얻기 위해 소통하는 데 관심을 갖고 있는 세속 세계를 예로 들지 않고 종교 세계만을 본다 해도 우리는 이 관심의 예를 볼 수 있다. 스와미 비베카난다(Swami Vivekananda)는 미국에서 자신의 미국인 제자들에게 힌두 산야시(Sanyasi, 수도자)에 대해서 가르치고 있었을 때, 이렇게 말했다.

"만약 구도자들이 지식을 추구하면, 그들은 이기주의자가 되고 그들이 행하는 모든 선은 사라질 것입니다. 하잘 것이 없는 '나'를 제거하시오. 우리 안에 있는 악마 같은 행위를 죽이시오. '내가 아니라 당신이다'라고 말하고 느끼고 그대로 사시오."[8]

비베카난다는 크리스천들도 쉽게 이해할 수 있도록 '지식의 나무'와 '내가 아니라 당신'이라는 말을 사용했다. 비베카난다는 그들과 소통하기 위해서 자신의 새로운 베단타 사상을 그들의 이해 수준에 맞게 설명했다.[9] 그러나 인도의 크리스천들은 복음을 소통

---

8 Swami Vivekananda, "Inspired Talks", *Selections from the Complete works of Swami Vivekananda*, Calcutta, Advaita Ashram, 1986, 394.
9 라다끄리쉬난(Radhakrishnan) 박사 같은 몇몇의 힌두 학자들은 이 '신 베단타'(Neo-Vedanta) 사상을 샹까라의 베단타(Sankaras' Vedanta)의 또 다른 형식이라고 주장하지만 사실 신 베단타 사상은 정통 베단타 학파와 아주 다르다. 람바짠(Rambachan)

하기 위해 그런 실제적인 관심을 기울이지 않고 있다.

이 책은 이런 문제들에 관심을 갖고 있는 사람들에게 통찰력을 가져다 줄 것이다. 다른 종교를 가진 사람들[10]과 복음을 소통하는데 있어서 현재 크리스천들은 실제적인 관심 부족을 나타내고 있다. 이에 나는 주로 내 자신이 경험한 사건을 참고하여 이런 내용을 소개하려고 한다.

이런 것을 공유하고자 하는 이유는 비난이나 상처를 주기 위한 것이 아니라 내 마음 속의 짐을 나누기 위함이다. 나도 역시 전도에 대한 몇 가지 공식을 단순히 나눌 수 있으나 그런 방법이 이미 그런 공식에 면역성을 가진 다른 사람의 마음과 정신을 꿰뚫지 못할 것이다. 내가 나누는 내용이 어떤 사람들에게는 상처가 될 수도 있겠지만 어쩔 도리가 없다. 계란을 깨지 않으면 오믈렛을 만들 수 없는 것처럼, 이 책의 목적은 계란을 깨는 것이다.

어떤 비판도 그 자체에 한계를 갖고 있다. 특히 해결책 없는 비판은 어떤 가치도 없다. 그래서 나는 비판과 함께 해결책을 제시하고자 한다. 아래에 다룬 해결책은 전혀 새로운 것이 아니고 무시당했

이 그의 뛰어난 책에서 이것을 명확하게 설명한다. "샹까라(Sankara)는 자유로운 지식의 장점에 관해서 쓰루띠(Sruti, 듣는 것. 여기서는 말로 구성된 유효한 지식)의 본성과 기능에 대해 아주 다르게 이해한다. 이 말은 쌉드 쁘라만(sabd praaman)인 쓰루띠(sruti)에 대한 샹까라의 처리를 중심으로 했다. 쌉드 쁘라만은 말(sabd, 쌉드)로 구성된 유효한 지식(praaman, 쁘라만)이란 뜻이다. 이런 식으로 경전이 암시하는 모든 관점은, 비베카난다의 아드바이따(Advaita)의 묘사 안에 쓰루띠(sruti)에 할당된 상태와 기능과 아주 놀랍게 대조를 이뤘다. 쌉드 쁘라만(sabd praaman) 접근법은 경전의 필요성에 아주 다른 이론적 설명을 제공했다." Anantanand Rambachan, The Limits of the scripture: Vivekananda's Reinterpretation of the Veda, Delhi, Sri Satguru Publication, A Division of Indian Books Centre, 1995, 2-3.

10 '비기독교인'(non-Christian)이라는 용어는 의도적으로 피한다. 왜냐하면 사람들은 그들이 무엇인지(힌두, 무슬림 등)로 불려야 하고 그들이 아닌 것(비기독교인들)으로 불려서는 안되기 때문이다.

을 뿐이다. 새로운 세대가 선배들이 과거에 토론한 것을 알지 못하기 때문에 이 책에 있는 어떤 견해는 새롭게 느껴질 것이다.

이 주제를 크리스천들 특히 선교사와 복음주의 크리스천들에게 공개할 때 결말은 보통 논쟁으로 끝난다. 어떤 사람들은 설명하기도 전에 이런 주제를 거부한다. 모든 인도 문화는 우상적이라는 믿음 때문에 그런 행동을 한다. 어떤 사람들은 경청하지만 왜 기독교 전통을 급진적으로 바꿔야 하는지 질문하면서 끝맺는다.

그런 태도는 복음적 바리새주의라고 볼 수 있을 것이다. 아주 소수의 사람들은 논점의 깊이를 이해하고 우리에게 변화가 필요하다는 현실을 인정하지만 다른 사람들로부터 비난받는 것이 두려워 첫 걸음을 떼는 것도 망설인다. 물론 그런 반응에는 단순한 게으름 같은 다른 요인도 있을 수 있다. 왜냐하면 어떤 새로운 시도든지 다른 사람의 문화와 종교적 믿음을 배우는 것은 힘든 일이기 때문이다.

이 우울하고 낙심되는 반응은 크리스천들의 문제를 더 깊이 이해하는데 있어서 나에게 도움을 줬다. 인도에 있는 대부분의 크리스천들은 사회적으로 대개 다른 사회와 단절되어 있는 현실로 인해, 다른 사람들이 복음과 기독교를 어떻게 보는지도 이해하지 못한다.

선교사들은 까바디(kabaddi, 인도 전통 게임, 게릴라식 전도를 뜻함) 전도법을 실행한다. 즉 잠시 밖에 나가서 사람들을 만나고 즉시 자신의 안락한 지대 또는 집으로 돌아오는 것으로 복음 의무를 마친다.[11] 선교사들은 힌두들과 함께 살더라도 결코 힌두들의 삶 속

---

11 인도 문화에 낯선 독자들을 위해 까바디(kabaddi)를 소개한다. 까바디는 한 팀의 팀원들이 숨을 들이쉰 상태에서 그들의 안전한 지역을 떠나서 다른 팀의 팀원들

으로 깊이 들어가지 않고 자신들 주위에 특정한 공동체가 존재하고 있다는 것에 관심을 기울이지 않는다. 또한 자신들이 현지인들이 볼 때 '복음 전도자의 침입'이라고 인식할 수 있는 행동을 하고 있다는 것도 잊는다. 존 스토트(John Stott) 목사가 이 표현을 자주 적절하게 했다.

> 물론 우리는 자주 적들의 영토를 복음이라는 명분아래 침입한다(그것이 우리의 특별함이다). 그런 다음 다시 경계를 가로질러 철수하고, 기독교 요새(크리스천들이 모여 사는 곳)로 들어와, 성 밖과 연결된 다리를 들어 올리고, 대문을 맹렬히 두드리는 사람들의 호소에도 귀를 닫아 버리기까지 한다.[12]

선교사들에게 반드시 물어라.

자신들이 살고 일하는 곳에 있는 사람들의 문화적, 사회적, 그리고 종교적 삶에 관계하고 있는지를!

그들은 디왈리(Diwali), 홀리(Holi), 뽕갈(Pongal)과 락챠 반단(Rakshabandan) 같은 인기 있는 힌두 축제 때조차 이웃집들을 방문하지도 않고 이웃들이 자신들의 집을 방문하는 것을 허락하지 않는다. 축제 안에 어떤 종교적인 것들이 있을지라도, 축제는 사람들과 섞이고 배울 수 있는 가장 좋은 기회를 제공하는 강렬한

몸에 손을 대고 숨을 다시 들이키기 전에 다시 자신의 지역으로 돌아와 숨을 쉬는 인도 전통 놀이다.

12 John R. W. Stott, *Issues Facing Christians Today*, Bombei, Gospel Literature Service, Reprint, 1989, 14.

사회 행사다.

가장 큰 반감을 일으키는 질문은 '힌두들이 주는 종교행사 음식을 어떻게 할 것인가?'

이 특정한 질문에 대해서는 나중에 설명할 것이지만, 우리는 사역 대상의 삶과 필요에 대해서 배울 수 있는 어떤 기회도 놓치지 말아야 한다.

가장 심각한 비극은 선교사들이 힌두 이웃의 축제에 참석하는 것을 거절하는 것뿐 아니라 크리스천들이 사회생활을 위한(종교적이라기보다는) 가족 행사와 일반 축제에 참석하는 것까지 권하지 않거나 금지하는 것이다. 크리스천들을 힌두교의 사악한 영향력으로부터 보호하기 위함이라는 명목으로 그런 행동을 한다.

로카야(R. B. Rokhaya) 박사는 그가 네팔에서 경험한 것을 다음과 같이 소개한다.

> 비기독교 축제와 의식은 오직 유혹의 관점에서만 다뤄진다. 다사인(다쉐라), 티하르(디왈리), 그리고 국가 공휴일 때 교회들은 크리스천들이 힌두 의식에 참석하도록 유혹을 받거나 강요받는 것을 예방하기 위해서 자체 행사들을 기획한다. 네팔 힌두들이 국내외에서 고향을 방문하는 동안 크리스천들은 교회의 안전한 벽 안에 모인다. 한 크리스천이 힌두 문화를 끊지 않으면 그는 교회 안에 들어가도록 허락받지 못한다. 예를 들면, 가족 구성원이 죽었을 때 머리를 자르거나 흰 옷을 입는 것을 말한다.[13]

---

13 R. B. Rokhaya, "What if all Nepalis became Christians?," *Face to Face*, Number 9, 1996, 31.

같은 상황이 인도에서도 벌어지고 있다.

"열매를 딸 수 있을 때 따라."

이 널리 알려진 현대 선교 구호는 불에 기름을 부은 격밖에 안 된다. 크리스천들이 딸 수 있는 열매를 따려고 노력하고 있지만, 아무도 "왜 우리가 다른 나머지 사람들은 주님께 인도할 수 없나?"라고 질문하지 않는다. 우리가 딸 수 있는 열매를 딴 것에 만족한다면 우리는 더 이상 앞으로 나아가지 않을 것이다. 그리고 그런 '승리'(열매) 사역을 하는 사람들은 추가적인 어려운 사역에 대해 기도조차 하지 않는 것처럼 보인다.

인도 크리스천들은 성실하게 서양 선배들의 단계를 밟아가면서 계속 전통적인 방법으로 전도 사역을 한다. 물론 향상된 기술적인 도움을 받으면서 말이다. 대부분의 크리스천 사역자들은 여전히 어떤 독창성도 없이 서양 전통을 충실하게 따르고 있다.

그러나 인도에서 일했던 또 다른 많은 서양 선교사들은 힌두교에 대한 직접적인 지식을 획득하기 위해 힌두 경전들을 읽었을 뿐 아니라 힌두 축제에 참여하고 힌두 신전을 방문하기조차 했다. 남인도 타밀나두(Tamil Nadu), 특히 아르꼬남(Arkonam)과 찐글레뿟(Chingleput)에서 일했던 스코틀랜드 출신의 유명한 선교사 엘리스 오 쇼(Ellis O. Shaw)는 다음과 같이 말한다.

> 어느 고요한 오후에 힌두 신전을 보기 위해서 나갔다. 그곳에는 많은 우상들이 있었다. 불과 제물과 종교 의식이 소수의 예배자들이 참석한 오후 예배에 물결치고 있었다. 그 의식이 끝나자 젊은 제사장이 앞으로 나와서 우상의 목 주위에 있는 화

환에서 꽃을 때 참석자들이 자신의 머리에 꽂도록 제공했다. 남자인 경우, 귀 뒤에 걸쳤다. 예배자들이 거룩한 재를 약간 취해서 이마에 수평으로 세 개의 줄을 그릴 수 있는 기회도 있었다. 제사장이 친절하게 나에게도 꽃과 재를 제공했다. 나는 그의 은혜에 대한 보답으로 작은 동전을 그에게 줬지만 양손을 들고 나마스까람이라고 말하는 것은 거부했다.[14]

위 경험 그리고 비슷한 사례들이 많이 알려져야 한다. 우리는 다른 사람들 특히 이웃들로부터 배우기 위해 한 걸음 앞으로 내딛어야 한다. 최소한 절박하게 다음의 방법들을 우리의 사역에 시도하고 그 결과를 지켜봐야 한다. 실제로 시도하지 않은 채 비판과 방어만 한다면 우리는 완전히 이론만 가지고 싸우는 것이다.

새로운 접근법을 적용하는 사람들에게 기회를 주면 안 되는가?

많은 크리스천들이 힌두 공동체와 너무 떨어져 위 사례를 이해하기 어려워하며 전통적인 서양식 방법만을 수용하고 있다.

다음의 몇 가지 제안을 염두에 두고 힌두들을 향해 몇 걸음 떼어볼 수 없을까?

최소한 시도하라.

그리고 만약 확신이 서지 않는다면 서양 전통 방식으로 돌아가라.

---

14 Ellis O. Shaw, *Rural Hinduism: Some Observations and Experiences*, A. P. Appasamy, Chennai, CLS, 1986, 28.

제2장
힌두 사고방식과 문화 이해에 실패한 크리스천

우리가 대상으로 하고 있는 사람들의 세계관을 적절히 이해하지 않고서는 복음을 제대로 전할 수 없다. 특히 우리가 문화적, 사회적, 종교적 방수가 되는 격리실 속으로 힌두의 삶을 분리할 수 없는 인도에서는 종교, 사회, 문화에 대한 단순한 조사가 아니라 적절하고 깊은 연구가 필수적이다. 그러나 주로 우리가 힌두의 종교적, 문화적, 사회적 삶에 대해 편견을 가지고 있어서 연구하지 않고 있다.

1. 확신과 관계

우리는 항상 개인적으로 강한 확신의 토대 위에 서서 어떤 사람이나 사물을 판단한다. 확신과 판단 위에 서 있다는 말은 잘못될 수 없다는 것을 의미한다. 그러나 다른 사람을 향할 때 우리는 우리의 확신이 아니라 우리와 다른 사람과의 관계에 근거를 두고 다른 사람의 실제 상태를 받아들여야 한다고 믿으면서도 무시한다. 어떤 사람이 친근하게 우리를 대하면, 그 사람과의 관계는 우리의 추측이 섞인 확신보다 그의 행동에 좌우될 것이다. 만약 그가 적대적이면, 우리는 그와의 관계를 그만 둘 것이다.

이러한 인간 본성의 기본적인 사실은 당신이 힌두 이웃과 긍정적인 관계를 쌓는데 있어서 걸림돌이 된다. 예수님을 위해 당신의 이웃에게 다가가는 것은 하나의 예술(아름다움)이라고 할 수 있다. 하나님이 우리에게 다가오신 것처럼 우리의 현재 모습을 그대로 받아주시는 예수님을 믿으면서 인간의 보통 본성을 초월해 이웃들에게 다가가야 한다.

2. 이해하기와 이해받기

우리의 청중이 복음을 이해하도록 그들의 필요를 제대로 이해해야 한다. 대부분은 모든 사역이 성공적이고 모든 말씀이 잘 전해졌다고 단순히 상상한다. 특히 설교를 하는 사람들은 자신이 무슨 말을 전하든 청중이 이해할 것이라고 상상하면서 산다. 그러나 대부분의 시간에 그들은 청중의 진정한 필요가 아니라 자기만족을 위해 설교하는 것처럼 보인다. 이것이 인도에만 있는 독특한 문제가 아니라는 것을 존경받는 미국 선교학자가 아래에 설명으로 보여준다.

몇 년 전 나는 동아프리카의 한 도시에 새로 개척된 교회로부터 설교 초청을 받았다. 외국인 선교사들과 국내 사역자들이 노력해서 기획한 행사였다. 설교에 앞서서 '모든 연령이 참석하는' 주일학교가 있었다. 나는 어른들을 위한 성경 공부에 참석했다. 그 교회는 큰 규모의 어른 성경 공부를 반대하는 문화를 가지고 있었지만 그럼에도 불구하고 성경 공부 규모가 교회 규모에 비해서 놀랍도록 작았다.

선교사가 로마서를 가르치고 있었다. 그가 소개한 개요, 목차, 해설, 그리고 접근법은 미국 세인트루이스(St. Louis)에서 쉽게 사용될 수 있었을 것이다. 나는 그 전체 수업(아마도 로마서를 선택한 자체) 내용에 그가 받은 교육 경험, 신학 훈련, 그리고 아프리카와 전혀 상관없는 문화 안에서 했던 사역 경험이 묻어 나왔다는 사실을 분명하게 봤다.

나중에 수업 참석자들이 서로 자신의 소개를 했을 때 서양 문화(주로 직업적인 이유로)에 관심을 갖고 있는 사람들만 그 수업에 일부러 참석했다는 것이 드러났다(아프리카 크리스천들에게 그들의 세계관에 적절한 성경 지도가 절실하게 필요하다는 점에서 이것은 낙심되는 일이다).[1]

매주 인도에서 같은 일이 일어나고 있다. 드문 예외를 제외하고 대부분의 선교사들은 특히 힌두를 대상으로 사역하고 있는 사람

---

1 David J. Hesselgrave, *Today's Choices for Tomorrow's Mission: An Evangelical Perspective on Trends and Issues in Mission*, Michigan, Academic Books, Zondervan Publishing House, 1988, 152.

들(주로 외국인 선교사들이 아니라 인도인 선교사들)은 인도 사람들의 문화와 종교 신앙에 대해서 거의 알지 못한다. 그들은 성경에 대한 약간의 기본 지식이 힌두 사역을 위해 충분한 자격증이라고 가정하고 준비와 훈련도 거의 없이 힌두에 대한 많은 편견을 가지고 바로 사역 속으로 들어간다.

전형적인 복음주의 선교사는 다양한 문화적 관점을 포함한 비기독교 사회의 모든 것을 악마로부터 온 것이라고 판단한다. 선교사들은 힌두들이 힌두 종교를 따르는 자 즉 여러 개의 신들의 형상 안에 있는 악마를 숭배하는 사람들이라고 여긴다. 또한 힌두들을 불가촉천민까지 포함하는 카스트 제도 즉 무서운 사회악과 더불어 잔인하고 맹목적인 믿음을 유지하는 사람이라고 본다.

나는 선교사들에게 강의할 때마다 '내가 알고 있는 힌두교'에 대해서 종이에 써보라고 요청한다. 놀랍게도 그들 대부분은 종이가 모자랄 정도로 많이 쓴다. 한 힌두 출신의 선교사는 '힌두교는 **아무것도 아니다**'라고 대문자로 강조해서 썼다. 나중에 내가 그에게 왜 그렇게 썼느냐고 물었더니 그는 '이것이 크리스천들이 말하는 것이어서 나도 그렇게 썼다'라고 대답했다. 크리스천들은 자신이 가지고 있는 똑같은 혐오의 태도를 새 크리스천들에게 전달한다. 그런 혐오와 많은 편견을 제거하기 위해서 힌두교를 제대로 이해하는 것이 필요하다.[2]

---

[2] 이 문제를 이해한 또 다른 크리스천은 농담으로 나에게 어떻게 힌두가 강한 크리스천으로 변화될 수 되는지를 물었다. 그의 답은 '쇠고기를 먹고 힌두교에 대해 반감을 가지고 얘기하는 것'이었다.

3. 성경의 충분함

　복음주의 크리스천들은 항상 성경이 모든 면에 있어서 충분한 답이 될 수 있다고 얘기하는데, 그것은 우리가 성경을 정말 제대로 이해했을 때 그렇다고 말할 수 있다. 북인도의 한 복음주의 목사가 나에게 말했다.
　"힌두교에 대한 책들을 읽는 것은 당신의 시간을 낭비하는 것입니다. 우리 모두에게 필요한 것은 성경을 제대로 읽고 복음을 선포하는 것입니다."
　그런 태도를 취하고 있는 사람이 한 명이 아니었다. 독일 출신으로서 트랑크바(Tranquebar) 선교회 소속이었던 초기 개신교 선교사 지겐발크(Zeigenbalg)가 힌두 신앙에 대한 논문을 인도에서 고국으로 보냈을 때 할레대학에 재직 중이던 그의 지도 교수는 조언했다.
　"터무니없는 이방종교를 연구하는 것에 시간을 허비하지 마라."[3]

　　약 200년 전 세람포르 삼총사(Carey, Marshman, and Ward)는 인도의 문화와 종교를 이해하려는 노력 때문에 많은 오해를 받았다. 영국의 후원자들은 그들의 노력을 비난했고 예수님만 전하라고 주장했다. 그러나 영적 은사를 가졌고 두려움을 몰랐던 그 삼총사는 그들이 하고 있었던 것을 정확히 알고 있었다. 즉, 복음을 가장 효과적으로 전하기 위해 인도에 관해

3　Frank Whaling, *An Approach to Dialogue with Hinduism*, Lucknow, Lucknow Publishing House, 7.

배우는 것이었다.[4]

성경은 확실히 구원의 진리를 이해하는데 있어서 절대적으로 충분하다. 그러나 우리가 예수님 밖에 있는 세계를 접촉할 때 성경을 사용하는 것이 최선의 방법은 아니라는 것을 성경 자체가 보여준다. 사도들은 예수님이 잘 알려지지 않은 공회당에서 구약 성경을 인용해서 복음을 전했고, 사도 바울은 예수님과 성경이 알려지지 않은 아테네에서 성경을 사용하는 대신 보통 인간의 이해력과 그리스 시인들의 시로 시작해서 복음을 전했다(행 17장).

그러므로 모든 면에 있어서 충분한 답인 성경이 말하는 것은, 우리가 불신자들의 현 상태에서 복음을 전해야 하고 그들이 성경을 이해할 수 있는 다리를 놓아야 한다는 것이다.

모든 사람은 자신의 삶에 대해 생각하고, 이해하고, 접근하는 고유한 방법이 있다. 이것을 세계관이라고 한다. 복음을 전하기 위해 문화, 종교, 그리고 사회에 관련된 사람들의 세계관을 적절하게 이해해야 한다.

---

4 Hesselgrave. op. cit., 151. Cf. 셀바나야감의 관찰. "우리는 힌두교 연구에 기여한 선교사들이 칭찬받아야 마땅하다는 것을 알아야 한다. 그러나 불행하게도 이 기여는 두 가지 혼란을 가지고 있는 것 같다. 하나는, 힌두들이 기독교에 대한 호의적인 연구에 비슷한 관심을 보이지 않고 있는 것이다. 또 하나는, 선교에 열의를 갖고 있는 크리스천들은 호의적으로 힌두교를 연구하는 것이 불필요하거나 위험하다고 느끼는 것이다. 힌두교와 다른 종교에 대한 선교 문화유산은 인도 신학 연구소들이 계승하고 있다. 그러나 선교 문화유산에 대한 성경 연구와 신학 연구의 현황을 보면, 교회의 선교 접근법이 아직 효과적이지 않다는 사실을 알 수 있다." Selvanayagam, op. cit., 128.

4. 문화인류학적 연구

　문화인류학적 연구(대부분의 선교단체에서 최소한이라도 시도된 것에 대해 감사드린다)는 훈련 기간에만 다뤄지는 것이 아니라 선교지에서도 계속되어야 한다. 놀랍게도 나는 대부분의 선교사들이 북인도 힌두들의 기초 사회관습을 이해하거나 인식하지 못하고 있다는 것을 발견했다. 한 선교사와 대화를 나눴는데, 그는 시골 출신 여성들은 결혼식 후에도 자신들의 부모를 방문할 때 머리를 천으로 가릴 필요가 없지만, 도시에서 시골로 시집을 온 여성들은 남편의 부모를 방문할 때 머리를 가려야 한다는 것을 모르고 있었다. 이것은 누가 같은 시골 출신이고 누가 며느리인지 인식하기 위함이다(그런 관습은 남인도에는 없는 것이다. 그래서 남인도 출신인 그 선교사가 북인도에 있는 자신의 선교지에서 문화적 양상을 관찰하는데 실패한 것이다).

　사람들의 사회 관습을 알 때까지 우리는 그들에게 다가가기 위한 적절한 전략을 세울 수 없다. 알지도 못한 채 전략을 만든다면 우리는 잘못된 전략을 만들 수밖에 없고 결과적으로 그 사회에 복음을 전하기 위한 문을 닫을 수도 있다.

　내가 들은 이야기가 있다. 인도 중서부 뿌네(Pune)에 있는 UBS(Union Biblical Seminary) 출신의 두 신학생이 복음을 전하고자하는 엄청난 열망을 가지고 학업을 중단한 후, 남인도 안드라 쁘라데시(Andra Pradesh)의 한 부족 공동체로 갔다. 그들은 그 지역의 사회 관습에 대한 적절한 이해도 없이 곧 사역을 시작했고, 새 여자 크리스천들에게 뱅글(팔찌)를 제거하라고 강요했다. 그

일로 인해 그들의 사역이 중단되었다. 복음을 전하는 대신 그들이 시도한 것은 여성들의 뱅글을 제거하는 것이었다.

사회 종교 관습의 민감성과 그것들을 진리 전달의 수단으로 사용해서 성공할 수 있는 한 사례를 콜롬비아의 모틸론(Motilone)족에서 사역한 브루스 올슨(Bruce Olson)의 유명한 이야기 『밀림 속의 십자가』(*Bruchko*)에서 볼 수 있다. 다음은 그가 쓴 것이다.

> 몇 년 동안 예방접종, 항생제, 그리고 다른 약을 공급해 주는 여덟 개의 보건센터가 생겼다. 그 센터들은 또한 모틸론의 가정들이 병균에 감염되지 않도록 돌보는 일도 담당했다. 각 가정은 자신만의 농업 방법을 개발했고 궁극적으로 학교들을 설립했다. 건강센터, 농장, 그리고 학교는 문명화된 백인들이 세우거나 운영하지 않았다. 그것들은 원시적인 생활을 하고 있었던 모틸론족이 이끌어 갔다. 내가 모틸론 지역에 있었던 유일한 외국인이었다. … 많은 사람들은 그 시설들이 원시 부족 안에 생겼던 개발 사례 중에서 가장 빠른 것으로 인정했다.
> 어떻게 그런 일이 생겼을까?
> 어떻게 그것이 가능했을까?
> 두 가지 이유가 있다.
> 첫 번째는 단순한 것인데, 모틸론족은 자신들의 고유의 문화를 포기하고 백인이 되라고 요청 받은 적이 없었다. 모든 새로운 시도들은 모틸론족 자신들이 이미 알고 있는 것에 바탕을 뒀다. 예를 들면, 예방접종은 주술사가 전통적인 사혈(모틸론족의 사람이 아플 때 했던)의 새로운 방법으로 소개했다. 즉 사

혈처럼 예방접종은 병이나 죽음의 더 큰 고통을 극복하게 하는 작은 고통을 준다고 설명했다. 그런 식으로 소개하자 사람들이 잘 이해했다. 그리고 이미 사람들이 알고 신뢰하고 있었던 주술사가 다뤄서, 부족 사람들이 빨리 예방접종을 받아들이고 부족 전체에 퍼졌다. …
두 번째는 성령이었다 ….[5]

복음을 소통할 때 신화적이든, 추상적이든, 세속적이든 대상 종족의 언어를 사용해야 한다.[6] 그렇지 않으면 사람들이 이해하지 못할 것이다. 멜르 데이비드(Merle David) 박사는 마다가스카르(Madagascar)의 사례를 들어 이해의 방식과 관련한 소통의 문제를 설명했다.

아프리카 마다가스카르에서 선교사들이 예수님을 하나님의 오른편에 앉아 계시고 자신의 피로 사람들을 죄로부터 구원할 수 있는 '하나님의 양'으로 선포한 후 한 세대가 흘렀다. 복음에 저항한 한 부족의 나이 많은 추장이 부족 사람들이 복음에 무관심한 이유를 밝혔다.
"우리는 소를 기르는 사람들 입니다. 양은 싫어합니다. 우리 부족이 초기에 왔던 선교사에게 하나님의 보좌에 양뿐 아니라 소를 위한 자리가 있느냐고 물었고 '없다'는 말을 들었을 때

---

5 Bruce Olson, *Bruchko*, England, New Wine Press, 1973, 133-34.
6 "… 만약 복음을 사람들의 모국어로 즉 '태어날 때부터 사용하는, 대중이 사용하는 언어'로 표현하지 않는다면 삶의 어떤 효과도 기대할 수 없다." G. U. Pope, *The Tiruvacagam*, Oxford, 1900, xii.

우리 부족은 기독교 복음에 마음을 닫았습니다."⁷

　먼저 사역 대상의 문화를 관찰하고 연구하지 않은 상태에서 감히 사역을 시작하지도 말아야 한다. 그들의 종교 세계관에 대해서 책을 통해서 간접적인 정보를 얻을 수도 있을 것이다. 그러나 문화에 대해서는, 먼저 실제 사역을 시작하기 전에 조심스럽게 관찰해서 직접적인 정보를 구해야 한다.

7　J. Merle Davis, "Missionary Strategy and the Local Church," *International Review of Missions* 38, 1949, 408; 다음에서 인용됨. Thomas, M. M., *The Acknowledged Christ of the Indian Renaissance*, London, SCM Press Ltd., 1969, 304. 또한 브루스 올슨 (Bruch Olson)의 경험을 참고하라. "나는 바비(Bobby)가 자신의 부족에게 복음을 전하기를 갈망했다. 나는 나보다도 그가 더 효과적으로 할 수 있으리라고 확신했다. 그래서 그에게 자신의 경험을 부족에게 나누라고 격려했지만 그가 하지 않아서 내가 당황했다. 그가 자신의 부족에 대해 충분한 관심이 없어서 그랬을까? 나는 확신할 수 없었다. 나는 그를 '틀'에 밀어 넣으려고 시도하고 있었지만 나는 그것을 인식하지 못했다. 모틸론(Motilone)족에게 새로운 것은 공적 의식이 있을 때까지 진짜 중요성을 띠지 못한다. 나는 바비의 영적 경험에 흥분해서 그가 북미의 방법으로 일하기를 원했다. 그가 모임을 소집해서 예수님을 소개하거나 그의 친구들을 불러내서 소개하기를 원했다. 그러나 나중에 나는 그가 모틸론족의 방법으로 할 때까지 기다렸던 것에 대해 하나님께 감사했다. … 그 가정은 바비의 구슬픈 노래와 아드지박바이라(Adjibacbayra)가 따라 부르는 소리를 제외하고 죽은 듯이 고요했다. 사람들은 들으려고 쫑그리고 있었다. 그러나 내 마음은 영적 싸움으로 녹초가 되어 있었다. 나는 그들이 부르는 노래를 혐오하고 있었다. 그들은 우상숭배자들의 주술 음악처럼 낯선 단조 조성으로 된 노래를 읊조리고 있었다. 마치 복음을 격하시키는 것 같았다. 그러나 내 주위의 사람들 그리고 해먹에서 흔들리고 있는 추장을 쳐다봤을 때 나는 그들이 마치 자신들의 목숨이 달려있는 것 같이 듣고 있었다는 것을 알 수 있었다. 바비는 그 노래를 통해 그들에게 영적 진리를 주고 있었다. 나는 바비가 그들에게 새로운 언어로 예수님에 대해서 노래하는 것을 들을 때까지 내 방법으로 하고 싶었다. '너는 바비가 그들에게 복음을 주고 있는 사실을 보지 못하느냐?' 나는 대답했다. '그러나 주님, 왜 제가 거절당하고 있나요?' 그때 나는 내가 죄인이었기 때문이라는 것을 알 수 있었다. 나는 모틸론족의 삶의 방식을 사랑할 수 있었지만, 어떤 것이 영적인 면과 결부 되었을 때는 나만이 유일한 정답을 갖고 있다고 생각했다. 그러나 내 방식이 반드시 하나님의 방식은 아니었다. 하나님이 말씀하셨다. '나도 모틸론족의 삶의 방식을 사랑한다. 내가 그것을 만들었다. 그리고 나는 내 방식으로 내 아들에 대해서 말하려고 한다.' 나는 편안해졌고 마지막에 바비의 노래에서 진짜 기쁨을 찾을 수 있었다. 그것은 여덟 시간, 열 시간 계속되었다. 집중력이 흐려지지 않았다. … 마지막으로, 열 네 시간 후에, 그들은 노래를 중단했고 지친 상태로 해먹에서 내려왔다." Olson, op. cit., 151-53.

5. 선교사가 교사 역할을 할 때의 위험성

'새로운 크리스쳔들은 마치 어린애들 같아서 자신들의 문화에서 어떤 것이 성경적이고 어떤 것이 그렇지 않은지 모른다. 그래서 이 주제에 대해 철저히 가르치는 것이 선교사들의 책임이다'라는 것이 이 문제에 대한 일반적인 대답이다. 나도 또한 이것에 대해 동의한다. 그러나 감히 현지인들을 가르치기 전에 우리는 그들의 세계관의 정수를 확실하게 파악해야 한다. 브루스 올슨은 또 하나의 인상적인 해설을 제공한다.

> 성경에 있는 어떤 비유는 모틸론족의 문화에 적절하지 않게 보였다. 예를 들면, 바위에 집을 지어서 무너지지 않게 하는 사람의 비유다. 바비(Bobby)가 내게서 그 비유를 처음 들었을 때, 그는 삭제해야 한다고 제안했다.
> "부루츠코(브루스 올슨), 그건 맞지 않아요. 견고하게 집을 지으려면 모래위에 지어야 해요. 그렇지 않으면 기둥들이 충분히 깊이 들어가지 않아서 그 집이 무너질 겁니다."
> 그래서 우리는 그 비유를 그의 제안에 따라 바꿨다. 예수님은 듣는 자에게 진리를 명쾌하게 전하기 위해 최종적으로 그 비유를 선택하셨다.
> 그렇다면 예수님은 모틸론족이 그 비유를 이해하길 원하지 않으실까?[8]

---

8 Ibid., 169.

특히 다른 문화에서 태어나고 자란 선교사는 자신의 배경과 다른 문화를 비교하며 편견을 가진다. 그리고 이 편견에 기초해 다른 문화를 판단한다. 편견을 피하기 위해 그는 먼저 다른 문화를 적대시하는 기독교적(또는 인간적) 편견에서 벗어나 자신이 섬기고 예수님의 증인이 되고자 하는 새 문화 속에서 완전하게 성육신하도록 노력해야 한다.

마이클 그리피스(Michael Griffiths)가 말하는 것처럼 말이다.

> 기독교 선교사들은 사역 대상 종족의 세계 속에서 살고 일하고 말하기 위해 신중하고, 의식 있고, 지속적으로 노력해야 한다 …. 우리는 변하는 환경 속에서 변하지 않는 복음을 전하기 위해, 변하는 문화 속에서 우리 자신을 적응시키기 위해 활발한 노력을 하는 것이 필요하다. 17세기 언어와, 18세기 찬송가와, 19세기 복음 전도방법으로 20세기의 사람에게 다가가는 것이 필요한지 질문해야 한다.
>
> 일반적으로 우리는 선교사들에게 사려 깊게 적응하는 것을 권장한다. 당신이 보낸 선교사가 현지 문화와 소통하지 못하면 그는 신비스럽게 봉인된 외계 캡슐에서 나온 우주인처럼 보일 것이다 ….[9]

이것이 서양 선교사들이 실패한 이유다. 로베르트 드 노빌리 예수회 신부(Fr. Robert de Noblili, S.J.)와 그의 친구 안토니오 비코 예수

---

[9] Griffiths, *Give Up Your Small Ambitions*, 103, 112.

회 신부(Fr. Antonio Vico, S.J.) 같이 인도 문화에 적절히 적응하고 배우는 대신 그들은 자신들의 문화를 유지했을 뿐 아니라 현지 크리스천들에게 낯선 문화를 받아들이라고 격려했다.

보통 선교사들은 인도 문화에 적응하려는 두 신부의 노력과 방법을 현지 크리스천들에게 권하지 않았다.[10] 동시에, 선교사들이 보인 모든 신기한 것들이 매력적이어서 현지 신자들은 정말 자발적으로 서양 문화 관습을 빨리 받아들였다. 이것은 선교사들이 고국에 있는 것처럼 느낄 수 있도록 하는 데는 도움을 줬지만 복음을 들어야 하는 대다수 인도 사람들을 다가오지 못하게 막아버리는 역할을 했다.

포르투갈 사람들이 인도에 왔을 때 그들은 인도 사람들이 크리스천이 되는 것뿐 아니라 포르투갈 사람이 되기를 원했다. 그들은 크리스천들에게 포르투갈 이름과 옷을 주는 것도 모자라 소고기(힌두들이 신성시하는)와 돼지고기(무슬림들이 혐오하는)를 먹고 술을 먹도록 했다.

이런 식으로 포르투갈 사람들은 가능한 크리스천들을 '소고기를 먹고 술을 마시는 것을 혐오하는 힌두 공동체'로부터 분리시켰다. 이런 일이 남인도 고아(Goa)와 다른 많은 곳에서 있었고 결국 크리스천들과 힌두들은 다른 사회 관습을 가진 두 개의 다른 공동체를 이루게 되었다.[11]

---

10 다음 글을 보라. Fr. A. Sauliere, S.J., Revised and Re-edited by Fr. S. Rajamanickam, S.J., *His Star in the East* and also for a different and critical perspective, "Disputed Mission," by Ines G. Zupanov, New Delhi, Oxford University Press, 1999.

11 Hans Staffner, *Jesus Christ and The Hindu Commuinity*, Anand, Gujarat Sahitya Prakash, 1987, 237. 또한 David Ludden을 참고하라. "… 1885년 퇴직한 소장 스

제2장 힌두 사고방식과 문화 이해에 실패한 크리스천 · 69

로베르트 드 노빌리 신부의 시대에 마두라이 선교회에서 보고한 다음의 이야기가 이 사실을 이해하는데 도움을 줄 것이다. 1606년 11월 15일 노빌리 신부가 남인도 마두라이에 도착했을 때 곤살로 페르난데스 예수회 신부(Fr. Goncalo Fernandez, S.J.)는 학교와 병원을 운영하고 있었지만 그가 사역한 14년 동안 단 한 명의 크리스천도 만들지 못하고 있었다. 복음을 전하고자 하는 그의 모든 열정은 마두라이 주민들의 눈에 마두라이 사람들을 '파랑기'(피부색 다른 외국인)로 바꾸려는 노력으로 보였다.

왜 그랬을까?

노빌리 신부에 대한 고전적인 연구를 한 사울리에르 예수회 신부(Fr. A. Sauliere, S.J.)가 '동양에서의 하나님의 영광'(His Star in the East)에서 쓴 말을 들어 보자.[12]

> 파랑기(Paranghis)가 어떤 사람들이었을까?
> 파랑기는 원어인 페링기(Feringhee)를 남인도 사람들이 자기네 식으로 발음한 것인데, 원래는 십자군 전쟁 때 무슬림들이 프랑크(Franks) 또는 서양 사람들을 일컫는 말이었다. 포르투갈 사람들이 자연스럽게 그 이름을 물려받았다. 남인도 사람들은 삶의 방식, 품성, 종교, 그리고 문화 등 포르투갈 사람들

토클레이 워런(Stockley Warren)은 무슬림 '꿀리'(Coolie, 짐꾼)에 대한 그의 느낌을 다음의 용어를 사용하며 나눴다. 그 꿀리들은 의약 목적으로 브랜디 술을 사용하지 않았다. '내가 기억하는 꿀리들을 궁극적으로 문명화시켜 크리스천과 술주정뱅이로 만들어 자유의 세계로 안내해야 한다.'" IOL Warren papers from *Making India Hindu: Religion, Community, and the Politics of Democracy in India*, ed. David Ludden, Delhi, Oxford University Press, 1996, 187.

12 Rajamanickam, op. cit.

과 관련된 것은 무엇이든지 파랑기라는 말로 표현했다.[13] 바지와 코트를 입고 모자를 쓰고 다니는 사람은 누구든지 타구스(Tagus)의 번화가에서 태어났든지 트라반코레(Travancore)의 낙후된 지역에서 태어났든지 상관없이 파랑기로 불렸다. 파랑기교(Paranghism)는 법을 어긴 범죄자들과 카스트의 규율과 힌두의 품위를 뒤흔든 사회 반역자들의 피난처로서 힌두의 주목을 받았다.

포르투갈 사람들은 그 이름이 의미하는 불명예를 알았지만 분개하는 대신 자신들의 진급과 자신들을 따르는 인도 사람들에 대한 영향력을 강화시키는 수단으로써 환영했다. 포르투갈 사람들은 인도 크리스천들이 포르투갈 연회에 참석하거나, 카스트를 상실하거나, 이름과 옷을 바꾸거나, 포르투갈 관습을 받아들이지 않는 한 인도 크리스천들의 진실성을 믿지 않았다. 일단 한 사람이 파랑기가 되면 그는 힌두의 따가운 눈총과 화해할 수 없었다. 즉 그는 배반자로, 추방되고 버림받은 사람으로 간주되었다. 그래서 그는 포르투갈 사람들에게 착 달라붙지 않을 수 없었다.[14]

---

13 "힌두들이 포르투갈 사람들을 칭한 파랑기(Paranghi)라는 단어는 크리스천을 의미하지 않는다. 힌두들은 남인도에 존재하는 도마 크리스천들(Thomas Christians)을 파랑기가 아니라 나자라니스(Nazaranis), 새 크리스천들과 미국인 크리스천들을 마르가까레르(Maargakaarer) 또는 율법의 사람들로 불렀다. 파랑기는 코친과 마두라이에서 어떤 교육도 받지 않은 야만이고 아주 개인주의적인 사람들을 의미한다. … 그래서 어떤 포르투갈 사람들도 자신이 파랑기라는 사실을 부인할 수 있다. 포르투갈 사람이 아닌 우리 포르티오리(Fortiori)는 맹세하고 부인할 수 있다. 천주교 신부들이 파랑기라는 말에 부담을 느끼는 이유는 그 단어가 정말 의미하는 것을 모르기 때문이다"(Archbishop Ros to Aquaviva the General of the Society of Jesus from Cochin on November 28, 1612).

14 Ibid., 43.

우리가 인도 사람들이 포르투갈 사람들의 종교와 문화를 잘못 해석한 것을 포르투갈 사람들의 탓으로 돌릴 수 없고, 믿음과 별개인 문화적 관점을 명확하게 이해하지 못한 인도 사람들을 비난할 수도 없다.

그렇지만 페르난데스 신부가 파랑기교의 이상한 모습을 따르는 것을 예수님을 믿기 위해 당연히 따라야 할 것으로 장려한 결과, 열매 맺는 데 실패했다는 것은 부인할 수 없다.

> … 페르난데스 신부는 파랑기보다 더 영광스러운 이름은 없다고 완전히 확신하고 최소한의 주저함도 없이 자신의 종교를 설명하기 위해 파랑기라는 이름을 사용했다. 그는 배은망덕한 방법으로 상류 카스트 힌두들에게 파랑기 종교를 받아들이라고 초청했다. 그리고 초대받은 사람들이 모욕을 느꼈을 때, 그는 아무런 설명을 할 수 없었다. 인도 관습과 인도 방식은 그에게 조심해서 피해야 할 한 묶음의 미신이었다.
> 그의 제자들이 조상 관습을 더 많이 버릴수록 그들은 포르투갈 방식에 더 가까이 다가왔고 그것은 더 나은 크리스천이 되는 것이었다. 그에게 파랑기교는 기독교를 의미했고, 그는 어떤 사람이 이전 종교의 진짜 증명서에 구멍을 뚫지 않는 한 파랑기교에 들어갈 수 없다는 입장을 고수했다.
> 그는 인도 사람들이 거부한 것은 기독교가 아니라 신분을 나타내는 파랑기 관습이라는 사실을 전혀 생각하지 못했다. 그는 자신의 행동이 그의 삶에 가장 큰 비극이라는 사실을 한 번도 인식하지 못했다. 그는 바다가스(Badagas) 종족 가운데 밑

음의 개척자로서 자신이 어처구니없는 실패를 했다는 것을 증명했다.[15]

이 문제를 다룰 때 개신교 선교사들도 로마 천주교 선교사들보다 전혀 낫지 않았다. 그들도 한 가지 또는 그 이상의 이유로 새 신자를 기독교 집단거주 지역(Christian colonies)과 마을을 만들어 힌두 사회와 분리시켰다. 그들은 인도 크리스천들이 별개의 사회 정체성을 가져야 한다고 생각했다.

그러나 그런 생각은 완전히 비성경적이었다. 그리고 인도 크리스천들이 별도의 사회 정체성을 가지는데 도움이 될 것이라고 생각해 크리스천들이 외국인들처럼 행동하도록 장려했다. 이에 대해 마닐랄 빠레크(Manilal Parekh)는 '인도 크리스천 교회'는 인도에서 다른 공동체보다 나은 존재가 아니라 자신들만의 공동체를 조직하고 있다[16]고 제대로 지적했다.

오늘날 '예수님 안에서 새로운 아이를 가르친다'는 명목 아래 이런 실수를 되풀이해서는 안 된다. 먼저 감히 가르치기 전에 당신의 기독교적 편견을 제거하는 법을 배우라.

여기서 우리는 어떤 공동체에게 상처주기 위함이 아니라 진실을 알기 위해 '크리스천'이라는 단어 사용에 주의해야 한다. 크리스천이라는 단어가 현재 성경적이고 역사적인 의미 대신에 노빌리 시대의 '파랑기'라는 말과 다르지 않은 의미를 가지고 있다는 것은 사실이다. 최소한 상류 카스트 사람들에게, 교회에 다니거나

---

15 Ibid., 44.
16 Quoted from Thomas, op. cit., 258-59.

크리스천이 되는 것은 마두라이(Maduria)에서 '파랑기'가 되었다는 말과 똑같은 사회적인 의미를 지닌다. 소수의 지역을 제외하고, 각 교단은 특정한 카스트 지위를 가지고 있고 교회에 다닌다는 것은 다른 공동체의 구성원이 된다는 것을 의미한다. 이에 대해서 호퍼(Hoefer)는 다음과 같이 말한다.

> 최소한 마두라이의 종교적 현실을 정확한 묘사하면, 기독교가 하리잔(Harijan, 불가촉천민)의 종교가 아니라 하리잔의 교회라고 할 수 있습니다.[17]

그리고 그는 한 가지 이야기를 들려준다.

> 우리 구르꿀 대표 그나나바라남 존슨(Gurukul Director Rev. Gnanabaranam Johnson)이 전에 들려준 이야기 입니다. 그가 나다르(Nadar) 크리스천에게 예수님을 믿지 않는 나다르 아내를 원하는지 다른 종족의 출신의 크리스천 아내를 원하는지 물었습니다. 그 남자는 즉시 대답했습니다. '물론 나다르 아내를 원합니다.'[18]

---

17 Herbert E. Hoefer, *Churchless Christianity*, Asian Programme of Advancement of Training and Studies(APATA), India and The Department of Research & Publications, Madras, Gurukul Lutheran Theological College and Research Institute, 1991, 98.

18 Ibid. 55.

내가 기독교가 인도의 많은 공동체 가운데 다른 공동체보다 나은 공동체가 되기보다는 유일하게 분리된 공동체라고 지적했을 때, 여러 번 다음과 같은 말을 들었다.

> 그 문제가 인도의 문제이지(왜냐하면 인도의 다수인 힌두교가 카스트에 기반을 두고 있기 때문에) 인도 기독교의 특수한 잘못이 아니기 때문에 어떤 사람도 교회나 크리스천들을 비난해서는 안 됩니다.

우리는 교회나 기독교 공동체의 단점을 정당화하기 위해 외부인을 비난하기는 쉽다. 성경이 사람들에게 어떤 차이도 없는 동일한 공동체를 만든다는, "그리스인도 아니고 유대인도 아니다"(갈 3:28) 이론에 크리스천들이 동의한다면, 그들은 성경의 권위에 토대를 두고 예수님께 헌신해야 한다. 그리고 자신들의 단점을 가리기 위해 외부 공동체를 비난해서는 안 된다.[19]

---

19 그 예로서 다음 논문을 보라. "Caste and Church," by Dr. Ebenezer Sundarraj, in *India Church Growth Quarterly*, April-June 1985, Vol. 7, No. 2. "인도에서 카스트의 뿌리는 인종적, 직업적, 그리고 경제적, 출신 지역적, 그리고 종교적이다"라고 말한다(81). 그리고 '선교지 경험을 바탕으로 겸손하게 몇 가지를 추천' 한다고 하면서 다음을 제안한다. "교회 달력은 교회에서 일 년에 한 일요일을 브라민 카스트 제도에 반대하는 '형제애 일요일'과 '목사, 감독, 선교사 등 종교 사역자의 모임'으로 지정해야 한다. 그리고 교구, 종교, 연합 위원회의 회원 등과 같은 모든 교회 지도자는 자신이 임명된 10년 후에 그의 미혼 자녀 또는 손자와 손녀를 '낮은' 카스트 출신의 배우자와 결혼시킨다는 조건에 동의해야 한다"(83). 그가 이 모든 것을 좋은 동기로 말했지만, 15년이 지난 후에도 인도 교회는 똑같은 상태다. 더 안 좋게 된 사례도 있다. 첸나이에 있는 몇 개의 나다르(Nadar) 지역 교회가 카스트 문제(불가촉천민의 세력이 주도하는) 때문에 CSI(남인도교회) 교단으로부터 분리되어 영국 성공회 교단에 속하게 되었다는 것이다. 인도인 공동체들과 관련된 크리스천들에 대해서는 다음을 참고하라. H. L. Richard, "Rethinking Community," *Dharma Deepika*, July 2000, 51-58.

나다르(Nadar) 학생이 오직 '나다르 아내'만을 원한 것처럼, 특히 기독교 공동체라고 불리는 곳에조차 동일한 공동체가 아니라 카스트에 기반을 둔 다른 공동체들이 있다. 물론 불가촉천민 단체들은 불가촉천민 출신의 다수의 크리스천의 필요를 기억하면서 자신들의 권리를 위해 싸운다. 그러나 몇 개의 비(非)달리트 크리스천들은 말한다.

왜 교회 안에 달리트(불가촉천민) 신학과 운동만 있고 우리를 위한 것은 없습니까?

왜 우리의 필요에 응하는 OBC(수드라) 신학과 운동은 존재하지 않습니까?

달리트가 아닌 힌두 나다르 종족은 '불가촉천민'으로 인정받아 각종 정부 혜택을 받을 수 있을까요?

내가 이런 문제들을 나누는 이유는 다양한 카스트 기반의 기독교 공동체에 분쟁을 일으키기 위함이 아니라 현실을 지적하기 위함이다.

6. 설교하기 전에 배우기

선교사의 삶에 있어서 가장 큰 유혹은 즉시 설교를 시작하고자 하는 것이라 해도 무리가 없다. 마이클 그리피스는 이 문제에 대해 주의를 불러 일으킨다.

당신이 선교지에 도착할 때 미래를 위해 언어를 배우는 것이 기본이라는 것을 기억하라. 이것저것 많은 것을 시작하고자 하는 유혹이 밀려올 것이다. 당신 자신도 설교를 시작하고자 간절히 바랄 것이다. 그러나 사람들이 당신의 마음을 이해하지 못한다면 당신의 마음을 설교로 쏟아낼 의미가 거의 없다. 당신이 소란을 떨고 말씀을 전해도 상대방이 이해 못하는 소통 결과가 나온다면, 당신이 얼마만큼의 만족을 얻는 것과 상관없이 당신은 상대방의 구원에 기여하지 못한 것이다.[20]

이 진실은 언어 학습뿐 아니라 위에서 우리가 나눈 모든 것에도 적용될 수 있다. 힌두 경전, 전통 음악, 그리고 격언을 모으는 것뿐 아니라 힌두 예배, 축제, 그리고 결혼식에 참석하는 것에 시간을 할애해야 한다.

그러나 비극은 제대로 언어도 모른 채 일 년 동안의 '긴급' 훈련을 마친 후 선교지에 들어가는 경향이 만연하다는 것이다. 즉 한 묶음의 문서(전도지)를 가지고 도착하자마자 '사역'을 시작한다. 선교사들은 대상 종족이 거의 이해하지 못하는데도 항상 자기 말만 전하는 대화법을 사용한다. 이것이 바로 극소수의 사람들만이 사역에 만족스런 결과를 얻는 이유다.

먼저 배워라.

---

20 Griffiths, op. cit., 137. G. U. Pope는 이렇게 말한다. "몇 년 동안 나는 인도와 이곳 옥스퍼드대학교의 연속 강의에서 이 말을 멈추지 않고 있습니다. '당신이 지적인 사람이 되고자 하고 타밀 사람들에게 유용한 존재가 되고자 한다면, 당신은 타밀어로 생각할 뿐 아니라 타밀어로 느끼기(feel)위해서 타밀 사람들의 문화를 배워야 한다"(강조는 원문의 것임). G. U. Pope, op. cit., xi.

정보를 모아라.

당신이 동의하거나 이해하기 어려운 것들에 대해서도 인내심을 가지고 들어라.

나중에 새 신자나 관심자의 어떤 견해에도 당신의 생각이나 해석을 강요하지 마라.

그들에게 적절하고 정확하고 체계적으로 성경을 지도하고 그들이 어떤 중요하고 민감한 문제에 대해서 그들 스스로 결정하도록 허락하라.[21]

사람들을 접촉할 때, 예수 그리스도를 당신의 용어로 설명하고 '받아들이라'고 압력을 넣지 마라.

처음에 그들이 잘못된 결정을 하면 우리가 성경에 비추어 부드럽게 지적해서 고치게 할 수 있다. 반면에 당신이 급하게 판단을 해서 결정을 하면 당신의 사역이 심각하게 피해를 입을 수 있다.

인도 UBS 신학생들이 급하게 뱅글(팔찌)을 제거한 행동을 기억하라.

잘못된 방향으로 결정을 하면 그것을 고치기 위해 우리 모든 인생을 투자해야 한다. 나는 출판되지 않은 원고에서 한 복음주의 지도자가 "선교지에서 일하는 목사 또는 전도자는 문화를 진지하게 연구해서 특정 문화에 대한 자신의 경계선을 그어야 한다"라고 쓴 것을 봤다.

---

21 외부인들이 모틸론(Motilone)족의 땅을 조금씩 빼앗았을 때 모틸론족은 자신들의 땅을 지키기 위해 후퇴할지 싸울지에 대한 문제에 부딪혔다. 그들이 브루스 올슨(Bruce Olson)을 찾아갔을 때, 브루스 올슨은 어떤 가르침이나 지시나 조언을 주는 대신 모틸론족이 결정하는 것은 무엇이든지 지지하겠다고 말했다. 그 상황에서 '악에게 저항하지 마라'나 '네 다른 쪽 뺨을 돌려서 적이 때리게 하라'는 도움이 되지 않을 것이다. 그는 성경 지도라는 명목 아래 그의 어떤 생각을 강요하는 대신, 부족 사람들이 스스로 결정하도록 허락했다. Bruch Olson, *Bruchko*, Lake Mary FL: Creation House, 1995, 184.

이것이 문제다. 선교지 문화에서 일하는 전도자나 목사는 이전에 그곳의 문화에서 살아본 적이 없기 때문에 먼저 사역 대상 문화를 연구하는 것은 좋다. 그러나 새로운 종족을 안내한다는 명목 아래 '자기의 경계선을 그어서는' 안 된다. 인도인 전도자나 인도인 목사 자신이 '힌두였다가 크리스천이' 됐다면, 외국인 선교사들은 그들이 자기 문화를 새롭게 연구하도록 격려하고 선교사들의 세뇌에 의해서가 아니라 자기 스스로 경계선을 그을 수 있도록 도와야 한다.

'객관적으로' 자기 문화(세계관)를 연구할 때 처음에는 잘못 해석할 수도 있을 것이다. 그러나 서서히 고칠 수 있을 것이다. 그렇게 하는 것이 새 신자를 가르친다는 명목 아래 복음의 촉진을 영구적으로 손상시키는 것보다 낫다.

문화를 '진지하게 연구'할 때 성경 말씀을 함께 고려해야 한다. 위에 언급된 원고에, 문화에 따른 '행동'은 보통 잠재의식에서 비롯된다고 말한다. 이 같은 사실은 '객관적'인 문화 연구에 심각한 질문을 일으킨다. '객관적'인 연구를 위해 구할 수 있는 대부분의 문서들은 외부인들이 작성한 것이다. 외부 전문가들은 문화에 대한 기술적인 용어와 정확한 과학적, 문화인류학적 정의를 줄 수 있고, 그런 용어와 정의는 연구 주제를 이해하는데 아주 도움이 된다.

그러나 분석을 할 때 외부인(우리 사례에서는 선교사)들은 자신의 한계를 인정해야 한다. 현지 신자가 자기 문화를 연구할 때 선교사는 자신의 기독교 신앙과 현지 신자의 세계관에 대한 편견으로 방해하지 말아야 한다. 현지 신자는 자신의 경험과 객관적인 연구를 바탕으로 자유롭게 자신의 문화에 대한 결론을 내려야 한다. 현지 신자가 외부에서 온 선교사에게 도움을 요청할 때 선교사는 브루스 올슨이 한 것 정도의 도움만 줄 수 있을 것이다(각주 21번을 보라).

7. 비전

선교사들이 사역하고 있는 대상 종족에 대해 적절한 지식을 갖고 있지 않는 주원인은 비전에 대한 초점이 부족해서다. 많은 선교사들이 자신의 단체에서 보내기 때문에 선교지로 간다. 사역 회의에서 사역 대상과 목표가 결정되기 때문에, 그것을 따르고 선배들이 하는 대로 행동한다.

그러나 그들은 선배들만 따르기 때문에 실제로는 자기 사역을 하고 있는 것이 아니다. 선교사는 먼저 통찰력이 있어야 한다. 그렇지 않으면 제대로 사역에 몸과 마음을 투자하지 않으면서 주님의 일에 자신의 온 생애를 보낼 수도 있다.

> 사역을 하지 않더라도 비전을 갖고 있으면 통찰력 있는 사람이 된다. 비전 없는 사역은 고되다. 비전을 가지고 사역을 하면 선교사가 된다.[22]

---

22 Dunning, quoted by Oswald Sanders in *Spiritual Leadership*, 51.

8. 올바른 학습

오늘날 '배운다는 것은' 비극적이게도 어떤 신학 학위를 획득하는 것과 관련되어 있다.

신학교나 연구소에서 신학(역시 서양 신학)을 끝내고 사역지로 가서는 모든 것을 잊어라.

1991년 1월 남인도 뱅갈로르(Bangalore)에서 열린 회의에서 로저 헤드룬드(Roger Hedlund) 박사는 다음과 같이 말했다.

"인도에서 신학을 공부하는 것은 힌두들에게 나아가기 위한 선교사들에게 많은 도움이 되지 않을 것입니다."

이에 대해 신학 학사 과정을 마친 내 친구 한 명이 나에게 몇 가지를 질문했다. 나는 힌두 전도에 적절한 몇 개의 책과 용어를 언급하며 서양 신학으로 힌두를 전도하기 어렵다는 것을 설명했다. 그가 동의했다.

인도 신학교 과목들이 인도에 적당하지 않은 한 가지 이유는 어떤 사람이 다음과 같이 언급한 것과 같기 때문일 지도 모른다.

"신학은 독일에서 태동했고, 미국에서 타락했고, 스코틀랜드에서 수정되었고, 인도(신학교가 있는)의 유아들을 먹이기 위해서 병 속에 넣어졌다."

선교지의 한 선교사가 한 말을 인용하도록 하겠다.

> 지난 3, 4년 동안 태도의 변화를 생각해보면, 내가 완고한 고정관념의 사고방식에서 보다 나은 쪽으로 뚜렷하게 이동한 것을 깨달을 수 있다. … 현재 내 사역 중에 사람들이 질문하

고 제기하는 문제에 대해 나는 많은 경우 적절한 의견을 피력하고 있다고 본다. 답변과 상호작용이 문제의 핵심을 다루는 데 실패하기 때문에 선교사들은 자주 사역 대상 사람들의 관점에 적절한 감사 표시도 없이 우리가 갖고 있는 고정관념으로 대답한다.

전략과 접근법을 강조하며 하나님께 의지하지 않는 것도 실수지만 하나님께 의지한다는 말만 하며 아무것도 하지 않는 것은 더 심각한 실수다.

나는 정말 선교사 훈련 내용을 제대로 구성해야 한다고 느낀다. 현재 선교사들이 받는 훈련들은 선교지에 적절하지 않은 것 같다. 훈련을 받아도 선교사들은 자신들의 역할을 제대로 이해하지 못하고 있고, 바람직한 복음 전파 방법도 배우지 못하고 있다. B.B.I. 등과 같은 훈련을 받아도 변화가 없고 쓸모없는 정보만 엄청나게 축적하고 있다. 지도자들이 이런 문제를 다뤄주길 바란다.[23]

---

23 S. Sudarsan Thomas(FMPB), letter to Dayanand Bharati, Dadri(Haryana), 19th December 1992. 슈미트(Schmidt) 박사는 신학교 훈련의 본질과 필요에 대해서 다음과 같이 말한다. "교회 지도자들이 의무적인 신학 교육을 통해 교회를 통제하는 것은 성경적인 사례와 배치되고(행 14:23), 개인의 도덕성과 가르치는 재능과 잘못을 꾸짖는 지혜보다 학문을 중시하는 결과를 낳는다(딤전 3:2-7; 딛 1:7-9). 딤전 3:3-13과 딛 1:7-9에 있는 교회 지도자들의 자격을 분석한다면, 그는 아주 소수의 지적인 자격을 발견하고 놀랄 것이다. 열 한 개의 도덕적 자격, 하나의 도덕성을 갖춘 지적 능력, 하나의 경험, 그리고 명성과 관련된 것이 두 개 있다. 딛 1:6-9에 기록된 두 번째 목록에는 "정확한 말씀을 가지고"라는 도덕적이고 지적인 능력이 언급되어 있다(Dr. Roland Allen, "The Case for Voluntary Clergy," *The Ministry of the Spirit*, Grand Rapids: Eerdmans Pub. Co., 1962, 139). 거의 모든 교단들이 자신들이 대중 사역의 주제에 대해 가르치고 있는 것을 무시하고, 교회 지도자 후보자들에게 교회와 각종 학교에서 긴 훈련을 받도록 요구한다." Robert Schmidt, "Explanations to the Ninety-Five Theses on Church Control," 1999, in *The Transformation of the Church*, Oregon, Transformation Media, 28.

보통 선교지에서 행해지는 정규 계획표는 다음과 같다.

'나가라. 많은 사람들을 만나라. 전도지를 배포하라. 밤 모임을 인도하라. 당신이 아는 것을 나눠라(현지인들에게 필요한 것이 아니라). 보고서를 보내고 만족하라.'

나는 오랫동안 인도 선교를 위해 다양한 사람들과 함께 일했지만 단 한 곳의 선교지에서도 사역 대상 종족에게 다가가기 위한 전략에 '배우기'를 넣은 것을 보지 못했다(물론 내가 모르는 예외도 있을 것이다). 하루에 30분만 할애해도 대상 종족에 대해 많은 것을 배울 수 있다.

그러나 드문 예를 제외하고, 대부분의 선교사들은 배우기 위한 관심을 전혀 가지지 않는다(때때로 '안식년 과정'이 있어야 한다. 그 과정에 소수의 사람이 와서 듣고 그 가운데 어떤 사람들은 자료를 수집하기도 할 것이다 그러나 일단 선교지로 돌아가면 얼마나 많은 사람들이 실제로 적용하는가?).

새 크리스천들은 한편으로 새 믿음을 가지고 살지만, 다른 한편으로는 그들의 사회에서 많은 문제와 도전에 직면하기 때문에 그들 모두에게 삶은 **존재를 위한 투쟁** 자체가 된다. 그들의 투쟁을 돕기 위해서 우리는 그들에게 감히 어떤 것을 가르치기 전에 배워야 한다.

9. 새 크리스천의 사고방식

우리는 보통 힌두는 경전의 가르침과 금기사항에 대해서 어떤 것도 제대로 모른다는 것을 기억해야 한다. 보통의 크리스천이 성경에 대해 모든 것을 알지 못하는 것처럼 보통의 힌두도 단지 힌두 전통을 충실하게 따르면서 성장한다.

힌두교에 따르면, 사회 모든 전통을 충실하게 따르는 것도 종교적 다르마(Dharma, 의무)의 일부분이다. 동의하거나 그렇지 않거나 이해하거나 그렇지 못하거나에 상관없이 말이다.[24] 우리가 기억해야 하는 것은, 각자 직접적으로 지식을 얻은 것이 아니라 전통적으로 전수받고 있다는 것이다. 그래서 힌두 출신의 대부분의 새 크리스천은 어떤 특정한 관습이 문화적인 것인지 사회적인 것인지 종교적인 것인지 모른다. 그래서 그런 사람들의 말을 결론이라고 진지하게 받아들이는 것은 우리 사역에 방해가 될 수도 있다.

거의 모든 새 크리스천들은(예외가 있긴 하지만) 기독교에 대한 지나친 열정 때문에 문화적이고 사회적인 관점을 포함한 힌두의 종교 신앙을 비난한다. 크리스천들은 힌두 사회의 모든 것이 잘못되었고 자신의 기독교의 모든 것은 옳을 뿐 아니라 최고라고 생각하며 시작한다. 그러나 몇 년의 경험 후에 자신들의 새로운 믿음

---

24 "어리석은 사람들도 알지 못하지만 다른 사람들한테 들은 대로 신을 예배한다. 그리고 남의 말을 잘 듣는 지혜로운 사람들도 신을 예배한다. 그러나 지혜로운 사람은 죽음의 모습을 띤 현세의 바다를 건널 능력이 있다(세상의 문제를 해결할 능력이 있다)"(바가바드 기타 13:25). Jayadayal Goyandka, 8th ed., Gorakpur, Gita Press, 570.

에 서양 사회에서 온 서양 양념(문화)이 들어있다는 것과 자신들이 양쪽 모두를 잘못 판단했다는 것을 인식한다. 그렇다고 해서 자신들의 실수를 인정하는 것은 체면 손상의 문제가 되고 새 '기독교' 문화에서 빠져 나오는 것은 불가능하다.

이런 사례를 크리스천 여자와 결혼한 상류 카스트 출신의 크리스천들에게서 볼 수 있다. 일단 기독교로 옮긴 사람들은 옛날 문화를 지키는 것보다 새 문화(기독교)를 빨리 받아들인다. 새 문화 때문에 예수님을 모르는 친척들 앞에서 당황스런 일을 겪기도 하지만 자신들의 체면을 지키기 위해 실수가 드러나는 친척 사회로 돌아가기보다는 기독교 쪽으로 간다.

전통 기독교에서 신앙생활을 하다가 '거듭난' 신자가 있다. 갑자기 그가 이름뿐인 전통 신자들의 모든 행동들이 완전히 비성경적이라는 것을 알고 그들을 극도로 비난하기 시작했다. 특히 오순절파의 영향을 받아 거듭난 신자들은 자신의 교회와 기독교 사회의 흠을 발견하면서 힌두 출신의 새 신자보다 더 심하게 행동한다.

그러므로 우리는 갑자기 변화된 신자에게서 배우는 것을 조심해야 한다. 사회의 문화적, 종교적, 그리고 사회적 관습을 배우는 가장 좋은 방법은 사회 그 자체에서 배우는 것이다. 사역을 시작하기 전에 먼저 최소한 일 년 간 사역 대상 사람들의 삶의 관점을 연구하는 것이 장기 사역의 효과 면에서 아주 좋은 정책이다. 독일 출신의 선교사 지겐발크(Ziegenbalg)가 좋은 사례다. 그는 인도에서 인도 문화를 연구하고 글을 썼다. 파송교회는 선교사들에게 그와 같이 하라고 요청할 수 있을 것이다.

인도 선교사들은 항상 서양 선교사들을 추종하면서도 왜 이런 면에 대해서는 지겐발크 같은 서양 선교사들을 따르지 않는가?

10. 독창성 결여

현재 우리가 실패하고 있는 중요한 이유는 진행되고 있는 사역 안에 독창성과 만족이 결여되어 있기 때문이다. 생각하고 말하고 행하는 모든 것을 서양 학자나 서양화된 인도 학자들한테 승인받아야 한다고 보는 경향이 있다. 승인 받지 않으면 실행할 수 없다고 생각한다.

어떤 사람이 어떤 선교사에게 질문한 것이 나에게 전달됐다. 그래서 나는 그 질문에 답하는 방식으로 '몸, 영, 그리고 혼'(Body, Soul and Spirit)에 대한 글을 썼다. 내가 몇 개의 성경 구절을 언급했지만 어와 그리스어에 대한 무지 그리고 성경 사전과 다른 필요한 책들을 제때 구하지 못해서 그 주제를 제대로 다루지 못했다.

아무튼 내 대답은 우리가 인도(힌두)를 이해하는 것과 그 주제에 접근하는 방법에 대한 내용이었다. 그 질문은 '크리스천' 용어를 이해하지 못한 힌두가 한 것이었다. 나는 그 주제를 설명하기 위해서 바가바드 기타(Bhagavad Gita)와 우빠니샤드(Upanishads)를 사용했지만 내 개인적 이해와 경험에 기초해서 결론을 지었다.

나중에 내가 한 단체의 선교사들에게 힌두교를 가르치고 있었을 때도 그 글을 나눴다. 어떤 경험 많은 선교사가 몇 개의 중요한 비성경적인 견해를 지적한 후 말했다.

"당신이 몇 권의 성경학자들의 책을 사용하고 그 주제에 대해 성경의 관점이 뭔지 소개할 수 있다면 당신의 글이 무게를 가질 것입니다. 당신은 자주 어떻게 인도 철학 체계가 대우받고 있는지를 보여주고 그 주제에 접근했지만 이 주제[25]에 대해 어떻게 성경적인 관점을 가질 지에 대해서는 실패했습니다."

나는 즉시 내가 알지 못했던 그의 비판을 어느 정도 받아 들였지만 겸손하게 두 가지 사실을 설명했다.

첫째, 나는 성경이 그 주제에 대해서 말한 것을 완전히 무시하지 않았다. 내가 학자적인 견해를 언급할 수 없었지만 내 이해력에 기초해 성경이 말한 것을 언급하고 설명했다.

둘째, 우리는 성경을 가지고도 특히 몸, 영, 그리고 혼에 대한 주제에 대해서 제대로 이해할 수 없다. 왜냐하면 형성 단계에 있던 성경 신학도 그리스와 다른 철학 체계의 영향을 받았기 때문이다. 물론 나는 그 주제에 대한 성경 전체에 흐르는 사상에 대해 답변할 수 없었던 내 실수를 변명할 수 없다.

몇 개월 후 다시 인도(힌두)를 이해하는 것과 그 주제에 접근하는 방법을 다시 생각하기 시작했을 때 나는 할 수 있는 만큼 많은 관련 연구를 언급했고 놀라운 결론을 지을 수 있었다.

---

25 "그러나 가장 중요한 것은 초기 기독교 교부 시대의 교회가 로마 제국의 복잡한 문화적 환경 안에 세워졌다는 것이다. 즉 고유한 계시를 받아 기독교 신학을 만들었음에도 불구하고 진공상태에서 다듬어진 것이 아니라 종교, 철학, 그리고 접신학의 사상까지도 가득한 분위기에서 성장하고 발전했다는 말이다. 기독교 신학은 그런 사상의 일부에 격렬하게 반대했지만, 의식적으로 또는 무의식적으로 그런 사상의 영향을 받았다. 그런 환경에서 다른 사상과 어느 정도의 유사성을 가지게 됐다. 그러므로 초기 기독교 교부 사상의 발전을 긍정적으로 보는 사람은 누구도 이 점을 잊어서는 안 될 것이다." J. N. D. Kelly, *Early Christian Doctrines*, 2nd ed., 1960, New York, Harper & Row, Pub. 5-6.

즉 인도 크리스천이 절대 이해할 수 없는 용어와 신학(그리스와 독일에서 가져온)을 사용해서 어떤 주제라도 가르치려고 하는 것은 당치 않은 일이라는 것이다. 우리가 인도 사람들이 느끼고 이해할 수 있는 용어와 체계를 사용할 때만 그들이 성경을 이해할 수 있다. 이 말은 성경 용어와 체계가 그리스어와 히브리어 용어와 철학들과 관계가 없다는 것을 의미하는 것은 아니다. 자세히 보면 우리는 사도들이 이교도 출신 크리스천들에게 구약을 가르치기 위해 완전히 이교도적인 용어와 체계를 어떻게 자유롭게 빌려서 사용했는지를 알 수 있다. 만약 이교도들이 소통되지 않는 용어를 들었다면 그들은 구약을 전혀 이해하지 못했을 것이다.

그러나 인도 기독교 사회에는 우리가 성경의 진리를 전달하기 위해 히브리와 그리스 용어와 체계만을 사용하는 것이 적절하다는 의견과 영향이 여전히 강하다. 그런 생각을 하는 사람들은 진리를 듣는 사람이 이해하거나 못하거나에 대해 거의 상관하지 않는 것 같다. 그들은 신자들의 수준을 이해하기보다는 신자들을 자신들이 이해하는 수준까지 끌어당기려고 자신의 모든 힘을 쏟는다. 물론 신자들의 수준까지 내려간다는 말이 성경의 진리를 신자들의 믿음과 타협해야 한다는 것을 의미하는 것이 아니라는 것을 기억하기 바란다.

나는 성경을 원어로 이해한다는 명목 아래 많은 어려움과 고통을 느끼며 그리스어와 히브리어를 배우려고 하는 신자 특히 새 신자들의 갈망을 이해할 수 없다. 그리스어와 히브리어 성경을 이해하기 위해서는 많은 시간을 투자해야 한다.

어떤 사람이 그 언어들에 통달한다고 해도 무슨 소용이 있는가?

이미 히브리어와 그리스어를 이해하기 위한 쉬운 영어 자료가 많다. 이것은 누구도 그리스어와 히브리어에 시간을 소비해서는 안 된다는 말이 아니다. 그 분야의 학자들은 언제나 깊이 연구해야 한다. 그러나 보통 예수님의 제자들이 그런 어려운 분야에 귀한 시간을 투자할 필요는 없다. 그 대신 그가 기초 산스크리트어와 그 지역의 경전과 사역 대상 사람들의 언어를 배운다면 사역에 많은 성공을 거둘 수 있다.

11. 문화와 진리

하나님은 인류에게 그의 진리를 드러내시기 위해 유대 문화와 종교 체계 둘 다를 사용하셨다. 그리고 사도들도 이방인들에게 똑같은 진리를 전하기 위해 그리스 철학과 용어를 사용했다. 지금 우리가 똑같은 진리를 인도 사람들에게 소개하기 위해서는 서양을 포함한 히브리와 그리스 철학과 용어가 아니라 인도의 체계를 사용해야 한다.

라다크리슈난(Radhakrishnan) 박사는 다음과 같이 말했다.

> 아마도 기독교는 동양 배경에서 생겼고 초기에 그리스-로마 문화와 결혼한 기독교는 오늘날 인도의 유산 안에 다시 태어날 수 있다.[26]

---

26 Quoted by Whaling, op. cit., 20, from *Eastern Religions and Western Thought*, 305.

그는 특별히 다음과 같이 제안했다.

> 인도 기독교 사상을 '예외적으로'가 아니라 '성경적인 것으로' 만들고자 하는 사람들은 우빠니샤드에 들어 있는 위대한 유산을 이해해야 한다.[27]

우리는 성경의 기본 가르침으로부터 절대 벗어나지 말아야 한다. 우리가 인도 사상 체계로 진리를 전달하기 위해 노력하는 가운데 혼합주의의 위험을 감지한다면 인도 사상 체계를 포기하거나 인도 사상 체계를 진리에 맞게 적응(수정)해야 한다.

적응(수정)이라는 단어는 우리 자신의 필요에 맞게 힌두 사상 체계를 남용하거나 오용할 수 있다는 뜻이 아니다. 우리는 힌두의 가치와 전통을 민감하게 다뤄야 하며 힌두의 감정이나 생각에 상처를 줄 목적으로 사용해서는 안 된다. 이에 대해 부록2에 있는 "옴(OM) 이해하기"를 참고하라. 솔직히 우리는 이 문제에 대해 준비되지 않은 상태일 뿐만 아니라 성경의 가르침을 소통하려고 하면서 성경의 원리가 아니라 우리의 사상 체계를 사용하는 부끄러운 모습까지 보이고 있다.

인도 철학 체계에 '적응'한다는 것은 어려운 개념이다. 그것은 힌두 철학과 종교 용어의 원래 의미를 무시하고 우리의 목적을 위해 완전히 재정의해서 오용할 수 있다는 의미가 아니다. 아드바이따(Advaita, 비인격)를 예로 들어 보자.

---

27 S. Radhakrishnan, *The Principal Upanishads*, Delhi, Oxford University Press, 5th impression 1992,, Preface, 9.

많은 기독교 학자들이 지지하고 실험한 것처럼 많은 아드바이 떤(Advaitin) 종류가 인도 기독교 신학[28]을 준비하기 위한 사상 체계로서 이용될 수 있지만 우리의 목적을 위해 똑같은 아드바이따를 남용하는 것에는 위험 의식을 가져야 한다. 프란시스 클루니 예수회 신부(Francis Clooney, S.J.)는 이 위험을 경고한다.

> 독자들이 경전에 있는 아드바이따의 기록 방법에 충분히 주목하지 않은 채 그 주제를 토론하고 있다. 그래서 아드바이따가 독자들의 손에서 고통을 당하고 있다.[29]

경전 남용은 모든 면에서 위험이 따르는 방대하고 어려운 주제이고 아무도 이런 짧은 견해에 대해 적절한 토론을 시작하지도 않았다. 이 책의 제3장 "4. 우리의 신학"에 있는 더 깊은 토론을 보라.

---

28 R. Gordon은 기독교 베단타주의(Christian Vedaantism)에 대한 논문에 다음과 같이 썼다. "인도의 기독교는 베단타가 필요하지만 우리 선교사들은 이에 대해 절반도 인식하지 못했다. 우리가 아직 기독교 안에서 자유롭고 기쁘게 전진할 수 없는 이유는 더 많은 기독교 관점을 베단타로 표현하기 위한 충분한 용어와 표현 방식을 갖고 있지 않기 때문이다. 특정한 책들이나 민속 구약(an Ethnic Old Testament)이라 불릴 수 있는 베단타 문헌을 인정하는 것이 베단타주의를 이해하는데 아주 유용한 발판이 될 것이다. 신약과 구약 말씀을 가지고 하나님을 위해 일하면서 교회 성직자의 허가를 받아 그런 민속 구약을 읽을 수 있을 것이다"(From Indian Interpreter, 1913. quoted by S. Radhakrishnan, *The Principal Upanishads*, Ibid., 19.)

29 Francis X. Clooney, S.J., *Theology after Vedanta: An Experiment in Comparative Theology*, Albany, State University of New York Press, 38.

12. 독창성

내가 한 잡지사에 '문화 영향에 관해서'(In Culturalization)라는 짧은 글을 보냈을 때 담당자가 답장했다.

"당신은 경험에 기초해서 생각하는 것을 단순하게 나눴습니다. 그러나 다른 학자들이 생각하는 것과 같은 분야의 사례 연구도 인용해야 합니다. 그러면 모든 단체들이 당신의 글을 가치 있다고 평가할 것입니다."

그 사람이 의미하는 것은 '독창성을 추구하지 말고 남을 의지하며 항상 남의 생각을 빌려라'인 것 같다.

새 신자가 뜻을 알 수 없는 말과 주제를 포함해 '기독교' 전통과 관습을 지켜야 하는 것에 힘겨워한다면 기존 크리스천들은 그에게 빨리 큰 '믿음'을 가지라고 한다. 그러나 새 신자는 처음에 주님 안에서 단지 어린애 같기 때문에 이런 것들을 이해하지 못한다. 기존 신자는 새 신자에게 '우리를 따르시오. 그러면 언젠가 당신이 우리까지 이끄는 역할을 할 것이요'라고 말한다. 그러나 그 모든 것은 독창성 없는 것이다. 옛날의 바리새인들처럼 기존의 신자들은 다른 사람들한테 빌려온 전통을 새 신자들에게 강요한다.

나도 이런 문제의 희생자였다. 서양 사람들이 서로 성이 아니라 이름을 부르는 것에 익숙한 것처럼 우리 인도 사람들도 반말(타밀어로 "avan" 힌디어로 "tum")로 신을 부르는데 익숙해 있다. 이것은 신에게 가까이 나아갈 때 모든 격식을 잊기 때문이다.

그러나 인도 크리스천들(특히 타밀 크리스천들)은 주님과의 교제에서 많은 격식을 따진다. 나도 그들의 방법을 충실하게 따르기 위해 초창기 내가 작곡한 노래에 주님을 항상 존칭으로 표시했다. 그러나 개인 예배 때 복수형으로 주님을 부르면 편안하지 않았다. 나중에 내가 다른 사람의 생각을 비판 없이 받아들인 실수를 인식했을 때 나는 단수형(singular)을 사용해 자연스럽게 작곡했을 뿐 아니라 개인 예배 때에도 그 노래를 사용했다.

13. 듣지 않음

무지는 변명이 될 수 있지만 배우려는 것에 대한 비자발성은 모든 면에서 잘못된 것이다. 듣지 않는 것은 큰 죄다. 특히 단순한 전통에 지나지 않는 것을 숭배하는 사람들은 정말 듣지 않는다. 드 스멧 예수회 신부(R. de Smet, S.J.)가 말했듯이 "사람은 본질적으로 보수적"[30]이며 그들은 어떤 변화도 즉시 받아들이지 않는다. 사람들은 새롭고 알려지지 않은 면을 탐험하기보다는 그들이 현재 상태에서 안전함을 느끼며 살기를 선호한다. 현재의 안전에 위험을 느끼는 다른 사람들은 엄청난 모험 정신으로 항상 새로운 것을 탐험하는 사람들의 행동에 반대한다.

그런 모습을 통해 우리는 사도행전 18:24-28을 가지고 설교는 할 수 있지만 사도들의 정신을 가지는 것은 또 다른 문제라는 것을 알 수 있다.

---

30 de Smet S.J., Richard V. S.J., "The Gita in Time and Beyond Time," *The Bhagavad Gita and the Bible*, New Delhi, Unity Books, 1972, 10.

예를 들면, 쌋쌍(Satsang, 예배) 사역에서 내가 '아멘'(히브리어) 대신에 '따타스뚜'(산스크리트어)를 소개했을 때 힌두 출신의 크리스천들은 즉시 환영했다. 그러나 대부분의 선교사들은 새 크리스천들이 그 단어를 사용하는 것에 꺼림칙한 마음으로 허락하거나 스스로는 절대 사용하지 않는다.

한 경험 많은 선교사는 말했다.

"우리는 보수적이어서 변화를 절대 받아들이지 않을 것입니다."

내가 선교지에서 한 선교사를 만났다. 3개월 후에 그가 나에게 말했다.

"크리스천들은 당신이 있었을 때만 '따타스뚜'를 사용했습니다. 당신이 떠났을 때 우리가 그 단어를 사용하지 말라고 했고 지금 그들은 '아멘'을 사용하고 있습니다."

그는 자신이 잘못을 바로잡았다고 말하고 있었다. 그는 다른 사람들로부터 배우지 않으려고 했다. 그 지역 크리스천들은 자연스럽게 그 선교사를 따르면서 궁극적으로 다른 사람의 말을 듣지 않는 사람이 될 것이다. 인도의 크리스천들에게 사도의 도전 정신이 있어야 한다!

문제에 부딪히는 새 신자의 입장에서 생각하지 않는 것이 선교사들의 학습능력을 떨어뜨리는 주된 원인이다. 혼자서 예수님을 믿는 사람들은 비기독교인 공동체와 함께 하루 24시간을 살아야 한다. 새 신자 특히 '예슈 박따'(Yeshu Bhakta, 예수님을 따르는 사람)는 새로 발견한 믿음을 고백하는 문제뿐 아니라 비기독교인 공동체에서 생존하려고 애쓰면서 많은 문제에 직면한다.

우리가 그런 크리스천을 돕기 원한다면 그의 입장에서 생각하며 문제를 이해해야 한다. 그러나 많은 전임 선교사들은 그런 것들을 자신들의 문제가 아니라 새 신자의 문제라고 보는 듯하다. 사역 중인 선교사들이 복음과 관련된 많은 문제에 부딪히고 있다는 사실에는 의심의 여지가 없다.

그러나 그들은 결코 새 신자가 직면해야 하는 똑같은 상황에 살고 있지는 않다. 대부분의 선교사들 특히 부족 지역 밖에서 살면서 부족민들을 대상으로 사역하는 사람들은 부족민들로부터 문화적 그리고 사회적으로 분리된 채 생활한다. 실제로 아주 소수의 사람들만 부족민들과 섞여서 삶을 부족민들과 깊게 동일시한다.

새 신자가 직면하는 대부분의 문제를 다룰 필요성도 못 느끼는 선교사들은 자신들의 견해를 표준으로 여기지 말아야 한다. 오히려 새 신자를 향한 동정어린 이해심과 진실한 관심을 가지고 도전과 문제에 직면하기 위해 새 신자의 입장에서 생각해야 한다. 그런 식으로 새 신자가 자신의 공동체에 살면서 예수님의 증인이 되는 참 예슈 박따가 되도록 도와야 한다.

그런데 선교사들은 예슈 박따로서 살도록 새 신자를 격려하고 돕기보다 보호한다는 명목 아래 빼오려다 실패한다. 새 신자를 빼와 전임 사역자로 만든다고 해서 그가 반대와 핍박을 피할 수 있는 것은 아닌데도 전통 복음주의는 그것을 해결책이라고 보는 것 같다.

한 명을 제대로 훈련시켜 예슈 박따로 만든 후 그의 공동체 전부에게 복음을 전하는 것이 나은가 아니면 한 명을 빼와 그 한 명에게 만족하는 것이 나은가?

여기서 한 신자를 통해 공동체 전부에게 다가가는 것을 사람들을 기독교로 **데려와야** 한다는 식으로 이해해서는 안 된다. 오히려 예수님이 새 가치를 가져오기 때문에 모든 공동체 안에 주 예수 그리스도의 의(righteousness)를 장려해야 한다는 것으로 이해해야 한다. 이렇게 말하는 이유는 다음과 같다.

최근 첸나이에서 있었던 작은 모임에서 서양식 전통 교회 출신의 전임 사역자가 "브라민 출신의 크리스천들이 다른 사람들에게 **복음을 전하기 위해** 자신의 문화와 사회 정체성을 가지고 가족과 함께 살도록 해야 한다"고 말했다. 힌두 원리주의자들은 이런 전략을 크리스천들이 힌두를 개종시키기 위해 시도하는 책략이라고 생각할 지도 모른다. 그러나 나는 그것이 다른 사람들을 크리스천으로 만들려는 전략도 책략도 아니고 공동체와 사회 안에 새 가치를 소개하는 옳은 일이라고 본다.

무엇보다도 우리가 왜 자신의 가족과 공동체의 부분이 될 수 있는 예슈 박따의 생득권(birthright, 태어나면서부터 갖는 권리)을 빼앗아야 하는가?

전통 복음주의자들이 다른 공동체로 '이동'하는 것이 참 믿음의 유일한 표현이라고 당연하게 생각하는 상황에서, 우리는 바람직한 방향의 하나로 예수님만을 소개하는 것을 고려할 수 있다. 나는 '이동'에 대해 어떤 성경적인 배경도 발견할 수 없다. 그래서 예슈 박따 운동을 추구하는 사람들은 새 신자를 자신의 문화와 사회 상황 속에 남도록 허락하는 것을 복음 '소통'의 주요 요소라고 말한다.

소통은 외부인과 다른 문화에 복음을 전하기 위해 필요한 것이라는 것을 기억하라.

그러므로 우리 전통 크리스천들은 복음의 개념을 바꿔야 한다. 인도 사람들에게 복음은 '인도의 것'이므로 그들은 자연스럽게 자신의 문화와 사회 상황에 살면 되는 것이다.

14. 사람들의 감정 존중

'모든 사람에게 완전한 복음이 필요하다.'

이것은 사실이지만 어떤 사람도 단숨에 복음의 모든 것을 이해할 수는 없다.

'예수님의 재림과 심판을 포함한 완전한 복음을 나눠라. 왜냐하면 이것이 당신이 설교할 마지막 기회이거나 당신의 청중이 들을 마지막 기회일 수도 있으니 말이다.'

이것은 복음 전파 전파 방법을 극단적으로 단순화한 생각인데 아마도 교회의 '부흥회'에서 쉽게 들을 수 있을 것이다. 그러나 어떤 사람도 한 자리에서 자신의 이웃에게 창세기부터 계시록까지 설교할 수는 없다. 우리는 기술적인 용어를 사용해서 구원의 필요에 대해 바로 나누지 말아야 한다.

먼저 신뢰 관계를 발전시켜서 호기심을 유발시키고 그 사람이 자신에게 필요한 것과 자신이 성취하지 못한 것에 초점을 맞추도록 도와라.

이것은 우리가 즉시 그리고 직접적으로 상대방이 죄인이라는 것을 지적하고 그에게 기독교 교리를 가르칠 필요가 없다는 것을 의미한다.

복음주의 공식, 특히 상대방에게 상처를 주면서 다가가려는 당신의 노력에 그가 마음을 닫는 상황을 피하라.

다른 사람의 감정을 존중하라.

이것은 힌두 이웃에게 다가갈 때뿐 아니라 새 신자들을 대할 때도 우리에게 필요한 태도다. 몇몇 인도 선교사들은 자신들과 같은 일을 하는 인도 선교사들 뿐 아니라 새 신자들도 존중하지 않는다. 그들은 결코 새 신자들을 믿지도 않을 뿐더러 발전하도록 허락하지도 않는다. 그들은 항상 서양 선교사들의 사역을 찬양하면서도 인도 사역자들이 하는 것에는 엄청난 비난을 가한다.

15. 선교사들을 향한 태도

우리 인도 사람들 특히 크리스천들은 백인의 피부를 동경한다. 그래서 그 피부 때문에 서양 선교사들의 부정적인 면에 상관하지 않고 그들의 모든 것을 칭찬하는 위선을 보인다.

서양 선교사들이 인도에 어떤 종류의 기독교를 만들었는지 보라. 다른 나라에 없는 괴상한 기독교 말이다. 내가 서양 선교사에 대해 논할 때마다 인도 크리스천들은 즉시 화를 낸다. 그러나 내가 모든 문제에 대해 서양 선교사들을 비난하는 것은 아니다. 그들 가운데 얼마는 성실했고 하나님을 위해 인도에서 자신들의 삶을 바쳤다.

나는 그들의 헌신과 열심 앞에 절이라도 하고 싶은 심정이다. 나는 그들의 헌신과 열심을 따라갈 수 없다는 것을 인정한다. 그러나 그들 가운데 적지 않은 사람들은 인도에 예수님이 필요한 이유를 소개하며 자기도 모르는 채 인도에 해를 끼쳤는데 어떤 사람들은 터무니없게도 일부러 그렇게 했다.

다행스럽게도 많은 가난한 배경 출신의 평신도 선교사들은 단지 설교하기 위해서가 아니라 복음을 나누기 위해 검소한 전도자로서 왔고 항상 겸손했다. 오점이 없었던 것은 아니었지만 그들은 인도 사람들이 영적으로 그리고 사회적으로 발전하도록 도왔다. 그러나 다른 많은 선교사들은 제국주의에 대한 자부심을 갖고 와서 비성경적인 성직자 계급 제도 안에 서양 교회 구조를 강요하고 주인 노릇을 했다.

현재 어떤 사람들이 편견 없이 선교 역사에 숨어 있는 진실을 밝히려고 노력하고 있다. 그러나 그런 감정적인 주제를 다룰 때 자신들의 선입관을 극복하기가 쉽지 않다. 다음의 두 책을 예로 들 수 있다. 아룬 쇼우리(Arun Shourie)의 최근 저서 『인도의 선교사: 연속, 변화, 진퇴양난』(*Missionaries in India: Continuities, Changes, Dilemmas*, 1994)과 그 책에 대한 비샬 망갈와디(Vishal Mangalwadi)의 응답인 『선교사의 모략: 포스트모던 힌두에게 쓰는 편지들』(*Missionary Conspiracy: Letters to a Postmodern Hindu*, 1994)은 읽을 가치가 있다.

그러나 그 두 책은 진실을 알리려고 시도하다가 자신들의 편견으로 인해 오히려 사람들에게 비판의 대상을 받고 있다. 독자들은 의심할 여지없이 분명 나보다 더 명확하게 그들의 편견을 알아차릴 것이다.

'많은 진실은 상처를 남기고, 거짓말은 속이고, 절반의 진실은 파괴하고, 모든 진실을 말해주지 않으면 상대방이 실망한다'는 말을 기억하면서 그 책을 읽어라.

16. 선교사들의 태도

선교사들이 인도와 인도 크리스천에 대해서 쓴 것을 읽으면 당황스럽다. 씨따 람 고엘(Sita Ram Goel)도 선교사의 태도에 관한 많은 글을 남겼다(그는 교회와 선교 단체에 대해 신랄하게 비평을 했지만 자주 편견으로 치우쳤다).

> 선교사들이 현지인들을 묘사한 것을 보면 그들이 현지인들을 경시했다는 것이 드러난다. 1855년 동인도 캘커타에서 개최된 외국인 선교사 대회는 '원주민들은 인간이라고 보기에는 모든 면에서 부족하다'고 선포했다.[31]

> 1872년 북인도 알라하바드에서 개최된 또 다른 외국인 선교사 대회에서 외국인 선교사들은 '많은 또는 대부분의 교육받은 현지 크리스천'이 유럽 선교사들을 향해 '신랄함, 의심 또는 혐오'의 감정을 나타내고 있는 것을 걱정하며 다뤘다. 그리

---

31 Quoted from Sita Ram Goel, *Catholic Ashram: Adopting dapting Hindu Dharma*, New Delhi, Voice of India, 1981, xxv.

고 그 급진주의자들에게 '경고했다.' 인도 현지 교회가 경제적으로 유럽 자금에 의지하는 한 재정 독립을 할 때까지 인내심을 가지고 유럽 선교사들에게 호의를 표하는 것이 더 적절할 것이라고 말이다.[32]

초기에 무시당하고 모욕 받았던 힌두 출신의 크리스천들이 복음 소통의 선구자로서 주목을 받고 있다. 지금 우리가 많이 듣는 크리슈나 모한 바네르지아(Krishna Mohan Banerjea), 빠르니 안디(Parni Andy), 깔리 짜란 바네르지아(Kali Charan Banerjea), 숀(J. G. Shome), 아빠사와미 삘라이(Appaswami Pillai), 그리고 사두 선다 싱(Sadhu Sunder Singh) 등이 바로 그들이다. 선교 단체는 초기에 십자가에 못 박혔던 사람들을 부활시키고 있다. …[33]

… 나는 몇 년 전 한 젊은 외국인 선교사가 나에게 한 말을 아직도 기억한다. 그는 감히 자신에게 악수를 하려고 나온 한 인도 교회 성직자(인도 대학 졸업자)를 건방지다고 하며 이렇게 말했다.
"대학을 마쳤고 유럽 복장을 한 그의 노력을 가상하게 여겨 내가 그에게 악수를 해줬습니다!"[34]

---

32 Ibid., xxv-xxvi.
33 Ibid., xxxix.
34 V. S. Azariah, at Edinburgh 1910, quoted by R. E. Hedlund in *Roots of the Great Debate in Mission*, Madras, ELS, 1981, 177.

물론 외국 선교사들이 공식적으로는 인도를 떠났지만 어떤 사례를 보면 여전히 오늘도 인도 교회에서 자기들 나름대로 사역을 하고 있다. 그리고 여전히 서양 교회는 몇몇 인도 교회와 선교 단체들을 직접적으로 통제하고 있고 그들은 인도 크리스천들이 자신들이 연주하는 선율에 따라 인도 춤을 추기를 원한다. 이런 일은 과거의 역사일 뿐만 아니라 오늘날의 현실이고, 인도뿐 아니라 거의 모든 비(非)서양 나라, 특히 아시아에서 벌어지고 있다.

사정은 약간 다르지만 다음의 네팔 사례 연구는 외국 선교사들이 어떻게 현지 크리스천들을 통치하며 자발적인 교회 확장을 막는지를 설명한다. 이 내용을 나눌 수 있게 허락해 주신 마크 존슨(Mark Johnson)에게 감사드린다.

> 오늘 아침 내가 들은 한 이야기를 당신에게 들려주고자 한다. 들려줄 가치가 있는 교훈적인 내용이라고 생각한다. 몇 달 전 부유한 건축가와 그의 아내가 네팔을 여행하고 있었다. 호텔에서 그들은 종업원에게 아는 크리스천이 있는지 물었다.
> "예, 여기서 일하는 한 사람이 있어요."
> 지체 없이 그들은 그 크리스천에게 교회와 목사에 대해서 물었다.
> "이번 주에 저와 함께 교회에 가시면 어떨까요?"
> 그들은 목사를 만나 초라한 교회를 본 후 안타까워서 새 건물을 지을 수 있도록 후원하겠다고 했다. 동기는 좋았지만 일이 진행되며 또 다른 문제를 야기시켰다. 그 부부는 목사가 가진 큰 부지 매입 계획을 듣고 그것을 사라고 했다.

마지막 주에 그 교회는 그 부부로부터 새 건물 공사를 위해 25만 달러를 후원 받았다. 그곳 보통 사람들의 월급이 60달러인 것을 고려하면 그 후원금은 아주 컸다. 그러나 그 금액 이상으로 나에게 생각할 거리를 준 또 다른 일이 생겼다. 그 후 그 목사가 소포 한 상자를 받았고 그 안에 있는 마분지 재질의 책을 펼치자 교회 모형이 튀어나왔다. 당신이 좋아할지 안 할지 모르지만 아무튼 상자 안에 교회가 있었다. 전혀 상식 밖의 이상한 모양은 아니었지만 상자에서 모형이 나온 사실 그 자체가 기괴했다.

내 아들 필립의 경우에 비추어 보자.

그 아이는 성탄절 선물로 메카노(Meccano) 조립 세트 장난감을 받았다. 그것은 450개의 조각과 설명서로 되어 있다. 그 설명서는 도구 사용법과 모형을 짓기 위한 기본 단계를 알려준다. 그 다음 건축 단계 안내서를 동반한 몇 개의 모형이 있다. 아마도 필립은 그 안내서를 따를 것이다. 그러나 그는 세트 조각들을 자기가 생각한 다른 모형을 만드는데 사용할 수도 있을 것이다. 그는 메카노 세트가 제공하는 틀 안에서 자기가 원하는 것을 표현할 수 있는 자유를 가지고 있다.

그러나 장남감 세트와 달리 네팔의 크리스천들은 자기들의 생각을 표현할 자유를 전혀 갖지 못했다. 그들은 문자 그대로 마분지 모형의 교회 또는 신학적으로 이해하기 쉽게 요약한 모양과 공식의 교회를 상자에서 꺼내서 그대로 짓기를 요구 받았다. 그 교회의 모양은 조립 안내서에 쓰여 있는 모형 같다고 볼 수 있지만 네팔 크리스천들은 택할 수 있는 여러 개의 모양이 없었다. 모형을 하나만 제공해 주고 다른 예외 조항을 두지 않은 것이다.

다른 날 나는 내 생각이 너무 이상적이라며 동의하지 않은 한 방문객과 이야기를 하고 있었다.

글쎄, 우리 생각을 타협해야 할까?

이상적인 것을 실현하기 어렵기 때문에 약간만 성경적인 방식으로 해도 될까?

성경이 위태로운 상태다. 대부분의 현지 그리고 국외로 추방된 크리스천들은 외국인들의 비성경적인 행동을 이해하지 못한다. 그들은 외국인들이 자신들에게 말도 안 되는 것을 강요했다는 것을 나중에 알아차렸다.

우리는 성경으로 살아야 하지만 오늘날 그렇게 사는 것은 이따금 힘겨운 일이다. 그러나 우리는 하나님의 은혜로 언젠가 변화가 일어나리라는 희망을 품는다. 상자 밖을 생각한다. 이웃들에게 완전한 성경과 문화의 본래 모습이 함께 존재하는 복음을 전해줄 수 있으리라 기대한다. 그런 생각들을 실천할 용기와 지혜를 소망하며 나아간다.

17. 인도 교회 안에 있는 서양 교회의 규정

몇 개의 사례를 인용한다. 인도 중부 마하라쉬트라(Maharashtra) 주(州)의 자유감리교단(Free Methodist)은 선거로 두 명의 감독을 선출하지만 최종적으로는 미국 자유감리교단이 '권리'를 가지고

그 중에 한 명을 지명한다(인도 노예 감리교회라고 하는 것이 더 정확하겠다).[35]

여전히 오늘날에도 미국 감리교단은 인도 감리교단의 감독 선거에 '감시자'를 보낸다.

인도 크리스천을 위한 감독 선거에 미국 감리교단의 감시가 왜 필요한가?

감시자들이 인도 감리교단의 요구로 자유롭고 공정하게 치러지는 선거를 확인하러 온다면 미국 감리교단이 오히려 인도 교회의 노예일 것이다. 그러나 그런 요구도 없는데 미국 감리교단이 감시자를 보낸다면 그것은 미국의 인도를 향한 제국주의적 행동이다.

나는 지금도 내가 인도 자유의지 침례교단(Free Will Baptist) 대회에서 본 것을 잊을 수 없다. 인도 크리스천들이 제단 호명(the altar call)에 따라 미국 지도자 앞에 복종의 예를 표했다. 나는 아름다운 설교를 한 그 설교자를 비난하지는 않을 것이다. 모든 회중은 이미 전에 '복종 의식'(surrendering ceremony)을 교육 받은 상태였다. 그리고 '제단 호명'을 했던 사람은 교육 받은 대로 힌디어로 사람들을 향하여 다시 한 번 헌신하라고 요청했다. 그는 설교 내용에 대해 헌신하라고 한 것이 아니다.

오직 나와 힌두 출신의 한 명의 신자만이 그 의식에 참여하지 않았다. 그 의식이 있기 이틀 전부터 내가 그 신자에게 이 문제를 언급해서 그도 문제의식을 갖고 있었다. 모든 참석자들이 그 지도자에게 절을 했고 지도자의 아내는 사진기를 준비해서 몇 장의 사

---

35 야바트말(Yavatmal)에서 사역하고 있을 때 내가 들은 이 말을 나중에 한 자유감리교 목사가 사실이라고 확인해줬다.

진을 찍었다. 의심할 여지없이 그 지도자 부부는 그 사진들을 자신들의 사역을 통해 예수님을 영접한 많은 사람들에 대해 본국에 보고할 때 자료로 쓸 것이다. 에로드(Erode)의 폴 카난(Paul Kannan)은 위 사건에 대한 내 원고를 읽고 몇 가지 흥미 있는 이야기를 나눴다. 다만 공간 부족으로 인해 그들의 이야기를 이곳에 싣지 못했다.

나는 우리 인도 사람들(힌두와 무슬림)이 이런 식의 전통에서 벗어나려고 영국의 통치로부터 독립했다고 말하곤 하지만 인도 크리스천들은 아직도 지배를 받고 있다.

위의 한 가지 기괴한 의식 때문에 내가 외국인에게 반대하는 것은 아니다. 나는 '자유'를 갖고 있는 인도 사람으로서 그들의 통치 즉 제국주의 기질에 강하게 반대하는 것이다. 외국인들은 우리 인도 사람들이 스스로 예배하고, 기도하고, 생각하고, 나누고, 인도 교회를 세우는 것을 결코 허락하지 않았다.

지금 그들은 다른 형식으로 계속 통치하고 있다. 과거에 서양 선교사들은 인도 문화에 적절한 교회를 세우려고 노력한 인도 사람 브라마반답 우빠으야이(Brahmabandab Upadhyay), 깔리 짜란 바네르지(Kali Charan Banerjea), 다스(R. C. Das), 그리고 다른 사람들과 싸웠다. 그리고 그들은 심지어 지위와 돈을 사용해서 그 선각자들에게 큰 고통을 줬다. 씨따 람 고엘이 좋은 사례를 제공한다.

> 선교 단체는 실제로 영어로 교육 받은 힌두 상류 카스트 출신 크리스천들에게 각종 혜택을 제공했다. 그러나 그 가운데 누군가가 인도 고유의 가치에 존경심을 갖거나 또는 선교 단체

안에서의 자신의 위치에 대해 자만심을 가지면 좌천되었다. 1856년 알렉산더 더프 선교사는 자신의 제자 랄 베하리 데이 (Lal Behari Dey)가 두 명의 힌두 출신 크리스천들과 함께 캘커타에 있는 스코틀랜드 선교회의 위원회에 입장할 수 있도록 요청했을 때 그를 '권모술수의 주모자'라는 명목으로 탄핵했다.[36]

사두 선다 싱이 유럽을 방문했을 때 한 외국인 감독은 유럽 크리스천들에게 글을 써서 선다 싱을 적대시 하라고 경고했다. 외국인들은 과거의 제국주의 시절부터 시작된 거만한 태도를 가지고 아직도 인도 교회에 영향을 주고 있다. 선교사들의 피부색과 국적은 바뀌었지만 그런 태도는 여전히 남아 있다. 현재 현지 인도인 선교사들도 서양 지도자들을 본받아 똑같이 행동하고 있다. 그들의 관심은 인도 사람들이 아니라 권력을 쥔 외국인들이다.

18. 오늘날에도 문제가 많은 선교사들

"새 신자들을 당신과 동등하게 존중하거나 대접하지 마라. 그들을 당신과 동등하게 대하면 언젠가 그들이 당신의 자리를 빼앗을 것이다. 그들을 적당한 자리에 배치하라."

이 말은 외국 선교사들이 한 것이 아니라 남인도 타밀나두에서 사역하는 인도 선교사들이 한 것이다. 그런 선교사들은 새

---

36 Goel, op. cit.,

신자들이 성장해서 지도력을 차지하는 것을 보고 싶어 하지 않는다. 그들은 새 신자들이 자신들의 자리를 위협하는 것과 새 신자들이 성장하며 명성을 얻는 것을 원하지 않는다. 그들은 사역지에서 왕 노릇을 하고자 한다. 새 신자들이 너무 자주 숨 막히는 감정을 느끼는 이유가 바로 교회가 새 신자들의 믿음을 보호한다는 명목 아래 표현과 생각의 자유에 재갈을 물리기 때문이다. 로카야(K. B. Rokhaya) 박사가 이에 대해서 그의 경험을 나눴다.

> 나는 생각하기 시작했다.
> 우리 교회 지도자들이 원하는 것처럼 모든 네팔 사람들이 크리스천이 되면 어떤 일이 생길까?
> 우리 교회에, 다채로운 전통에, 우리 민족의 다양성에 뭐가 남을까?
> 위험한 풍조가 생기고 자유는 거의 없어지지 않을까?
> 교회가 삶의 거의 모든 면에 지침을 내릴 것이다. 사람들은 세속 잡지를 읽거나 TV를 시청할 생각의 자유도 갖지 못할 것이다. 벽의 그림에서 책꽂이의 책까지 모든 것이 기독교에 대한 것이어야 한다. 나는 힌두였을 때처럼 교도소에 앉아 있는 느낌을 가질 것이다. 그때보다 훨씬 더 적은 자유로.[37]

개인적으로 로카야 박사를 만났을 때 그가 말했다.

---

37 Rokhaya, op. cit.

"홀리(Holi) 축제 때 우리 모든 이웃들이 즐겁게 화려한 색을 뿌리며 놀고 있었지만 우리 아이들은 집 안에 앉아서 부러워하며 눈물 짓고 있었습니다. 우리는 아이들을 밖에 보낼 수 없었습니다. 왜냐하면 그 사실이 교회에 알려지면 곧 엄한 징계를 받았을 테니까."

선교사들은 일반적으로 다음과 같이 말한다.

"우리가 아직 새 신자들의 삶에서 깊은 헌신을 발견하지 못하는데 어떻게 무턱대고 그들의 믿음을 신뢰할 수 있겠는가?"

이것은 내 상상이 아니라 타닉칼(John S. Thannickal)이 박사 과정에서 마드야쁘라데시 주(州) 시호라(Sihora)에 있는 마도마교회(the Mar Thoma Church)의 크리스타 빤티 아쉬람(The Christa Panthi Ashram)에 대해 연구하고 쓴 보고서에 있는 것이다.

> 예수님의 성육신을 통해 우리는 선교할 때 외국적이지 않게 해야 한다는 것을 배울 수 있다. 마도마교회에서 운영하는 아쉬람(Ashram: 종교, 명상, 수련회 목적의 건물)은 외국적인 것을 잘 걸러서 힌디어를 구사하는 마드야쁘라데쉬 출신의 일부 크리스천들을 모집해 오고 있다. 그럼에도 불구하고 불구하고 소름 돋는 일이 있는데, 30년의 아쉬람 역사 동안 북인도 출신의 어떤 신자도 아쉬람의 사역자로 임명돼지 않았다는 점이다. 즉 그 아쉬람의 사역자들은 그 지역의 새 신자들의 믿음을 신뢰하지 않아서 평신도로 머물게 했던 것이다. 현재 그 아쉬람의 사역자들은 모두 남인도 케랄라 출신이다.

타닉칼은 선교사의 책무 안에 존재하는 심각한 영양소 결핍에 대해 관심을 갖고 이런 불균형의 원인을 파악하기 위해 그 선교회 소속 연구소 직원을 면담했다. 직원의 답변에서 25년 전 외국 선교회의 특징을 볼 수 있었다.

"아쉬람의 예배에 참석하는 크리스천 가운데 사역자로 적합한 사람은 한 명도 없습니다."

소수의 인도 사람이 예수님을 믿는다고 해서 우리가 복음을 제대로 소통하고 있는 것은 아니다. 마도마선교회는 다음의 말을 인식할 필요가 있다. 진짜 복음을 소통하고자 하는 교회는 반죽 속의 누룩(눅 13:21)처럼 행동할 수 있어야 한다. 상호 작용 과정에서 누룩의 형태는 사라지고 반죽이 누룩의 핵심을 흡수한다.[38]

새 신자의 삶에서 아직 깊은 헌신을 발견하지 못한다면 그것에 대해 누가 비난 받아야 하는가?

선교사들이 신자들에게 참된 제자도를 가르치지 않는 것을 보면, 선교사들에게 어떤 것이 확실히 부족하다는 것을 알 수 있다. 우리가 사도 바울처럼 "내가 그리스도를 본받는 사람이 된 것 같이 너희도 나를 본받는 사람이 되라"(고전 11:1)라고 말할 수 있는 자격을 가지고 있다면 우리는 현지 신자들의 삶에 똑같은 헌신을 기대해 볼 수 있다.

제자들이 스승보다 높지 않다(마 10:24).

---

38 John Samuel Thannicka, *Ashram: A Communicating Community*, a dissertation presented to the faculty of The School of world Mission and Institute of Church Growth, Fuller Theological Seminary, May 1975, 272-73.

19. 종교 또는 제자도?

예수님은 현재의 기독교 특히 교단의 종파적 애착과 상관없다. 명목주의와 '서양 양념'(정확하게 예복과 성직자 직함 등) 안에서 다른 종교보다 나은 점을 찾아볼 수 없다. 특히 당신의 이웃이 힌두라면, 그는 지켜야 할 자신 만의 사회 규범(종교가 아니라)을 갖고 있다. 힌두교에 따르면 사람은 다른 사람의 사회 규범(바가바드 기타 3:35,[39] 여기서도 종교가 아니라 규범)을 따를 수 없다. 왜냐하면 각 사람은 자신의 규범 안에 태어나기 때문에 자신이 따라야 할 고유한 규범을 가지고 있기 때문이다.

그리고 힌두교에 따르면 사회 규범(종교라기보다는)은 사람의 과거 업보(karmas)에 기초한 삶의 율법이다. 힌두가 고유한 인간성에 기초해 분투하고 있는 것을 기억하면서 예수님이 어떻게 업보를 극복하도록 돕고 특별한 성취에 이르도록 하는지 보여줘라. 예수님은 우리에게 예수님의 제자를 만들도록 요청했지 서양식 신앙생활을 하는 신자를 만들라고 하지는 않았다.

---

39 "한 사람의 고유한 의무는 비록 장점이 없다 해도 다른 사람이 잘 수행한 의무보다 낫다. 고유한 의무의 수행에 포함되어 있는 죽음도 행복을 가져 온다. 그러나 다른 사람의 의무는 두려움으로 가득 차 있다"(바가바드 기타, 3:35). Goyandka, op. cit., 169.

20. 조직화된 종교 또는 사회

인도 사람들의 의식구조 안에 사회는 조직화되어 있지만 종교는 그렇지 않다. 힌두들에게는 종교적 업무에 관해 자신들을 안내할 교황이나 감독이 없다. 물론 종교 의식을 돌보는 것은 교회에서 지명된 목사가 하는 것처럼 제사장들의 의무지만 힌두들은 절대 '지명된' 종교 지도자를 자신들의 영적인 스승(구루)으로 받아들이지 않는다. 그들은 자발적으로 교사와 스승(구루)을 선택하고 받아들인다. 어떤 권위도 힌두들에게 교사와 스승을 '지명'하지 않는다.

샹까라짜르야스(Sankaracharyas)의 전통처럼 선택된 지도자의 경우에도 사람들은 그 지도자를 받아들일지 거부할지에 대해 자유를 가진다. '힌두교의 가장 신선한 관점 중의 하나는 개인에게 선택의 자유를 인정하는 것이다'(바가바드 기타 18:63을 보라).[40] 아래 영적인 선택에 대한 힌두의 자유를 보라.

전형적인 힌두에게 빤디뜨(pandit, 힌두 제사장), 빠드리(padri, 목사), 그리고 마울비(maulvie, 무슬림 사제)들은 영적인 스승도 교사도 아니다. 이 종교 중재자들을 영적인 진리를 나누는 사람이 아니라 탄생, 결혼, 그리고 죽음과 관련된 각각의 종교의식을 집행하는 사람이라고 볼 뿐이다.

유럽 선교사들이 인도에 조직화된 종교를 가져와서 조직화된 인도 사회에 강요하려고 했지만 결코 성공하지 못했다. 서양 교회

40　From Indian Mystica(CD). -From the Editor, 4.

방식을 따르는 라자 람 모한 로이(Raja Ram Mohan Roy)와 께샵 짠드라 쎈(Keshab Chandra Sen) 같은 지도자들이 르네상스 운동이라고 부르며 힌두교를 조직화하려고 시도했지만 실패했다.

예를 들면, 브라흐마 싸마즈(Brahma Samaj), 쁘라르트나 싸마즈(Prarthna Samaj), 새 제도 교회(Church of the New Dispensation) 등의 운동들이다. 크리스천들은 몇 명이라도 예수님을 따르기로 결정하면 즉시 특정 교단의 이름으로 종교 구조를 만든다.

> 사람들이 조직, 전통, 그리고 법령을 만드는 것은 자만심에서 나오는 행동이며 복음을 악용하는 것이다. 그런 경향은 안전과 사회적 지위를 유지하려는 인간의 모습 속에서 발견할 수 있다.[41]

그러나 조직화된 종교는 절대 보통의 힌두에게 매력적이지 않다. 우리가 힌두 가운데 하나님의 나라가 임하는 것을 보고자 한다면 초대 교회에 생긴 자발성의 방식을 따라야 한다. 물론 초대 교회에서 신자들이 어떤 종류의 조정을 요구했을 때, 지도자들이 장로들과 집사들을 지명한 것은 이해가 되고 오늘날에도 비슷한 역할을 개발할 수 있을 것이다. 그러나 사람들을 교단 명목 아래 '조직화'하는 것은 비성경적인 것이다.

인도에서의 비극은 기독교가 힌두 가운데 자신의 왕국을 확장하려고 서양의 교단(엄청난 경쟁이 있는)처럼 조직화된 것이다. 이

---

41 Robert Schmidt, "Ninety-Five Theses on Church Control," 1998, *The Transformation of the Church*, Oregon, Transformation Media, 5.

에 대해 로버트 슈미트(Robert Schmidt) 박사가 말한다.

> 오늘날 종교 풍경을 보면 상황이 우울하다. 크리스천들은 예수님이 주시는 구원의 선물을 거의 보편적으로 '오라'(come on)로 표현한다. 그런데 그 선물은 불신자들을 '낚기' 위해 사용하는 쓰레기 광고 문구로 변질됐다. 크리스천들은 불신자들을 적당하게 조종하고 이용하려고 선물로 유인해 사람이 만든 조직에 집어넣는다. 하나님은 자신의 의로움으로 사람들을 완전히 자유롭게 하려고 했으나 우리는 하나님의 의로움을 속이고 있다. 신자들의 수를 성공의 척도로 파악하면서 조직의 기계 속에 넣고 자랑하면서 말이다.[42]

21. 교단

힌두교가 '종교의 의회'라면 기독교는 '교단의 의회'다. 유럽에 새 교단이 출범하면 24시간 내에 그 지점이 인도, 특히 남부 타밀나두와 케랄라에도 세워질 것이다. 나는 이 점에 대해서 라오 정부(Sri Rao)가 주도하는 자유 무역 경제에 감사드린다. 수입 면허를 제출하지 않아도 지점 설립을 인정해주고 있으니까 말이다.

우리가 우리 교단들(20,800개 이상)을 '일치가 아니라 조화'라고 부

---

42 Schmidt, "Explanations to the Ninety-Five Theses on Church Control," 22. "Dr. Robert Schmidt의 논평. 대부분의 선교 사역들은 제도를 동반한 교회의 확장이다. 선교 사역이 교회나 단체나 필요한 일에 신자의 수를 늘리지 못하는 한, 우리는 전도가 정말 성공적이었다고 평가할 수 없다." Ibid., 25.

른다면 힌두들은 자신들의 종파를 '아비박땀 비박떼수'(Avibhaktam vibhaktesu) 즉 '불일치 안에 조화'라고 할 것이다.[43] 기독교 교단 안에 있는 경쟁 분위기가 항상 힌두를 혼란스럽게 한다. 이에 대해 라다끄리슈난 박사가 적절히 말한다.

> 우리는 기독교가 유일한 참 종교고, 개신교가 기독교의 유일한 참 분파고, 감독주의 교회가 유일한 참 개신교고, 고교회파 교회(High church, 교회의 예전과 전통 등을 높이 평가하는 신앙 형태)가 유일한 참 감독주의 개신교 크리스천의 종교고, 우리의 특정한 입장이 유일한 참 고등 교회의 관점을 표현하고 있다고 확언한다.[44]

모든 교단의 크리스천들은 어디서나 자신들의 교단 표시를 내고 다니는 것처럼 보인다. 자유 의지 침례교단은 그 삼일 간의 집회에서 모든 참석자들(대부분 다른 양의 우리에서 훔쳐온)에게 다른 사람들에게 정체성을 소개할 때 자유 의지 침례 크리스천이라고 말해야 한다고 가르쳤다. 그들이 강조한 것은 '크리스천'이 아니라 교단이었다. 나도 그 집회에 참석했다. 나는 몇몇 크리스천들에게 그런 강한 교단 정체성을 받아들여서 그들이 자유 의지를 잃었다고 명확하게 알려줬다.

최근에 인도 북동부 출신으로서 한 선교 병원에서 일하는 의사

43　B. G. Tilak, *Srimad Bhagavadgita-Rahasya*, trans., A. S. Sukthankar, Poona, Tilak Brothers, Seventh Edition, 1986, 591.

44　Quoted by Whaling, op. cit., 14.

와 대화를 나눴다. 그가 말했다.

"저는 침례교도의 배경 때문에 힌두교에 대해서 선생님이 말하는 것을 이해할 수 없습니다."

나는 부드럽게 그 이유가 그의 침례교 배경이 아니라 정령숭배 배경 때문이라고 지적했다. 교단이 그런 상태의 사람들에게 교단주의를 강요하고 있다는 것을 알아차리는 것은 흥미로운 일이다. 20세기의 예언자들은 교단에 충성해야 한다는 것에 관심을 갖지 않았다.

누가 마르틴 루터 킹(Martin Luther King Jr.) 목사가 남침례교도였고 알렉산더 솔제니친(Alexander Solzhenitsyn)이 러시아 정교도였는지 관심을 갖는가?

일본의 토요히코 카가와(Toyohiko Kagawa)는 교단에 대한 자신의 생각을 말할 때 "내 영어 실력이 좋지 않습니다. 내가 '디나미네이션'(denomination, 교단)을 발음할 때마다 '댐네이션'(damnation, 빌어먹을)이라고 나옵니다"라고 말했다.[45]

내가 어떤 소책자(내용이 쓸모없었고 그전까지 그런 내용의 글을 예상하지 못해서 보관하지 않은 터라 정확한 출처를 밝힐 수 없음)를 본적이 있었는데 그 서문에 '루터교 크리스천의 교리를 힌두들에게 전파하기 위해서'라고 쓰여 있었다. 힌두들에게 필요한 것은 복음이 아니라 '루터교단 교리'라는 말이다. 종교 개혁자 루터도 자신의 이름으로 어떤 교단도 시작하지 말고 자신과 자신의 신앙을 따르지 말라고 했지만 사람들은 '루터종교'(Lutheranity)를 만들었다. 브루스 올슨이 이런 종류의 특정한 교회교(Churchianity)를 경험했다.

45　Schmidt, "Explanations to the Ninety-Five Theses on Church Control," 64.

내가 처음으로 내 삶에 계시는 예수님의 실재에 대해서 말했을 때 부모님이 당황했습니다. 아버지가 특히 염려하셨습니다. 아버지는 내가 루터교 용어로 설명하지 않으면 이해하지 못할 정도로 루터교의 영향을 크게 받고 있었기 때문입니다.[46]

이런 모든 사례들을 들어 내가 교단과 관련된 모든 것에 반대하는 것은 아니다. 교단들은 오늘날 기독교 안에 좋은 점과 나쁜 점 둘 다를 가진 피할 수 없는 실체가 되어 있다. 우리가 이런 현상의 세계 속에 살려고 하는 한 우리는 교단이 어떤 모습으로 변하든 다양한 폐해를 피할 수 없다. 예슈 박따들은 하나님의 말씀에 기초해 주 안에 더 깊게 개인적으로 성장하고 있지만 교단들은 그들을 방해하는 걸림돌이 되고 있다.

먼저 사람이 이런저런 특정한 교단주의자로서 성장해야 하고 그 다음에 예수님의 제자가 되어야 한다면, 복음을 사랑하는 모든 사람들은 로버트 슈미트 박사가 다음에서 말한 것처럼 저항해야 한다.

··· 우리가 왜 모든 조직에 반대해야 하나요?
어떤 일을 행하기 위해서 조직이 필요하지 않나요?
관심 있는 사람들이 기꺼이 함께 '계약'을 해서 의무들을 나누

---

46 Olson, 1973, op. cit., 30. 이에 대해 루터교 신학자 로버트 슈미트(Dr. Robert Schmidt)가 말한다. "루터교 미주리연합(Missouri Synod) 같은 교회들은 신자들에게 스스로 결정하도록 자유를 주는 대신 교단이 더 많이 통제해야 한다고 주장한다 ···." Schmidt, "Ninety-Five Theses on Church Control," Preface, 1.

고 동등하게 공유한다는 개념에 대해서 어떻게 생각하나요? 사람들은 위와 같이 질문하지만 현재 교회가 유지하고 있는 조직에 대한 개념은 성경적이지 않다. 성경이 말하는 계약(언약)은 더 깊은 의미를 갖고 있다. 구약 시대 사람들은 계약에 대한 조건(출 19-20장)을 깨달았을 때 계약에 합당한 삶을 살기 시작했다. 선조들은 후세들에게 계약을 가르쳤다(신 4-5장). …
그러나 현재의 큰 교회와 교단 조직에서는 신자들이 조직의 모든 헌법과 규칙 조항을 소화할 수 있는 방법이 없다. 결과적으로 조직은 어떤 일을 실행할 때 사람들이 동의하는 것과 사람들의 선한 뜻을 기대할 수 없다. 이것은 조직이 새 동기들을 부여해야 한다는 말인데 이 새 동기들도 대부분 쓸모없는 것 같다. 새로운 규정들이 만들어지고 따르지 않는 직원들은 해고된다.
교단들과 조직들 그 자체가 나쁜 것은 아니다. 문제는 강제적으로 통제하려는 것이다. 조직을 운영하기 위해 비계약적이고 강요로 통제를 하는 것보다 조직을 잃는 편이 더 낫다고 안타까운 마음으로 말씀드린다.[47]

특히 교단 때문에 "신자들이 예수님 안에 일치보다 오히려 분열의 증인이 되었다."[48] 하나님의 나라의 확장을 위해 일하는 대신 그들은 각자 자기 교단의 확장을 위해 애쓰고 있다. 교회를 위한 유일한 소망은 교회교(Churchianity)로 남는 것보다 분열을 없애고

---

47 Schmidt, "Explanations to the Ninety-Five Theses on Church Control," 26-27.
48 Schmidt, "Ninety-Five Theses on Church Control," Preface, 1.

예수님의 몸으로서 새롭게 변화되어 부활하는 것이다.

우리 시대에 교회의 부활과 갱생은 신자들과 교단들이 기꺼이 죽고자 할 때만 찾아올 수 있다. 우리는 한편으로 불신자들을 속이기도 하면서, 다른 한편으로 개인전도와 사회 개혁을 시도해 왔다. 지성과 반지성(anti-intellectualism)으로 노력해 왔다. 교단의 기구를 재정리해 왔다. 전도와 사회 행동을 위해 특별 단체를 만들어 왔다. 계속해서 더하고 더해왔지만 우리의 모습을 회개하지 않고 있다. 하나님은 우리가 더 많은 행동을 하도록 우리를 부르시는 것이 아니라 죄를 멈추게 하려고 부르신다. 분열은 우리가 낭비한 돈과 권력 자원과 같은 죄로 봐야 한다. 이 모든 행동 속에는 바벨탑과 같은 자만심이 깔려 있다. 자만심의 결과는 죽음뿐이다. 죽음을 통해 교회가 죄를 용서 받고 부활할 수 있다면 죽음을 환영할 수도 있을 것이다.[49]

22. 교리교(Creedianity)

제1세대의 기독교(Christianity)는 제2세대에 교회교(Churchianity)가 되었다. 제3세대에 교리교(Creediancy) 그리고 제4 세대에는 그리스도-우상숭배교(Christo-paganism) 또는 크리스천 우상숭배

---

49 Schmidt, "Explanations to the Ninety-Five Theses on Church Control," 55.

교(Christian heathenism)가 되었다(미국이나 유럽의 세속 잡지를 읽기만 하면 당신은 마지막 두 개의 단어를 잘 이해할 수 있을 것이다). 물론 십자교(Crossianity)는 모든 세대에 공통적이다(당신이 크리스천이라는 것을 보여주고자 한다면 십자가 목걸이를 걸고 다녀라).

> 십자가를 지고 따르라 …(마 16:24).

어떤 교단들은 자신들의 교리(신조)를 믿음보다 더 중요하게 만드는 것 같다. 교단의 교리는 신자들이 입으로 표현할 때 존재한다. 교리가 필수적인 이유는 교리가 사람에게 자신의 믿음을 표현할 때 단단한 배경을 주기 때문이다. 그러나 교리가 개인의 믿음과 경험(많은 기독교 단체가 싫어하고 금기시하고 있는 것처럼 보이는)을 대신할 때 그것은 차가운 교리가 되고 또 다른 형식의 우상숭배가 된다. 라이문도 파니카(Raimundo Panikkar)는 그것을 교리숭배(dogmatolatry)라고 부른다(교리는 우리가 지적 존재인 한 필요하지만 '교리숭배'의 위험을 인식해야 한다).[50]

신학의 목적 가운데 가장 중요한 것은 사람들이 신앙을 말로 표현하도록 돕고 하나님을 경험한 지식을 보다 잘 이해하도록 돕는 것이다. 그러므로 기독교가 '교리교'(creedianity)로 변질된 것은 잘못된 것이다. 교리교의 비극은 신자들이 특정한 교단 신조와 교리에 막혀 예수님을 내적으로 경험하지 못하게 되는 것이다. 그래서 알지 못하는 사이에 우상숭배, 정확히는 교리숭배를 해오고 있다.

---

50 Raimundo Panikkar, *The Unknown Christ of Hinduism*, London, Darton, Longman & Todd, 1981, 54.

예수 그리스도나 사도들은 우리가 신앙을 고백하기 위한 어떤 종류의 교리 공식을 주지 않았다. 성경은 어떤 믿음 또는 교리의 진술을 포함하는 책이 아니다. 오히려 현실에서 우리가 부딪히는 문제들에 대해 실제적인 해결책을 주는 안내서다. 서양 기독교의 교리 발전의 역사에서 우리는 최소한 일부 신조 뒤에 다양하고 근거가 확실한 이론(이유)이 있다는 것을 볼 수 있다. 그러나 인도 크리스천 지도자들은 그런 교리 역사를 신자들에게 제대로 가르치지 않고 교리를 자신들의 목적을 위해 사용할 뿐이다. 셀바나야감(Selvanayagam)은 반복해서 말한다.

> 명백하게 기독교 사상가와 설교자들이, 힌두들이 복음에 관심을 가질만한 방법으로 기독교를 소개하지 않고 있다. 초기 서양 선교사들이 힌두들에게 전한 복음은 서양 교회의 신조와 전례로 가득 찬 짐(burden) 이었다.[51]

---

51 Selvanayagam, op. cit., 1996, 136. "대부분의 신앙 고백과 신조들은 역사에서 특정한 상황을 위해 쓰여졌다. 그러나 우리들 가운데 많은 사람들처럼 그들은 해를 거듭하면서 더 많은 것을 더하려는 성향을 가졌다. 그래서 그들이 겪은 상황은 지나갔지만 그들의 신조들은 살아있다. 사람들은 또한 그들의 선조들이 결코 의도하지 않았던 기능들을 찾아내기 시작한다. 대부분의 시대에 사람들은 그 기능들이 특정한 입장을 밝히는 긍정적인 논문이라고 지지했다. 나중에 사람들은 그 기능들에 집착하거나 그것들에 의해 제명의 고통을 당했는데 그때 그 기능들이 판단 기준이 되었다." Schmidt, "Explanations to the Ninety-Five Theses on Church Control," 46. 그러나 Robert Schmidt 박사는 필요한 경우 교리의 특정한 형식을 완전히 반대하지는 않는다. 그는 일시적인 목표를 성취하기 위해 '일시적인' 신조를 추천하기까지 한다. "이 경우가 적용할 수 있는 곳은 지역 교회가 될 것이다. 신자들은 자신들의 신앙 고백을 담은 문서를 행복한 마음으로 자유롭게 만들고 목적을 달성한 후에는 그 문서를 파기할 것이다." "그런 사람들은 믿음의 모든 면에 대해서 말할 필요를 못 느낄 것이고(실제로 어떤 신조도 그런 역할을 할 수 없다), 오직 자신들의 교회에 직접적으로 영향을 주는 것들에 대해서만 함께 말할 필요를 느낄 것이다." Ibid., 51.

23. 힌두가 가지고 있는 영적 선택의 자유

우리가 세상의 어떤 곳에 살든, 인간이라는 점 이외에 어떤 일치점이 없다. 영적인, 문화적인, 사회적인, 그리고 기타 삶의 다양한 관점에 대한 사람들의 접근법은 지역마다 다르다. 사람들의 세계관이 다르기 때문에 삶의 모든 면에 대한 접근법 또한 다르다. 그래서 힌두에게 단순히 특정한 교회 교리를 강요하면 성공하지 못한다. 인도는 종교적, 문화적, 그리고 사회적 관점의 다양성을 갖고 있지만 현상적인 세상과 비현상적인 세상을 찾으려는 독특한 접근을 시도한다.

힌두교에서는 모든 사람이 현실 속에 있는 영적(우리는 종교가 아니라 규범이라고 부른다) 영역에서 개인적인 자유를 가지고 있다.

> 그래서 이 지혜(비밀보다 더 비밀스런)가 나를 통해서 당신에게 주어졌다. 정말 신중히 생각해서, **당신이 좋아하는 대로 하라**(바가바드 기타 18:63).[52]

어떤 것이 상대방에게 좋고 적절해 보여도, 영적인 영역에서 어떤 사람도 자신의 생각을 다른 사람들에게 강요할 수 없다. 세상에 존재하는 사람들의 수만큼 많은 견해가 있다. 이런 점에서 구루(영적 스승)는 영적인 '권위' 또는 '종교적 감독자'가 아니라 자신의 경험에 기초해 제자들과 함께 영적 여행을 할 뿐 아니라 순례

52　Goyandka, op., cit., 785.

를 안내하는 사람이다. 영적인 영역에서는 경험(anubhava, 아누바와)이 확실한 증거(pramaana, 쁘라마나)다.[53] 그리하여 인도에서 종교는 조직화될 수 없다.

24. 조직화된 기독교

오늘날 인도 크리스천들은 자신들이 서양 선배들이 가르쳐 준 문화를 따르고 있다는 사실을 제대로 이해하지 못하고 있다. 그리고 '조직화된 기독교'(organized Christianity)로 사람들에게 복음을 전하는 전통적인 접근법만 고수하고 있다. 그런 노력으로 당분간 몇 명의 신자를 얻을 수는 있을 것이다. 그러나 그들이 인도 사람들 가운데 하나님의 나라가 임하는 것을 보기를 원한다면 자신들의 접근법을 근본적으로 바꿔야 한다. 소수의 사람들이 예수님을 따르는 순간 그들은 즉시 종교적이고 공동체적인 집단으로 조직화된다.

부족이 아닌 집단 가운데서 교회 성장의 지속을 막는 첫 번째 이유는 교회 건물이다. 교회 건물을 건축하면 영적 성장이 구조화된 종교의 영역 안으로 제한된다.

---

53 이 표어 '경험이 확실한 증거다'는 복잡한 주제다. 쁘라마나(pramaana, 증거)에 관한 힌두 신학 전통에 따르면, 최종 권위를 갖는 것은 아누바와(anubhava, 경험)가 아니라 경전(scripture)이다. 그러나 우리가 위에서 본 것처럼 이 표어를 개인의 자유와 관련지어 생각하면, 아누바와(anubhava, 경험)에 더욱 무게가 실린다. 그래서 나는 이 표어를 신학 원리가 아니라 개인의 자유와 연관시켜 사용한다. 비베까난다(Vivekananda)가 그 표어의 개념을 재해석했다. 그가 이 주제에 대해서 현재에도 계속되는 혼란을 야기시켰다는 점도 기억하라. 이 주제에 대해서 다음을 참고하라. Rambachan, *The Limits of Scripture*.

힌두 가정에서 종교 지도는 부모나 어른들이 담당하는데 이것은 교회에서 주일학교 교사나 청소년 담당 교사나 목사들이 담당하는 것과 전혀 다르다. 사람들은 예수님의 영을 사회적 그리고 문화적 구조 안에서 배우지, 어떤 조직화되고 임명된 종교 지도자의 안내로 배우지 않는다.[54]

코이노니아(*koinonia*)의 명목 아래 '맥 빠진 공동체가 된' 교회교(churchianity)를 방어하고자 하는 사람은 다음에 있는 크리스토퍼 라이트(Christopher J. H. Wright)의 영감을 주는 소견을 심사숙고 해야 한다.

> 그리스어 코이노니아(Koinonia, 섬김과 나눔)는 원래 복합적 의미를 가진 단어지만 보통 그 의미의 일부만 담고 있는 교제(Fellowship)으로 번역된다. 신약 성경에 나오는 코이노니아의 어근인 코이논(Koinon)에 대한 연구에 따르면, 코이논에서 유래해 만들어지거나 합성된 단어들이 많다. 또는 만들어지거나 합성된 단어들이 크리스천들의 실제 사회적 관계와 경

---

54 이에 대해서 로버트 슈미트(Robert Schmidt) 박사가 말한다. "기독교 교육의 원천인 부모를 대체한 교회는 사실상 가정에서의 기독교 교육과 삶의 의미와 도덕에 대해 부모와 자녀들이 소통하는 것을 방해한다. 기독교 교육의 제도화 때문에 몇 가지 비극이 생기고 있다. 첫째, 기독교 지식과 신자의 삶 사이에 큰 틈이 생겼다. … 기독교 교육이 교회 제도의 속박에서 풀려나서 가정으로 돌아가지 못한다면, 기독교 교육이 주일학교 학생들에게 아주 적절하지 못하기 때문에 교사들이 점점 어려움을 겪게 될 것이다. 둘째, 삶의 의미와 도덕에 관한 질문이 가족 집단 안에서 다뤄지지 않고 있다. 자녀들이 죽음, 고통, 그리고 직업 선택에 관한 중요한 질문을 할 때, 신앙적 관점으로 적극적으로 문제를 해결하려는 가족이 거의 없다. 소수의 헌신된 가족을 제외하고 종교적인 주제들은 거의 대체적으로 다루지 않는다. 저명한 기독교 교육자 해리 웬디트(Harry Wendt)는 예수님의 교육 방법과 우리의 방법의 차이에 대해서 말했다. '우리가 어린이들을 가르치고 어른들과 노는 반면, 예수님은 어린이들과 놀고 어른들을 가르쳤습니다.'" Schmidt, "Explanations to the Ninety-Five Theses on Church Control," 57.

제적 관계를 의미하거나 관련이 있다는 것을 나타낸다.

그 단어들은 실제적이고 자주 큰 희생을 가리킨다. 현재 우리가 '교제'로 여기는 맥 빠진 '함께 됨'과는 아주 다른 뜻이다(예를 들면, 행 2:42, 44; 4:34; 롬 12:13; 딤전 6:18; 히 13:16; 롬 15:26-27; 고후 8:4; 9:13; 갈 2:9f; 빌 1:27; 4:15ff).[55]

25. 조직화된 힌두 사회

힌두 사회에서 누가 도덕적인 규범을 위반하면 힌두 사회 구성원 전체가 사회질서 유지의 책임을 진다. 그런데 기독교는 다른 모습을 보인다. 한 크리스천이 자신의 교회에서 추방되면 다른 단체가 그를 언제나 받아들인다. 왜냐하면 조직화된 종교는 자신의 세력 범위 이상으로 영향력을 행사할 수 없기 때문이다. 반면에 힌두 사회는 강력하게 조직화되어 있기 때문에 추방된 사람은 회개하거나 그 사회를 떠나야 한다.

힌두는 특별한 사회 공동체에 속한 사람이지 자신의 믿음을 종교 체계에 맞춰 제도화시키는 사람이 아니다. 힌두는 종교 체계에 대해 관심을 가진 존재라기보다는 개별적으로 영적 활동을 하는 '사회적 존재'다.

힌두와 달리 크리스천 가운데는 우리가 이미 언급했듯이 이론상으로 카스트, 인종, 그리고 부에 기초한 차별이 없지만 사회적

---

55 Christopher J. H. Wright, *Living as the people of God*, Inter-Varsity Press, 1983, 98.

으로는 크리스천들도 사실상 '특정한 공동체에 속해있다.' '효도와 가족관계' 그리고 '비이념적 의무'(non-ideological commitment)가 힌두 가정과 사회 공동체를 이끌어 간다(물론 항상 이 규칙에 예외들이 있다).

> … 한 브라민 청년이 자신의 아버지가 스스로 벽에 자신의 머리를 부딪쳐 피를 흘리자 비참하게 울부짖었다. 인도 시인 마이클(Michael)이 크리스천이 됐을 때 그의 어머니가 한탄했다. 인도에서 크리스천이 되고자 하는 사람은 가족이 반대할 때 겪을 고통을 극복하기 위해 강해져야 하고 준비를 해야 한다. 크리스천들은 그런 식으로 인도를 개혁하고자 했지만 아주 제한적으로 성공했을 뿐이다. 그런 사실이 놀랍지 않다. 효도와 가족관계는 사회 변화를 위한 어떤 이념적 의무보다는 현대 인도 사람의 감정에 미치는 강력한 영향력이었다.[56]

21세기인 오늘날에도 크리스천들 사이에서조차 오빠나 언니가 결혼하지 않으면 어린 남동생이나 여동생이 결혼하는 일은 거의 없다는 사실을 통해 이런 사실을 알 수 있다.

---

56 Tapan Raychaudhuri, *Perceptions Emotions, Sensibilities: Essays on India's Colonial and Post-Colonial Experiences*, New Delhi, Oxford University Press, 1999, 12-13.

26. 예루살렘에서 살렘(Salem, 남인도 타밀나두에 위치)까지

그런데도 인도 크리스천들은 서양 선교사들처럼 새 신자들에게 조직화된 종교를 강요한다. 그리고 많은 사례 연구를 통해 드러나듯 교회 성장을 억압하고 있다.

왜 마란다할리(Marandahalli)와 주변 지역에서 교회 성장이 멈췄을까?

그 지역의 문제와 그 지역 크리스천들이 주요 이유가 아니다. 우다야르(Udayar) 종족 가운데 두 가정이 예수님을 믿기 시작했지만 결국 교회를 떠났다. 무슨 이유일까?

그들은 크리스천들이 묘지를 따로 만드는 것을 포함해서 사회 정체성을 분리시키는 것을 봤기 때문이다. 구조적으로 '조직화된 기독교'만 목격한 것이다. 마란다할리 지역의 크리스천들은 자신들의 거주 지역에서 세례식을 거행하는 대신 새 신자들을 위한 메카인 남인도 살렘(Salem)에 가서 세례를 받게했다. 지금은 그런 순례가 사라졌다. 간단하게 말하자면 '조직화된 교회교'가 교회 성장을 멈추게 했다.

이 사례는 마란다할리에서만 일어난 일이 아니다. 남인도뿐 아니라 다르마뿌리(Dharmapuri) 근처에 있는 한 오래된 교회에서도 교회 성장이 빠르지 않다. 교회 건물이 건축되는 곳마다 기독교가 조직되었지만 교회 성장은 오히려 멈췄다. 다른 곳을 조사해보더라도 이에 대한 사례를 찾을 수 있을 것이다.

교회 성장이 멈춘 주된 이유는 그런 '조직화된 교회교'(organized churchianity) 안에 있는 비본질적인 것들이 복음보다 우선시 되고 문화적으로 사람들에게 적절하지 않았기 때문이다.

> 우리가 서양 교회에서 본질적인 것이라고 여기는 많은 것들은 사실 비본질적인 것들이다. 신학의 학문적 연구도, 대중 예배도, 악기도, 정말 필수적인 것이 아니다. 찬송가도, 주일학교도, 교제 모임도, 필수적인 것이 아니다. 설교도, 월급도, 교회 건물도, 예산도 마찬가지다. 궁극적으로 이러한 것들이 교회의 본질에 필수적이지 않다.
> 그러나 서양 교회들은 복음을 전파하면서 이 모든 것들을 함께 전해줬다. 이러한 것들 가운데 많은 것들이 좋지만 어떤 것들은 중요하지 않거나 복음을 손상시킬 만큼 나쁘다. 더 안 좋은 면은, 이런 것들이 매우 강력하게 작용해서 제3세계 사람들에게서 자신의 문화에 더 적절한 관습과 구조를 교회 안에 채울 수 있는 기회를 앗아갔다는 것이다. 서양 교회가 인도에 문화적으로 적절하지 않은 인도 교회를 만들기 위해 자신들의 가방에 외국 조미료와 경향을 담아 인도 교회에 전달해 주고 있다.[57]

팔레스타인에서 예수님으로부터 시작된 영광의 복음은 그리스로 이동했을 때 철학이 되었고, 로마로 갔을 때 제도화되었고, 전

---

57 Schmidt, "Explanations to the Ninety-Five Theses on Church Control," 53-54.(께샵 깐드라 센에 따르면) "… 최소한 인도에 공급된 기독교는 달랐다. 즉 교리와 서양에서 수입한 옷으로 인도 사람들을 '비인도 사람'으로 만드는데 이바지했다 …." Julius J. Lipner, *Brahmabandhab Upadhyay, The Life and Thought of a Revolutionary*, New Delhi, Oxford University Press, 1999, 59.

유럽에 퍼졌을 때 문화가 되었고, 북미로 가서는 사업이 되었다.[58] 그리고 복음이 인도에 왔을 때 유럽 제국주의가 되었다! 지금 21세기에는 기독교 안에 인간성을 숭배(personality cults) 하고 있다. 그런 교단적 교회교(denominational Churchianity)로 힌두들을 데려오려는 노력은 거의 성공하지 못할 것이다.

어떻게 이런 문제를 해결할 수 있을까?

신약 성경의 방식을 따른다면 힌두가 예슈 박따이면서 문화적 그리고 사회적으로 힌두로 남도록 해야 한다. 그렇지 않으면 복음 전파는 새 신자에게 자신의 사회에서 견디기 불가능한 긴장을 준다.

27. 힌두 사회 안에 있는 악

카스트 제도와 불가촉천민제도와 같은 '힌두' 사회의 악에 대해서는, 하룻밤 안에 기적을 바랄 수 없다. 유럽에서 노예제도를 폐지하는데 거의 1,800년이 걸렸고, 미국, 남아공, 독일, 그리고 영국 같은 몇 개의 기독교 국가에서는 아직도 인종차별이 존재하고 있다.[59] 카

---

58 Rev. Dr. Samuel Kamalesan in the concluding message of his song cassette, 'This my Story,' produced by Friends Missionary Prayer Band, Madras.

59 "중미 카리브 해(Caribbean)에 사는 현지 크리스천들은 영국 사람들과 백인 성직자들과 지도자들이 있는 교회에서 예배드릴 때 자신들을 위한 배려는 고사하고 영국의 방식을 받아들일 수밖에 없었다. 심지어 그 지역 사람들은 영국인들에게 정말 친근한 영국 방식의 기도문과 예배와 함께 영국 교회에서 하는 환영의 인사도 해야 했다. 그들은 좌절했다. 그들은 사회에서 인종차별주의에 마주쳤다. 그들은 적당한 집과 그들의 능력에 맞는 직업을 구할 수 없었고, 정당한 봉사도 할 수 없었고, 교회에도 존재했던 외상 판매도 이용할 수 없었다(1967년 인종차별에 관한 정치와 경제 보고서를

스트 제도는 남인도 교회에 존재하고 있고 우리가 보기에 하나님의 말씀의 빛 아래서도 그것을 제거할 수 없다(갈 3:28).[60]

이에 대해서 우리는 실수를 인정하는 대신 외부인을 비난하면서 하나님께 순종해야 하는 책임감으로부터 도망가기를 원한다. 이에 대해 토마스(M. M. Thomas)가 마닐랄 빠레크(Manila Parekh)의 글을 인용한다.

> 마닐랄 빠레크(Manila Parekh)는 카스트 교회에 대한 서양 개신교 비평가들의 잘못을 지적한다. 그들은 자신들의 편의를 위해 미국과 아프리카 그리고 아시아에서조차 심하게 백인과 유색 인종을 분리해 교회를 세웠다는 것이다. 그들은 자신들이 저지른 서양 문명 강요와 식민지 제국주의는 대수롭지 않게 여기면서 변명하고 어떤 식으로든지 인도 카스트 제도 또는 힌두교와 타협하는 것은 잘못이라고 크게 부각시킨다.[61]

보라). 휴가나 퇴직을 위해 카리브 해에서 영국으로 돌아온 성직자들은 당황했다. 왜냐하면 전에 교회에 충실했다가 나오지 않는 사람들을 영국 성공회 신자들 가운데서가 아니라 교회에 안 오고 집에서 성경을 읽으며 예수님을 믿는 사람들 가운데서 찾으라고 했기 때문이다. 또한 단단한 뿌리를 내리고 널리 퍼진, 지금 우리 사회의 삶에 중요한 역할을 하는 이민자들의 가정교회(흑인 독립교회)에서 찾으라고 했기 때문이다." Wilfred Creydon, Chairman, Committee on Black Anglican Concerns, in Foreword, *Seed of Hope*, v-vi.

60 이 말이 정말 예수님 안에서 우리가 각각의 인종적, 사회적, 그리고 문화적 정체성에서 자유로워진다는 것을 의미할까? 내 생각에, 사도 바울이 여기서 의미하는 것은 예수님 안에 있는 우리의 신학적 입장이다. 그러나 현실에서 그는 유대인, 그리스인 또는 자유인과 노예가 그들의 사회적 인종적 정체성에서 자유롭게 된다는 것을 절대 기대하지 않았다. 현실에서 정체성이 변한다는 목표는 헛된 이상이다. 사도 바울은 세상의 현실을 받아들이면서 여전히 영적으로 분리된 정체성을 유지하는 것을 허락했다. 그렇지 않으면 이 구절에서 '남자나 여자나'를 어떻게 해석할 수 있을까?

61 Thomas, op. cit., 258, quoting from Manilal C. Parekh, *Christian Proselytism in India: A Great and Growing Menace*, Rajkot, 1943, 60f, 66. Ambedkar에 관한 Selvanayagam

28. 더 깊은 반대

이 주제가 부각될 때 일반적으로 사람들은 "당신이 제안하는 것은 다름 아닌 또 다른 교단을 만들자는 것입니다"라고 비판한다. 다른 사람들은 이렇게 말한다.

"우리는 조직화된 기독교에 몇 개의 단점이 있다는 것에 동의합니다. 그러나 어떤 교단도 완전하지 않습니다. 신자들의 믿음을 보호하기 위해 교단은 어느 정도까지는 조직화되어야 합니다. 그렇지 않으면 힌두교에 있는 것과 같은 많은 이단과 교파가 교회 안으로 들어올 것입니다."

이에 대해 나는 이렇게 대답한다.

"이미 기독교 안에 20,800개의 교단이 있는데 한 개의 교단이 더 생긴다고 해서 달라질 것은 아무것도 없습니다. 새 신자의 믿음을 보호한다는 명목 아래 새 신자들을 조직화한다면 교회 성장이 멈출 것입니다. 교회 건물을 세우고 목사와 위원회를 지명하면 교회 안의 권위와 싸우느라 모든 시간을 소비하게 될 것입니다. 물론 참 교회 성장이 멈춰도 생물학적인 성장(수브라마니아 아이어가 부각시킨 것을 참고함)은 계속될 것입니다."

교단이 지도자를 지명하는 것이 아니라 신자들에게 각자 훌륭

의 평을 보라. "… 더 놀랍게도 암베드까르(Ambedkar) 박사는 1956년 억압하는 카스트 구조와 3백 5십만 명의 '불가촉천민'을 남긴 힌두교를 공개적으로 비난했다. 그러나 그는 기독교로 개종하고자 하지 않았다. 왜냐하면 기독교가 외국 종교요 교회 안에 카스트가 존재할 뿐만 아니라 크리스천이 교회 밖의 있는 힌두 형제와 사회적 정체성을 동일시하려는 것을 꺼려했기 때문이다. 종교를 바꾸는 것에 대한 문제는 미래에도 논쟁이 될 것 같다. 이 문제는 크리스천과 힌두 둘 다에게 도전이 돼야 한다." Selvanayagam, op. cit., 120.

한 지도자를 선택하도록 자유를 주면, 그 지도자는 신자들의 구루(스승)가 될 것이다. 그런 후보자들을 찾아서 적절하게 훈련시키고 그들이 신자들의 영적인 필요를 돌보도록 허락하라. 신학교가 아니라[62] 적절한 사회적 그리고 문화적인 상황 안에서 지역에 알맞게 훈련시켜야 한다.

이런 방법이 교단 교회를 조직하는 것과 단지 신학교를 졸업했다고 목사로 지명 받는 것과 어떻게 다른지 살펴보라. 20명의 신자가 있다면 그들을 네 개의 조로 나눠서 그들이 연구하고, 기도하고, 성장하게 하라. 나중에 각 조의 인원이 증가하면 다시 작은 수로 나눠라. 그러나 교단의 권위에 복종하기 위해 전체 모임을 하게 하는 것은 안 된다.

로버트 슈미트 박사는 이렇게 말한다.

> 교회는 의무적으로 신학교를 마친 사람만 지도자가 될 수 있는 구조를 유지하고 있습니다. 그래서 신자들이 성경적인 토대 안에서 자격을 가진 지도자를 스스로 선택할 수 없습니다. 즉 신학교 졸업장이 신자들의 권리를 빼앗고 있습니다.

이어서 그는 이렇게 말한다.

---

[62] "신약 성경(행 14:23)에서 보이는 것처럼 신학교에서 훈련 받지 않은 사람들이 교회 지도자 자리에 적격이다. 이 사실을 인정하면 신학교 훈련은 훈련 교사들, 학자들, 그리고 이동하는 선교사들 즉 교회 지도자들이 아닌 사람들에게 유용할 수 있다." Schmidt, "Ninety-Five Theses on Church Control," no. 36, 6.

현대의 교회도 사도 시대의 지역 교회처럼 크리스천들을 가르치고 사역하기 위해 예언자, 전도자, 목사, 그리고 교사 등의 다양한 교회 지도자가 있어야 합니다(엡 4:11).[63]

다음과 같은 질문들을 제기할 수 있다.

우리가 당신에게 동의한다면 예수님의 이름으로 모여서 예배 드리기 위해 어떤 대안을 갖고 계십니까?
우리가 주류 교단을 부정할 수는 있을지 몰라도 모이는 것은 당연하다고 봅니다. 그리고 모이다 보면 일들이 생기고 조정이 부득이합니다. 그렇게 되면 또 다른 교단을 시작하게 될 것입니다.
특히 혼자서 할 수 없는 성만찬과 세례 의식은 어떻게 해야 합니까?
어떤 사람이 잘 말했듯이 교회 없는 신자는 벌통 없는 꿀벌과 같습니다.

이런 것들은 해결해야 할 실제적인 질문들이다. 그러나 대부분 크리스천들은 각각의 교회(교단) 전통 또는 성경과 상관없는 것에 토대를 두고 답을 준다. 예를 들면 다음과 같은 설명도 있다.

우리는 어떤 작은 기독교 모임도 **평범한 가정생활 또는 단체생**

63　Ibid., 28 and 35, op. cit., 6.

활의 한 부분으로서 성만찬을 할 수 있다는 것을 인식해야 합니다. 게다가 크리스천들은 성찬식을 도울 수 있는 사람들을 신자들 가운데 선택할 수 있습니다."[64]

내가 교회의 입장에서 조직되고 제도적으로 기독교화(서양화)된 교단적 교회에 반대하지만 그렇다고 예수님의 몸의 개념에 반대하는 것은 아니다. 모한(G. S. Mohan) 목사가 다음과 같이 나에게 쓴 것처럼 말이다.

"성경이 말하는 신자의 믿음은 고립되어 있는 것이 아니라 사람들 가운데 그리고 사람들과 함께 살고, 즐기고, 성취되고 있다."[65]

마찬가지로 나는 신자들이 모여서 예배를 드리는 것에 절대 반대하지 않는다. '회중 예배'는 힌두들 가운데서도 아주 일반적이다. 그러나 교단과 건물이 참 교회 성장을 위협하는 상황이면 다른 대안에 대해 심각하게 생각해야 한다. '맥 빠진 교제'(위에 있는 라이트의 글을 참고할 것)가 진짜 코이노니아(나눔과 섬김)와 동등하지 않은 것처럼 눈감고 교회 전통을 따르는 것보다 적절한 대안을 찾도록 시도해야 한다.

64　Schmidt, "The Babylonian Captivity of the Churches," 1999, *The Transformation of the Church*, Oregon, Transformation Media,, 104(강조는 원문의 것임). 이에 대해 그는 계속 말한다. "거의 모든 교단에서 크리스천들은 성만찬을 제대로 거행하기 위해 '임명된' 성직자가 필수적이라고 생각한다. 그리고 임명된 성직자 없이 예식을 거행해서는 안 된다고 생각한다. 즉 성경이 말하는 만인 제사장 제도를 부인한다. 만인 제사장 제도를 잊고 임명된 성직자를 배출하기 위해 교회는 아무리 많은 비용이 들어도 신학교, 교회 건물, 그리고 교단 조직 등을 유지하려고 한다. 이러한 조직들은 아주 오랫동안 복음을 조직 안에 가두고 있다." Ibid., 104.

65　1991년에 G. S. Mohan 목사에게 쓴 개인 편지.

29. 교회 없는 기독교

그렇다면 '교회 없는 기독교'에서 우리가 기대할 수 있는 것은 무엇일까?

허버트 호퍼(Herbert E. Hoefer)는 탁월한 책『교회 없는 기독교』(*Churchless Christianity*, 2001)[66]에서 남인도 타밀나두의 교회에 다니는 크리스천들보다 힌두 문화에 살면서 예수님을 따르는 예슈 박따가 더 많다는 것을 언급해서 교회와 크리스천의 주목을 끈다. 그는 철저하게 과학적 조사를 한 후 힌두 사회에 있는 '교회 없는 기독교'를 위해 어떤 것을 하라고 교회에게 요청한다. 그들을 찾아서 교제를 하고 격려하라는 말이다.

그러나 교제와 격려를 한다는 명목 아래 힌두 공동체에 있는 예슈 박따를 크리스천과 교단 명목 아래 조직하는 것에는 우려를 표한다(한편, 그가 40개의 신학교 지도자들에게 예슈 박따에 대한 정보를 제공했지만 그 가운데 어떤 사람도 이러한 예수님의 양들을 돕기 위해 어떤 실제적인 행동도 하지 않은 것 같다. 어쩌면 아주 빈약한 기독교의 영적인 상태를 드러내는 해로운 '도움'을 주고자 했을지 모르겠다).

호퍼는 '교회 없는 기독교'의 유용함을 주장하지만 '비밀 신자'(secret believer)의 개념을 장려하지는 않는다. '힌두 문화에서 예슈 박따로서 살기'에 대한 또 하나의 오해는 다음과 같다. 그들은 예슈 박따들이 "세상의 이익과 안전을 찾을 뿐 아니라 핍박도 피하기 위해서 어둠을 떠나 빛으로 나아오라는 하나님의 부르심

---

[66] Hoefer, op. cit.

에 순종하지도 않는다"(벧전 2:9)고 말한다.

그러나 그들은 오해하고 있다. 여기서 말하는 어둠과 빛이 영적인 의미라는 것을 간과하여 공동체를 이동하는 것으로 해석하고 있다. 우리가 힌두 문화 정체성을 지키려고 하는 이유는 빵 속에 있는 누룩처럼 공동체 안에 복음을 전하려는 것이다. 이것은 크리스천들이 예수님을 따르는 것이 공동체 의무를 바꾸는 것을 의미하는 것이 아니라는 것을 깨달을 때 가능하다.

서양 국가와 달리 특별히 이곳 인도에서는 사회 공동체가 생존뿐 아니라 정체성을 유지하는 열쇠를 갖고 있다. 인도의 사회 공동체는 개인의 종교 신앙과 자발적인 종교 활동에는 관여하지 않지만 인도 사람으로서의 정체성을 유지하려는 생득권(birthright)과는 관계한다. 인도 사람들은 자신과 공동체의 정체성을 동일시한다.

30. 공동체와 공동체주의

우리는 인도 사람들이 강한 공동체의 정체성을 갖고 있다는 것뿐 아니라 동시에 '종교를 정치화하고 정치를 공동체주의로 만드는 현재의 정책 경향'에 대해서도 알아야 한다.[67] 거의 모든 인도 정당들은 그런 상황 속에서 어떤 정치적인 이익을 얻기 위해 이런 저런 방법으로 영향력을 행사하고 있다.

남인도 타밀나두에 데벤드라 꿀라 벨랄라르(Devendra Kula

---

67 Selvanayagam, op. cit., 61.

Velalar, 그들의 지도자는 존 빤디안[Mr. John Pandian]) 공동체와 데바르(Devar) 공동체 사이의 생긴 최근의 일이 이에 대한 가장 좋은 사례다. 이 공동체들에 속한 사람들을 포함한 일반 대중들과 공동체 지도자들은 '두 공동체를 공동체주의에 기초해 분리하자'는 정치가들에게 동의했다. 물론 정치가들은 자신들의 이익을 생각했다.

그런 과정에서 일부 공동체 지도자들은 순간적 이익을 얻고자 하는 목적을 브라민의 압제에 반대한다는 명목으로 포장하여 정치가들과 손을 잡았다. 물론 압제하는 브라민주의[68]에 반대해야겠지만 자기 공동체의 상황을 정치가들이 이용하게 하는 것은 잘못된 것이다(반면에 어떤 사람들은 불가촉천민 공동체의 지위를 향상시키는 방법은 공동체주의가 아니라 오직 정치력을 통해서만 가능하다고 생각해서 어떤 정당의 도움이라도 받고자 한다). 그러나 참 예슈 박따는 자신의 종족에게 복음을 전하기 위해 공동체의 정체성을 지키고자 한다. 물론 국가 안전을 위협하는 공동체주의의 부정적인 면은 반대한다.

공동체주의는 인도 사람들만의 문제는 아니다. 내가 영국 사람들을 만날 때마다 브리튼 사람(British)이냐고 물으면 공통적인 브리튼 정체성을 주장하기보다는 "스코틀랜드 사람, 웨일즈 사람, 아일랜드 사람, 잉글랜드 사람 등이라고 대답하는 것을 선호합니다"라고 말한다. 인도는 영국이 브리튼 안에 국가를 보존하면

---

68 단순히 '브라민주의'를 증오(브라민을 싫어하는 것)하는 사람들은 다음의 글을 읽어야 한다. Cho Ramaswamy, "Does Brahminism deserve hatred?"(Brahmaniam Verukkathakkada?), *Thugluk*, Tamil, October onwards, 2000.

서 공동체주의를 논하고 있는 것에서 배울 수 있을 것이다.[69]

물론 이 주제는 국가적인 문제다. 기독교가 다른 공동체 속에 존재하는 것에 반대하며 완전히 분리된 공동체주의를 만든 것이 선교 역사에서 가장 큰 비극이다(이 공동체주의의 문제를 인식하고 파악하는데 실패한 현대 크리스천들 역시 똑같이 큰 비극이다.) 소금이 제 맛을 잃는 것에 대한 예수님의 경고는 우리에게 해당되는 문제가 아니다. 오히려 소금이 덩어리 채로만 있고, 맛을 내고 저장하기 위해 퍼지지 않는 것이 문제다. 다른 말로, 누룩이 부풀지 않은 채 조심스럽게 제거되어 보존되고 있다(그래서 누룩이 쓸모없이 되었다).

이것이 위대한 암베드까르(Ambedkar) 박사를 포함한 달리트(Dalit, 불가촉천민) 지도자들이 크리스천 되기를 거부한 이유다. 그들은 교회 안에 카스트에 대한 편견이 사라졌다는 것을 볼 수 없었다. 교회가 누룩이 되어 인도 사회를 이 줄기마름병(blight)에서 낫게 해야 한다. 오늘날 일부 크리스천 달리트들이 자유를 위해 달리트(Dalit) 신학을 요구하고 있지만 크리스천이 아닌 달리트들은 더 많은 권리를 누리기 위해 교회가 아니라 정치가들을 향하고 있다.

인도 크리스천들이 공동체의 정체성을 초월해 다른 공동체들

---

69 리차드 폭스(Richard Fox)의 분석을 보라. "… 웨일즈 지역대표들은 국가(영국 중앙정부)의 통치에 반대하면서 웨일즈 사람으로서의 정체성을 지역 경제와 문화 개발에 반영시켰다. 하지만 영국 중앙정부가 웨일즈의 정치 조직을 인정하지 않았고 해체하라는 압력을 행사했다. 결국 웨일즈 지역대표들은 타협해서 웨일즈어 학교, 웨일즈어 TV 방송, 주요 자본 투입 등을 얻는 대신 정치 공동체는 포기했다. 영국 중앙정부가 웨일즈 사람들의 국가 정체성을 흡수한 것이다." Richard G. Fox, "Communalism and Modernity," *MakingIndia Hindu: Religion, Community, and the Politics of Democracy in India*, ed. David Ludden, Delhi, Oxford University Press, 1996,, 247.

과 어우러져 살고 있다는 것을 스스로 설명할 수 있다면 우리 예슈 박따도 역시 그들과 연합할 준비가 되어 있다. 그러나 그런 일이 일어난다는 것은 상상할 수 없다. 크리스천들처럼 분리된 공동체에서 살면 복음이 위태로워진다. 그래서 예슈 박따는 힌두 문화 정체성을 유지하며 예수님의 증인으로 살려고 애쓰고 있다.

물론 모든 예슈 박따는 전통적인 크리스천들보다 두 배로 핍박받고 있다. 힌두와 크리스천 양쪽에서 핍박을 받고 있다는 말이다. 우리 예슈 박따들이 어떤 공동체로부터도 인정받지 못하고 있는 반면 '크리스천들'은 오직 힌두에 반대하며 힌두 공동체에서 크리스천 공동체로 옮겨 버린 후 인도 사람으로서 지켜야 할 사회적 의무를 버렸다. 우리 예슈 박따가 힌두 문화에서 예수님을 따르고 있는 것은 핍박을 피하기 위함도, 경험한 사실을 잊기 위함도 아니다. 예수님의 가르침대로 살고자하기 때문이다.

31. 신자와 공동체

크리스천 가운데 어떤 사람들은 교회가 꼭 다른 종교 공동체와 분리된 채 따로 존재해야 하는가라고 질문한다. 즉 분리된 종교 공동체로 살면서 사회 공동체에 적응해야 하는 어려움을 말한다. 이에 대한 정답은 신약 성경이 아름답게 보여주고 있다. 즉 예슈 박따가 사회 구성원으로 자유롭게 살면서 예수님의 몸과 보편적인 교회에 속할 수 있다는 것이다.

사도 바울은 "오직 주께서 각 사람에게 나눠 주신 대로 하나님이 각 사람을 부르신 삶의 장소를 유지하라 내가 모든 교회에 이같이 명하노라"(고전 7:17)고 썼다. 즉 교회가 분리된 공동체로 존재해서는 안 된다는 것을 단호한 개념으로 말한다. 『NIV 연구 성경 노트』는 '주님께서 각 사람에게 나눠주신 삶의 장소를 유지하라. 모든 신자는 하나님이 부르신 경제적, 사회적, 그리고 종교적 삶의 장소가 어디든지 주님을 위해 만족하며 살아야 한다.'고 말한다. 예를 들어 고린도전서 7:18을 보라.[70] 이 말은 보편적인 교회의 신자 자격을 근거로 해서 개인의 믿음을 판단하고자 하는 것이 아니다.

성경적인 제자도에는 개인의 믿음을 표현할 수 있는 장, 즉 공동체의 삶이 반드시 필요하다. 그런데 이것을 막는 것은 다름 아닌 서양식 기독교다. 전도와 믿음을 일요일 아침 예배에만 실천하는 것은 성경을 아는 사람에게 당황스러운 일이다. 성경적인 제자도를 체험하지 못하고 빈혈에 걸린 서양식 기독교가 성경적이고 본질적인 것이라고 강요해서는 안 된다.

서양 교회를 제대로 검증할 수 있는 완전히 새로운 구조와 더 개방적이고 더 성경적인 제도가 있어야 하지 않을까?

또한 우리는 '예수님이 머리가 되시는 예수님의 교회에 충성하지 않으면 예수님에게 충성하지 않는 것이다'라는 것에 동의한다.

그렇다면 그것은 어떤 교회인가?

단지 제도들인가?

각각의 교단에 속한 사람들은 자신들의 단체와 전통 그리고 역

---

70 *NIV Study Bible*, Kenneth Barker, General editor, 'I Corinthians,' W. Harold Mare, Michigan, The Zondervan Corporation, 1742.

사를 사랑할 것이다. 그들은 이 구절도 인용할지 모른다.

> 그리스도께서 교회를 사랑하셨고 그 교회를 위하여 자신을 드렸다(엡 5:25 하).

그러나 우리는 사도 바울이 이 구절에서 결코 서양 기독교 국가 안에서 발전된 제도들을 의미하고 있지 않다는 것을 알고 있다. 나중에 다른 문화권 출신의 크리스천들은 서양 '크리스천'들이 신약 성경을 해석하면서 교회의 개념을 명확하게 왜곡했다는 것을 쉽게 알아차렸다.

> 미국 침례교, 미국 감리교, 독일 루터교, 그리스 정교, 시리아 자코바이트(Jacobite) 등과 같이 서양화된 인도 교회 교단들이 교회라고 불리지만 그들은 기독교 국가들이 자신들의 이익을 위해 전해준 것이므로 성경적인 의미에서 진정한 교회는 아니다. 마이어가 포스트모더니즘적인(post-modern) 미국적 상황에서 말한 것처럼 말이다.
>
> 기독교 국가는 문화적 현상이었지 영적인 현상이 아니었다. 그러므로 기독교 국가가 망한다고 해도 기독교가 망하는 것은 아니다. 기독교 국가가 교회는 아니었다. 기독교 국가는 교회에게 문화적으로 친근한 환경을 제공했을 뿐이었다.
> 지금 우리는 크리스천과 우상숭배자가 주제넘게 만든 문화의 죽음을 보고 있다. 우리는 기독교 국가의 죽음 또는 '미국이라는 거대한 크리스천 국가'의 죽음을 보며 문화적 혼란을 겪을

필요가 없다. 오히려 예수님만을 명확하게 전달할 수 있는 기회로 삼아야 한다. 교회를 보호하고 모든 문화를 만들어 내며 영광을 누렸던 오래된 친구를 잃는 것은 슬프지만 치명적인 것은 아니다.[71]

32. 믿음과 공동체

어떤 믿음(힌두, 명목상 크리스천, 정말 성경적인 믿음)도 고립된 채로 존재할 수 없다. 그러나 힌두에 비해 기독교는 매우 개인적인 종교다. 힌두교는 믿음을 공동체적으로 표현하는 종교다.

예를 들면, 베다 시대(Vedic times)에 가장이 아내의 협력 없이 야즈나(yajna, 제사)를 드리는 경우 천국에 갈 수 없었다.[72] 일반적으로 남편과 아내와 아이들은 선과 악을 공유해야 한다고 생각

---

71 Kenneth Myers, "A Better Way: Proclamation Instead of Protest," in Michael Scott Horton, Editor, *Power Religion, The Selling Out Of The Evangelical Church?*, Chicago, Moody Press, 1992, 54-55.

72 이에 대해 케인(P. V. Kane)의 글을 참고하라. "영웅 람(Ram)이 아내의 동의 없이 자신의 옆에 금으로 만든 아내 씻따(Sita)의 형상을 놓고 제사를 드리려고 하다가 쫓겨난 것은 모든 종교 행위에 아내의 협력이 필요하다는 것을 말해준다. 빠니니(Panini, IV. 1. 33)는 빠뜨니(patni, 아내)라는 단어의 유래에 대해 말한다. 그 단어는 제사와 행복을 공유하는 아내에게만 적용할 수 있다. 남편과 함께 야즈나를 드릴 수 없는 아내는 빠뜨니가 아니라 자야(jaya) 또는 바르야(bharya)다. … 아내가 남편보다 일찍 죽으면 아내를 제사용 그릇들, 그리고 부엌살림과 함께 불(거룩한 불이라고 함)로 태운다. 그것은 스라우따(srauta, 공적 예배)든지 스마르따(smarta, 개인 예배)든지 모든 제사에 있어서 아내의 친밀한 협력이 필수적이기 때문이다 …(Manu V. 167-68, Yaj. I. 89). 바이스바루빠(Vaisvarupa)가 야즈(Yaj, 제사)에 대해서 언급한다. 아내 가운데 가장 연장자만 종교 의식에 참여할 수 있는 자격을 가지고 있지만 다른 아내들(수드라 카스트 출신 아내는 제외)도 죽으면 거룩한 스라우따(srauta) 불로 태운다 …." Kane, op. cit., 558-59.

한다.[73] 한 왕이 자기 백성을 보호하고 백성이 각각의 종교적, 사회적, 그리고 죄에 대한 의무(dharma) 이행을 돕도록 자신의 소유의 6분의 1을 백성들과 나눴다. 한편 왕은 또한 백성들의 죄도 처벌해야 했는데 그렇지 않으면 자신이 책임져야 했다. 그래서 힌두 왕국에서 백성들은 왕을 신으로 인식했다.

세상의 권리를 포기한 산야시(Sanyasi, 수도자)의 경우를 제외하고, 힌두 사회의 모든 구성원들은 공동체 안에서 함께 의무(dharma), 부(artha), 쾌락(kama), 그리고 자유(moksha)를 얻으려고 노력한다. 그런 것들을 얻는 것은 집단의 관심사다. 특히 의식(ceremony, samskaras)을 종교적으로나 사회적으로나 중요하게 여겨 항상 가족과 공동체 중심으로 행한다.

이것은 위에 언급된 야즈나에 아내가 필요하다는 고대 베다 전통에서 직접적으로 유래된 것이다. 그 전통은 산야시의 경우에도 존재했고 여전히 두개의 브라민 수도원 공동체(dasanaamis of Sankara mathas과 Sri-Vaisnavas mathas)와 비 브라민 수도원 공동체에서도 여전히 존재하고 있다.

신전이나 가정에서 대개 개인적인 예배(puja, 뿌자)를 드리는 힌두들은, 크리스천들이 '교회'라는 이름으로 교회 건물이나 가정의

---

73 이에 대해 오 플라허티(O' Flaherty)가 말한다. "선악의 공유 개념은 다양한 수준의 종교적 경험을 담고 있는 인도 경전 전체에 나타난다(67). 그리고 가장 중요한 공유는 가족 내에서 남편과 아내 사이에, 형제 사이에, 그리고 부모와 자녀 사이에 일어난다. … 아내의 순결은 남편의 업보(karma, 행위)의 가장 필수적인 부분이다. 순결한 아내는 남편을 죄에서 해방시킬 수 있다(Matsya Purana 52.23-25). 모든 업보 처리처럼, 선악의 공유 개념은 부정적인 면도 가지고 있다. 즉 남편을 파괴하거나 아내의 순결을 파괴한다 …"(29). O' Flaherty Doniger, Wendy, *Karma and Rebirth in Classical Indian Traditions*, Delhi, Motilal Banarsidass Publishers, (1983), Reprint 1999, 67 & 29.

한 지붕 아래 예배를 드리는 것에 대해 제대로 이해를 못한다. 물론 힌두들도 신전에서 회중 예배를 드린다. 즉 바잔(bhajan, 인도 종교 음악), 끼르딴(kirtan, 종교 전통 찬양), 쌋쌍(satsang, 예배) 등을 말한다. 이에 대해 셀바나야감이 다음과 같이 썼다.

> … 힌두교가 항상 개인주의적 종교라는 것은 사실이 아니다. 예를 들어, 신자들의 만찬은 사이바(Saiva) 기도서에 분명히 나타난 것처럼 힌두 신학에서 중요하다.[74]

그는 설명을 덧붙인다.

> … 공동체가 일치된 상태에서만 신전에서 함께 예배드리는 힌두들의 모습이 크리스천들에게는 매력적으로 보일 것이다. 공동체 안에 불화가 있는 한 어떤 축제 의식도 벌일 수 없다. 다함께 음식 준비를 하고 식사를 하는 것은 공동체 유대를 가장 강렬하게 표현하는 것이다 ….[75]

33. 성경의 방법과 원리

위에 언급한 모든 것은 예수님과 그의 복음을 충실하게 소개하기 위해 성경적인 상황과 현대 사회 상황을 다시 깊이 이해하도록

---

74 Selvanayagam, op. cit., 116.
75 Ibid., 117.

돕기 위함이다. 감사하게도 성경은 우리에게 무조건 한 가지 방식만을 따르라고 하지 않고 다양한 상황을 받아들일 수 있는 원리를 준다. 이것은 윤리를 상황에 따라 다르게 적용한다거나 성경에 있는 절대적인 원리와 명령을 변형시키고 비트는 것을 의미하는 것이 아니다. 특별히 사역 방법과 문화와 사회에 관한 영역에서 성경은 어떤 엄격한 방식을 강요하지 않는다. 계속해서 다시 생각하고 고치고, 성경, 역사, 그리고 특정 문화와 종교 상황을 계속 배우는 것이 필수적이다. 독자들이 그런 태도를 가지면 나의 집필 목적이 달성될 것이다.

제3장
실패한 구체적인 영역

복음은 이해되지 않으면 절대 소통되지 않는다. 그러나 우리는 이 중요한 사실을 아직도 완전히 인식하지 못하고 있는 것처럼 보인다. 각각의 교단에 속한 크리스천들과 단체는 자신들의 조직 안에 있는 크리스천들을 먼저 이해하고 그들의 수준에 맞추기보다는 그들을 자신들의 이해 수준까지 끌어 올리려고 노력한다. 전체 복음과 별도로, 그들이 사용하는 설교 말씀과 용어들도 거의 소통되지 못한다. 그러나 대부분은 자신들의 적절하지 않은 설교 말씀과 용어에 대해 문제가 없다고 생각하고 전체 복음이 소통되고 있다고 보는 것 같다.

내가 이에 대해 한 선교사 집단과 이야기를 나눴을 때 대부분은 내가 의미하는 것을 이해하지도 못했다. 그리고 오히려 힌두 문화에 살면서 예수님을 믿는 예슈 박따(Yeshu Bhakta, 예수님을 따르는 사람)들이 소통하려고 애쓰는 복음에 대해 힌두가 이해하지 못하고 어려워할 것이라고 지적했다. 나는 그들의 이해를 돕기 위해 힌두 경전 바가바드 기타(Bhagavad Gita)와 우파니샤드(Upanishads)의 한쪽을 읽어주고 내용을 이해하는지 물었다. 언어적인 부분에서 읽는데 어려움이 없었던 대부분의 참석자들이, 대부분의 개념과 용어들이 낯설어서 깊이 이해할 수 없었다고 했다. 그래서 나는 그들에게 사역 대상자의 입장에서 생각하라고 요청했다.

사두 선다 싱(Sadhu Sundar Singh)이 말한 "생명수를 인도 그릇에 담아 줘라"(Give the living water in an Indian bowl)는 문장은 오랫동안 공허한 외침으로 남아있다. 시간이 흘렀음에도 불구하고 거의 변화가 없는 것 같다. 그러나 정말로 이 방향으로 심각하게 생각하고 행동할 시간이 다가왔다. 우리 크리스천들은 예배 형식, 용어 사용, 신학, 그리고 힌두 경전과 인도 국가와 관련해서 소통에 실패한 상태다. 각각의 영역에 대해 조사가 이뤄지면 크리스천들은 실패의 많은 영역들이 중복된다는 것을 인정할 것이다. 나는 그들이 정말로 성육신적으로 소통할 수 있는 대안을 연구하고 나눠주기를 기대한다.

1. 전체적인 면

1991년 예슈 자얀띠(성탄절) 기간 동안 나는 부모님과 함께 있었다. 부모님은 이모와 함께 타밀어 TV를 시청하고 있었다. 예슈 자얀띠를 맞아 몇 개의 기독교 채널들이 많은 캐롤과 성탄절 설교를 내보내고 있었다. 거의 한 시간 동안 시청한 후 내가 그들에게 물었다.

"이해가 좀 되세요?"

그들은 이구동성으로 말했다.

"전혀 이해가 안됩니다."

그때 채널에 대해 평을 하고 있던 어머니가 타밀어로 어떤 말을 했는데 다른 언어로는 제대로 번역하기 불가능하다.

"이것은 상상을 초월하는 지옥의 모습이다"(oru exhavum puriyala).

그리고서는 자신의 입을 열고 닫으면서 합창단 가수들이 부르는 서양식 영어 노래와 서양식 타밀 노래를 흉내 내기 시작했다. 그리고 말했다.

"오늘이 예슈 자얀띠(나는 이 용어를 내 어머니에게서 배웠다)이 니까 저 사람들이 예수님께 종교 찬양으로 예배를 드리면 좋지 않을까?

왜 사람들이 저런 식으로 입을 열고 닫고 있냐?"

지금은 인도 문화에 적절한 방식으로 성탄절 행사를 개최하는 등 약간의 변화가 생기고 있어 다행이다. 올해 남인도 첸나이의 일부 기독교 지도자들이 '크리스천 끼르타나이'(Keertanai, 가사) 음악 행사를 개최했다. 그 행사에서 참가자들은 타밀 전통 음악 형식에 기독교 가사를 넣어 작곡한 찬양들을 불렀다.

요즘에는 남인도 트리치(Trichy)에서 바라타나티얌(Bharatanaatiyam, 남인도 전통 춤)을 지도하는 깔라익까베리(Kalaikkaveri, 기독교 예술 센터)가 기독교 가사를 넣은 음악으로 바라타나티얌을 공연하기도 한다. 많은 사람들이 깔라익까베리의 무대에 감동을 받았다. 교회는 힌두들과 소통하기 위해 전통 문화 형식을 장려해야 한다.

TV에서 방송된 것처럼, 영과 진리로 주님을 예배할지라도 그 형식이 서양식이면 힌두들은 예배라고 받아들이지 않는다. 그 방송에서 기독교 찬양뿐 아니라 설교를 한 사람(아마도 감독?)도 크리스쳔만 이해할 수 있는 '설교용 타밀어'를 아주 많이 사용했다.

그런 행사를 할 때, 왜 다른 종교를 가진 사람들과 복음을 소통하는 것을 염두에 두지 않을까?

주님의 은혜로 중단된 최근 TV 드라마 '성경 이야기'는 불통의 전형이었다. 그 드라마를 시청한 힌두들은 기독교 방송인지 무슬림 방송인지 궁금해 했을 것이다. 왜냐하면 보통의 힌두들이 거의 이해할 수 없는 너무 많은 우르두어(Urdu, 인도와 파키스탄 무슬림들이 사용하는 언어)가 사용됐기 때문이다. 그 드라마에 나온 언어의 75% 이상이 우르두어였다.

더 심한 것은, 우리 가운데 어떤 사람들이 자주하듯이 외국인을 초대해 성탄절 설교를 하는 것이다. 1990년 빌리 그레함(Billy Graham)이 인도 TV에서 성탄절 설교를 했을 때 나를 포함해 많은 사람들이 매우 실망했다.

왜 빌리 그레함이 코트, 양복, 넥타이 차림을 하고 특히 신발을 신고 소파에 다리를 꼰 채로 설교를 해야 하는가?

인도 사람들은 신을 예배할 때 신발을 벗는다.

인도 사람들이 그 방송을 보고 어떤 인상을 받았을까?

나는 빌리 그레함이 서양 옷을 입거나 영어로 설교를 한 것에 반대하지 않는다. 그러나 계속 질문이 생긴다.

우리는 인도 문화에 적절하게 인도 옷을 입고 바닥에 앉아서 영어로 똑같은 설교를 할 수 있는 인도 사람을 찾을 수 없는가?

인도 크리스천들이 빌리 그레함에게 다음과 같이 요청했다면 우리가 실망할 일은 일어나지 않았을 것이다.

"TV로 성탄절 방송을 송신하는 것에 대해 인도 정부의 허가를 받았습니다. 그러나 비용이 많이 듭니다. 그래서 우리는 당신이 그 방송을 후원하기를 원합니다. 다만 우리는 당신이 인도식으로 말씀을 전해 혹시 방송을 시청할 수도 있는 다른 종교의 믿음을 가진 대부분의 인도 사람들에게도 좋은 영향을 끼칠 수 있도록 해 주시길 원합니다."

그는 의심할 여지없이 동의하고 요청대로 했을 것이다. 주최 측은 아마도 인도 사람들에게 복음을 소개하는 것보다 빌리 그레함을 기쁘게 하려고 했다고 생각한다. 그를 이용하는 것은 옳은 일이 아니다.

엄청난 액수를 들여가며 매일 라디오 방송을 송신하는 것도 같은 문제를 일으키고 있다. 남인도 뱅갈로(Bangalore)에서 나는 라디오 사역을 강조하는 한 전임 사역자를 만났다. 내가 복음을 소통하기 위한 필요에 대해 말했을 때 그가 대답했다.

"아닙니다, 형제님, 형제님이 생각하는 것과 다릅니다. 요즘 우리는 많은 청취자들로부터 좋은 반응을 얻고 있습니다. 이것이 우리가 복음을 소통하고 있다는 증거입니다."

내가 그에게 '많은'이 뭘 의미하느냐고 물었을 때, 그는 수 천 통의 편지를 받은 것을 말한다고 했다. 그러나 그는 인도의 인구가 10억 명에 이르렀다는 것을 잊었다. 그러면서 대부분 크리스천들로부터 받은 수 천 통의 편지에 만족해하고 있다!(그렇다고 내가 모든 라디오 방송에 반대한다는 의미는 아니다)

이미 우리는 스와미 베베까난다(Swami Vivekananda)가 자신의 미국인 제자들에게 베단타 내용을 소통하기 위해 성경 용어를 사용했다는 것을 들었다. 어쩌면 그가 성경의 어떤 문맥은 우리와 다른 해석을 하고 강조했을 수도 있지만 청중과 소통하기 위한 그의 설교 접근법은 본받을 만하다. 무슬림들도 지역 문화를 존중하는 것의 가치를 이해하고 꾸란을 지역 언어로 번역하고 있을 뿐 아니라 인도 언어들로 방송까지 하고 있다. 오늘날 남인도 트리치(Trichy)에 있는 웨스트 친따마니 모스크(the West Chintamani mosque)에서 우리는 매일 이른 아침 쉬운 타밀어로 꾸란을 설교하는 것을 들을 수 있다.

세속적 상업 세계에서 사람들은 상품을 팔고 영구적 고객을 확보하기 위해 모든 노력을 기울인다. 1992년 2월 27일 나는 남인도 첸나이(Chennai)의 낄빠욱(Kilpauk) 지역의 마다박깜(Madavakkam) 근처에 있는 '가족들'이라는 가게에 갔다. 전에도 몇 번 갔었다. 꼬임바또레(Coimbatore) 지역 출신의 주인은 브라민이 아니었다. 그러나 내가 빠빠담(papadam) 한 개를 사려고 했을 때 그는 품질이 좋지 않다면서 추천하지 않았다. 놀랍게도 그는 내 카스트를 알아보고 완전히 타밀 브라민 용어로 나에게 설명했다.

왜 크리스천은 불신자들이 친근하게 느끼는 언어로 말하지 않는가?

지금 새 신자가 교회 예배에 참석하여 어려운 주제가 아니라 단순한 설교를 이해하는 것도 어려운 상황이다.

새 신자가 기존의 신자 가운데서 생존하고자 한다면 삶의 모든 영역에서 신자의 형상을 나타내야 한다. 이런 식으로 자칫하면 교회는 서양식으로 계속 존재할 것이고 새 신자들이나 보통 사람들이 아직 복음을 이해하지 못하는 것을 염려하지 않을 것이다.

왜 우리는 낮 예배나 밤 예배나 심지어 TV에서조차 정치가처럼 서서 설교하는가?(인도 문화에서 사람들은 종교 모임 때 바닥에 앉는다)

선교지에서 예배나 부흥회 때 언제나 앉아서 설교를 하는 것이 낫다. 내가 전에 한 선교지를 방문해 내가 앉아서 설교할 수 있도록 탁자와 의자를 없애고 보조 침대(chowki)를 준비해 달라고 요청했을 때 한 선교사가 이해하지 못하고 "우리가 설교하는 방법대로 해 주시기 바랍니다. 우리의 방법대로 해야 청중들이 설교자를 제대로 볼 수 있습니다"라고 반대했다. 그러나 내가 그에게 강하게 요청하자 투덜대며 내 요구대로 준비했다. 모임 후에 그가 말했다.

"당신이 옳았습니다. 당신의 방법대로 해서 사람들이 당신을 잘 볼 수 있었고, 그것이 힌두들에게 익숙한 방법이었습니다."

1992년 야밧말(Yavatmal)에 있었던 YCLT 모임에서 나는 설교단까지도 치우라고 요청했다. 나는 예배당에서 앉아 설교를 했고 많은 사람들이 좋아했다.

우리는 앉아서 설교를 할뿐 아니라 가능한 인도 전통 의상을 입어야 한다. 나는 모든 모임 때 설교자(드문 예외를 제외하고)들이 왜 서양 옷 특히 넥타이를 매는지 이해할 수 없다. 특히 선교지에서 설교자가 서양 옷 특히 넥타이를 매지 못하도록 해야 한다. 그런 것들은 자신들의 교회 안에 보관하도록 하자('TV 뉴스 아나운서들처럼 인도 사람들도 넥타이를 매는 상황에서 우리는 안 됩니까?'라고 논쟁하는 사람들이 있다. 우리는 아나운서들은 외국적인 것을 선전하는 사람들로 인식되지 않는다는 것을 알아야 한다. 기독교 전도자들만 외국적인 것을 선전하는 단체 사람들로 비난을 받고 있다).

우리가 명확하고 단순하게 소통하지 못하고 있는 이유는, 우리 안에 심각한 문제가 있기 때문이다. 제임스 존시(James H. Jauncey)는 "우리 자신들 위에"(Above Ourselves)에 다음과 같이 썼다.

> 크리스천이 사랑의 마음으로 듣는 사람을 고려한다면 듣는 사람의 이해를 넘어서는 월등한 지식을 자랑하려는 설교나 대화를 하지 않을 것이다. 대체로 우리가 단순한 언어로 설명할 수 없는 것은 우리 스스로도 정말 이해할 수 없는 것이다.[1]

우리가 다가가고자 하는 사람들의 이해 수준을 고려할 때, 정신적인 부분만이 아니라 전인(the whole person)적인 관점에서 생각해야 한다.

"모든 사람은 완전한 복음이 필요하다."

사람은 기본적으로 인간이지 단순히 어떤 물건이 아니다. 그래서 우리의 이웃에게 복음을 소통할 때 그들을 사람으로서 바라보고 접근해야 한다. 어쩌면 우리가 복음 소통에 실패한 가장 큰 이유는 복음을 기계화했기 때문일 것이다. 문학, 영화, 라디오, 그리고 TV 프로그램의 엄청난 생산량 속에서 개인적 접촉(성경적 소통의 본질)에 대한 인간의 욕구가 무시되고 있다. 개인적으로 접촉하기 힘든 큰 행사만을 고집하기보다 인내심을 가지고 소규모로 움직인다면 많은 사람을 접촉할 수 있다.

---

1 이것은 내가 글쓰기와 참고 문헌을 고려하기 전에 써 둔 인용문이라서 지금은 정확한 도서 목록을 제공해 줄 수 없다.

우리는 인간의 이해에 기초해 소통해야 한다. 인간은 성취를 위한 갈망을 갖고 있다. 사람마다 다르겠지만 육체적, 정신적, 도덕적, 사회적, 그리고 영적인 면에서 전체적인 완전함을 이루려고 하고 어느 한 부분이 완전하더라도 부족한 부분을 메꾸려는 갈망한다. 그런데 한 사람에게 만족을 주는 것이 다른 사람에게는 똑같은 만족을 주지 않기 때문에 이웃과 소통하기 위한 통일된 이론이나 정책을 만들 수는 없다.

사람마다 삶의 경험이 다르기 때문에 다른 사람의 세계관을 이해하기란 쉽지 않다. 그래도 우리가 어떤 사람으로부터 신뢰를 얻는다면 그가 우리에게 자신의 마음을 나눌 것이다.

다른 사람 특히 이웃들의 신뢰를 얻는 일은 쉽지 않다. 사람은 상대방이 자신의 삶에 진실로 관심을 가지고 있다고 확신할 때 신뢰한다. 많은 기독교 전도법의 문제는 이웃의 신뢰를 얻기 위해 인내하지 않는다는 것이다. '열매를 딸 수 있을 때 따라'를 잘못 해석해서 우리는 사랑과 관심과 우정을 위해 시간을 투자하지 않는다. **이웃이 빨리 세례 받을 정도로 순조로운 대상자가 아니면 우리는 그에게 복음을 전하기 위해 시간을 투자하지 않는다.**

이런 식으로 우리의 이웃이 자신의 삶에 뭔가를 성취하려는 것을 돕기보다 우리 전도 충동을 성취하는데 더 관심이 있다. 이렇게 우리 자아를 만족시키기 위해서 이웃을 이용하고 있다. 자아를 만족시키려고 다른 사람들을 이용하는 것은 범죄일 뿐 아니라 하나님을 모독하는 죄다. 왜냐하면 다른 사람들을 이용하는 행동은 자신의 형상대로 사람을 창조하신 하나님을 경멸하는 것이기 때문이다.

크리스천들은 다른 종교의 사람들과 우정을 쌓는 것에 대해 좋은 평판을 얻지 못하고 있어서 신뢰를 얻기가 쉽지 않다. 전도 충동으로 인해 서두르는 행동은 다른 사람들을 불쾌하게 할 수 있고 크리스천들은 다른 사람들에게 진실로 관심이 없는 사람이라는 인식을 강화시킬 수 있다. 복음을 전하려는 의도를 숨기고 이웃에게 접근하는 것은 잘못된 것이다. 바보라도 곧 진짜 동기를 인식할 것이다.

차라리 우정을 쌓고 사랑하는 일에 시간을 보낼 수 있도록 자신을 준비하라.

우리가 이웃에게 다가가고자 하면 도덕적 책임감도 함께 가져야 한다. 즉 그들을 위해 우리의 삶도 투자해야 한다.

"큰 명예에는 큰 책임감이 따른다."

하나님보다 앞서서 달려가지 말고 예수님에 대해서 말할 적당한 기회를 얻을 때까지 충실하고 신실하고 조심해라.

나머지는 하나님의 손에 맡겨라.

"하나님은 당신의 역할을 하지 않을 것이고 당신은 하나님의 역할을 할 수 없다."

2. 우리의 예배

예배는 힌두의 모든 영적인 삶을 순환시키는 축이다. 그들은 결코 일요일에 세 시간 예배(그리고 한 시간의 기도회)를 드리고 예배를 끝냈다고 생각하지 않는다.

"힌두교는 일요일 아침 예배의 종교나 금요일 모스크 종교가 아니다 …."[2]

나는 예슈 박따로서 지난 10년 간 크리스쳔들 모이는 일요일 예배에 거의 참석하지 않고 크리스쳔들과 최소한의 교제만 하고 있는 상태다. 내가 그렇게 하고 있는 이유에 대해 한 가지 사례를 줄 수 있다. 한 대회에서 순회 찬양단이 서양식으로 최선을 다해 '예배를 인도'했지만 나는 그들과 예배를 드린다는 마음을 거의 느낄 수 없었다. 그들이 인도어로 부르는 몇 개의 곡에도 '서양화된 생각'이 담겨 있었다. 그곳에서 나는 다음과 같은 소망을 품었다.

"모든 서양 악기와 설교단을 없애라. 대신 무대에 다리(dari, 두꺼운 까페트)를 펴고 찬양단이 바닥에 앉아서 아름다운 바잔(Bhajan, 인도 전통 찬양)을 부르게 하라."

이렇게 우리는 영과 진리로 주님을 예배할 수 있을 것이다.

내 말은 순회 찬양단이 예배 인도에 실패했다는 것이나 우리들 가운데 아무도 영과 진리로 예배드릴 수 없었다는 것을 의미하지 않는다. 나는 정말 사람들이 춤까지 추면서 주님을 예배하는 것을 봤다("걸으라, 걸으라, 걸으라, 주님과 함께 걸으라"). 그러나 나는 그 분위기가 낯설어서 그들과 함께 예배드릴 수 없었다.

'한 무리 안에 있는 모든 개인을 만족시킬 수는 없다'는 것은 설득력 있는 말이다. 그러나 나는 한 개인으로서 이 말을 하는 것이 아니라, 모든 신자들을 대표해서 하는 것이다. 권위 있는 복음주

---

2 Sri V. Thyaharajan의 말을 인용했다. 그는 이 말을 자신이 아는 힌두에게서 들었다.

의 학자 존 스토트(John Stott) 목사는 이것을 개종시키는 것이라고 부른다.

> 개종시키는 것은 어떤 사람을 우리의 의견과 문화 속으로 데려와 바꾸는 것이고 우리의 틀 속으로 그를 밀어 넣는 것이다. 그러나 복음을 전하는 것은 예수님이 보여주신 하나님의 복음을 선포하는 것이다. 사람들이 하나님을 믿어 그 안에서 생명을 찾게 하는 것이다. 그리고 궁극적으로 우리의 형상이 아니라 하나님의 형상과 같은 모양이 될 때까지 말이다.[3]

한 완전히 순수한 인도 바잔 찬양단을 영국이나 미국으로 데려간다고 가정해 보라. 그들에게 인도 바잔 선율로 영어 찬양을 부르면서 예배의 청중을 인도하도록 요청하라.

어떤 반응이 나올까?

참석자들은 호기심으로 우습게 들리는 노래들을 즐길지도 모르지만 절대 그들이 생각하는 예배라고 느끼지 못할 것이다(미국이나 영국으로 가기 전에 먼저 여기 인도의 서양식 영어 예배에 적용해 봐도 알 수 있을 것이다).

이것은 내 추측이 아니다. 크리스타 세와 상가 아쉬람(Christa Seva Sanga Asharam)의 라쉬 신부(Fr. W. Lash)는 브라민 출신의 교사가 선교지에서 봉사하며 느낀 것을 나눴다.

---

3 John R. W. Stott, *Christ the Controversialist*, Inter-Varsity Press, 173.

그 브라민 출신 교사는 가난한 사람들을 위해 학교, 병원, 그리고 사회복지 시설들을 운영하고 있는 그 지역의 모든 선교사들을 보면서 큰 존경심을 가졌다. 그런 다음 그는 덧붙였다.

"저는 그 지역 사람들이 아주 주의 깊게 선교사들을 따르고 있는 것을 보면서 그들이 좋은 사람이 되려고 예수님을 믿는 것이 틀림없다고 느꼈습니다. 그러나 저는 그들이 믿는 존재가 하나님이라고 생각하지 않습니다."

라쉬 신부는 크게 놀랐고 어떻게 그런 결론을 내렸느냐고 물었다. 그 교사는 "그들이 예수님을 예배하지 않기 때문입니다"라고 말했다. … 그 선교 단체의 삶을 매일 본 이 사려 깊은 브라민에게 그 지역 사람들의 예배는 겉치레로 보였다. 그 지역 사람들의 서양식 예배 안에는 그 교사가 생각하는 예배의 요소에 해당되는 것이 아무것도 없었다. 그 일을 통해 내가 크게 깨달은 것은, 우리의 삶과 사역의 기초가 우리 주위에 있는 사람들이 잘 이해할 수 있는 형식 안에 드러나지 않으면 우리가 의도치 않는 엉뚱한 일이 생길 수 있다는 것이다.[4]

음악은 힌두 공동체의 예배에 빠뜨릴 수 없는 부분이다. 종종 힌두들은 음악 예배(naadopasana)만 드리기도 한다. 그러나 풍부한 전통 음악(까르나틱과 힌두스타니)이 있는 이 나라에 살면서도 교회는 슬프게도 예배에 서양 음악을 선호하고 있다. 내가 지금

---

4 Rajappan D. Immanuel, *The Influence Of Hinduism On Indian Christians*, Jabalpur, 1950, 11.

서양 음악을 평가절하 하는 것은 아니다.

서양 사람들은 서양 음악으로 예배를 드리는 것을 당연하게 생각하지만 왜 우리 인도 사람들은 하나님께서 우리에게 주신 인도 음악이라는 선물을 포기해야 하는가?

오늘날조차 인도 교회에서 유일한 '공식적' 예배 악기는 오르간이고 모든 크리스천 가정의 소년 소녀들은 기타만 배우고 있다. 인도 교회는 인도 기독교 초창기에 작곡된 아름다운 가사들조차 가볍게 취급하고 있다. 오늘날 디스코와 락을 예배 음악의 표준으로 삼고 있고 전도 행사에서도 사용하고 있다.

"힌두들도 기타를 배워 사용하고 디스코 음악을 즐긴다."

이 문제 제기에 대한 보통의 대답이다. 그러나 힌두가 영화에서 아무리 서양 음악을 사용하고 파티에서 디스코 음악을 즐겨도 바잔 만달리(bhajan mandali, 찬양 집회)와 쌋쌍(satsang, 예배)에서는 절대 그런 음악을 사용하지 않는다. 그리고 인도 사람들이 현대 서양 풍조를 배우기 시작했다 해도 우리는 이 나라의 문화유산을 유지하도록 도울 책임이 있다.

내가 강조하고자 하는 것은, 복음을 문화와 소통하는 것은 타협하는 것이 아니고 세상의 형상과 같아지는 것은 더더욱 아니고, 성경에 충실한 상태로 현재의 문화에 성육신하도록 하는 것이라는 점이다. 락과 디스코 음악이 현 세상에서 인기가 있을지라도 그것들이 주로 기분 전환과 성적인 느낌과 연관되어 있으므로 예배와 사역에 사용할 때 조심해야 한다.

내가 크리스천들에게 왜 우리가 바잔을 작곡하고 사용하지 않고 서양 찬송가를 사용해야 하느냐고 물으면 그들은 보통 이렇게 대답한다.

"힌두 종교 음악 분위기가 나는 바잔을 부르고 싶지 않습니다. 우리 고유의 기독교 음악을 즐기고 싶습니다."

그들에게는 서양 음악 자체가 기독교 음악이다. 그들은 우상숭배하던 사람들이 기독교(서양) 음악을 만들었다는 것을 모른다. 기독교 음악 또는 기독교 문화라는 것은 존재하지 않는다. 아주 단순하게 일반화시켜서, 인도를 제외하고 다른 나라에서 복음을 전한 선교사들은 복음을 지역 문화 안에 제대로 전파하려고 지역 문화를 받아들이고 적응했다. 그러나 오직 인도, 특히 기독교 사회에서는 모든 서양적인 것이 기독교적인 것이 되고, 모든 인도적인 것은 우상숭배적인 것이 됐다. 파키스탄에서 선교사로 7년간 사역한 노르웨이 출신 람슬리엔(Rmslien)이 언젠가 나에게 말했다.

"제가 파키스탄에 있었을 때 가끔은 파키스탄 전통식으로 예배를 드리는 교회에서 예배를 드렸지만 인도에 온 후에는 오직 서양식 교회에서만 예배를 드리고 있습니다. 인도 전통식으로 예배를 드리는 교회를 볼 수 없기 때문입니다."

델리의 한 교회는 에어컨과 뒤로 미는 의자들이 있는 극장에서 예배를 드린다. 크리스천들은 예배를 드리러 오곤 하는 외국인들에게 편안한 시설을 제공하기 위함이라고 말한다. 그러나 힌두교에 관심을 갖고 있는 똑같은 외국인들은 힌두 아쉬람(ashram: 종교, 명상, 수련회 목적의 건물)에 가서 맨발로 걷고, 바닥에 앉고 채식을 한다. 영국의 찰스 황태자와 다이아나비도 인도 방문 때 델리에 있는 간디 사마디(samadhi, 간디의 재가 있는 기념 광장)에서 맨발로 걸었다. 그러나 우리는 해야 할 이유를 찾지 않고 오히려 할 수 없는 이유에 대해 더 많은 변명을 한다.

내가 '기독교 아쉬람'(지금도 식탁에서 식사를 하고 정기적으로 고기를 먹으며 인도 전통 아쉬람의 개념을 평가절하 하고 있는)에 있었을 때 50명 이상으로 구성된 한 힌두 단체가 왔다. 아짜르야(acharya, 종교 지도자)가 응접실에서 그들을 맞았고 한 동안 얘기를 나눈 후 편안한 의자에 앉아서 한 두 곡의 서양 찬송가를 불렀다.

그 찬송가가 끝난 후 그 힌두 단체의 지도자가 어떤 바잔을 부르길 원했고 그 아짜르야가 허락했다. 그러자 그 아짜르야를 제외하고 방문객들은 바잔을 부르기 전에 모두 의자에서 내려와 바닥에 앉았다. 오직 크리스천들만 교회뿐 아니라 구역 모임에서도 주님을 예배할 때 편안한 자리에 앉아 꼭 신발을 신고 다리를 꼰다. 힌두가 볼 때 그런 모습은 신을 존중하는 것이 아니다.

불신자들의 마음과 정신을 주님께 향하게 하려면 매력적일 뿐 아니라 사람들이 존경과 예의를 느낄 수 있는 형식으로 예배를 드려야 한다. 그렇지 않으면 그들은 우리의 예배 형식에 주목하지 않는다. 몇 시간 동안 바닥에 앉아서 명상하는 그들이 의자에 편안하게 앉아있는 우리의 모습을 보면 좋은 인상을 가지지 않는다.

의심할 여지없이 다른 종교의 사람들은 자신들이 신을 예배하고 존경하는 방법을 알고 있고 자신들의 예배 형식이 최고라고 생각한다. 그리고 그들이 우리의 이상한 습관을 볼 때마다 자신들의 생각이 옳다고 확신한다.

"오! 하나님은 당신이 어디에 앉고 무엇을 신고 있는지가 아니라 마음을 보십니다.

힌두들도 청바지를 입고 신전에 가는데 왜 우리가 그렇게 하면 반대합니까?"

이 모든 주제가 나올 때마다 듣는 반박 질문이다. 힌두는 청바지를 입고 신전에 갈지 몰라도 절대 신발을 신고 들어가 편안한 의자에 앉아서 신을 예배하지는 않는다. 힌두들은 신발을 신고 의자에 앉아서 신을 예배할 수 없다고 생각한다. 일부 전임 선교사들도 아침에 얼굴과 입을 씻지도 않고 침대 위에 앉아서 성경을 읽는다. 이것은 힌두들이 생각할 수 없는 혐오스러운 행동이다. 하나님은 우리의 옷과 습관을 꺼리지 않으시지만 사람들은 꺼린다.

사실, 우리는 이 영역에서 다른 종교 사람들의 감정을 이해할 준비가 되어 있지 않다. 그 때문에 기독교가 힌두의 마음과 정신에 어떤 영향도 줄 수 없는 것이다. 서양화된 기독교 문화에서 자란 사람은 이런 크리스천의 문제를 이해하기 힘들다("저는 오르간 음악과 끝에 '아멘'을 세 번 들어야 예배를 드렸다는 느낌이 듭니다"라고 한 형제가 말했다).

우리가 자유로운 형식으로 주님을 예배할 권리를 갖고 있지만 새 신자에게 서양 음악을 유일하고 참된 기독교 음악과 예배라고 강요해서는 안 된다. 남인도 출신의 선교사들은 부족 지역에서도 부족 전통 형식보다 서양 음악과 서양 예배 형식을 소개한다.

인도 전통 음악의 위대함을 이해하고 싶다면 음악회에 참석하든지 TV에서 까르나틱(Carnatic)이나 힌두스타니(Hindustani) 음악을 들어 보라. 악보를 안 보고 세 시간 이상 수 많은 노래를 부르는 성악가들을 볼 수 있을 것이다. 서양 음표로 된 대부분의 서양 음악의 경우 사람들은 찬양집 없이 노래할 수 없다. 놀랍게도 나는 크리스천들, 특히 선교사들도 찬양집 없이는 두 세곡 이상 부르지 못하는 것을 봤다. 이것이 힌두들이 락과 디스코와 바꾸고 싶지 않은 인도 음악의 풍부함이다.

"우리가 기타와 드럼을 사용하면 사람들이 모입니다. 하모늄(harmonium, 손풍금)과 따블라(tabla, 인도 전통 북)를 사용하면 누가 올까요?"

이것은 한 선교 지도자의 반응이었다. 그는 따마사(tamasa, 보이기 위한 행위)는 항상 그 자신을 위해 사람들을 끌어들인다는 것을 잊는다. 사람들은 서양 악기에 집중할지 몰라도 그 노래의 의미에 관심을 가지지 않고 함께 노래를 부르려고 하지도 않는다. 그러나 바잔을 부르면, 즉시 그 선율과 가사를 익히고 함께 찬양한다.

지금은 더 이상 교회 예배에 설교 초청을 받고 참석하는 일이 없지만 전에는 아주 드물게 그런 일이 있었다. 그때마다 나는 교단과 상관없이 어떤 인도 교회에서도 예배를 드렸다는 느낌을 갖지 못했다. 그런 큰 고통을 경험한 나는 교회 예배를 인도 전통 형식으로 바꾸려고 울면서 여러 차례 시도 했다. 실패한 이야기를 여기서 다시 하지는 않겠지만 한 가지는 짚고 넘어가야 한다. 단지 바닥에 앉고 소수의 인도 악기를 사용한다고 해서 인도 형식의 예배라고 볼 수는 없다.

몇 가지가 근본적으로 변해야 한다. 천주교의 경우, 특별히 그들의 아쉬람은 기독교를 힌두교 안의 또 다른 교파라는 느낌을 준다. 즉 그 아쉬람은 완전히 서양 기독교의 모습도 아니고 완전히 힌두교의 모습도 아니었다. 인도 전통 형식으로 예배를 드리면서 제대로 해야 한다.

복음을 소통하려는 천주교의 모습에 대해서 개신교도들은 이렇게 말한다.

"우리는 다른 정체성을 유지하고 싶습니다. 기독교를 힌두교 안의 또 다른 교파로 만드는 것보다 우리의 정체성을 유지하기 위해 서양식을 따르는 것이 낫습니다."

이것이 개신교 특히 복음주의 교단이 주최하고 있는 현대 종교 재판이다. **그들은 육체를 살리기 위해 귀한 영혼을 죽이고자 한다.** 처음에 잘못된 방향으로 가고 있다고 해서 모든 것을 잃은 것은 아니다. 새로운 시도를 할 때에는 처음에 위험을 감수해야 한다. 그러면 나중에 옳다고 판정될 수 있는 기회가 찾아올 수도 있다. 오히려 지나치게 조심하는 것이 지나친 열정만큼 위험하다. 둘 다 장단점이 있다. 너무 많은 연구와 분석을 하며 지나치게 조심하는 행동은 새로운 시도를 하려는 정신을 죽이고 지나친 열정은 타협과 혼란으로 끝난다.

인도 전통 형식의 예배에 대한 또 다른 반대는 힌두 원리주의자들이 제기한 것이다. 그들이 반대하는 것은, 크리스천들 특히 천주교 아쉬람이 힌두교를 수용하고 힌두교에 적응하여 기독교를 인도의 신앙으로 소개하고 있는 것이다. 씨따 람 고엘(Sita Ram Goel)의 설명을 이해하기 위해 그가 쓴 '힌두 형식 안의 있는 숨어 있는 것'(Disguised in Hindu Forms)을 보자.[5]

5　Goel, op. cit.

'약탈 원정(복음 전파)을 시작하기 전에 힌두 문화에 대한 아무런 연구도 하지 않고 탐욕스럽게 흘긋 보기만 하는 선교 단체들의 태도 때문에 기독교를 인도 문화에 적절하게 소개하는 것은 심각하게 어려운 문제다. 일단 교회의 손에 떨어지고 있는 힌두 문화의 미래가 염려된다. 교회에 빼앗긴 그리스 문화의 운명을 보면 끔찍한 결과를 짐작할 수 있다.'

제국주의와 타협한 선교가 '제국주의' 아래서 좋은 선교의 기회를 놓쳤기 때문에 지금 '복음을 문화에 적절하게 소통'하는 방법을 논의하는 것이다. 인도 기독교의 문화 소통은 '달콤하게 들리지만 아주 염려된다.' 왜냐하면 그것은 다른 어떤 것도 아니고 '전도이기 때문이다. 그것은 복음을 다른 문화, 다른 철학 다른 종교에 심는 것이다.' 그 힌두 지도자는 종교와 문화를 분리할 수 없는 힌두 문명이 위태롭다고 항의한 것이다.

그 항의의 주요 이유는 이것이다.

첫째, 문화 소통으로 위장한 크리스천들(대부분 천주교)은 '크리스천 자신들에게 영감을 주는 것이라고 인식하는 힌두의 영적 훈련과 문화의 부분들'을 선택적으로 취해서 쓸 권리가 없다.

둘째, 가치가 있든 없든 전체 선교 사업이 창피를 당하고 해산될 수 있는 가능성에도 불구하고 선교 단체들은 인도에서 가지고 있는 엄청난 재정과 거대한 조직을 사용해 멋대로 힌두 문화에 해를 끼치고 있다.

셋째, 많은 힌두들은 수십 년간 어떤 종교적 표현 형식들을 맹종하면서 살아오고 있어서 또 하나의 방법에 개의치 않는다. 그래

서 '부유하고 성공한 선교사가 국가 안정에 위협을 주고 있다'는 사실을 알아차리지 못한다.[6]

우리가 그들의 반대(어떤 것은 사실임)를 받아들이고 문화 소통을 위한 어떤 노력도 멈춘다면, 우리는 복음을 전파하는 것도 멈춰야 한다. 왜냐하면 그들이 어떤 형식으로든 인도에서 복음이 전파가 되는 것을 반대하기 때문이다.

다른 사람의 반대 때문에 복음 전파를 멈출 수 없다면 왜 같은 이유로 우리가 문화에 적절하게 복음을 소통하는 것을 멈춰야 하는가?

인도 상황에 적절한 교회를 만들기 위해서 교회 건축 양식, 목사의 의복, 설교단, 성찬식용 탁자, 성만찬 방식, 음악, 신학, 교회 행정 등과 같은 것들을 아주 근본적으로 바꿔야 한다(그러나 이런 수준의 변화는 인도 교회에서 절대 일어나지 않을 것이다. 이것은 염세주의도, 예언도 아니고 암울한 현실을 말하는 것이다).

대부분의 크리스천들은 인도 '기독교' 종속 문화에서 태어나고 자라서 예배하기, 증인되기, 교회 행정 등에서 자신들이 얼마나 많이 서양 방식을 따르고 있는지 깨닫지 못한다. 어떤 새 크리스천들은 완전히 세뇌당해 전통 크리스천들보다 더 심하다. 즉 서양화된 인도 크리스천들보다 더 서양화된다. 어떤 사람들은 인도 크리스천의 '입장'과 인도에서 예슈 박따로 생존하고자 하는 사람들의 어려움을 이해하지 못하고서 단순히 다음과 같이 쓴다.

---

6 이 세 가지는 내가 내 글에서 요약한 것이다. Dayanand Bharati, 'A Review Article: Catholic Ashram: Adopting and Adapting Hindu Dharma,' *To All Men All Things*, vol. 2 no. 2, August, 1992, 4-6. 천주교 아쉬람에서 인용한 것은 다음에서 찾을 수 있다. vi, xiii-xv, 4, 9.

예슈 박따들은 인도 문화 속에 기독교를 넣으려고 한다. 인도
에는 거의 2천 개의 카스트와 문화가 있다.
기독교를 어떤 문화로 바꿀 것인가?
인도 문화에서는 보통 사제들이 허리에 꾸두미(kudumi)를 두
르고 그 이상은 옷을 입지 않는다.
문화 소통을 지지하는 CSI(남인도교회) 교단 목사와 감독들이
그런 방법으로 자신들을 바꿀 수 있을까?
서양식 촛불을 인도식 기름등잔(kutuvilakku 또는 diya)으로 바
꿔서 어떤 영적인 변화를 기대하려고 하는가?
서양 예배 방식에 무슨 문제가 있단 말인가?
예슈 박따들은 영적인 부분을 중요하지 않게 여기기 때문에
이런 혁명적인 변화를 추구하려고 한다.[7]

아마도 이것은 교회에 대한 예슈 박따의 까다로운 식성에 반대하기 위해 쓴 것 같다. 이런 생각은 우리에게 현재의 부적절한 교회 형식을 전수해 준 서양에서 출발했다. 현재 서양 예배에 무슨 문제가 있느냐고 묻는 것을 볼 때 글쓴이는 인도 기독교와 크리스천의 표현에 대한 힌두들의 인식에 대해 전혀 들어보지 못했고 관심도 기울이지 않은 것 같다.

인도 크리스천들은 강력하게 서양 예배를 장려하고 있지만 몇몇 서양 크리스천들은 예슈 박따에게 동의하고 있다. 나는 그들에게 감사드린다.

---

7 Dr. Pushparaj, *Jamakkaran*, [Tail], June, 1992, 17.

사역, 예배 의식, 관습, 찬송가, 그리고 전통에 대한 규정들 가운데 많은 부분이 서양에서 이식된 문화여서 그것들은 다른 문화 사람들 가운데 빈약하게 성장할 수밖에 없다.

… 비(非)서양 문화에서 크리스천들은 대부분 여전히 서양 문명에서 자란 예배 의식을 따른다. 비서양 문화 배경의 사람들이 서양 전통을 사랑하고 귀하게 여기려고 배운다면 그것은 갈채를 받아야 한다. 그러나 교단이 교회를 통제하려는 수단으로 개혁과 예배의 자발적 행위를 방해한다면 그런 행동은 영혼을 죽이는 것이다. 오늘날의 교회에는 '놔두는' 은혜가 필요하다. 성령이 예배 의식과 예배 문제를 인도하실 수 없는가?

더군다나 놔두는 은혜가 서양 신자 가운데 일어날 수 있다면 왜 비서양 교회에서는 안 되는가?

실수가 있을 것이다. 그것은 확실하다. 그러나 그런 경우에도 자신들이 크리스천들을 정죄하고 통제하고 있다는 것을 이해조차 못하는 '신학교에서 훈련 받은' 사역자들보다 평신도들이 그 실수를 고쳐 나가야 한다.[8]

인도에서 서양 예배 방식을 따르는 수 천 개의 진짜 이유가 있겠지만 인도 형식을 받아들여야 할 더 중요한 이유가 있다. 그것은 우리가 인도 사람이고 우리의 믿음이 성경에 기초를 두고 있기 때문이다. 우유는 영양이 풍부한 액체지만 물고기는 그 안에서 생존할 수 없다. 우리는 우리 인도의 물에 생존하는 것을 선호한다.

---

8 Schmidt, "Explanations to the Ninety-Five Theses on Church Control," 54.

물론 비성경적인 찌꺼기를 제거하면서 말이다.

3. 우리의 언어

"다음 구절을 읽어 주시겠습니까?"

내가 설교하기 전에 타밀 브라민 출신 청년 스리니바산(Srinivasan)에게 성경을 읽어 달라고 요청했다. 그는 열정적으로 읽기 시작했으나 다섯 구절을 읽는 데도 매우 힘들어 했다. 성경에 기록된 언어가 부절적할 뿐 아니라 소통도 안 됐기 때문이었다.

그가 유일한 사례가 아니다. 나 자신도 예슈 박따가 된 후 초기에 똑같은 문제를 겪었다. 처음으로 성경을 읽기 시작한 다른 종교 출신의 사람이 이해하지 못하는 것은 언어뿐 아니라 성경이 표현하는 방식이다. 대부분의 주요 언어에서 성경은 시대에 뒤떨어진 스타일로 쓰여 있다. 이것이 효과적인 소통을 방해하는 또 다른 요인이다. 새 번역들이 나오기는 하지만 거의 장려되지 않고 있다. 특정 종족 가운데 사역하면서 우리는 그 종족의 마음의 언어로 된 자료를 만들어야 한다.

누구한테든지 성경, 특히 남인도 드라비디안 언어로 기록된 아무 성경이나 주고 그 내용을 이해하는지 물어보라.

대부분의 사람들에게 한 번 읽고 성경의 언어를 이해한다는 것은 불가능한 일이다. 내가 예슈 박따가 된 초기에 여러 번 선교사에게 성경에 쓰인 타밀어를 보통 타밀어로 번역해 달라고 요청했다(지금은 나도 성경에 쓰인 타밀어에 친근해 졌다. '기독교' 영향에 감사드린다). 영어를 아는 사람들은 인도어 성경을 읽는 것보다 새 영어 번역을 읽을 때 더 명확하게 내용을 이해할 수 있다.

물론 아주 많은 인도 크리스천들 특히 복음 전도자들은 이 문제를 이해하지 못할 것이다. 왜냐하면 영어라고 불리는 천국 언어로 매일 묵상을 하는데 익숙해 졌기 때문이다. 인도어로 된 성경을 읽는 모습이 아마도 덜 고상해 보이는가 보다. 이런 분위기 때문에 그들은 보통의 크리스천들이 직면한 문제를 제대로 파악하지 못한다.

"성경은 신비로워서 사람이 그것을 쉽게 이해할 수 없습니다. 그런데 어떻게 쉽게 이해할 수 있겠습니까?"

이 문제 제기에 대한 일반적인 반박은 다음과 같다.

> 지금까지 사람들은 언어 때문이 아니라 그들이 들은 내용 때문에 복음에 반응을 보였습니다.
> 그런데 무슨 쉬운 언어를 언급합니까?
> 하나님이 자신을 드러낼 때까지는 아무도 성경을 이해할 수 없습니다.
> 성경이 가진 모든 한계와 실수가 있는 데도 불구하고 당신과 몇몇 사람들이 현대의 번역을 통해 주님을 알게 되었다면 왜 지금 당신은 새로운 성경을 요구합니까?
> 하나님이 한 사람을 구하고자 한다면 번역은 문제가 아닙니다. 우리가 복음을 설명하지 않아서 사람들이 이해하지 못할 때, 쉬운 성경이 필요할 것입니다. 그러니까 현재 번역을 설명해 주고 읽도록 장려하는 것이 낫습니다. 성경을 번역한 사람들은 바보가 아니었고 많은 기도로 해냈습니다.

하나님께서 그 번역에 영감을 주셨는데 왜 우리가 그것을 바
꿔야 합니까?

우리 자신의 실수를 인정하는 대신 하나님의 택하심과 예정하심의 교리로 핑계 댄다면 복음을 전할 필요가 있을까?

기독교 사역에서 문서 사역만큼 결과에 상관없이 많은 돈과 힘을 투자하는 곳은 없다. 우리는 모든 다른 영역처럼 예수님의 모범을 따라야 한다. 예수님은 복음을 전하기 위해서 당시 공용어(Aramaic, 아람어)를 사용하셨다. 그러나 남인도 타밀나두의 많은 교회에서는 타밀 청중에게 영어로 설교한다. 영어에서 타밀어로 통역을 하다니! 나는 그런 상황을 나게르코일(Nagercoil)과 티리치(Trichy)에서 두 번 봤다.[9]

예수님의 제자들은 당시 시장 언어였던 코이네(*koine*) 그리스어라 불리는 언어를 사용했다. 신약 성경 내용 가운데 어떤 부분은 다른 부분보다 더 그리스 '고전 문화'를 고려해 번역했지만 번역자들은 결코 고전 그리스어를 사용하지 않았다. 그런데 우리는 시대에 뒤떨어져 이해되지 않는 번역 성경을 사람들에게 나눠 주고 있다.

어느 날 나는 강의를 하면서 20명 이상의 타밀 선교사들에게 마태복음 23:23에 있는 타밀어 오딸람(ottalam)의 의미를 물었다. 놀랍게도 아무도 그 의미를 알지 못했다. 그들 대부분은 영어 성

---

9 나는 최근 1998년 9월 18일 쌋딸 아쉬람(Sattal Ashram)에서 타이투스(D. P. Titus) 목사를 만났다. 다음은 그가 들려준 이야기다. 그가 레와(Rewa)에서 예배를 인도하고 있었을 때 오엠(O.M) 선교회 사역자들이 왔고 그가 한 힌두 출신 신자에게 말씀을 나눠달라고 요청했다. "그런데 놀랍고 안타깝게도 힌디어를 아주 잘했던 그 청년(P. Ganesh)은 영어로 나눴고 다른 사람에게 통역을 시켰습니다. 대부분의 청중은 힌두였습니다. 힌두들에게 그의 행동에 대해 어떤 인상을 가졌을까요?"

경만을 사용하고 있다고 변명했다. 그러나 그들 모두는 그 단어가 그 구절에 있었다는 것을 알고 있었다. 그들 가운데 일부는 신학교를 졸업했고 그들 대부분은 서양식으로 신앙생활을 하고 있었다. 나는 그 의미를 설명한 후 구약과 신약에 있는 비슷한 단어를 지적하고 말했다.

"그 단어의 의미를 모른 채 당신들은 일 년 내내 성경을 사용하고 읽고 있네요."[10]

침묵만 흘렀다. 가장 놀라운 일은 타밀어 성경 번역에 반대하는 타밀 사람들의 태도다. 그들은 자신들이 사용하고 있는 타밀어 성경이 초기 선교사들의 최초로 번역한 성경이 아니라 개정된 성경이라는 사실을 모른다.

주요 언어로 된 새 번역들이 나오고 있지만 기존 크리스천들은 새 크리스천들에게 읽으라고 장려하지 않는다. 그래서 내가 타밀어 성경을 한 권 구하는데도 오랜 시간이 걸렸다. 나는 인도 사람이기 때문에 지금도 나에게 가장 적절한 타밀어 성경이나 국가 공용어인 힌디어 성경을 읽고 있다. 내가 성경 번역의 필요성을 한 복음주의 지도자에게 나눴더니 그가 이렇게 말했다.

"교회 지도자들이 성경 책 테두리에 있는 색깔(금색 또는 빨강색)을 바꾸는 것도 허락하지 않고 있는데 어떻게 새 번역에 대한 질

---

10 "트랑크바(Tranquebar) 선교회 소속 다니엘 선교사가 만든 크리스천 타밀어(Christian Tamil)라 불리는 방언이 지금도 많이 존재한다. 탄조(Tanjore), 독일, 그리고 다른 선교사 세대들이 그것을 풍요하게 했고, 스위스 레누이스(Rhenuis)와 티네벨리(Tinnevelly) 남녀공학 학교가 수정했고, 걸러냈고, 보존했고, 영국 사람들이 확장시켰고 일치시켰다. 당시 그들 가운데 바우어(Bower, 유라시아 혼혈인)가 중요한 사람이었다. 그리고 마지막으로 타밀 공동체 가운데서 나올 하늘에서 태어난 천재의 손길을 기다리고 있다. 크리스천 타밀를 지구상의 다른 언어처럼 달콤하고 효과적으로 만들 존재 말이다." G. U. Pope, op. cit., xii.

문을 할 수 있겠습니까?"

　적절한 타밀어 성경 번역이 필요하다고 강하게 권하고 있는 일부 기독교 지도자들에게 감사드린다. 이런 문제의 주원인은 복음을 소통하기 위한 진정한 관심의 부재 때문이다. 자본주의 사회에서 크리스천들은 단순히 문서 사역의 명목 아래 복음에 대한 정보를 팔고 있다. 좋은 결과도 얻지 못하면서 엄청난 양의 문서들을 보급하고 있다. 아마 5%도 안 되는 선교사들만이 사람들에게 그런 문서들을 나눠주기 전에 읽어 볼 것이다.

　그들은 사람들에게 복음을 전파하는 목적뿐 아니라 새 신자들의 믿음을 강화시키기 위해 새 번역과 문서가 필요하다는 사실을 잊는다. 왜냐하면 그들의 목적은 오직 매년 목표를 달성하는 것이기 때문이다. 전도와 후속 사역 둘 다에 같은 종류의 문서가 사용되므로 힌두들은 내용을 이해하지 못한다.

　위 내용을 확인해 보고 싶다면 6개월 간 많은 전도 문서가 뿌려진 특정 지역을 택하라.

　얼마나 많은 사람들이 구매했는지, 그들 가운데 얼마나 많은 사람들이 그 문서를 완전히 읽었는지, 읽은 사람들 가운데 얼마나 많은 사람들이 복음을 이해했는지, 그리고 얼마나 많은 사람들이 예수님을 믿기로 작정했는지를 조사해 통계를 만들어라.

　우리 모두가 아는 문서 사역의 모든 단점들과 상관없이 사람들이 여전히 문서 사역을 통해 예수님께 나아오고 있다는 것을 통계가 드러내고 있다고 할지 모르지만 그것은 우리의 노력 때문이 아니라 우리가 완전하지 못함에도 불구하고 하나님께서 은혜를 베푸시기 때문이다.

또 다른 문제는 사람들에게 성경을 대중 전도라는 이름으로 나눠주는 것이다.

힌두들이 바가바드 기타(Bhagavad Gita)나 베다(Veda)를 그 책에 대해 문외한인 크리스천들에게 주면, 크리스천들이 그 책 내용을 조금이라도 이해할 수 있을까?

나는 크리스천들이 노방전도 후에 '100가지 성경 교훈'이라는 책을 힌두들에게 팔고 있다는 것을 알았을 때 충격 받았다. 내가 반대했을 때 '사람들의 손에 가능한 많은 전도 문서를 홍보하라는 것이 우리의 구호입니다'라는 대답만 들었다.

무슨 논리로 보통 힌두들이 전혀 이해하지 못하는 전도 문서나 성경을 배포하는가?

특히 한 힌두가 힌디어 신약 성경의 첫 장(마태복음 제1장)을 열었을 때 그는 무슬림 이름 외에 아무것도 읽지 못하고 책을 던져 버린다.

왜 인도성서공회는 마태복음 대신에 요한복음을 먼저 배치한 성경과 신약을 인쇄하지 않는가?

나는 한때 마가복음을 먼저 배치한 힌디어 신약 성경이 있었다는 말을 들었다. 나는 여러 번 문서사역 관계자에게 문서사역에 대한 의문을 제기했지만 항상 부정적인 대답만 들었다. 그들은 내가 기독교도, 문서사역도 이해하지 못한다고 비난한다.

그렇다면 그들은 똑같은 문제를 제기한 마틴 로이드 존스에게 어떤 대답을 할 것인가?

그는 이렇게 썼다.

마지막으로 우리가 질문해 봐야 할 것이 있다. 나는 솔직히 답이 무엇인지 확신할 수 없어서 신중하게 질문한다. 정말 궁금하다.

"무차별적인 성경 배포에 대해서 이 구절(마 7:6)에 의문, 질문, 어쩌면 경고가 있는 것은 아닐까?"

나는 당신이 숙고하고 다른 사람들과 토론하도록 질문한다. 내가 이런 것들에 대해 사람들에게 말할 때 판단력을 가지고 구별해야 한다면, 내가 상황과 상황에서, 사람과 사람 사이에서, 그리고 각각의 사람에게 주는 특정한 진리를 구별해야 한다면, 영적인 개와 돼지로 묘사될 수 있는 이해력을 가진 사람들에게 전체 성경을 주는 것이 제대로 된 일인가? 그런 사람들에게 성경을 주면 그들이 때때로 신성을 모독하고 신성을 저주하고 돼지 같은 성품을 갖지는 않을까?

성경 구절 특히 예수님의 피를 인용하는 말씀을 전단지에 쓰는 것이 항상 옳은 일인지 궁금하다. 자주 그런 행동이 신성모독으로 이끈다는 말을 듣고 있다. 나는 정말 다음의 질문을 하고 싶다. 사도행전 8장에 나오는 예루살렘에서 본국으로 돌아가는 내시에 대해서 생각하라. 그는 성경을 갖고 있었고 실제로 읽고 있었다. 빌립이 그에게 다가가서 말했다.

"읽는 것을 이해합니까?"

그가 답했다.

"가르쳐 주는 사람이 없으니 어떻게 이해할 수 있겠습니까?"

이런 경우 보통 설명이 필수적이고, 일반적으로 설명을 해주는 사람의 역할을 무시할 수 없다.

'그러나' 우리는 그런 사실에 저항하며 말한다.
"그렇지만 성경 배포의 놀라운 효과를 보세요."
정확한 사실을 발견할 수만 있다면, 우리는 인간의 역할 없이 얼마나 많은 사람들이 예수님을 믿고 있는지 찾아봐야 한다. 나는 놀랍게도 예외적인 사례가 있다는 것을 알고 있다. 나는 그런 식으로 예수님을 믿게 된 사람들의 이야기를 들어왔다. 나는 그런 일이 생긴 것에 대해서 하나님께 감사한다. 그러나 나는 그런 방법이 일반적인 것은 아니라고 본다.
사실, 우리가 우리의 생각에 의문을 품는 다른 사람들을 다룰 때 그들이 진리에 대해 올바른 견해를 가지도록 조심해야 하지 않을까?
우리는 가끔 당연하게도 말로 복음을 전파해야 하는 의무를 피하려고 시도한다. 그러나 피하는 것은 하나님이 보통 사용하시는 방법이 아니다. 성경을 자세히 설명할 수 있는 사람을 통해 즉시 진리를 소개하는 것이 항상 하나님의 방법이다. 당신이 한 사람과 대화를 하고 있고 그에게 진리를 가르칠 수 있다면 어쩌면 그가 성경을 요청하거나 당신이 그에게 성경을 줘야 한다고 느낄 것이다. 그런 느낌은 옳고 좋은 것이다. 그에게 성경을 줘라. 내가 질문하고자 하는 것은 성경을 설명해 줄 수 있는 사람이 없는 곳에서 성경을 무차별적으로 배포하는 것과 관련 있다. 성경의 한 구절(마 7:6)에서 우리 주님이 묘사한다.
"한 남자가 다른 사람의 안내 없이 위대하고 강력한 진리에 직면하자 그가 진리를 발로 밟고 진리를 전해준 사람을 찢고 상하게 할지도 모른다."

이 질문이 아마도 많은 사람들에게 놀랍게 다가올지 모르지만 나는 우리가 이 문제들에 대해 다시 조심스럽게 생각할 필요가 있다고 제안한다. 우리는 관습과 특정한 습관과 경험에 노예가 되면서 정말 자주 비성경적인 사람이 된다. 나는 우리가 이 위대한 하나님의 말씀을 갖고 있는 것에 대해 하나님께 감사드린다. 그러나 영적인 삶에 관심을 표시를 보이지 않는 사람에게 성경을 제공하지 말아야 한다고 생각한다. 한 동안 실험을 하는 것도 좋을 것이다.

너무 지나친 말을 하는 것인지는 모르지만 이런 방법이 사람들에게 성경의 귀한 면, 놀라운 면, 그리고 그것을 소유하고 읽기 위해 허락받는 특권을 느끼게 해 줄 것이라고 가끔 생각한다. 이 방법이 교회 밖의 영혼들 뿐 아니라 교회 안의 영혼들에게도 유익할 것이다. 즉 하나님이 우리 손에 주신 이 귀한 보물에 대해 완전히 새로운 개념을 갖게 해줄 것이다.[11]

이 문제를 깊이 나눌 때 우리는 의식적으로 또는 무의식적으로든지 많은 전문 용어를 사용하는데, 어떤 것은 결코 효과적이지 않고 어떤 것은 정말 불쾌하게까지 한다. 우리 공동체 사회는 개

---

11 D. M. Lloyd-Jones, *Studies In The sermon On The Mount*(Vol. II), London, Inter-Varsity Fellowship, 1966, 192-93. 1990년 5월 내가 히말라야를 방문했을 때 나는 바드리나트(Badrinath)에 있는 작은 산장에서 산야시(수도승)과 함께 지냈다. 자정을 넘어 나는 예수님 안에 있는 내 믿음을 나눌 기회를 가졌다. 우리는 새벽 3시까지 긴 시간 동안 대화를 나눴고 마지막에 그가 나에게 요청했다. "평안(그의 용어로 구원을 의미)을 얻을 수 있는 당신의 '베다'(경전)를 한 권 주세요." 나는 집에 돌아와서 그에게 신약 성경을 보냈다.

종, 십자군, 선교와 선교사 같은 단어들을 불쾌하게 생각한다. 크리스천들은 밥티즘(baptism, 세례), 아멘(Amen), 빠드리(padri, 목사), 파스터(paster), 크리스천(Christian, 이사이[Isayee], 마시흐[masihi]) 등의 용어들로 힌두들과 정확히 소통하지 못하고 있다. 이런 외국 용어 대신에 적절한 인도 용어를 사용하면 좋을 것이다.

그리고 우리가 힌두들로부터 좋은 반응을 얻고자 한다면 자유롭고 관대하게 인도 용어들을 사용해야 한다. 물론 완전히 비성경적이고 심지어 우리의 믿음을 타협해야 하는 용어들이 있다. 이 문제에 대해서는 다른 기회에 논의할 것이다. 그때까지 복음을 소통하기 위해 설교자만 이해하는 용어가 아니라 듣는 사람들의 용어를 사용해야 한다는 것을 기억하자.

웬일인지 모르지만 아름다운 많은 인도 용어들이 크리스천 가운데 금기시 되어 오고 있다. 예를 들면, '복된 존재'이라는 뜻을 지닌 바그완(bhagwan)은 아름다운 단어다.

우리가 그것을 사용하면 어떨까?

어떤 사람들은 바그완이라는 단어는 최고의 신(하나님)에게 적절하지 않다고 한다. 그들은 그 단어가 람과 크리슈나 같은 아바타(힌두 신들의 성육신)를 위한 것이라고 덧붙이면서 크리스천들은 우리의 주님을 위해 그 단어를 사용하지 말아야 한다고 주장한다.

나는 이런 해석이 어디서 왔는지 모르겠다![12]

---

12 "… 사람들은 바그완(bhagwan, 신)의 뜻을 다양하게 설명하고 있다. 예를 들면, '바그(bhag, 희열) 또는 기쁨 또는 행복을 소유하고 공유하는 유일한 존재' 또는 '여섯 개의 바그(bhag) 또는 속성을 소유한 유일한 존재'라고 믿는다. Julius J. Lipner, *Hindus: Their Religious Beliefs and Practices*, London, Routledge, 1994, 308-309. 보통 바그완은 신적인 존재나 신의 혈통을 가진 어떤 존재의 이름을 칭하는 동의어가 아니다. 대신, 그것은 명확하게 최고의 뿌루싸(Purusa, 남성) 또는 최고의 영(Atma) 즉

우리가 영어로 기도할 때 '오 복되신 주'라고 말하는 것처럼, 힌디어나 다른 인도어로 기도할 때 바그완이라는 단어를 사용하는 것이 왜 잘못인가?

내가 이렇게 질문하면, 사람들은 힌두 용어를 사용하는 것은 우리의 주님을 다른 신들과 동등하게 취급한다는 것이라고 말한다.

그러면 우리가 사용하는 쁘라부(prabhu, 주)라는 단어는 어떤가?

구약 성경에서 사람들은 그 단어를 왕과 남편을 위해 사용했다.

그런 인도 용어를 사용하지 않는 방법으로, 우리가 정말 불신자들에게 그들이 숭배하는 신보다 우리가 더 높고 위대한 신을 숭배하고 있다는 것을 전달할 수 있는가?

보통 또는 교육 받은 힌두들은 크리스천들이 힌두보다 더 높고 나은 신을 숭배하고 있는 것이 아니라 다른 신을 숭배하고 있다고 생각한다. 그들은, 무슬림은 알라(Allah) 또는 쿠다(Khuda), 힌두들은 바그완 또는 이슈와르(Ishwar), 그리고 크리스천들은 하나님을 숭배한다고 본다. 힌두들은 크리스천들의 하나님이 자신들이 말하는 브라만(Brahman, 영원한 신)보다 더 위대한 신이 아니고, 그 단어("God")도 구약 성경에 나오는 하나님의 적절한 이름 '야훼'처럼 영어가 아니라 크리스천의 바그완(신)의 이름이라고 생각한다.

'개인적인' 최고의 신을 가리킨다. '데바'(deva, 남신)와 '데비'(devi, 여신) 그리고 '이슈와르'(Ishwar, 주) 또는 '데브따'(deity, 신) 같은 단어는 복수로도 사용된다. 그러나 바그완은 항상 단수다. … 바그와따 뿌라나(Bhagwata Purana)와 다른 박띠 경전들은 여전히 바그완의 개념을 계속해서 발전시키고 있다. 그러나 우리는 '바그완'의 의미를 어떤 특정한 종파나 학파를 초월해서 그 자체로 힌두들이 개인적 주와 구원자로서 인식하는 유일신이라고 요약할 수 있다. 여기서 말하는 유일신은 이런저런 아바타와 어떤 특정한 관계가 없고 독립적인 신이다." P. Fallon, "God in Hinduism: Brahman, Paramtman, Isvara and Bhagwan," in de Smet S.J., and J. Neuner, *Religious Hinduism*, Fourth Revised Edition, 1997, 114-115.

내가 북인도 비하르 북부의 마두바니(Madhubani)에 있었을 때 비렌드라 미슈라(Veerendra Misra)는 "스승님, 우리를 위해 가드(gaad)에게 기도해 주세요"라고 말했는데, 여기서 "gaad"는 기독교 신의 이름으로 쓰였다. 즉 힌두들은 'God'을 발음할 때 "gaad"라고 하는데, 그들은 "gaad"가 영어가 아니라 기독교 신의 이름이라고 생각한다.

내가 이런 문제를 나누고 다른 단어 즉, 스리 크리스트 바그완(Sri Khrist Bhagwan. 스리: '~님,' 크리스트: '그리스도,' 바그완: '복된 존재'), 스리 크리스트 박따 만달리(Sri Khrist Bhakta Mandali, 스리: '~님,' 크리스트: '그리스도,' 박따: '따르는 사람,' 만달리: '모임') 등에 사용할 수 있는 '스리'(Sri)를 추천했을 때, 한 경험 많은 선교사가 다음과 같이 말하며 반대했다.

"우리가 스리를 사용하면 우리 주님을 힌두들이 스리 요게쉬 빠텔 등의 사람을 부를 때처럼 인간과 동등하게 취급하게 되는 것입니다."

그의 말인 즉, 스리는 힌두들이 스리 람, 스리 쌍까르 바그완 등과 같은 신뿐 아니라 인간에게 존경을 나타낼 때 사용하기 때문에 그 단어를 주님을 위해 사용할 수 없다는 것이다. 이 문제를 해결하기 위해 그에게 구약 성경에서 왕과 남편을 위해서도 사용된 '주'(Lord)라는 단어에 대해 설명해 줬다. 사라는 아브라함을 '주'라고 불렀다. 물론 크리스천들은 항상 '미스터'(Mr.) 또는 형제(brother)라는 단어를 사용하기 때문에 더 이상 이 문제를 이해하기 힘들 것이다.

이런 것들이 우리 자신의 해석으로 인도 용어를 거부하고 거부하는 적절한 예다. 그러나 놀랍게도 불일치를 보이는 경우가 있다. 보통 인도 크리스천들이 이러한 금지된 용어들의 대부분을 다양한 언어의 찬양곡에 넣어 부르고 있다. 왜냐하면 시인들은 신학자들보다 더 날카로운 분별력을 가지고 있기 때문이다.

예를 들면, 타밀 가사에서 만갈람(mangalm, 기혼을 나타내는 목걸이) 같은 힌두 용어들이 사용되고 있다. 또한 베다나야감 싸쓰트리야르(Vedanayagam Sastriyar, 인도 전통 종교 음악 형식)로 작곡된 예수님을 위한 '만갈람 바잔'(mangalam bhajan, 만갈람 찬양)도 있다.[13]

어떤 사람은 '외국어를 빌려오거나 힌두(인도) 단어와 용어를 사용하는 대신 당신의 고유한 새로운 단어를 만들어내라'고 제안했다. 그러나 우리의 목표는 소통하는 것이지 또 다른 현대어를 만들어 내는 것이 아니다. 이미 우리는 '성경적인' 언어와 '설교' 용어를 가지고 있다. 그런 새로운 용어들을 만들어 내는 것은 우리의 목표에 부합되지 않는다.

우리 크리스천들은 성만찬을 위해 쁘라부 보즈(prabhu bhoj) 또는 라 보즈(raa bhoj, 힌디어 단어) 또는 나르까루나이(narkarunai), 띠루비룬두(tiruvirundu, 타밀어 단어) 등과 같은 이상한 단어들을 사용한다. 그러나 이런 단어대신 '은혜'를 의미하는 쁘라사드(prasad)가 좋다. 그러나 모든 크리스천들은 다음과 같이 말하면서

---

13 베다니아야감 싸쓰트리야르(Vedanayagam Sastriyar, 1774-1864)는 연구해볼만 한 매력적인 인물이다. 힌두 출신의 이 타밀 크리스천 시인은 몇 개의 힌두 관습을 비웃었지만 기독교의 신(하나님)을 '브라만(Brahman, 영원한 존재), 싸쳇아난드(Saccitananda, 존재, 이성, 기쁨 즉 삼위일체의 신), 쉬바(Shiva)와 비쉬누(Vishnu)(Maal, 세로줄 무늬, 원재료)'라고 불렀다.(Selvanayagam, op. cit., 112-13). 그는 신학적으로 접근한 것이 아니라 하나님을 찬양하는 노래 가사에 사용했다.

최소한 이 문제에 대해 똘똘 뭉쳐있다.

"우리가 쁘라싸드라는 단어를 사용하면 힌두와 새 크리스천들이 오해할지 모릅니다. 즉 우리 크리스천들이 힌두 의식에 사용되는 쁘라싸드(힌두 종교의식에 사용되는 과자 종류)를 나눠준다고 생각할 것입니다."

그러나 힌두들의 생각과 상관없이 우리는 말 그대로 성만찬을 통해 하나님의 '은혜'를 체험하고 있지 않은가?

우리가 싸끼라만두(sakiramandu, 개신교 용어로 성찬식) 또는 빠스까 발리(Paska bali, 천주교 용어로 성찬식)같은 이상한 단어들의 의미를 모든 새 신자에게 설명하는 대신 인도 단어인 쁘라싸드(타밀어로는 쁘라싸담)에게 같은 설명을 해주고 사용하면 어떨까?

학문의 영역에서 철저한 혁명이 있어야 한다. 대부분의 인도 경전들은 시 형식으로 쓰여져서 사람들이 쉽게 암기하고 명상 할 수 있다. 우리는 복음을 그런 형식에 담아 소개하는 노력을 해야 한다. 나는 우리가 한 발자국 더 나아가 신약 성경을 시 형식으로 번역하는 것을 제안한다.

피터(S. K. Peter)가 힌디어 시로 쓴 사복음서인 나야 까브야(Nayaa Kaavya)가 좋은 예다(델리의 ISPCK 출판사에서 출판됨). 이 성경은 문맹자가 하나님의 말씀을 기억하는데도 아주 큰 도움이 될 것이다. 단지바이 파키르바이(Dhanjibhai Fakirbhai)가 쓴 스리 크리스트 기타(Sri Khrist Gita)도 이 방향에서 긍정적인 진보를 보였으나 오랫동안 그 책은 구할 수 없는 상태다. 최근 힌두 경전 뚤씨의 라마야나(Tulsi Ramanaya)와 같은 형식의 '쪼우빠이'(chowpai)의 시 운율로 쓰여 진 '시로 쓰여 진 산상수훈'(Parvatiiya pravachan, 빠르바티야 쁘라빠짠)이 신학 도서관의 먼지 더미 속에서 발견되었다. 이것은 1958년 쁘라부 다트 미슈라(Prabhu Dat Mishra)가 쓴 것이다.

이러한 노력들에 반대하면서 아무것도 하지 않고 있는 우리 자신이 부끄럽지 않은가?

예수님은 가르치는 방법에 있어서 완전히 동양적이었다. 예수님은 동양의 구전 전통을 따라 제자들이 자신의 말씀을 잘 기억하도록 시적인 장치를 사용했다(막 8:35; 눅 6:43). 이미 언급한 것처럼 우리는 말과 문서로 복음을 소개하기 위해 사람들의 일상어를 사용한 사도들의 발걸음을 따라야 한다. 각각의 공동체의 필요에 맞게 번역을 해야 한다. 특정한 성경 번역본으로 신앙생활을 한 사람은 인도 사투리로 번역될 현대 번역에 불편함을 느낄지도 모른다.

그런데 우리가 영어 성경인 RSV, NIV, 그리고 GNB을 환영하면서 왜 인도어로 되어 있는 성경에 대해서는 망설이고 있는가?

영어를 잘 못하는 사람들도 묵상할 때 영어 성경만을 사용하면서 자신의 가슴의 언어(어떤 단점이 있어도 문제가 되지 않는)로 된 성경을 절대 사용하지 않는다.

왜 그들은 다른 사람들이 새로운 번역 성경을 사용하는 것에 반대하는가?

최소한 성경이외의 기독교 문서들을 인쇄할 때 우리는 최소한 사람들의 일상어(common language)를 사용해야 한다. 사람들의 현재 언어의 경향을 알기 위해 우리는 많은 세속 잡지를 읽어야 한다. 옛날 말로 된 성경 구절을 사용하고 있는 전도지도 새롭게 만들어야 한다. 변화가 있어야 한다. 존 스토트(John Stott)가 요약한 대로 이 문제는 보편적으로 많은 사람들이 인식하고 있다.

> … 성경의 어떤 가르침의 배경을 구성하는 사회 관습은 오늘날의 관습에 비추어 보면 완전히 낯설다. … 성경의 가르침 자체를 영구적인 것으로 받아들여라. … 그러나 그것을 현대 문화 용어로 번역하는 것은 필수적이다. 용어를 현대적으로 바꾸는 '문화 이동'(성경의 가르침을 하나의 문화에서 다른 문화로 이동시키는 것)의 목적이 말씀에 순종하는 것을 피하는 것이 아니라 오히려 더 잘 순종하게 한다는 것을 인식해야 한다. … 고대 언어에만 관심을 갖고 현대에 적용하는 것을 무시하는 것은 골동품 수집 취미다. 원래의 의미에 대해 씨름하지 않고 살아있는 말씀을 찾는 것은 실존주의다.[14]

힌두와 소통하는 것을 돕기 위해서 다음과 같이 특정한 용어들을 바꿀 수 있다.

① 밥티즘(baptism, 세례, 침례) 대신에 딕샤(diksha, 의식)
② 파스터(pastor, 목사) 또는 빠드리(padri, 목사) 대신에 아짜르야(acharya, 종교 지도자)
③ 기르자(girja, 교회) 또는 처치(church, 교회) 대신에 만디르(mandir, 종교 장소. 신전)
④ 마시(Masihi, 신자) 또는 이사이(Isaayi, 신자) 대신에 크리

---

14 Stott, op cit., 173, 175.

스트 또는 예슈 박따(Yeshu Bhakta, 예수님을 따르는 사람)

⑤ 로컬 처치(local church, 지역 교회) 대신에 스리 크리스트 박따 만달리(Sri Khrist bhakta mandali, 주 예수님을 따르는 모임)

⑥ 크리스챠니티(Christianity, 기독교) 또는 이사이 다름(Isai Dharm, 기독교) 대신에 스리 크리스트 예슈 빤트(Sri Khrist Yeshu panth, 주 예수 그리스도 공동체)

⑦ 커뮤니언(communion, 성찬식) 대신에 쁘라싸드(prasad, 은혜)

⑧ 다름(dharm, 종교) 대신에 다르믹따(dharmikta, 종교성)

⑨ 크리스마스(Christmas, 성탄절) 대신에 예슈 자얀띠(Yeshu jayanti, 예수님 생일)

⑩ 아멘(amen, 그렇게 되기를) 대신에 따타쓰뚜(tatastu, 그렇게 되기를)

북인도에서 크리스천들이 개인적으로 예수님을 깊이 경험하도록 위의 용어들을 추천한다. 동시에 이 용어들이 어디서나 획일적으로 사용되어야 한다고 절대 주장하지 않는다. 각각의 언어와 사회가 다를 수 있으므로 특정한 지역 용어를 제대로 연구하고 사용해야 하며 특히 밥티즘(세례), 아멘, 파스터(목사) 등과 같은 그리스어, 히브리어, 영어, 아람어를 대체할 때는 더욱 그렇다.

사람들이 타밀어와 다른 드라비디안어 안에 세례라는 단어로 산스크리트어인 자나나싸남(jnanasnanam), 자나나딕샤이(jnanadeekshai)같은 단어를 사용하고 있는 상황에서 왜 같은 뜻의 힌디어인 딕샤(deeksha)를 사용하는 것에는 반대하는가?

우리가 사람들 특히 상류 카스트에게 '밥티즘'(세례)을 받아야 한다고 말할 때 그들은 두려워한다. 힌두들은 '밥티즘'을 잘못 이해하고 있다. 일반적으로 '밥티즘'이라는 단어는 종교적인 충성을 바꾸는 것뿐 아니라 서양 종교와 문화를 따르기 위해 힌두 문화와 사회를 포기하는 것을 가리킨다.

특히 카스트에 속한 힌두들은 밥티즘(세례)을 하는 동안 빠드리(목사)가 세례 받는 사람을 물속에 넣고 소고기 한 조각(특히 암소)을 그 사람의 입 속에 밀어 넣어 크리스천으로 만든다고 생각한다. 반대로, 우리가 예수 안에 믿음을 고백하기 위해 딕샤(또는 구루 딕샤, 스승을 따르는 의식)를 해야 한다고 말하면 그들은 잘 이해하고 보통 가족의 반대도 없다.

비슷하게, 무슬림들도 '아멘'을 사용하기 때문에 무슬림을 끔찍한 적으로 생각하는 힌두들은 우리가 그 단어를 사용하면 우리와 어울리기를 망설인다. 그러나 따타쓰뚜(tatastu, 산스크리트어로 '그렇게 되기를' 또는 '아멘'이라는 뜻임[문자적으로는 '모든 사람이 동의해야 한다'는 뜻])를 사용하면 그들은 초대받지도 않아도 우리의 기도가 끝났을 때 자기도 그 단어를 말하기 위해 우리에게 다가온다.

나는 북인도에 있는 몇 군데의 지역에서 그런 일을 목격했다. 북인도 라자스탄(Rajasthan)의 하누만나가르(Hanumangar)에서 어느 템포(삼륜차) 운전사는 우리가 기도하고 있을 때 따타쓰뚜를 말하기 위해서 초대 받지도 않았으면서 쌋쌍(예배)에 참석했다. 그는 우리가 '아멘'을 말하곤 했을 때는 밖에 서서 절대 모임에 들어오지 않았었다. 이에 대해 남인도 타밀 출신의 한 형제가 말했다.

"북인도에서는 따타쓰뚜를 사용할 수 있지만 남인도에서는 어떻게 해야 합니까?"

나는 대답했다.

"당신의 모국어인 타밀어에서 적절한 단어를 택해 사용할 수 있습니다."

그러나 남인도의 대부분의 카스트에 속한 힌두들 특히 브라민 카스트는 '따타쓰뚜'를 이해한다(브라민의 제도나 문화를 우선적으로 고려해야 한다는 말이 아니다). 남인도 뱅갈로에 사는 내 친구는 까르나타까 사람들도 이 단어를 사용하고 있다고 확인해 줬다.

나에게 반대하는 몇몇 크리스천들은 "당신이 브라민 출신이어서 모든 것을 브라민 전통으로 바꾸려고 한다"고 불만을 제기한다. CNI(북인도교회) 교단의 한 목사조차도 이렇게 말했다.

"인도적인 것은 산스크리트어적이어야 한다는 의미고, 산스크리트어적인 것은 브라민적인 것을 의미합니다. 즉 결국 인도는 힌두 제국이 되어야 한다는 말로밖에 들리지 않습니다. 그리고 브라민들이 다시 뒤에서 자신들의 문화와 종교 전통을 강요하기를 원하기 때문에 우리가 반대하는 것입니다."

한 선교사도 비슷하게 언급했다.

"이것이 당신들 브라민이 지금까지 남긴 한 영역입니다. 아직까지도 힌두 사회를 장악하고 있는 당신들이 이제는 교회와 선교회까지 개종시키고 통치하는 일을 시작했습니다."

그러나 그들은 내가 추구하는 것을 무시하고 있다. 나는 내 생각을 다른 사람들에게 강요하지 않으며 다른 사람들이 결코 눈먼 채로 나를 따를 것이라고 기대하지도 않는다. 어디서나 적용될 수 있는 공통의 공식을 주려는 것이 아니라 원리를 나누는 것이다. 내가 소개하는 원리가 당신의 상황에 적절하다면 사용하고 그렇지 않으면 사용하지 말라.

그러나 '힌두나 브라민 제국주의'에 반대하는 동안 모든 교회에 퍼진 '서양 제국주의'를 크리스천들에게 계속해서 강요하지 말기 바란다. 사역 대상 사람들의 문화적, 사회적, 그리고 종교적 삶을 모른 채 선교사들과 전도자들은 그냥 자신들의 전통을 새 크리스천들에게 강요한다. 그들은 현지 악기를 사용하는 대신 북인도 비하르(Bihar) 북쪽에서 남인도 북을 사용하길 원한다. 그러나 내가 이것을 지적했을 때도 그들은 힌두 제국주의가 문화 소통의 이름으로 강요한다고 받아들였다.

이 세기의 시작부터 스탠리 존스(E. Stanley Jones) 박사 같은 선교사들이 예수를 서양 문화와 분리시키려는 시도를 했지만 인도 기독교 지도자들은 그런 비전을 실행하지 않았다. 교육 받은 힌두들을 포함한 대부분의 힌두들은 항상 기독교를 서양문명과 관련시키고, 대부분의 기독교 용어와 전통도 똑같은 시각으로 본다. 폴 마틴(Paul Martin)은 스탠리 존스에 관한 자신의 책에서 '그리스도와 기독교에 대한 존스의 구별'(Jones' Distinction between Christ and Christianity)를 분석(Martin, 77-115)하며 말했다.

> 존스는 복음서에 나온 예수님의 모습이면 인도 사람들을 충분히 예수님께 나아오도록 할 수 있다고 확신했다. 우리에게 필요했던 것은 서양, 교회, 기독교 자체로부터 흐려진 예수님

을 보호하는 것이었다.[15]

그러나 오늘날 '인도의 길'(the Indian road)을 걷고 있는 그런 선교사들이 어디에 있으며 왜 인도 교회들은 그들의 통찰력에 관심을 갖지 않는가?
배우려고 하지 않는 것은 가장 큰 잘못이다.

4. 우리의 신학

나를 이해하려고 하고 지지해 주는 정말 좋은 친구들 가운데 일부는 내 원고를 읽기 전까지는 인도 신학과 서양 신학의 차이를 정말 몰랐다고 고백했다. 놀랍게도 BBI 신학교에서 18개월이나 공부한 사람조차도 그렇게 말했다. 교육과 훈련을 많이 받은 인도 크리스천들이 그렇게 고백했다는 것은, 그들이 얼마나 서양 전통에 익숙해져 있는지를 그리고 힌두 관점을 이해하는데 있어서 어떻게 실패했는지를 보여주는 것이다. 서양 신학과 변화의 필요에 대해 잘 요약한 '서울 선언'(Seoul Declaration)을 보자.

---

15 Paul Martin, *Missionary of the Indian Road: The Theology of Stanley Jones*, Bengalore, Theological Book Trust, 1996, 83-84. 같은 주제를 더 깊이 다룬 다음의 자료들에 주목하라. "파르쿠하르(Farquhar)와 같은 선교사 협회 출신인 라이스와 에드윈 그리브스(E. P. Rice and Edwin Greaves)는 그리스도를 선교사가 전하는 교회와 명확하게 구별해야 한다고 말했다. … 그리브스는 서양 종교로 인식되는 기독교를 향한 반감을 극복하려면, 인도 사람들에게 교회에 나오라고 외칠 것이 아니라 서양 사람도 동양 사람도 아닌 그리스도를 받아들이라고 격려하는 방법밖에 없다고 주장했다"(82).

서양 신학은 전반적으로 이성주의적인(rationalistic) 사상이 들어 있다. 즉 서양 철학의 영향을 크게 받은 사람들 특히 믿음과 이성을 다루는 사람들은 지적인 관심에 치우쳐 있다. 정말이지 너무 자주, 서양 신학은 크리스천의 믿음을 추상적 개념들 속으로 몰아넣었다. 추상적 개념들은 과거에 대한 질문에는 답해줄 수도 있지만 오늘날의 문제를 파악하지는 못한다. 서양 신학은 의식적으로 번영과 관계있는 세속적 세계관에 순응해 왔다. …

게다가 그러한 서양 신학이 기독교 전체에 새겨져 왔다. 우리는 다원주의, 세속주의, 부활하는 이슬람 또는 막시스트 전체주의의 특징을 드러내는 상황에 살고 있다. 그러나 서양 신학은 그런 환경 속에서 사는 사람들의 질문을 비중 있게 다루지 않는다. … 그래서 우리는 비판적 반응과 함께 신학적 갱신이 필요하다고 주장하는 것이다. 우리에게 성경에 충실하면서 제3세계의 다양한 상황들에 적절히 반응하는 복음적인 신학이 긴급히 필요하다.[16]

다른 종교를 갖고 있는 사람들은 인도 교회의 건물과 예배 뿐 아니라 신학과 교리도 서양의 모습이라고 본다. 대부분의 교회가 기독교를 설교 중심인 이성적인 종교로 소개하고 있지만 인도는 원래 아누바와(anubhava, 경험)가 쁘라마나(pramaana, 증거)인 나라다. 그런데도 인도 크리스천들은 인도 기독교 신학(Indian Chris-

---

16　Quoted from David Hesselgrave, *Today's Choices For Tomorrow's Mission*, 153.

tian Theology)을 장려하지 않고 특히 복음주의 교단은 인도 기독교 신학을 시도하다가 혼합주의에 빠질지도 모른다는 두려움으로 마비돼 있다.

특정한 공동체에 적절한 신학과 교리를 만들기 위한 노력을 하는 동안 우리는 약간의 실수를 허락해야 한다. 나중에 수정될 수 있는 실수를 말한다. 다음에서 우리는 초대 교회가 형성되면서 기독론(Christology)에 대한 중요한 신학적 관점이 네 번 이상 개정되었다는 것을 볼 수 있다.

> 니케아 공의회(A.D. 325)는 예수 그리스도가 진실로 하나님이라는 것을 선언한다. 콘스탄티노플 공의회(A.D. 381)는 예수 그리스도가 진실로 인간이라고 선언한다. 에베소서 공의회(A.D. 431)는 예수 그리스도가 하나의 존재 안에 있는 하나님이자 인간이라고 선언한다. 칼세돈 공의회(A.D. 451)는 유일한 주님인 예수 그리스도는 하나님이자 인간이라고 선언한다.[17]

인도 크리스천들은 자신들이 특정한 교단 즉 미국(또는 영국에서 기원된) 감리교, 미국 자유감리교(American Free Methodist), 미국 침례교, 미국 자유의지침례교, 독일 루터교, 영국 성공회, 그리스 정교회, 시리아 제임스교(Syrian Jacobite), 로마 천주교 등의 교리적 선언을 받아들여야 한다고 생각한다.

---

17 Immanuel, op. cit., 199.

그래야만 신실한 정통 인도 크리스천으로 받아들여진다!?!

이것이 바로 기독교가 자주 '교회교'(churchianity)라고 비난받는 이유다. 인도에서 그리스 철학, 로마 행정, 유대 관습과 의식(목사의 옷을 포함한), 독일 신학, 유럽 교회, 그리고 전혀 인도 느낌이 나지 않는 인도 신자들 때문에 인도 분위기가 나는 교회를 거의 찾을 수 없다.

우리는 인도 사람들이 인도 기독교 신학(Indian Christian theology) 없이 예수님의 제자로 깊이 성장하는 것을 기대할 수 없다. 이것을 거의 모든 사람이 이론적으로 인정했지만 실제로 인도 기독교 신학이 진행되고 있다는 증거는 거의 없다. 인도 기독교 신학을 형성하려면 인도 경전과 철학 체계의 용어를 사용해야 한다. 그것은 우리 앞에 놓인 히말라야 산이다. 인도 용어들을 '이교도의 터무니없는 생각' 또는 악마로부터 온 생각이라 여기고 닥치는 대로 거부하면 인도 기독교 신학을 발전시킬 수 없다.

사실 인도 신학을 발전시키는 것은 새로운 용어를 채용하는 것보다 더 심오하고 복잡한 문제다. 인도 신학을 발전시킬 때 우리는 아마도 문화 소통에 있어 이성적, 언어학적 관점에서 잘 발달되어 있는 서양 기독교에서 흔적을 찾아 연구할 수 있을 것이다. 의식적이고 관습적인 종교 의식의 변화는 보이는 것이기 때문에 이해 가능하다.

그러나 정의(definition)의 미묘한 차이에 주의해야 한다. 특히 나 같은 평신도에게 중요한 문제다. 문화 또는 용어의 외적인 부분을 초월하는 정신 또는 느낌, 관점이 있다. 아마도 칼 켈러(Carl Keller)가 내가 더듬어 찾는 것을 잘 이해할 수 있도록 도움을 줄 것이다.

> 베단타(Vedanta)가 그리스와 르네상스에서 유래한 우리 서양의 사고방식보다 예수님의 말씀을 연구하기 위한 더 나은 방법을 제공할 수 있다. 인도 사람의 사고방식이 서양 사람보다 훨씬 더 성경의 사상에 가깝다. 즉 인도 사람들의 사고방식이 성경의 영원한 깊이를 음미하기 위한 훨씬 더 적합하다는 말이다. 그게 정말이라면, 우리는 다음과 같이 명백하게 말할 수 있다. '베단타에 의해 풍요로워지고 연마된 신학 연구 방법이 인도 교회뿐 아니라 모든 기독교를 도울 수 있다.'[18]

그러나 모든 힌두 철학 용어와 힌두 철학의 종류를 사용하는 것은 똑같이 위험하다. 현지 단어와 경전을 사용해서 어떤 신학을 만들 때 지나치게 적용하는 것과 충분히 적용하지 않는 것 사이에 긴장이 있을 수밖에 없다(하나의 사례로 부록 2를 읽어라). 데이빗 헤셀그라브(David Hesselgrave)는 복음의 다리를 놓는데 있어서 지나치게 적용하는 것과 충분히 적용하지 않는 두 개의 극단적인 사례를 설명한 후 결론을 짓는다.

> 성경적으로 다리를 놓으려면(Biblical bridge building) 한편으로 인간의 본성, 문화, 그리고 종교에 관한 심오한 지식을 쌓아야 하고, 다른 한편으로 그것들에 적응하려는 노력을 기울여야 한다.

---

18 Carl Keller, "The Vedanta Philosophy and the Message of Christ," *International Review of Missions*, 1956, 377-389.

그는 복음 소통을 '사도적 적응'이라고 부른다.

> 복음을 세상의 문화와 종교와 소통시킬 때 복음 소통을 위한 필요조건, 문화적 본성을 초월한 성경적 복음, 복음 전파의 수단과 결과를 대위임령과 일치시켜야 한다. 즉 하나님이 자신의 말씀을 통해 무엇을 나타내셨는가(소통)가 항상 성경적 다리 놓기의 핵심이다. 그런데 항상 빼내기와 공동체를 이동시키려는 유혹이 함께 있었다. 그러나 하나님은 자신의 요구 사항을 실천할 때 결코 인간이 선호하는 것을 고려하지 않았다. 그래서 크리스천들이 복음을 소통할 때 하나님의 뜻을 제대로 이해하지 못해 크리스천들 사이에 자주 논쟁이 일어났다. … 참된 복음 소통 노력에 절대적으로 필요한 두 가지 요소는 다음과 같다. 문화적 본성을 초월한 성경적 복음 그리고 복음 소통을 위한 문화적 필요조건이다. 성경적 복음이 문화와 상관없다는 말이 아니다. 하나님은 복음을 언어 그리고 문화의 틀 안에 넣어 선지자들과 사도들에게 전달했고 그들이 우리에게 전해 줬다. 그런 식으로 최고의 하나님은 문화적 상황, 선지자적이고 사도적인 일꾼, 그리고 언어학적인 형식을 정해 계시하고 처리하셨다. 그렇게 해서 전해진 것은 하나님의 복음이었다.
> 그래서 성경의 복음은 독특하다. 하나님은 완전한 복음을 제공하기 위해 유한한 문화의 충돌, 불완전한 성경 작가, 그리고 인간의 언어를 초월적인 방법을 사용하셨다.[19]

---

19 Hesselgrave, op. cit., 160-1.

현재 우리의 첫 번째 염려는 기독교 신학을 선교지 문화와 소통하는 것에 충분한 고려를 하지 않고 있는 것이다. 그러나 이것은 거의 1세기 전에 이미 인식된 일이므로 결코 새로운 문제가 아니다. 1908년에 이미 인도 기독교 신학의 필요성을 깨달은 닷타(S. K. Datta)는 이렇게 썼다.

> 우리 크리스천들은 인도 사람들의 사고와 마음에 다가갈 수 있는 독특한 신학을 만드는데 완전히 실패했다. ··· 인도 기독교는 아직도 서양 생산품으로서 인도에 접붙임 되고 있는 형편에 있다. ··· 인도 교회가 인도 신학을 만들기 위해서는 지적이 수준이 더욱 높아져야 한다.[20]

앤드류스(C. F. Andrews)는 엄청난 슬픔으로 다음과 같이 썼다.

> 초기 기독교 신학자 터툴리안(Tertullian), 아타나시우스(Athanasius), 그리고 바실(Basil)은 로마제국 말기에 유행한 철학 용어를 사용했다. 그러나 인도에는 초기 기독교 신학자들처럼 힌두 철학 용어로 기독교 교리를 표현하려고 하는 이가 거의 없다.[21]

거의 1세기가 지났지만 인도 신학교들은 여전히 인도의 상황에 결코 어울리지 않는 서양화된 신학자들을 배출하고 있다.

---

20 S. K. Datta, *The Desire of India*, London, 1908, 255f.
21 C. F. Andrews, *The Renaissance in India; Its Missionary Aspect*, London, 1912, 289; quoted from Thomas, op. cit., 278-9.

토마스(M. M. Thomas)는 앤드류스에 대해 이렇게 썼다.

> 앤드류스는 인도 신학교들의 과목을 아주 혹평했다. 왜냐하면 인도 신학교들이 문화 소통을 위해 노력한 원래 기독교 사상을 파괴하고 있기 때문이다.[22]

아무것도 변화되지 않고 있는 것처럼 보인다. 현재의 신학교와 연구소의 필요성과 적절성을 생각할 때 그런 기관들이 인도 선교에 어떤 기여를 하고 있는지 의심을 품어야 한다.

힌두 경전을 체계적으로 가르치는 과목을 개설한 신학교가 한 군데라도 있다는 말을 들어보거나 발견하지 못했다. 힌두교를 포함한 비교 종교학이 한 과목으로 개설되어 있지만 힌두 경전에 특별한 초점을 두고 힌두교만 다루는 특별 과정도 전혀 없다. 과거에 몇몇 사람들이 힌두교 과목을 개설해야 한다는 제안을 했지만 의도적으로 무시받았다. 그래서 여기에 다시 그런 제안을 하고 싶지는 않다. 다만 다스(R. C. Das)의 질문만 싣는다.

> 이런 신학교를 위해 엄청난 루피와 달러가 필요하다는 호소를 들을 때 한편으로 인도 교회의 미래에 대한 생각으로 몸서리치게 된다.
> 서양 교회는 심판 날이 올 때까지 분별력 없는 규모의 돈을 계속해서 보내면서 서양화된 인도 교회를 생산해 낼 것인가?[23]

---

22 Ibid., 278-9.
23 H. L. Richard, (ed.), *R. C. Das: Evangelical Prophet for Contextual Christianity*, Delhi,

인도 신학자들은 서양 신학 학위를 취득하기 위해 서양 신학교로 가는데 바쁜 상태다. 서양 신학교에서 학위를 받아야 인도 교회에서 인정을 받을 수 있기 때문이다. 반면 인도 기독교 신학을 연구하고 형성하도록 크리스천들을 진정으로 격려하는 모습은 볼 수 없다. 우리 인도 사람들은 계속해서 서양 사고와 도구로 묶여 있다. 『100가지 성경 교훈』(*100 Bible Lessons*, 1988)이 좋은 사례다.

인도 기독교 출판사뿐 아니라 많은 인도 크리스천들은 서양 신학 서적을 번역하는데 바쁜 상황이며 인도 기독교 신학의 형성을 위해 어떤 기여도 하지 않고 있다. 『대화 속의 인도 신학』(*Indian Theology In Dialogue*, 1986)을 쓴 클로스터마이어(Klaus K. Klostermaier) 교수처럼 서양 신학자들만 우리 인도 사람들이 인도 기독교 신학을 형성하도록 돕고 있다.

사도들은 이교도의 용어가 어떤 잘못된 의미를 가지고 있었을 때조차도 복음을 소통하기 위해 이교도의 용어를 사용하는 것을 전혀 두려워하지 않았다. 왈드(S. N. Wald)가 이 점에 대해서 강하고 명쾌하게 설명한다.

CISRS/ISPCK, 1995, 249. 다스(R. C. Das) 같은 인도 사람의 갈망에 반대하는 사람이 있다면 Dr. Robert Schmidt의 말을 들어볼 수 있다. "… 인도 교회의 가장 큰 약점은 교회 생활과 교회 번영을 위해 훈련과 전임 사역자의 월급이 필요하다고 믿고 실천하는 것이다. … 세계의 가난한 지역의 교회들은 거의 다 현지 목사들의 신학 교육을 서양 교회에 의존하고 있다. 어떤 사례에서는, 청년들을 외국으로 보내 훈련시킨다. 다른 사례에서는, 부유한 서양 교회에 요청해 신학교들을 설립하고 유지한다. 가난한 나라의 교회들이 스스로 신학교를 설립할 수 없기 때문이다. 서양 교회들은 그들을 후원하고 지도하고 사실상 신학교와 졸업생의 조직을 통제한다." Schmidt, "Explanations to the Ninety-Five Theses on Church Control," 32-33.

놀라운 것은, 구약 성경의 종교(유대교)가 LXX(70인역 성경. B.C. 270년경에 완성됨. 그리스어로 번역된 구약 성경 가운데 가장 오래됨)의 번역을 통해 그리스어로 더 넓은 지역에 소개되었을 때 히브리어로 된 계시를 설명하기 위해 특정한 히브리 용어를 사용하지 않았다는 점이다. 하나님의 복음을 표현하려고 했던 번역자들은 코이네(Koine, 기원전 5세기부터 기원전 3세기에 성립된 표준 그리스어. 신약 성경은 코이네로 기록되었음)에서 이미 존재하고 있던 문화적 형식들을 발견했다. 다만 만군(Sabaoth), 아멘, 알렐루야, 그리고 소수의 다른 언어같이 종교적인 사상을 강하게 표현하지 않는 소수의 히브리어만 채택했다.

신약 성경에도 같은 개념을 적용했다. 신약 성경의 작가들은 다신론적인 배경을 갖고 있었던 그 당시 공용 종교 용어를 채택해서 기독교 용어를 만들었다. 그들은 기독교 사상을 표현하기 위해 그리스 철학, 이교도의 의식과 이교도의 신비에서 단어들을 찾았다. 특히 신비적인 용어는 대부분 크리스천들에게 이식되었다. 이런 식으로 작가들은 특정한 기독교 사상들을 표현하기 위해 떼오스(theos, 하나님), 퀴리오스(kyrios, 주), 로고스(logos, 말), 소테르(soter, 구원자), 율로기아(eulogia, 복), 뮈스테리온(mysterion, 비밀), 카리스(charis, 아름다움, 감사, 은혜), 프로페티아(prophetia, 예언), 밥티스모스(baptismos, 씻음, 세례), 에피스코포스(episcopos, 감독), 디아코노스(diaconos, 집사)를 수용했다.[24]

---

24 S. N. Wald, "Christian Terminology in Hindi," *Missionstudien* 1, 1962, 231.

인도 신학에 관해 훌륭한 연구를 한 로빈 보이드(Robin Boyd)는 같은 개념을 기독교 신학의 역사에서 추적한다.

> 서양 신학은 순교자 저스틴(Justin Martyr)의 플라톤주의(Platonism) 때부터 결코 철학과 분리되지 않은 채 존재해 왔다. 어거스틴(Augustine)의 배경에는 플라톤(Plato)이 있고, 아퀴나스(Aquinas)의 배경에는 아리스토텔레스(Aristotle)가 있고 칼빈(Calvin)의 사상도 관념론, 실존주의, 그리고 논리적 실증주의 시대와 관련이 있다. 어떤 신학자, 심지어 철학으로부터 자유로워지려고 시도한 바르트(Barth)와 같은 사람도 어떤 학파의 철학적 선입견으로부터 자신의 사상을 분리하는데 성공하지 못했다.
> 서양에서, 신학과 결합한 철학이 반드시 기독교 철학이 되지는 않는다. 신학자들은 자신들의 체계적인 진술에 플라톤(Plato) 학파, 아리스토텔레스(Aristotle) 학파, 칸트(Kant) 학파, 헤겔(Hegel) 학파, 고가르텐(Gogarten) 학파, 부버(Buber) 학파, 비트겐스타인(Wittgenstein) 학파의 언어와 사고 방법을 사용해야 할 필요성을 느꼈다. …
> 인도 신학자들이 성경의 '지하 자원' 즉, 타 문화와 소통하려고 했던 성경의 원리에 충실하고자 한다면, 힌두 사상의 특정한 학파의 용어로 자신들의 체계적인 신학 진술을 해명하는 작업도 가능하다고 봐야 되지 않을까?
> 초기 몇 세기 동안 기독교가 그리스 세계에 익숙해지고 그리스의 특정한 사고 영역을 사용한 과정을 돌아보면, 우리는 '세

속화된' 그리스 철학과 철학 용어를 수용한 것과 그리스 종교와 신화를 완전히 거부한 이중적인 사실을 알게 된다.

… 종교 지도자들이 감시하지 않을 때 수도원의 초가지붕 안에서 베르길리우스(Virgil, 고대 로마의 시인. B.C. 70-19)의 책을 숨기고 몰래 읽은 지중해 수도사들은 그리스-로마 이교 신앙으로 돌아가지 않았다. 다만 그들은 예술적 욕구, 문화적 욕구, 그리고 수도원 생활이 빼앗아간 즐거운 자극을 찾고 있었다.[25]

옛날의 신들은 죽었지만 그들의 유령은 유럽의 도서관과 문화재 속으로 들어갔는데 정말 놀랍게도 그것들을 보존한 것은 교회였다. 그리스 종교는 철학으로부터 고립되어서 세속화되었고, 유지되었고, 결과적으로 르네상스 때 현대 유럽 문화 속으로 통합되었다.

기독교 시인, 철학가, 화가, 그리고 신학자조차 그들의 작품에 '캡슐에 싸인' 그리스 종교와 신화를 사용하는데 주저하지 않고 있다. 그리스 종교 신화의 특징과 이야기들은 밀턴(Milton)에서 T. S. 엘리엇(Eliot)까지 그리고 심지어 라인홀드 니버(Reinhold Niebuhr)같은 신학자들에게조차도 기독교를 소개하기 위해 필요한 배경과 해설을 제공했다.

기독교 문화는 뮤즈(Muses, 시·음악·학예를 주관하는 그리스 아홉 개 여신 중의 하나)와 그레이스(Graces, 그리스 신화의 미[美]

---

25 놀랍게도, 나도 인도 전통(카르나틱) 음악을 들을 때 그 중세 수도자처럼 느낀다. 내가 전에 서양 성탄절 음악에 집중했을 때 나는 인도 전통 음악을 무시했고 결국 나 자신을 메마르게 한 대가를 맛보았다.

의 세 여신 중의 하나)를 좀처럼 추방하지 않고 있고 그리스의 비극적 요소는 때때로 예수님의 사역을 설명하고 깊이 이해할 때 도움이 된다.[26]

구약 성경을 그리스어로 번역한(자주 LXX로 언급된 셉투아긴드 [Septuagint] 즉, 70인역), 알려지지 않은 유대인 번역자로부터 시작해서 사도 바울, 요한, 그리고 오늘날까지 몇 세기 동안 유럽 크리스천들이 그들의 작품 속에 그리스 철학과 용어와 심지어 그리스의 종교적이고 신화적인 의미까지 사용했다면, 왜 우리 크리스천들은 복음을 소통하기 위해 인도 용어와 철학을 사용하면 안 되는가?

서양 신학 전통이 '하나님의 진리의 모든 기둥들'인 히브리 사상보다 그리스 사상에 따라서 발전되어 왔고, 우리가 존재를 지탱하고 있는 이성은 오래 전에 죽은 그리스의 부서지기 쉬운 논리 위에 세워져 있다.[27] 그러므로 우리는 '히브리 사고 체계'에 가까운 인도의 자신학을 형성할 모든 권리를 가지고 있다.[28]

---

26 Robin Boyd, *Indian Christian Theology*, Madras, 1979, 3-5.
27 Schmidt, "The Babylonian Captivity of the Churches," 90.
28 "… 그리스 사상은 그것보다 앞서 나타난 히브리 사상과 아주 달랐다. 히브리 사고방식은 살아있고 역동적이었다. 사물들이 진보하기도 했고 퇴보하기도 했다. 시간이 계속해서 전진했다. 하나님은 히브리어로 생각했고 그의 생각을 바꾸기도 했다. 하나님은 히브리어로 후회하기도 했고 용서하기도 했다. … 이런 것들이 그리스 사상에서는 거의 이해되지 않는다. 그리스 사상에서는 유일신도 없고 역사도 진보하지 않는다. 사물들이 본성적으로 정지되어 있는 경향이 있다. 그래서 그리스 사상은 모순을 지탱할 수 없다. 그리스 사상은 이것 아니면 저것, 이것 아니면 또 다른 것이다. 아주 예외적으로만 둘 다를 인정한다. 그래서 역동적인 성장과 다른 문화에서 온 개념이 좀처럼 퍼지지 않는다. Nicolas Berdyaev, *The Meaning of History*, London, The Centenary Press, 1936, 27-33. 그리스 사상은 히브리 사상과 기본적으로 다를 뿐 아니라 또한 아시아, 아프리카, 아메리카 원주민 문화에서 온 사고방식과도 대조를 이룬다. 아시아, 아프리카, 아메리카 문화에는 겉으로 드러나는 대조를 해결하기 위한 감사가 훨씬 많다. 조화와 성장과 발전에 대한 감사를 말한다.

나는 신학 교육을 받지 않은 사람이므로 아마도 이런 문제에 대해 말할 자격조차 갖고 있지 않을지 모른다. 하지만 많은 인도 사람과 외국인 신학자들이 인도 신학에 대해 많이 이야기하고 글을 쓰고 있지만 성과가 거의 없다는 점이 안타깝다. 인도 신학을 형성할 때 문화 존중을 너무 깊이 하면 위험하다는 경고에 명확하게 동의해야 한다. 그렇지 않고는 이 주제를 끝낼 수 없다. 다시 헤셀그라브의 글을 인용한다.

> 문화 소통의 다른 면이 있다. 즉 복음 자체가 다른 문화와 종교에 적응할 때 실종될 수 있다. 정확히 그런 일이 초기 몇 세기에 가끔씩 일어났고 정확히 오늘날에도 일어나고 있다. 너무 지나치게 적용하면 위험하다는 것은 정말 사실이다.[29]

우리가 본 것처럼 신부들이 자신들의 신학을 만들기 위해 그리스 철학 용어를 자유롭게 사용했다. 그러나 로빈 보이드가 지적했듯이 그리스 철학은 '자주 거의 완전히 세속적'이었지만 "힌두 철학은 좀 더 종교적 색채가 강하다. … 인도 사람들은 샹까라(Sankara)와 라마누자(Ramanuja)를 철학자뿐 아니라 위대한 종교인으로 간주한다."[30]

그래서 보편적으로 선교사들은 이런 문화가 서양 교리 신학보다 구약 성경에 훨씬 가깝다고 보고하고 있다." Ibid., 89-90.

29 Hesselgrave, op. cit., 151.
30 Boyd, op. cit., 5. 클루니(Clooney)가 연구한 베단타 이후의 신학(Theology after Vedanta)에 대해 프랑크 레이놀드스(Frank E. Reynolds)가 한 말을 들어보자. "… 클루니의 책에 있는 주요 업적 중의 하나는 일반적으로 고전 아드바이따(Advaita)의 글들과 특별히 샹까라(Sankara)의 작업이 의심할 여지없이 완전히 신학적이라는 것을 보여주는 것이다 …." Forward, xii. Francis X. Clooney, S.J., *Theology after Vedanta, An Experiment in Comparative Theology*, Albany, State University of New York

그래서 어느 정도 적용할지 그리고 어디까지 선을 그을지는 한 사람 또는 한 단체가 대답할 수 있는 단순한 질문이 아니다. 많은 사람이 이 일에 참여하여 이 모험적인 과업을 시작해야 한다.

슬픈 일은, 인도 신학을 개발한다는 명목 아래 소개된 부정확하고 혼란을 주는 글들이 많다는 것이다. 최근의 가장 인상적인 사례는 아드바이따(Advaita, 비인격) 베단타를 통해 기독교 사상을 소개하려는 에일리즈(K. P. Aleaz)의 시도다. 모든 사람이 '예수님이 누구인가?'라는 질문에 대해 '인도의 성서해석학적 상황'을 통한 명확한 답변을 환영할 것이다.[31]

그러나 그런 시도가 초기 예슈 박따의 복음과 믿음과 경험의 기초를 훼손시킨다면 크리스천과 힌두 모두가 혼란스러워 할 것이다. 에일리즈가 일으킨 혼란은 다음과 같은 진술에서 최고조를 이룬다.

> 우리의 예수학(Jesulogy)은 기본적으로 신 베단타주의자들(Neo-Vedantins)의 주장에 동의한다. 그런데 일반적인 생각과 달리 예수학은 예수님의 보편적인 말씀을 존재하지 않는 신의 개념, 존재하지 않는 신의 은혜의 개념, 보편적인 윤리관, 그리고 보편적인 영적 인식과 타협한다.
> 교회가 그런 개념들에 족쇄를 채워 왜곡시켰다. 인간의 타고난 비열함으로 만든 융통성 없는 교리, '희생양'과 '속죄', 육체의 부활, 그리고 재림, 세상 나라와 심판 날의 긴박함 안에서

Press, 1993. xiv.
31 K. P. Aleaz, *Christian Thought Through Advaita Vedanta*, Delhi, ISPCK, 1996, 90 and 2.

완전히 파벌적인 시야를 가지고 그런 행동을 한 것이다. 인간 제사를 한 유대인의 단순한 생각으로 치부해 버렸다.

그리고 기독교가, 유대인의 믿음 속에 다정하고 사랑의 모습을 갖춘 예수님을 꿰어 맞추려고 한 것, 속죄의 형식 안에 인간 제물의 개념(a human scapegoat, 인간 희생양)을 꿰어 맞추려고 한 것은 정말 불행한 일이었다.[32]

'인도 사람을 이해시키려고' 에일리즈는 쌍까라의 아바이타의 십자가 위에 예수님을 다시 못 박았다. 기독교에 이런 종류의 신학자들이 있다는 사실은 '기독교에게 정말 불행'이라고 결론짓지 않을 수 없다.

신학자들은 프란시크 클루니가 정의했듯이 자신들의 신학이 자신들의 개인적이고 지적인 즐거움이 아니라 항상 사람들의 '믿음에 속해서, 믿음을 위해서, 그리고 믿음에 의해서' 존재해야 한다는 것을 기억해야 한다.

> 비전문적인 방식으로 신학을 묘사하는 것은 방법적인 면에서 비슷한 점이 많은 종교의 다른 분야 연구와 다르다. 왜냐하면 신학은 신자들이 자신의 연구, 분석, 그리고 글에 믿음을 명확하게 드러내고 영향력을 끼치고자 하는 마음 때문에 질문하는 것이기 때문이다.
> 보통 믿음 공동체의 신자들이 제일 먼저 신학자들의 견해를

---

32 Ibid., 99.

따르고, 신학자들의 글은 그들에게 영향을 끼친다. 신학자들은 자신들이 그 공동체와 함께 보통의 경험의 범위를 넘는(아마도 초자연적인) 현실, 표준 계시(normative revelation)에 대한 가능성(보통은 사실로 존재), 그리고 구원에 관련한 실제적인 결정과 선택을 해야 한다고 믿는다. 비록 신학자들은 이런저런 때에 문제의식을 가지고, 믿음 공동체에 친근하지 않은 연구 방법으로 다시 복음을 소통하고, 결국 공동체를 재구성해야 할지도 모르지만, 그러한 믿음(초자연적인 현실, 표준 계시에 대한 가능성, 구원과 관련한 실제적인 결정과 선택에 대한)과 관심, 그리고 그 믿음을 보호하기 위한 희망을 가지고 연구한다.[33]

모든 힌두 예슈 박따는 한편으로 성경적 가르침에 근거한 예수님을 향한 헌신 때문에 항상 긴장감을 느끼고 있다. 단순한 생존을 넘어 인도 사람으로서 살아갈 생득권이 위협받고 있기 때문이다. 그래서 예슈 박따는 언제나 신학자들의 새로운 노력을 환영한다. 왜냐하면 신학자들은 인도 형식으로 공동체에게 복음을 나눠줄 수 있도록 도울 뿐 아니라 예슈 박따가 자신의 믿음을 이해하도록 도와주기 때문이다.

예슈 박따는 인도의 문화 형식에 복음을 담는 것에 전문가가 아니기 때문에 자신의 공동체 안에서 예슈 박따로서 생존하기 위해 다양한 싸움을 하면서 자신의 믿음을 지킬 수 있는 강한 기초가 필요하다. 그가 성경해석학 전문가는 아니지만 성경이외에는 어

---

33 Clooney, op. cit., 4-5.

떤 것도 기초를 제공할 수 없으므로 성경을 붙들어야 한다.

그리고 신학자들이 교리와 성경해석학의 명목 아래 성경을 왜곡시키려고 할 때 예수 박따는 자신의 믿음을 지키기 위해 신학자들을 무시할 수밖에 없다. 왜냐하면 정말 자신의 성경적인 기초가 흔들리는 것을 참을 수 없기 때문이다. 신학자들은 새 집(성경)을 모두 개조할 때 기초(성경)의 밖이 아니라 기초(성경)의 안에서 해야 한다. 기초를 무시하고 지은 집이 보기에 아름다울지라도 그것은 절대 안전하지 않다.

그리고 신학자들이 에일리즈가 말한 것처럼 '성경 해석학적인 문맥의 중요함'이라는 명목 아래 하나님께서 사도의 전통 안에 주신 말씀에 도전한다면, 예슈 박따는 건물의 개조를 포기하고 기초가 강한 초라한 오두막에 사는 것을 선택해야 할 것이다.

인도 신학을 개발할 때, 우리는 복잡한 면에 부딪힌다. 즉 힌두 철학 전통 안에 있는 단 하나의 용어도 다양한 힌두 사상 체계 안에 아주 다른 의미로 해석될 수 있다. 그러므로 인도 용어를 사용할 때 용어의 특정한 문맥(경전에서의 의미와 철학적인 의미)과 대중적인 문맥(매일의 삶 속에서 이해하고 적용할 수 있는 의미) 둘 다를 무시해서는 안 된다.

성경을 이해할 때 내용의 상황이 가장 중요하다는 것을 말하고 싶다. 성경의 어떤 구절이라도 해석할 때 상황적, 역사적, 그리고 신학적 상황을 고려해야 한다. 힌두 경전의 상황과 힌두 해석학적인 전통을 무시하는 일부 크리스천들은 비난받아야 한다. 다음 장이 이에 대한 문제를 설명한다.

힌두와 크리스천이 각각 힌두 경전을 해석할 때 서로 다른 의미로 해석할 수 있다는 것을 이해해야 한다. 이스라엘 셀바나야감(Israel Selvanayagam)이 말한다.

"힌두 사상가들이 RV(Rig Veda) 1.164.46을 언급할 때 그들은 그 구절의 상황을 결코 고려하지 않는다."[34]

힌두에게는 상황이 아니라 진리 그 자체가 중요하다. 원리를 전하는 사람이 아니라 원리가 중요하다.

왜 그런 시각을 유지하는 걸까?

힌두의 가르침들을 모든 시대에 모든 사람들에게 적용하기 위함이다. 물론 이론상으로 그들은 스므리띠(smriti, 기억, 진리)의 어떤 가르침이 스루띠(sruti, 듣는 것, 상황)와 충돌한다면, 전자를 거부하는 원칙을 지킨다. 그러나 실제로 이 원칙은 모든 스므리띠(smritis, 진리)가 베다(Vedas, 힌두교에서 가장 중요하게 여겨지는 경전)기 때문에 엄격하게 지켜지지 않는다. 즉 상황 때문에 베다(진리)를 무시할 수 없다는 말이다. 그와 반대로 케인(P. V. Kane)같은 학자들과 어떤 사람들은 항상 상황에 따라 힌두 경전을 강조하고 해석했다.

그래서 인도 기독교 신학을 형성하기 위해 모든 문자적 그리고 상황적 문제들을 다루면서 우리는 많은 문제에 부딪힌다. 예를 들면, 크리스천의 정서에 잘 맞는 것 같은 아드바이따(Advaita, 비인격)를 사용하고자 하는 경우에, 어떤 사람은 그것을 일원론(monism, 오직 한 신만 존재한다)을 가리키는데 사용하고 다른 사람들은 그것을 비

---

34 Selvanayagam, op. cit., 99.

(非)이원론(non-dualism, 두 신이 존재하지만 그들은 정말 두 존재가 아니다)을 가리키는데 사용한다.[35] 둘 중의 하나는 일반적으로 힌두 다신 교리를 추측해서 비난한 것처럼 들리지만 하나는 특정한 성경 말씀들과 아주 가깝다는 것을 발견할 수 있다.

> 우리가 그를 힘입어 살며 기동하며 존재하느니라(행 17:28).

> 하나님도 한 분이시니 곧 만유의 아버지시라 만유 위에 계시고 만유를 통일하시고 만유 가운데 계시도다(엡 4:6).

언어학 발전의 복잡한 역동성뿐 아니라 모든 잠재적 위험과 우리 자신의 분명한 한계에 대해 설명할 때 우리는 현지인들이 스스로 자신학을 형성하도록 허락해야 한다는 통찰력을 잃지 말아야 한다. 자신학은 그들이 존재하는데 필요하기 때문이다. 무엇보다도, 신학은 내부적으로 진실을 경험한 것을 외부적으로 표현하기 위한 도구다. '경험'을 어떤 식으로든 정확하게 표현할 수 없기 때문에 말을 통해서가 아니라 삶을 통해서 나타내야 한다.

린드벡(George Lindbeck)이 이 점을 아주 명확하게 설명한다.

---

35 일원론의 한 예로 우리는 유명한 Brhadaranyaka Upanishad 1.4.10의 'aham brahmaasmi'(나는 브라만이다)의 마하바끼아(mahaavaakya)를 인용할 수 있다. 그리고 비이원론의 사례로는 짠도그야 우빠니샤드 6.8.7의 'tat tvam asi'(당신이 그다)를 인용할 수 있다. 클루니(Clooney)가 지적해 온 것처럼 마하바끼야스(mahaavaakyas)에도 어떤 긴장이 있다. "'당신이 그다'라는 말은 우리가 우빠니샤드를 읽을 때 우리를 혼란스럽게 한다. 왜냐하면 아드바이따(Advaita, 비인격)를 읽을 때 그 말은 동등하지 않아야 하는 두 가지를 동등하게 보이도록 하기 때문이다. 현상계, 유한한 존재와 브라만(the phenomenal, finite self[tvam] and Brahman[tat])." Clooney, op. cit., 86.

문법은 참 또는 거짓에 대해 단언하지 않고 오직 언어에 대해서만 말한다. 신학과 교리도 하나님과 피조물과의 관계에 대해 참 또는 거짓을 단언하지 않고 오직 신학과 교리 체계에 대해서만 말한다. 이러한 속성을 예외 없이 적용해야 한다. 다시 말해, 우리가 예배, 계약, 순종, 훈계, 설교로 세상에게 가장 중요한 존재가 되고 싶은 동기를 가지고 신학과 교리로 다른 사람들에게 하나님과 피조물과의 관계에 대해 참 또는 거짓을 강요하지 말아야 한다.[36]

이를 이해한다면 우리 인도 사람에게 적절한 신학을 만들어야 한다. 그렇다고 항상 인도 신학을 힌두 종교 용어와 '브라민' 체계라 불리는 기준에 맞출 필요는 없다. 예수님은 죄가 모든 사람에게 만연했음에도 불구하고 사람들을 모든 노예의 형식으로부터 해방시키려고 왔다. 그래서 우리 인도 상황과 특별한 관계가 있는 '사회적' 신학과 '해방'(또는 '달리트'[Dalit]) 신학에 대한 요구를 인도 신학의 이름으로 무시하지 말아야 한다.

인도에서 성경적 신학이 달리트를 위한 것이든 베단틴스(Vedantins, 베단타주의자들)를 위한 것이든 OBC(수드라)를 위한 것이든 각각의 공동체는 아직 신학을 담을 수 있는 자신들의 인도 그릇을 준비하지 못한 상태다.

우리가 생명수를 그들의 그릇에 담아서 줘야 할까 아니면 오직 서양 그릇에 담아주는 것만 고집해야 할까?

---

36 George Lindbeck, *The Nature of Doctrine: Religion and Theology in a Postliberal Age*, Philadelphia, The Westminster Press, 1984, 69, quoted by Clooney, op. cit., 231.

5. 힌두 경전 무시 또는 오용

하나님의 계시는 어디에나 있다. 우리가 하나님 안에 확신을 가졌을 때 하나님은 자신의 마지막 계시를 예수님과 성경에 드러내셨지만 또한 정도에 따라 하나님은 다른 경전들 안에도 자신의 계시의 드러내셨다. 특별히 인도에서는 하나님을 향한 갈망과 그에게 도달하려는 노력이 계속 되어왔다. 이 모든 갈망과 노력은 세계에서도 독특한 인도 경전들의 형식 안에 표현되어 왔다.

힌두 경전들을 읽지 않으면 우리는 힌두의 사고방식을 이해할 수 없다. 세속화된 힌두도 힌두 경전들이 지극히 중요한 역할을 하는 공동체에서 태어나고 자라기 때문에 힌두 경전들의 영향을 피할 수 없다. 요람에서 무덤까지 힌두의 삶은 경전과 섞인다. 하나님은 사람이 태어나고 자란 환경에서만 하나님의 은혜를 체험할 수 있도록 하시므로 인도 경전들은 인도 사람이 복음을 받아들일 수 있도록 준비시키는 아주 중요한 역할을 한다. 그래서 힌두 경전을 제대로 연구하지 않으면 힌두 가운데 효과적인 사역을 할 수 없다.

인도에서 수고한 수많은 선교사들이 있다. 우리 인도 사람들은 그분들에게 아주 감사하고 있다. 많은 서양 선교사들과 신학자들은 학자들이었고 그들 중 일부는 힌두교를 이해하고 설명하는 일에 전 생애를 바쳤다. 비록 그들의 선입견이 확실히 미묘하게 영향을 줬음에도 불구하고 거의 예외가 없을 정도로 그들 대부분은 자신의 사역에 성실했고 자신들의 흥미를 위해 힌두 경전들을 절대 오용하지 않았다.

선교사들의 기본 태도는 빌킨스(W. J. Wilkins)가 힌두 신화를 연구한 책 서문에 쓴 말에 나타난다.

> 나는 입장을 바꿔 정직한 마음을 가진 힌두가 성경을 조심스럽게 연구하여 하나님에 대해 알릴 것을 생각하면서 신성한 힌두 경전들의 말씀을 연구할 때 가능하면 힌두 신들에 대해 공정하고 편견 없는 설명을 하려고 노력해왔다. 나는 편견과 신학적 선입견에서 자유로워지려고 정직하게 애써오고 있다. 그리고 설명이 필요한 곳을 제외하고 경전의 구절 위에 논평을 하는 것을 삼가고 있다. 신성한 힌두 경전들이 스스로 말하기를 기대하면서 말이다. 나는 힌두 신들의 더 어두운 면을 묘사하는 글만을 선택하지 않았고 아주 감추지도 않았다. … 출판을 위해 균형 잡힌 양을 썼고 칭찬 받을 가치가 있도록 했다. 이런 태도가 독자들에게 정확한 그림을 보여 줄 것을 기대한다. 선 또는 악 둘 중의 하나를 확대하는 것은 변호사의 일이다. 이 책에서 나는 명확하게 그런 작업을 포기한다. 나는 우리의 수많은 힌두들이 일반적으로 믿는 것에 대해 신뢰할 만한 설명을 하려고 정직하게 노력해 왔다.[37]

슬프게도 독실한 크리스천들 가운데 이런 학자들은 아주 소수다. 이 세기의 초기부터 그런 훌륭한 선교사 학자들이 자주 성취신학(Fulfillment Theology)을 위해 인도 경전들 안에서 증거를 찾으려고

---

37 W. J. Wilkins, *Hindu Mythology: Vedic & Puranic*, 2nd ed., New Delhi, Heritage Publishers 1991, vii-viii.

시도했다. 예를 들면 예수 그리스도가 어떻게든지 힌두교와 경전들 안에 있는 진실 되고 선한 것을 성취(완성)한다는 것이다.

성취신학자로 가장 잘 알려진 파르뷔하르(J. N. Farquhar) 이전에도 바네르제아(K. M. Banerjea) 같은 사람들이 성취이론을 위한 증거를 찾으려고 인도 경전들을 연구했다. 그러나 오늘날에는 '성취신학 환자들'이 성실하게 연구를 하지 않고 자신들의 목적을 위해 단순히 다른 사람들의 생각을 빌려와서 인도 경전들을 잘못 사용하고 잘못 해석한다.

크리스천들은 다른 종교인들이 성경을 정직하게 다룰 것을 정당하게 기대한다. 마찬가지로 크리스천들도 다른 종교의 경전을 정직하게 사용해야 한다. 다른 종교의 경전들을 '이교도의 터무니없는 생각'이라고 거부하거나 비틀거나 우리의 특정한 교리에 맞게 뒤엎는 것은 모든 면에서 잘못된 것이다.

사실 모든 종교의 평신도들은 자신들의 경전을 제대로 그리고 완전히 모른다. 이것은 모든 힌두, 무슬림, 그리고 크리스천에게 적용된다. 복음을 소개할 목적이든지 교리를 방어할 목적이든지 타종교의 경전을 잘못 인용하거나 절반만 인용하는 방법으로 평신도들을 속여서는 안 된다.

슬프게도 크리스천들이 힌두 경전을 잘못 사용하는 많은 사례가 있다. 특히 눈에 띄는 것이 있다. 죠셉 빤딘자레까라(Joseph Pandinjarekara)는 '베다와 우빠니샤드는 윤회가 아니라 부활에 대해 말한다'(the Vedas and the Upanishads talk about the Resurrection, not Reincarnation)라고 주장한다.

엄격한 의미에서 우리는 베다(Vedas)에서 윤회(re-incarnation) 이론을 지지하는 단 하나의 구절도 찾을 수 없다. 그러나 우빠니샤드에 있는 많은 구절들이 이 이론을 증명하기 위해 잘못 해석된다. 그러나 베다에 들어있는 불멸에 대한 명확한 구절들을 보면 쉽게 베다가 부활 사상을 지지한다는 것을 볼 수 있다.

까토빠니샤드(Kathopanishad)의 주요한 주제는 죽음 이후의 생명에 대한 것이다. 그것은 누가 '죽음의 입에서 탈출'(… mr-tumukhaatpramucyate) 할 것인가라고 명확하게 말한다(까타 우빠니샤드 3:15).

우빠니샤드의 작가는 죽음 이후에 윤회가 아니라 불멸이 있다고 결론을 지었다. …[38]

우빠니샤드에 대해 대체적인 기초 지식을 갖고 있는 사람조차도 위 말이 얼마나 끔찍하게 비틀어졌는지 알 수 있을 것이다. 빤딘자레까라의 책이 캐나다에서 출판되어 감사하게도 인도에서 전혀 광범위하게 퍼지지 않아서 다행이다. 베다(쌈히따스 또는 베다의 찬송 부분)가 윤회를 가르치지 않는다고 말한 점은 사실이다.

그러나 우빠니샤드(베다 전집의 마지막 부분)는 거의 대부분 윤회를 확실히 가르치고 있다. 빤딘자레까라가 잘못 인용한 같은 우빠니샤드(그가 인용한 같은 장)에서 많은 명확한 증거를 찾을 수 있다! 까타 우빠니샤드 3:17은 이렇게 말한다.

---

38 Joseph Padinjarekar, *Christ in Ancient Vedas*, Burlington, Canada, Welch Publishing Company Inc., 1991, 128.

> 그러나 이해하지 못하는 그는,
>
> 무관심하고 영원히 부도덕한 그는,
>
> 목표에 도달하지 못하고
>
> 계속해서 윤회를 한다(Samsara).[39]

그렇게 완전히 틀린 가르침이 힌두 경전을 몰라 쉽게 속는 외국인들을 위해만 출판됐을 것 같지만 인도에도 그런 책들이 많다. 아짜르야 다야 쁘라까쉬(D. P. Titus 목사)는 빠딘자레까라보다 더 신중하고 현명하게 썼지만 여전히 받아들이기에는 너무 지나치게 힌두 경전을 해석하고 있다.[40]

예를 들면, 아짜르야 다야 쁘라까쉬는 '영적으로 적용하면, 십자가에서 뭉개진 그리스도가 참된 소마(Soma. 포도주, 넝쿨 식물)'이다(요 15:1). 그것은 '손으로 꺾이고 뭉개졌고 한 그릇에 담겨졌다고 말하는 베다의 소마'(리그베다 9.1.2; 9.67.3)같다고 여긴다.[41]

더 나아가서 잘못된 연구와 힌두 경전을 악용한 사례로 아주 긴 목록을 만들 수 있다. 다양한 전도 책자가 퍼지고 있는데 그것들은 자주 산스크리트 학자라고 불리는 힌두 출신의 크리스천들이 쓴 것이고 그들은 힌두 경전을 가지고 다양하고 주목할 만한 기독교 논

---

39   Hume, R. E., *The Thirteen Principal Upanishads*, 2nd ed., Delhi, Oxford University Press, 3ed ed., 1985, 352.

40   이것은 그의 책에서 명확히 볼 수 있다. 『주 예수 그리스도와 사도 요한의 복음 안에서 베다가 추구한 것을 성취함: 그것이 인도에게 증거가 된다』(*Fulfillment of the Vedic Quest in the Lord Jesus Christ and in St. John's Gospel: It's Witness to India*). 그리고 소책자 『성경과 베다 경전에 나타난 신의 희생의 개념(큰 그림에서 본)』(*the Concept of Divine Sacrifice In the Bible and Vedic Scriptures*). 이 모든 책들은 작가가 개인적으로 출판했다.

41   D. P. Titus, *St. John's Gospel: It's Witness to India*, 88.

평을 한다. 그러나 자주 참고 문헌들이 언급되지 않아 확인할 수 없거나 명백하게 잘못된 번역이나 잘못된 참고문헌들을 제시한다.[42]

예수 그리스도가 리그베다에 예시된 쁘라자빠띠 희생(Prajapati sacrifice)이라고 하는 것이 인기 있는 주장이다. 이 이론은 미국인 학자 리차드(H. L. Richard)가 힌두 경전을 심각하게 왜곡한 것 같다고 분석하고 있다.[43]

비슷하게 어떤 전도 책자들은 예수님에 대한 모든 견해를 나누지도 않은 채 스와미 비베까난다 같은 위대한 인도 사람들의 말을 인용한다. 예를 들면, "비베까난다가 예수님을 영접하다"(Vivekanandar kanda Yesu)라는 제목을 붙이고 예수님에 대한 비베까난다의 모든 견해를 인용한 인쇄물이다. 그러나 사실 비베까난다가 언급한 예수님은 그가 만든 존재지 성경의 예수님이 아니다. 인도 사람들이 예수님을 따르도록 할 목적으로 그런 위대한 사람들의 말을 인용할 때 조심해야 한다.

어떤 사람들이 힌두 경전을 왜곡했다고 해서 우리가 사역에 적

---

[42] 예를 들면, 참고문헌이 없는 전도책자로 고(故) 아드야까샤 아누바와난다 께사바라야 싸르마 만다빠까(the late Adhyaksha Anubhavananda Kesava Raya Sarma Mandapaka)가 쓴 "희생"(sacrifice)을 들 수 있다. 그 책을 자주 영어와 다른 언어들로 출판하는 복음문서봉사단(the Gospel Literature Reference)은 참고문헌도 없이 그런 책자를 출판하는 것에 대해 부끄러워해야 한다. 잘못된 인용의 사례로 사두 라빠(Sadhu Chellappa)가 쓴 전도책자 "주님, 당신은 누구입니까?"(Lord, who art thou?)를 들 수 있다. 그는 리그베다 10.90 뿌루샤 숙따(Vishvakarma sarvani boothani juhavanch; kahasa aathmatha manthatho juhavancha kaha)를 인용하지만 그 구절에는 그런 내용이 없다. 그리고 어떤 힌두 경전에서도 실마리를 얻을 수 없다. 그러나 그는 완전히 상상으로 의역을 한다. "비쉬와까르마(Vishvakarma)라고 불리는 쁘라자빠디(Prajapathi)는 자신을 희생해서 그의 피를 흘리고 우리를 구원할 것이다." 뿌루싸숙따의 본문 분석과 번역으로 Swami Harshananda, *The Purusasukta: Exegesis*, Bangalore, Ramakrishana Math, 1996이 있음.

[43] H. L. Richard, 'The Arian Witness Recalled: Vedic Sacrifice and Fulfillment Theology,' *To All Men All Things*, vol. 3 no. 3, 1993. 12 and vol. 4 no. 1, 1994. 4.

절한 방법으로 인도 경전을 사용해서는 안 된다는 말이 아니다. 쌋쌍(참 교제. 예배를 뜻함)에 도움 되는 많은 노래와 찬양들이 있다. 특히 인간의 죄, 윤회를 믿는 사람들에게 구원에 대한 질문을 늦췄을 때 나타나는 위험, 죄인을 구속하는 하나님의 은혜 등을 깨닫는데 좋다.

힌두가 성경적 믿음을 제대로 이해하도록 돕기 위해 힌두 경전들의 구절들을 이용해야 한다. 아테네에 있었던 사도 바울이 이런 방법으로 복음을 소개했다(행 17장)는 것을 성경 자체가 명확하게 확인해 준다.

사람은 오직 자신이 태어나고 자란 환경에서만 복음을 받아들일 수 있다. 우리는 이에 대해 이해하고 준비해야 한다. 그래서 힌두에게 예수님을 전할 때 힌두 경전들이 아주 중요한 역할을 할 수 있다. 로빈 보이드가 그리스 신화를 소개한 것처럼 우리도 할 수 있다.

> … 기독교 문화는 뮤즈(Muses, 시 · 음악 · 학예를 주관하는 그리스 아홉 개 여신 중의 하나)와 그레이스(Graces, 그리스 신화의 미[美]의 세 여신 중의 하나)를 좀처럼 추방하지 않고 있고 그리스의 비극적 요소는 때때로 예수님의 사역을 설명하고 깊이 이해할 때 도움이 된다.[44]

---

44 Boyd, op. cit., 5.

우리는 힌두 경전 바가바드 기타로 무슬림에게 다가갈 수 없고 코란으로 힌두에게 다가갈 수 없다. 마찬가지로 우리가 바가바드 기타와 코란을 거부하는 것은 힌두와 무슬림에게서 복음을 명확하게 이해할 수 있도록 돕는 중요한 다리를 빼앗는 것이다. 우리는 그들의 경전을 사용해야 한다. 그러나 우리의 목적을 성취하기 위해 그것들을 마구잡이로 잘못 사용해서는 안 된다. 모든 종교의 경전을 정직하게 사용하라.

예수 그리스도가 어떤 힌두 신에 대한 신화의 특정 내용들을 성취했거나 힌두 경전 내용에 우리가 동의하는 것이 있다면, 같은 힌두 신의 다른 면 또는 우리의 신앙과 다른 힌두 경전의 내용은 어떻게 할 것인가?

예수 그리스도가 '시바 신의 이름 또는 그런 종류'에 만족한다면[45] 우리 크리스천들이 기도할 때 시바 신의 다른 이름인 루드라(파괴자)[46]를 사용해야 할까 아니면 하지 말아야 할까?

단순히 우리의 편리함과 목적을 위해서 힌두 신의 한 속성을 전체적인 맥락(힌두 신을 예배하는 힌두들의 힌두 신에 대한 이해 뿐만 아니라)과 분리해서 사용할 수 없다. 이런 태도를 폴 수다까르(Paul Sudhakar) 박사는 '크리스천의 오만함'이라고 표현했다.

성취신학 이론은 흥미롭게도 성경을 오역한 관점에서 비롯되며 힌두 경전들을 명확히 왜곡한다. 예수님의 산상수훈(마 5:17)에

---

45 이것은 1992년 10월 12일 Palayamkottai에서 개최되었던 제23회 남인도교회 교단 총회의 예배 때 했던 기도다.

46 Klostermaier, Klaus K., *Mythologies and Philosophies of Salvation in the Theistic Traditions of India*, Ontario, Wilfred Laurier University Press, 1984. 134. *Basic Mythology Concerning Siva as Saviour*, 126-159를 연구할 가치가 있다.

서 사용된 '성취'(완성)는 예수님이 모든 종교와 경전을 성취(완성)한다는 말이 아니다. 마틴 로이드 존스가 상세하게 설명했듯이 예수님의 말씀을 적절하게 이해하면 이 문제를 명확히 알 수 있다.

> … '성취'(fulfill, 완전케 하다). 이 단어에 대해 큰 혼란이 있다. 이 단어가 완전케 하거나 끝낸다는 의미도 아니고, 이미 시작된 어떤 것에 덧붙인다는 뜻도 아니다. 보통 이 단어를 오해하여 잘못 해석한다. 그런 해석은 구약 성경이 어떤 가르침을 보여줬고 지속되어 어떤 지점까지 왔다고 말한다. 그런 다음 우리 주님이 오셔서 그것을 어떤 지점으로 더 확대했고 소생시켜서 완전케 했다고 한다. 그러나 이것은 옳은 해석이 아니다. '성취'라는 단어의 진짜 의미는 실행, 완전한 순종을 뜻한다. 문자적으로는 율법과 선지자들이 말한 모든 것을 실행하는 것이다.[47]

그렇다면 예수님이 자신의 삶과 죽음을 통해 힌두 경전들 안에 언급된 모든 것에 완전히 순종하고 그것들을 성취하셨다고 말할 수 있는가?

아니다. 힌두 경전의 맥락과 동떨어진 단어에 기초해서 만든 신학은 우리 모두를 잘못 인도할 것이다. 비슷하게 어떤 힌두들은 성경의 가르침을 왜곡한다. 그리고 크리스천들에게 감사하라고 한다. 자신들이 힌두와 크리스천 사이에 정직하고 의식 있는 대화

---

47 Lloyd-Jones, op. cit., 185-86.

를 발전시키려고 있기 때문이라는 것이다.[48]

6. 어디서든지 문외한을 속이지 마라

힌두들에게 복음을 효과적으로 소개하기 위해서는 힌두교에 대한 제대로 된 지식 특히 경전들을 참고하는 것이 필수적이다. 그리고 경전에 대한 단순한 학문적인 지식이 아니라 실용적인 지식이 필요하다. 이는 오직 종교를 초월한 대화의 과정을 통해서만 가능하다. 특히 우리가 힌두 경전들을 사용할 때 그들과 대화를 하고 배운다면 힌두 경전을 잘못 해석하는 오류를 정말 피할 수 있을 것이다. 이 작업을 위해 대화가 절대적으로 필요하다.

나는 강력한 운동 또는 일시적 지적인 유행이라고 불리는 대화 노력을 더 지적하고 싶다. 라이문도 파니카(Raimundo Panikkar)는 교회 역사를 다섯 개의 큰 시기로 분리한다.

(1) 증인(witness)

(2) 개종(conversion)

(3) 십자군(crusade)

---

48 힌두가 성경을 잘못 해석한 사례에 대해서 스와미 비비까난다에게서 찾아 보자. "크리스천들은 하나님이 비둘기의 모양을 취해 이 땅에 내려오셨다고 믿는다. 그리고 그들은 그것이 신화가 아니라 역사라고 한다. 그러나 힌두는 신이 소 모양으로 나타났다고 믿는다. 크리스천들은 이것이 역사가 아니라 신화라고 한다. 미신 … 내가 아는 한 이 세상에서 어떤 사람도 머리로 역사와 신화 사이의 미묘한 차이를 찾아낼 수 없다. 모든 신화들은 약간의 역사와 섞였다." quoted by V. Rangarajan, "Vedanta Embraces Christianity," *Christianity in India: A Critical Study*, Madras: Vivekananda Kendra, 198.

(4) 선교(mission)
(5) 대화(dialogue)[49]

기독교가 선교 사역을 하면서 다른 종교로부터 도전을 받으면서 대화의 기술적 개념에 주목하게 됐지만 사실 우리는 신약 성경에 있는 사도 바울의 사역에서도 그런 흔적을 발견할 수 있다.

인도에서 인도 사람들에게 복음을 나누기 위한 노력을 할 때 우리가 좋아하든 아니든 대화는 인도 사람의 마음과 생각을 예수님께로 열어줄 유일한 도구다. 그러나 많은 크리스천들 특히 복음주의 교단이 대화라는 말을 아주 예민하게 받아들인다. 그러나 힌두 공동체 안의 모든 예슈 박따는 이 '대화'의 개념을 잘 이해한다. 왜냐하면 그들은 인도 사람들과 살아있는 대화를 하고 있기 때문이다.

'빼내기 전도'(extraction)와 '까바디 전도'(kabaddi, 인도 전통 게임, 게릴라식 전도를 뜻함)를 하고 있는 크리스천들은 '울타리 친 기독교'(compound Christianity) 출신이어서 자신들이 전도할 때도 똑같이 울타리를 만든다. 그래서 그들은 대화의 필요성을 이해하지 못한다. 그들은 힌두와 다른 세계에 살면서 대화를 나누지 않고 있다.

믿기 힘들겠지만, 보통 인도 크리스천들은 어떤 식으로든지 힌두와 대화하는 것에 거의 관심을 갖고 있지 않다. 어떤 인도 개신교 크리스천들도 대화에 관심을 갖지 않는다. 대화에 열심을 보이는 사람들이 있지만 그들 대부분은 자신들의 갖고 있는 몇 개의

---

49 R. Panikkar, *A Dwelling Place for Wisdom*, New Delhi, Motilal Banarsidass, 1995, 115-118.

한계 때문에 실패하고 있다. 이스라엘 셀바나야감은 이런 현실에 슬퍼하며 통찰력 있는 설명을 한다.

> 대화에 대한 개신교도의 두려움을 보면 이중적이다. 어떤 사람들은 힌두와의 대화로 인해 소수 크리스천의 믿음이 광범위한 힌두교의 구조 속으로 들어가는 결과를 초래할 것이라고 두려워한다. 다른 사람들은 자신 또는 자신들의 부모나 선조들이 버린 종교와 대화를 할 이유가 없다고 한다. 크리스천들은 대화에 대해 병적 공포심을 갖고 있다. 그것을 제거하기 위해서는 지루한 싸움을 해야 한다. 크리스천들이 대화를 위한 용기를 내야 할 것으로 보인다.[50]

인도의 천주교가 제2 바티칸 공의회(1962-65)의 지시를 따라 힌두와 대화를 시도했지만 '교회에게 익숙한 접근법'으로 실행하다 보니 주로 지식인들이 이끌었다. 그로 말미암아 거의 모든 교구에 힌두 이웃들을 만나도록 장려하는 대화 위원회가 있었음에도 불구하고 평신도들이 많이 기여하지 않았다.[51]

일부 교회 사람들은 대화에 대해 이야기를 할 때마다 속으로 즉시 이렇게 생각한다.

'대화는 별 볼일 없는 지식인들의 모임이다. 그들은 다른 사람들의 기여를 심각하게 여기지 않는다.'

---

50 Selvanayagam, op. cit., 115.
51 Ibid., 114.

어떤 깐깐한 사람들이 스스로 인정했듯이 '사역 재정으로 휴가를 즐기는 것을 제외하고' 말이다.[52]

대화 접근법은 개인적인 관점으로 볼 때도, 실용적 관점으로 볼 때도 좋지만 사람들은 대부분의 타 종교 간 대화에서 너무 많이 지적이고 더러운 수법을 동원한다. 양쪽 모두 서로의 관점을 열린 마음과 생각으로 듣기를 주장하지만 실제로는 항상 다른 사람의 견해를 듣지 않으려고 한다. 그렇다고 해서 타 종교 간에 접촉이 전혀 쓸모없다는 말은 아니다.

내가 말하고자 하는 것은 신학교와 회의에서 하는 지적인 접근법은 힌두교를 이해하거나 복음을 옳게 전하는 면에 있어서 가장 좋은 방법은 아니라는 것이다. 대화를 통해 다른 사람들의 믿음을 이해하는 데 있어서 주된 문제는 대부분의 접근법이 이론적이거나 학문적이라는 것이다. 사도 바울과 비교하고 대조하는 것은 도움이 된다. 그는 끊임없이 대화를 하도록 격려했다.

그러나 그가 비유대인에게 복음을 소개하기 위해서 예루살렘에서 온 대화 전임 사역자나 대화 동역자를 결코 모집하지 않았다는 것을 인식하라. 비슷하게 사도 바울이 자신이 항상 대결(지금 인도 크리스천들과 예슈 박따의 대결처럼)했던 보수 유대인들에게 이방인 이웃들과 대화하도록 격려했다는 지시가 없다. 오히려 그는 비유대인 가운데 제자를 삼았고 그들이 자신들의 이웃과 살아있는 대화를 하도록 그들의 문화에서 비유대인처럼 살도록 허락했다.

---

52 다음의 글에 인용함. Fr. Ishwar Prasad, *Christian Ashrams: A Movement with a Future?*, ed., Vandana Mataji, Delhi, ISPCK, 1993, 105.

왜냐하면 그 제자들은 유대인(외부인)보다 자신들의 사회, 공동체, 문화와 종교를 더 잘 이해했기 때문이다. 감사하게도 그는 절대 비유대인을 그들의 환경에서 빼내 '크리스천'으로 만들지 않았다. 초대 교회 역사와 초대 기독교 교리의 발전의 자취에 그 증거가 있다.

이런 대화 운동을 추진하기 위해서는 크리스천과 힌두가 서로의 경전들을 악용하고 서로의 교리와 감정을 오해할지도 모르는 것에 대해 많은 대비책이 필요하다. 그러나 평신도 크리스천과 평신도 또는 '직업적' 힌두 모두가 대화에 대해 어떤 관심도 보이지 않고 있는 상황에서 대화 운동이 어떻게 지적인 수준을 초월해 서로에게 진정한 관심을 갖는 방향으로 나아갈 수 있을지 상상하기 힘들다. 사도 바울은 성육신적 증인의 마음으로 공동체의 울타리를 넘어서 직접 이방인들을 접촉했다. 나는 그의 모습이 대화 운동을 시작하기 위한 뛰어난 사례라고 생각한다.

7. 힌두 종교 관습과의 관계

다른 믿음을 가진 이웃에게 다가가기 위해 크리스천이 준비해야 할 가장 시급한 것은 아마도 교회 안에서 바리새주의(Pharisaism, 위선)를 제거하는 것일 것이다. 힌두 친구들이 자신들의 전통이 강요한 눈먼 믿음으로 비난 받는 동안 비슷하게 크리스천들도 '크리스천' 전통이라 불리는 많은 것들로 인해 눈이 먼 믿음을 갖고 있다. 특별히 출생, 결혼, 그리고 죽음과 관련된 쌈쓰까라스

(samskaras, 의식[ceremony])의 영역, 즉 모든 사회가 따라야 할 전통 안에서 말이다.

성경은 사실 쌈스까라의 영역에 아주 침묵하고 있다. 자녀 봉헌(유아 세례), 성인이 된 신자를 위한 성년식, '크리스천' 결혼식이라 불리는 것(실제로는 서양식 또는 세속적 결혼), 그리고 '크리스천' 장례식은 우리가 여전히 지키고 있는 눈먼 전통들의 일부다. 이외에도 몇 가지가 더 있다. 서양 전통을 따르는 대신에 성경적 의미를 전달하기 위해 가치 있고 정말 융통성 있는 우리의 사회적 전통과 문화적 전통을 따라야 한다.

예를 들면, 우리는 크리스천이 죽었을 때 매장하지도, 힌두들과 분리된 무덤을 만들지도 말아야 한다. 대신 힌두처럼 화장을 해야 한다. 많은 '크리스천' 장례식은 소망이 결여되어 있고 '모든 이해를 초월하시는 하나님의 평화'(빌 4:7)인 풍요로운 부활의 소망을 가리키지도 않는다.[53]

보통 크리스천들은 '사람이 아버지와 불화케 하기 위해 왔다'는 예수님의 말씀을 떠올린다. 그리고 '우리는 하나님에게서 부름을 받았고 세상과 분리된 사람이어서 세상이 우리를 거부하고 핍

---

53 나는 예수님이 매장되고 부활하셨기 때문에 우리도 역시 그의 본을 따라야 한다는 말을 듣는다. 그러나 스탠리 존스 같은 선교사들도조차 화장되었고 오늘날 약 90% 영국 크리스천들이 매장할 장소가 없어 화장된다. 크리스천 무덤은 힌두가 부활의 세계관을 이해하는데 도움이 되기보다는 걸림돌이 되어 오고 있다. 기차로 바라나시에서 럭나우로 갈 때 큰 크리스천 무덤을 볼 수 있다. 한 힌두가 말했다. "힌두교가 가장 좋은 종교는 아닙니다. 하지만 보세요. 크리스천들도 죽은 후에도 이 세상을 떠나지 않으려고 하고 자신들의 소유욕을 유지합니다. 죽은 후조차 크리스천들은 필요한 사람의 집을 위해 사용될 수 있는 6피트 이상의 땅을 소유합니다. 기독교가 오직 금과 다이아몬드로 가득 찬 천국을 약속하기 때문에 그들은 여전히 이 세상에 남기를 원합니다. 반면 힌두교는 구원(mukti, 묵띠)을 약속합니다. 힌두교는 우리를 이 세상의 헛됨에서 해방시켜 줍니다. 그래서 우리가 시신을 태우고 땅을 낭비하지 않습니다."

박까지 한다'는 견해를 보이면서 인도의 문화와 사회 정체성을 유지하는 것에 반대한다. 그러나 그들이 인용한 구절과 견해는 모두 문맥에서 벗어났다. 내가 예수님 때문에 믿음과 삶 속에서 핍박을 받는다면 나는 죄 안에 있는 다른 사람들과 어울리며 죄를 짓고 있지 않다는 사실에 정말로 기뻐하고 하나님께 감사해야 한다(벧전 3:13-17; 4:3-4, 14-16). 왜냐하면 주님의 말씀들이 내 삶에 성취(마 5:10-12) 되었기 때문이다.

그러나 내 문화, 사회, 그리고 민족에 충성스럽게 남아있지 않는 것 때문에 거부당하고, 반대, 핍박, 그리고 오해를 받는다면, 즐거워해야 할까 아니면 후회해야 할까?

'자신의 문화 안에서 예수님을 믿을 수 있다'는 성경적인 가치들 또는 성경이 침묵하는 것들을 지키지 않으면서 말이다.

1) 빨간 점(빈디)

아마도 대부분의 사람들이 인도 여성들의 이마에 붙어 있는 빈디(bindi, 기혼 여성이 기혼을 표시하기 위해 이마에 찍는 빨간 점[과부는 하지 않음]) 또는 뽀뚜(pottu)에 관련된 힌두 문화 또는 종교 관습에 대해 뜨거운 논쟁을 벌였을 것이다. 지금 남인도에서는 머리에 꽃을 꽂는 즉, '힌두' 관습이라고만 불릴 수 있는 관습을 크리스천 여성들도 따른다. 그들이 과부가 되면 자동적으로 그렇게 할 권리를 잃는다.

비슷하게 남인도 여성들만 자신들의 머리에 꽃을 꽂고 대부분의 북인도 여성은 특히 힌디어를 쓰는 지역에서는 그런 관습이 없다.

북인도에서는 매춘부들만 꽃으로 자신의 머리를 장식한다. 이런 사례는 문화 관습은 지역과 사람마다 다르다는 것과, 문화 관습을 종교적인 관계로만 정의할 수 없다는 것을 보여준다.

객관적으로 관찰한 사람은 빈디가 남자들이 아니라 완전히 여성들을 위한 문화라는 것을 알 수 있다. 과부는 빈디(뽀뚜)와 신두르(sindur, 기혼 여성이 기혼을 표시하기 위해 가르마에 뿌리는 빨간 가루[과부는 하지 않음])를 할 권리를 잃는 대신 이마에 부띠(bhuti, 재) 또는 비부띠(vibhuti, 재)를 묻힌다.

이런 배경을 통해서 처음의 두 개(빈디, 신두르)가 종교적인 것이 아니라 문화적 관점과 관련이 되어 있고, 나중의 두 개 즉 부띠 또는 비부띠는 정말 '종교적인' 의미를 갖고 있다는 것을 알 수 있다. 또 다른 명확한 사례는, 비쉬누파(Vaishnavite)에 속한 여성들은 빈디와 신두르를 하고 스리쭈르남(srichurnam, 어른의 발에 손을 대는 인사)을 해야 하지만 과부가 되면 나맘(namam, 어른에게 말로 하는 인사)만 계속할 수 있다. 다른 파에 속한 여성들은 그런 관습을 지키지 않는다. 따라서 이런 표시들은 종교적인 헌신이 아니라 결혼 상태를 말하는 것이다.

대부분의 크리스천들은 '기독교 공동체'(Christian colony)에서 태어나고 자라서 어린 시절부터 빨간 점(뽀뚜)에 대한 강한 반감을 가지고 있다. 한 크리스천 형제가 나에게 말했다.

> 어린 시절부터 우리는 힌두들이 악마를 숭배한다고 정기적으로 배웁니다. 그래서 종교를 포함해서 힌두 문화와 사회생활

에 관련된 어떤 것도 우리 안에 깊은 혐오감을 일으킵니다.[54]

그들은 그런 깊은 혐오감 때문에 힌두에 대한 잘못된 선입견에서 빠져나오기가 힘들다. 어떤 논쟁과 증거에도 빈디(뽀뚜)와 신두르가 종교적인 관습이 아니라 오직 문화적 관습이라는 것을 인정하지 않는다.[55] 힌두들이 우리의 모든 것을 낯선 종교로 보고 자신들의 문화적, 사회적 정체성에 대한 위협으로 보는 상황을 인식하지 않고 우리의 선입견을 없애지 않은 상태에서 우리가 다른 크리스천들에게 예수님을 따르는 것에 반대하는 사회의 구성원들과 사실상 교제를 단절하라고 가르친다면 무슨 유익이 있겠는가.

---

54 이 문제에 대해 두 증인의 말이 필요하다면 내 가장 친한 친구이자 동역자인 폴 까난(Paul Kannan)의 이야기를 고려하라. 그의 아이들이 남인도 샐럼(Salem)에서 성경 공부 과정에 참석하고 있었다. 그가 어떤 수업 시간에 한 소년에게 어느 학교에 다니고 있는지 물었다. 그 소년이 "악마의 신전 옆에 있는 학교"라고 말했다. 까난은 그의 대답에 혼란스러웠다. 그리고 그 학교 이름이 뭔지 물었다. 그 소년의 말을 통해 까난은 그 학교가 신전 안에 있다는 것을 알았다. 까난은 그 대답에 놀라 누가 '악마의 신전'이라고 했는지 물었고 그 소년은 "아빠"라고 말했다. 나중에 까난은 그 아이의 아빠에게 생각해 보라고 말하면서 다음과 같이 말했다. "예수님을 믿는 당신이 아이들에게 그런 식으로 가르치면 이웃들과 친척들이 당신에 대해 어떻게 생각할까요? 당신도 한때 믿었던 신들과 신전에 대한 그런 태도를 가지고 어떻게 그들에게 당신의 믿음을 소개할 수 있을까요? 당신이 그들에게 동의하지 않을지라도 그들의 믿음을 존중하세요." 물론 까난은 그 남자가 교회에서 크리스천들한테 그런 식으로 배워서 그런 입장을 가지고 있다고 이해했다.

55 힌두 문화 표시(특히 여자들이 하는)에 대한 모든 훌륭한 학자의 설명을 읽는 데 관심이 있는 사람들은 다음을 참고하라. P. V. Kane의 '띨락 표시'. 이 논문은 JBBRAS(새 연작 시리즈)에서 처음 출판했다, Vol. XXI(33-37), 1945. 이 논문은 다시 Rsikalpanyaasa가 Rajeshwaraashaastrii Dravid 제사장에게 선물한 전집(영어판)으로 다시 출판되었다(287-92, 1970). 모게(S. G. Moghe). S. G. Moghe(compiled and edited), *Professor Kane's Contribution to Dharmasastra Literature*, D. K. Printworld(P) Ltd. New Delhi, 1997, 233-37. '꾼꿈에 대한 대법원 평결'(Hight Court Verdict on Kunkum), 마드라스 특별 원주민 관할구역 대법원, 1997년 11월 17일 목요일. 서류: 전 대법원 판사 라마누잠(Ramanujam) 명령 청원서 번호 3858과 3905, 1973.

또 하나의 비극은 이런 선입견이 소문에 근거를 두고 있다는 것이다. 다른 사람들한테 정확하지 않은 정보를 듣고 믿어 버린다. 빈디에 대한 혐오감은 빈디가 종교적인 관련성을 갖고 있다고 추측하는 것에서 출발했다. 빈디는 깔리 여신의 피 또는 시바 신의 세 번째 눈이라는 것이다. 그런데 힌두 경전이나 신화에서 증거를 대라고 하면 "우리는 모릅니다. 다른 사람들과 새 크리스천한테서 들었습니다"라는 대답만 한다. 한편으로 어떤 소수의 사람들은 에스겔 9:3- 6을 언급하며 다음과 같이 말한다.

"십자가의 상징으로서 세례는 이마에 새겨집니다. 그래서 우리는 빈디를 하지 말아야 합니다."

이건 무슨 종류의 기독교 미신인가?

우리가 세례 받을 때 이마에 십자가 표시가 새겨진다고 성경에 쓰여 있는가?

당신 스스로 이런 미신과 눈먼 믿음을 가지고 있으면서 어떻게 힌두를 비난할 자격이 있는가?

남인도 타밀 크리스천 기혼 여성들이 결혼의 표시로 하는 딸리(tali, 타밀 기혼 여성이 기혼을 표시하기 위해 착용하는 목걸이)나 만갈얌(mangalyam, 타밀 기혼 여성이 기혼을 표시하기 위해 착용하는 목걸이[북인도에서는 망갈수뜨라라고 함])이 빈디보다 덜 강한 종교적 의미를 가지고 있다는 것도 가치 없는 말이다.

매년 3월 타밀 브라민 가정에서 과부를 제외한 모든 여자들은 까라다얀 논부(karadayan nonbu, 사비뜨리의 남편이 죽자 사비뜨리가 저승사자에게 남편을 다시 살려달라고 간청해서 돌려받은 날. 아내가 남편의 건강과 장수를 위해서 기도[힌두 경전 마하바라따에 있는 싸띠

아반-싸비뜨리 신화에서 유래])를 지킨다.

　이것은 잘 알려진 관습이다. 그날에 여자들은 금식하고 저녁에 딸리를 위해서도 예배를 드린다. 이 종교 관습은 싸띠아반-싸비뜨리(Satyavan-Savitri. 힌두 경전 마하바라따에서 유래) 신화에서 온 것이다. 결혼식 가운데는 딸리를 가지고 치루는 의식도 있다.

　크리스천들이 '딸리'나 '만갈얌'에 편안함을 느끼고 정서적인 애착을 가지고 그 관습을 유지하고 있다면 왜 그들은 단지 문화적 표시인 빈디에 대해서 그런 혐오감을 가지는가?

　기존의 크리스천 여성들이 딸리나 만갈얌을 좋아한다면 새 크리스천들에게 빈디를 제거하라고 요구하는 것은 불공평한 것 아닌가?

　사실 크리스천들이 빈디를 하는 것에 혐오감을 느끼는 이유는 사실에 바탕을 둔 결과가 아니라 부정확한 정보와 추측에 의해 발생한 심리학적 문제다. 기존의 크리스천들은 새 크리스천이 스스로 빈디를 제거하는 것에 대해 힘들어 하고 있다는 심리를 동정해야 한다. 제거하라고 강요할 것이 아니라 계속하라고 격려해야 할 것이다.

　1996년 10월 '통찰력'이라는 잡지에 기록된 다음의 사건을 통해 우리는 북인도에서 일하는 선교사들에게 작은 문제로 보이는 것이 실제로는 얼마나 중요한 일이 될 수 있는지를 알 수 있다. 힌두 대상으로 일하고 있던 한 선교사 부부가 애를 가졌다. 선교사의 아내가 건강을 확인하러 병원에 갔을 때 여자 의사가 낙태할 것인지 아닌지 물었다. 왜 그런 질문을 하는지 이해하지 못한 채 부부는 낙태하지 않겠다고 말하고 아이를 낳았다. 똑같은 사건이 그들이 세 아이를 가질 때까지 반복되었다.

낙태에 대한 그 의사의 반복된 질문에 혼란스러워하다가 마침내 그 이유를 물었고 그들은 충격 받았다. 사회 악습과 관련된 것이 아니라 단지 오해였다. 그 아내가 결혼 표시인 빈디, 신두르, 뱅글(bangles, 팔찌) 또는 만갈얌(mangalyam, 기혼을 표시하는 목걸이)을 하지 않아서 그 의사는 그 부부가 결혼을 하지 않고 동거하고 있다고 생각한 것이다. 그 의사는 혼외 결혼으로 생긴 아이의 문제를 낙태로 돕고자 했던 것이다.

사역지의 현지인들도 똑같은 인상을 갖고 있었다. 현지인들은 기독교가 그런 부정하고 불법적인 혼외 결혼 관계도 인정한다고 생각했다. 그런 분위기에서 복음이 제대로 소통되지 않았다. 선교사들은 "모든 사람에게 모든 모양으로"(고전 9:22)라고 말하는 사도 바울의 사상을 따라서 새 신자에게 결혼 표시를 제거하라고 요구하지 말고 오히려 그들에게 유지하라고 해야 한다. 빨간 점에 대한 더 깊은 논의는 부록 1에 있는 스리 P. 쩬찌아(Chenchiah)의 인상적인 논평을 보라.

빈디에 대해 많은 논쟁이 있었다. 어떤 크리스천들은 동의하지는 않지만 힌두들은 이렇게 말하다.

> 정통 힌두 출신의 크리스천 여성의 남편이 빈디를 계속 하라고 주장하면 아내는 해야 한다. 그러나 남편이 주장하지 않으면 제거할 수 있다.

다른 문제들도 있다. 빈디에 반대하는 크리스천들은 목사나 교회를 위해서가 아니라 남편과 아내 사이에 결정할 문제라고 말한다. 내가 하고 싶은 질문이다.

"당연하게 해야 할 것에 대해서 왜 제거할지 말지 대화를 해야 하는가?"

그런 결정은 교회가 여성들을 세뇌시키거나 여성들에게 간접적인 압력을 넣은 것 이외에 아무것도 아니다. 어떤 여성들도 교회의 압력이 아니면 빈디를 제거할 생각조차 하지 않는다. 크리스천들은 어떤 여성이 빈디를 계속하다가 삶에 작은 문제 또는 비극이 발생하면 하나님께 순종하지 않고 빈디를 해서 생긴 탓이라고 계속해서 말한다(그들은 빈디를 제거한 사람들의 삶에 그런 비극이나 문제가 생겨도 다시 변명한다). 새 신자들의 삶이 불쌍하다. 그들은 제거하라는 말을 자신의 영적인 삶에 절대적 권위로 받아들이고 남편과 가족의 결정에 반대하면서 불필요한 문제를 만들고 있다.

실제로 많은 크리스천 여성들이 빈디를 하고 있다. 그런데 빈디에 또 다른 아주 심각한 문제가 있다. 크리스천 여성들에게 일시적으로 빈디를 허락하는 것이다. 그리고 나중에 선택할 수 있는 '기독교 문화'를 제공하는 '기독교 공동체'가 생기면 빈디와 딸리를 제거해야 한다고 말한다(빈디도 안하고 딸리도 안하는 것이 기독교 문화라고 한다면 힌두 과부들은 이미 크리스천들이거나 약간의 기독교 문화를 따르고 있는 것이다. 왜냐하면 힌두 과부들도 빈디와 딸리를 하지 않기 때문이다).

기독교 문화가 존재하지 않는데 왜 우리가 '기독교 공동체'의 명목 아래 선택할 수 있는 새로운 문화 형식을 개발해야 하는가?

한 지역에 그런 구별되는 기독교 공동체가 생겨서 빈디와 딸리 같은 힌두 문화 관습을 제거한다면 그 지역의 힌두 친척들이 어떤 반응을 보일까?

힌두들은 지역 공동체 뿐 아니라 다른 지역에 사는 친척들과도 깊은 관계를 유지한다. 자기를 만족시키거나 5세대 크리스천의 감정에 적응하려고 그런 불필요하고 비성경적인 변화를 추구하는 것은 오직 복음의 확장에 방해만 될 것이다. 복음을 위해서 그리고 '모든 사람에게 모든 모양으로'(고전 9:22)가 되기 위해 5세대 크리스천 아내들, 즉 현대의 아내들도 빈디를 해야 한다.

북인도에서 나는 일부 무슬림 여성들이 신두르(sindur)와 띨락(tilak 또는 pottulbindi[뽀뚤빈디]), 둘 다를 하는 것을 봤다.

힌두 관습이라고 알려져 있는 신두르와 띨락을 어떻게 힌두의 원수인 무슬림들이 한다는 말인가?

바로 신두르와 띨락이 종교적인 의미가 아니라 문화적인 의미를 갖고 있어서 가능한 것이다. 인도에서 힌두와 무슬림들이 같은 음식을 먹는 것도 바로 종교적인 것이 아니라 문화적인 것이라서 가능한 것이다. 어떤 선택할 수 있는 문화 형식이 유행으로 존재한다면 그것은 다른 문제다.

그러나 선택할 수 있는 문화라고 하면서 복음과 예수님의 이름으로 결혼표시를 제거하라고 외치는 것은 새 신자에게 서양식 관습을 강요하는 것일 뿐이다. 항상 새 신자가 자신의 사회적 정체성과 안전을 잃으면서까지 전통 크리스천들의 편리함(성경에서 확신을 얻은 것이 아닌)에 적응해야 한다는 것은 인도 기독교의 큰 비극이다. "모든 사람에게 모든 모양으로"(고전 9:22)라는 성경의 사상을 무시하는 크리스천들은 예수님과 복음을 위해 자신들의 세속적 세계관을 십자가에 못 박을 준비가 되어 있지 않은 상태라고 볼 수 있다.

　2) 우상숭배

　어떤 사람이 진리를 받아들이도록 하려면 긍정적인 접근이 가장 좋다. 대상자들은 먼저 우리가 전하는 진리보다 우리의 종교적인 편견을 보기 때문에 우리가 부정적으로 접근하면 대상자들이 우리의 편견을 본다. 그들은 진리에 주의를 기울이기보다 우리가 하는 말에 관심을 보인다.
　나는 고등학교 시절 내 삶에 생긴 한 사건을 여전히 기억한다. 3년간 나는 '크리스천' 친구와 함께 주일학교와 예배에 출석했다. 3년 후 어느 날 그가 "네가 숭배하는 모든 신들은 악마들이다"라고 말하는 순간 모든 것이 끝났다!
　그 부정적인 말 한 마디가 나를 주일학교에 가지 않도록 하는데 충분했다. 왜냐하면 내 머리 속에 든 유일한 생각은 '내 모든 신들은 악마들이고 그의 유일한 신만 진짜 신인가? 나는 그가 믿는 신을 원하지 않는다'였다. 나는 정말 부정적인 접근을 통해 개종한 사람을 한 명도 발견하지 못했다.
　대상자가 이해할 수 있도록 대상자를 준비시키는 것과 대상자가 이해하지 못하는 것에 대해 비난하거나 정죄하는 것은 아주 다른 것이다. 물론 우리가 긍정적으로 접근할 때조차 우리가 가끔 제대로 이해하지 못하고 실수할 수 있다. 우리는 또한 우월한 위치에 있는 것처럼 생각하면서 설명하기보다는 가능한 예의 바르고 겸손해야 한다. 사랑이 우리의 모든 소통에 기준이므로 어떤 식으로든 다른 사람의 감정에 상처를 주는 일은 우리의 목적에 도움이 되지 않을 것이다.

힌두들이 가장 불쾌하게 여기는 것은 크리스천들이 힌두의 종교 생활을 우상숭배로 비난하는 것이다. 우리는 그런 일을 여전히 자주 듣고 읽는다.

대부분의 복음주의 교단이 우상숭배를 비난하고 있는 것 같다. 어떤 사람들은 힌두의 감정을 고려해 사탕발림 같은 비난을 하지만 청중은 쉽게 알아차린다. 그러나 우상숭배를 비난하거나 정죄할 필요가 없다. 우리는 단순히 이렇게 말할 수 있다.

"다른 신들을 숭배한 것이 당신의 영적 여행 준비에 도움이 됐습니다. 지금 당신이 진리를 찾기 시작했으니 진리를 알도록 이끄시는 내적 존재에게 훨씬 더 가까이 다가가야 합니다."

이것이 내가 둡(Sri R. A. Dube)과 나눈 것이다. 그는 이틀 간 내가 조용히 성경을 읽는 방법과 명상하고 기도하는 방법을 본 후 자신도 점점 우상숭배를 멈추겠다고 말했다. 그의 반응에 대해 나는 그가 가진 신앙의 모든 부정적인 면을 가리키며 우상숭배를 정죄하는 대신 "좋습니다. 지금까지 내적 존재가 당신을 준비시켰습니다. 당신이 좀 더 앞으로 나아가겠다고 결정했으니 우상숭배를 떠나야 합니다"라고 말해줬다. 이런 반응이 우리가 다음 며칠 간 대화를 하는데 도움을 줬다. 천천히 대화를 하면서 복음을 나누는 좋은 기회를 가졌다.

힌두에게 최초의 복음을 나눌 기회가 있다면 우상숭배를 이야기 하는 않는 것이 가장 좋다. 우리가 힌두교에 대한 모든 것을 알지 않는 상태에서 우상숭배에 대해 이야기 하는 것은 복잡한 문제이며 성경은 우상숭배에 대한 지적이 결국 논쟁과 비난으로 끝날 것이라고 말한다.

  힌두 경전을 읽어본 사람들은 알겠지만, 사실 어떤 종교도 힌두교가 우상숭배를 정죄하는 만큼 우상숭배를 정죄하지 않는다(성경이 우상숭배에 대해 정죄한 것은 제대로 알지 못했던 유대인들을 향한 것이었지 하나님과 언약을 맺지 않은 이방인들에게 한 말이 아니다. 사도 바울이 아테네에서 우상숭배자들에게 얼마나 존경스럽게 말했는지 보라. 행 17장). 우리는 스리마드 바가바땀(Srimad Bhagavatam, 크리슈나 신에 대한 고전)을 포함해 힌두교의 모든 구석구석을 인용할 수 있다.[56]

  단순히 구약 성경에서 몇 개의 구절들을 인용하는 것은 힌두에게 도움이 안 되고 불필요한 불쾌감을 유발시킬지 모른다. 전형적인 힌두에게 있어서 보이지 않는 유일신을 표시하는 모든 '이름과 형식'(namarupa)은 우상들이다. 성경이 예수님을 '하나님의 형상'이라고 말할 때 성경은 형상(icon)이라는 단어를 사용하는데 그것은 어떤 점에서 실제로 예수님이 우상으로 고려될 수 있는 힌두의

---

56 "나는 그들의 자아(내적 통제자)로서 모든 살아있는 것들에 존재한다. 그러므로 우상을 통해 나를 숭배하는 사람은 모든 피조물에 존재하는 나를 존경하는 것이 아니고 예배를 가장해서 최고의 통치자이며 모든 것들에 존재하는 나를 무시하는 것이다. 우리는 어리석게 우상숭배에만 의지하는 사람을 재 속에 버려야 한다"(3.29.21-22; .vol. I, 301). "끊임없이 흐르는 강, 호수 등의 모습에 순결의 기능이 없는 것은 아니다. 그리고 육체의 모습을 한 어떤 신들도 진흙과 돌로 만들어지지 않은 것이 아니다. 그런 것들도 긴 시간을 통해 순결하게 하는 역할을 한다. 반면 경건한 영혼들(sic. 잘못된 인용)은 자신들의 지혜로 그렇게 한다"(10.48.31; vol. II, 1269). Goswani, C. L., *Srimad Bhagavata Mahapurana*, Gorakhpur, Gita Press, 2nd ed., 1982.

개념에 딱 맞는다. 그러나 나는 이 복잡하고 흥미 있는 주제에 대해 아직 적절한 연구를 하지 않았다.[57]

언어로 복음을 전할 때 우리가 토론하고 있는 이 긍정적인 접근을 쉽게 적용할 수 있다. 그러나 힌두와 깊은 관계를 세워 나갈 때 더 복잡한 면을 경험하게 된다. 우리의 접근법은 입으로 하는 소통에만 제한되는 것이 아니라 아주 실제적인 삶과도 관계가 있기 때문이다. 이 실제적인 삶은 우리가 사는 방법뿐 아니라 힌두와의 관계를 맺는 방법도 다룬다.

'울타리 쳐진 기독교' 상황에서 살거나 봉사하는 사람들은 관계를 맺는 것을 고려하지도 않는다. 그런 사람들은 문화적으로 그리고 사회적으로 주류 사회와 단절되었고 오직 까바디(kabaddi) 전도만 고집한다. 그들은 복음을 나누기 위해 힌두들을 울타리 쳐진 기독교 지역으로 데려오거나 신속하게 힌두들과 접촉한 후 힌두들과 관계를 발전시키려는 어떤 시도(도덕적 책임)도 고려하지 않고 자신들의 지역으로 돌아온다. 까바디 전도자들은 다른 사람들을, 특히 힌두들과 관계를 맺는 성육신적 전도 방법을 추구하는 사람들을 쉽게 정죄한다.

까바디 전도자들의 관점에서 '성육신자들'은 아무 가치도 없는 타협주의자 그리고 혼합주의자다. 까바디 태도는 새 신자들이 자신의 원래 환경에 머무는 것을 불가능하게 한다. 그래서 까바디 전도자들은 모든 새 신자를 전임 사역자로 만드는 제자훈련 전략을 추구하고 있다. 그러나 전임 사역은 어떤 문제에도 특히 신자

---

57 이 주제에 대해서는 다스(R. C. Das)에 대해 제안하는 리차드의 견해를 보라. Richard, op. cit., 131.

들이 자신의 환경 속에서 예수님의 증인으로 살면서 마주치는 문제에 대한 해결책을 제시하지 못한다.[58]

성육신적 사역을 추구하고 빨간 점 같은 단순한 문제들을 초월해서 사역하는 사람들(선교사들과 힌두 예슈 박따)은 복음 소통을 위해 힌두 의식(samskaras)을 다루며 보통 정신적 그리고 영적으로 많은 긴장감을 느낀다.

예수님의 제자가 가족과 친구들 가운데 행해지는 사회 종교적 의식에 어느 정도로까지 참여할 수 있을까?

새 신자가 예수님을 믿지 않는 부모님이 중매한 불신자와 결혼할 수 있을까?

새 신자는 자신의 아버지가 돌아가셨을 때 마지막 의식을 해야 하는 책임을 이행해야 할까?

무수한 힌두 축제와 우상 앞에 놓였던 쁘라싸드(힌두 종교의식에 사용되는 과자 종류)를 이웃이 가져왔을 때 어떻게 하는 것이 적절한 반응일까?

---

58 이 문제에 대해서는 다음의 내 논문에 깊이 있는 견해를 실었다. "The Menace of Full Time Ministry," *To All Men All Things*, vol. 4, no. 1994.12. 자비량의 타당성에 대해서는 로버트 슈미트(Robert Schmidt) 박사가 말한다. "지역에서 교육 받은 '이중 직업 목사들'이 미국과 다른 지역의 민족 공동체에서 뛰어난 사역을 하고 있다. 이 사람들은 수입을 얻기 위해 세속 세계에서 일하면서 기회가 있을 때 교회에서도 일한다. 그들이 갖고 있는 아주 명백한 장점은, 민족 공동체의 언어, 관습, 그리고 전통을 알고 있는 사람들을 교육시킬 수 있다는 것이다. 그런 목사들은 복음을 공동체 사람들의 문화에 연관시킬 수 있을 뿐 아니라 공동체 사람들과 매일 직장 경험을 나누면서 신뢰를 얻는다("Explanations to the Ninety-Five Theses on Church Control," 29). 무엇보다도 사역 훈련을 받고 월급을 받는 지도자들은 자신들의 교육과 훈련으로 인해 자신들의 교회 구성원들의 문화와 너무 자주 분리된다고 말한다. 그리고 이 점에 대해서 좀 더 설명한다. '많은 목사들과 사역자들의 삶을 보면 이런 상황이 사실이라는 것을 알 수 있다. 평신도들이 목회자들에게 도움을 요청하러 오는 경우가 거의 없다. 왜냐하면 그들은 목회자들이 평신도들의 삶과 문제를 이해할 수 있다고 믿지 않기 때문이다 ….'" Ibid., 31.

우리는 이런 중요한 문제들을 잠깐 다룰 필요가 있다.

힌두 의식과 관련된 모든 것들을 피하고 거부하는 것을 믿음을 위해 지불해야 하는 대가라고 여기는 것은 상황을 너무 단순화시킨 대답이다. 그것은 근시안적인 견해다.

내 믿음을 위해서는 어떤 대가라도 치를 준비를 해야겠지만 내가 예수님의 증인으로 보여야 할 대상 즉 가족 구성원들에게 불필요하게 일어나는 문제들은 어떻게 해야 할까?

울타리 쳐진 기독교 출신의 사람들과 상류 카스트가 아닌 사람들은 아마도 이 문제를 이해하지 못할 것이다. 내가 S. 크리스토퍼 꾸마르(크리스토퍼는 크리스천들이 나에게 지어준 이름)로 되어 있는 편지 한 통을 받았을 때 내 부모님이 몇 번이나 문제에 부딪혔다. 그들은 다른 브라민들한테서 놀림 당하고 농담의 대상이 되었고 결국 거주지를 옮기라고 강요받았다.

나는 어떤 크리스천들이 뛰면서 "형제님은 예수님의 증인이 되었다. 주님을 찬양하라"고 외쳤을 것이라는 것을 안다. 그러나 그것은 증인이 아니다. 복음을 다른 사람에게도 나눌 수 있는 기회를 주지 않았기 때문이다. 께샤브 미슈라(Keshav Mishra)가 믿음으로 인해 가족으로부터 파문당한 것으로 인해 그의 아버지와 형제의 마음에 생긴 문제와 긴장감처럼 말이다.

이것은 매우 복잡하다. 께샤브는 예수님에 대한 확신과 믿음 때문에 고통을 당하고 있지만 그의 가족 구성원들은 예수님이 아니라 께샤브를 향한 지지와 사랑(또한 명예 문제도 관련됨) 때문에 고통을 당하고 있다.

3) 쁘라싸드(Prasad, 힌두 종교의식에 사용되는 과자 종류)

성경의 기본 원칙을 찾으면서 어떻게 초대교회가 이런 문제들을 다뤘는지 보자. 성경에서 우리가 자주 발견하는 것은 명령보다 제안이다. 고정되고 명확한 정책들을 만드는 것은 우리가 할 일이 아니다. 한 중요한 문제를 사례로 다룬다.

크리스천이 우상에게 바쳐진 쁘라싸드(힌두 종교의식에 사용되는 과자 종류)를 받을 수 있을까?

까바디(kabaddi) 전도자들은 명확한 사역 방향을 가지고 '아니다'라고 말한다. '성육신적인' 접근법을 사용하는 전임 사역자들도 확고한 결정을 내리기 위해 보통 예의 바르고 긍정적으로 '아니다'라고 말한다.

그러나 자신의 집에서 살면서 예수님의 증인이 되어야 하는 사람들은 어떨까?

우리가 단순히 고린도전서 10장에 기초해 보통의 해결책을 준다면 이 문제와 성경에 대한 이해 부족을 드러내는 것이다. 성경을 주의 깊게 읽는 사람은 사도 바울이 별개의 공동체의 문제들을 다루는 내용의 편지를 쓸 때 예수님에 대한 말씀을 전혀 인용하지 않았다는 것을 발견할 것이다.

다른 말로 말하면, 그는 특정한 문제에 대한 '유일한' 해결책으로 예수님을 전혀 인용하지 않았고 예수님이나 구약 성경을 거의 인용하지도 않았다(내가 약간 극단적으로 말한다면 사도 바울은 복음주의 교단들이 사용하는 '성경적'이라는 면에서 성경적이 아니었다. 그는 지역 문제들에 대한 해결책을 찾기 위해 좋은 가르침에서 얻은 통찰력, 이성, 본능, 그리고 하나님께서 주신 성령을 사용했다. 단순히 구약 성경이나 그 당시 존재했던 교회 구전 전통을 언급하는 대신 말이다. 그래서 '성경적'인 어떤 주장은 '비성경적'이 된다).

우리의 오늘날의 문제와 초대교회의 문제는 아마도 하나거나 같을지 모른다. 그러나 당시 사례를 보면 문제가 생긴 사회 상황은 아주 달랐다. 그런 역사적 상황을 부인하고 그런 해결책을 오늘날의 상황에 적용하는 것은 유효하지도 않고 도움이 되지도 않을 것이다. 사도 바울과 다른 사람들이 문제를 다룬 마음가짐은 그들이 실제로 준 해결책보다 훨씬 더 중요했다.

나아만 장군의 사례에서(왕하 5장), 엘리사가 준 해결책은 그가 준 마음가짐만큼 중요하지 않았다. 그는 나아만 장군의 문제를 이해했기 때문에 "평안히 가라"고 말했다. 사도 바울의 사례에서, 그는 신자의 영적인 삶에 가장 관심이 많았지만 동시에 신자가 사회적 관계에서 인내할 수 있는 것 이상의 문제를 주길 원하지 않았다(고전 5:9-11).[59]

우상들에게 바쳐진 쁘라사드의 문제를 자세히 다루기 위해 우리는 우상숭배가 항상 하나님께 반역하는 죄임에도 불구하고 힌두교와 그리스 세계 사이의 우상숭배의 종교적 상황이 다르다는 것을 인식해야 한다. 그리스 전통에는 오늘날의 힌두 전통에 있는 쁘라싸드와 비교할 수 있는 것이 없는 것처럼 보인다.

---

59 브라민 출신이자 예슈 박따인 자나끼(Janaki)는 결혼 후 남편이 신전에 가라고 해서 신전에 갔다. 그녀의 종교를 알고 있는 어머니와 집 주인이 "신전에서 누구한테 기도했냐?"고 물었고, "예수님"이라고 대답했다. 그녀는 남편이 그녀에게 신전에 가라고 했을 때 순종했고 질문 받았을 때 자신의 신앙을 숨기지 않는 확신을 가졌다. 우리는 그녀에게 "평안히 가라"고 해야 한다.

힌두가 어떤 사람 특히 비(非)힌두에게 쁘라싸드를 제공할 때 힌두는 무슨 생각을 할까?

그의 동기가 무엇인가?

보통 크리스천들은 즉시 거절하고 싶어 하고 또한 상황이 허락되면 자신의 행동을 설명한다.

그러나 우리는 왜 힌두가 쁘라싸드를 우리에게 주는지 물어 봤는가?

전형적인 힌두에게 있어서 쁘라싸드는 유일신(하나님)의 은혜를 의미하고 그가 쁘라싸드를 받을 때 그는 다른 사람과 나눠 먹어야 하는 도덕적 의무를 가진다. 그는 쁘라싸드를 보관하거나 혼자서 먹으면서 하나님의 은혜를 맛볼 수 없다. 그리고 그가 쁘라싸드를 나누는 그의 목적은 다른 사람들 특히 비힌두들을 개종시키려는 것이 아니다. 그리고 다른 사람들이 힌두 신앙과 타협하도록 갈등을 일으키고 즐기기 위함도 아니다.

그는 쁘라싸드를 나눌 때 다른 사람의 믿음에 대해서 묻지도 않을 것이다. 그러나 우리 크리스천들은 변함없이 개종시키려고 하는 시도, 즉 종교적 행동과 관련짓는 우리의 의식 때문에 거절한다.

크리스천들은 복음을 나눌 때 다른 사람을 기독교로 개종시키려는 동기를 품는다. 크리스천들은 자신들의 종교적 편견과 복잡한 감정이 가득 찬, 좁은 관점의 프리즘(prism)으로 다른 종교를 가진 이웃들을 본다. 그래서 한 힌두가 다른 사람들을 개종시키려는 동기 없이 와서 쁘라싸드를 나누려고 할 때 크리스천들은 죄의식 때문에 거절한다.

그러나 힌두의 의식(conscience)은 아주 깨끗하다. 그의 목적은 상대방을 개종시키려는 것이 아니라 유일신(하나님)의 은혜만을 나누고자 하는 것이다. 당신이 힌두가 되고 싶어 할지라도 그는 당신이 힌두가 되기를 원하지도 않고 당신이 힌두가 되는 것도 허락하지 않는다. 왜냐하면 오직 힌두로 '태어난' 사람만 힌두가 될 수 있기 때문이다. 그러므로 당신은 절대 힌두가 '될 수' 없다.

그래서 이것을 이해하면 힌두가 어떤 종류의 쁘라싸드를 당신에게 제공해도 거절할 이유가 없다. 받은 후에는 적절한 관계가 형성되고, 만약 당신의 종교적인 확신 때문에 당신이 실제로 우상에게 바쳐진 쁘라싸드를 받아들이는 것에 반대한다면 겸손과 사랑으로 그에게 설명할 수 있다. 그리고 당신은 힌두에게 당신이 신에게 바쳐진 쁘라싸드라고 생각해서 받은 것이 아니라 힌두 친구의 사랑 때문에 받았다고 명확하게 밝힐 수 있다. 이런 긍정적인 방법으로 이 문제에 접근하면 그 힌두는 더 이상 쁘라싸드를 가져오지 않을 것이다. 왜냐하면 힌두는 비힌두보다 더 다른 종교의 감정을 존중하기 때문이다.

사도 바울은 우상에게 바쳐진 음식 문제를 다루는 상황(고전 10장)에서 쁘라싸드를 받을지 말지를 결정하는 기준은 양쪽의 의식이라고 명확하게 말한다. 그러나 여기서 제공자의 의식이 상대방을 개종시키려고 주는 것인지 아닌지는 명확하게 정의되지 않았다. 게다가 이미 예수님을 믿는 이웃에게 우상의 쁘라싸드를 제공한 이면에 어떤 그리스 이교도의 '의식'(conscience)이 있었는지 예측하기가 아주 어렵다.

어쨌거나 여기 인도에서 우리는 힌두 이웃의 마음 또는 의식을 명확하게 알고 있다. 쁘라싸드를 받거나 거절하는 것은 주님께 헌신하는 것과 같이 우리의 의식에 달렸다. 그런 쁘라싸드를 받아들임으로써 크리스천들이 자신의 믿음이 썩거나 자신의 헌신이 방해받았다고 느끼거나 심지어 어떤 힘에 대한 두려움에 직면하게 되었다면 그는 완전히 거절할 수 있다. 그러나 나는 예슈 박따로서의 지난 20년 동안 어떤 문제에 부딪혀본 적도, 내가 힌두 이웃에게 영적으로 졌다고 느껴본 적도 없다.

그러나 우리의 약한 형제의 의식에 대한 질문이 항상 제기된다. 그러나 신약 성경과 오늘날의 상황이 다르다는 것을 다시 완전히 설명해야 한다. 내 추측으로 신약 성경에 나오는 약한 형제는 우상숭배와 예수님을 향한 제자도를 혼합했을 것이다.

그러나 오늘날의 문제는 '약한 형제'가 바로 크리스천이라는 것이다. 크리스천은 쁘라싸드를 받는 것을 자신의 믿음과 타협한다고 보고 불쾌하게 여긴다. 성경적인 의미에서 그런 사람은 우상숭배에 대해 전혀 유혹받지 않을 사람이므로 우리는 그가 넘어지도록 만들 수 있다고 두려워할 필요가 없다. 그는 이런 점에 대해 더 이해하는 것이 필요하고 우리는 그가 다른 사람들과의 관계를 세우는 것을 막기보다 주님을 향한 그의 믿음과 헌신을 강하게 해서 그가 다른 사람을 만날 수 있도록 해야 한다.

그가 얼마동안 약하게 남아 있어야 하는가?

그를 가르쳐 강하게 하라.

그러나 그가 이 분야에 대해 배우려고 하지 않는다면 그를 그냥 놔둬라.

어떤 사람이 이것을 혼합주의라고 부른다면, 우리는 사도 바울이 유대인들과 관계를 맺을 때 혼합주의자였다고 말해야 한다. 사도행전 15장에 나오는 공의회 앞에서 사도 바울 자신이 제기한 문제에 만장일치 결정을 내린 것에 대한 총체적인 부인으로 보이는 사도행전 16:3과 사도행전 18:18을 놔두고 사도행전 21:21-26을 보라.

사도 바울이 여기서 했던 것은 우리가 인도 사람들에게 하는 것이다. 여기서 사도 바울의 목적은 유대인 출신 크리스천들을 설득하기 위한 것이 아니라 예수님을 믿지 않는 유대인들에게 복음을 전하기 위함이다. 그가 얼마나 성공적이었는가는 우리가 질문하는 것이 아니다. 그러나 우리가 여기서 보는 것은 그가 자신의 민족과 관계를 맺는 마음이다. 사도 바울이 유대인으로서 한 것은 우리가 힌두로서 하는 것이다. 그가 인도에 있었다면 그는 유대인에게 하던 식으로 인도 문화에 적절하게 했을 것이다. 비슷하게 그는 다른 문제를 다룰 때 이방인들이 유대인이 되는 것을 절대 허락하지도, 유대인이 유대인으로 남아 있는 것을 막지도 않았다.

우상숭배는 하나님께 반역하는 죄다. 그러나 우리의 태도와 접근법은 긍정적이어야 한다. 단순한 비난이 논쟁에서 이기는데 도움이 될지 모르지만 상대방의 마음을 얻는 데는 도움이 되지 않는다. 특히 우리는 자신들의 집에서 살아야 하는 새 신자들 그리고 '전업 주부'의 일에서 빠져 나올 수 없는 여자들이 집에서 예수님의 증인이 되도록 격려해야 한다. 우리는 바리새인(죄보다 희생자를 처벌하려고 했던)이 간음으로 붙잡힌 여자에게 했던 것보다 오히려 엘리사가 나아만에게 했던 태도를 가져야 한다(요 8:3-11).

특정한 종교 의식에 참여하는 것을 막기 위해서 새 신자들을 그들의 환경에서 빼내어 '기독교' 환경에 이식하는 조급한 결정은 복음을 나누는 문을 영원히 닫을 수 있다. 그렇게 이식된 새 신자는 기존 신자들(맥 빠진 교제 속에 있는)로부터 처음에 도덕적 지지, 사랑, 돌봄과 관심을 받지만 장기적인 면에서는 기존 신자들의 심리에 감염된다.

기존 신자들은 어떤 관심의 양으로도 새 신자가 자신의 고향 사람들을 만나고자 하는 간절함을 채울 수 없다. 내 형은 20년간 나에게 말도 걸지 않았다. 다른 사람들은 내가 크리스천이 되어 집에서 도망쳐 나갔을 때의 감정적인 상태를 이해할 수 없다. 특히 모든 힌두 출신 크리스천들이 아무리 현대적(또는 서양식)인 생활을 영위한다 할지라도 문화 정체성의 결핍과 공동체 관계의 결핍은 무의식적인 문제와 말로 표현할 수 없는 심리적인 문제를 일으킬 수밖에 없다.

4) 결혼

"너의 아버지와 어머니를 존경하라"는 약속이 있는 첫 계명이다(엡 6:2).

우리 크리스천들은 결혼과 장례식 문제로 부모님과 갈등이 생길 때 예수님에게 충성하면서 그 계명을 따를 수 있는가?

외부인은 아무리 영적으로 깊은 통찰력을 가졌다 해도 그런 질문에 대해 자기 맘대로 최종적인 결정을 할 권리를 절대 가지고 있지 않다. 그는 안내하고, 기도하고, 지지하고 격려해 줄 수 있지만 결정할 권리는 없다(롬 14:4). 모든 개인은 각각의 독립된 존재이므로 우리는 서로를 존중해야 한다.

아무리 신자들이 공동 예배와 증인으로서의 삶을 강조할지라도 그들은 힌두 공동체에 참견할 권리를 가지고 있지 않다. 주류 사회에서 떨어져 나온 크리스천은 단단한 힌두 공동체의 삶을 이해할 수 없다('단단한' 공동체를 언급할 때 몇 개의 '단단한' 공동체 규칙을 갖고 있는 기독교 카스트 공동체와 교단 중심의 교회 공동체들이 결코 낫다고 볼 수 없다).

특히 서양식 크리스천들은 문화적, 사회적, 그리고 종교적인 면들이 서로 섞인 힌두 공동체의 진짜 구조를 이해하지 못한다. 단순히 특정 문화적 또는 사회적 행동을 종교적인 것으로 정의하는 것은 이 문제에 대해 우리가 제대로 이해하지 못하고 있다는 것만 드러낼 뿐이다.

사도 바울이 신자와 불신자 사이의 결혼과 이혼 문제를 다루고 있었던 것을 주목하라. 그는 예수님의 가르침이나 구약 성경에서 직접 인용하지 않고 이방인의 특별한 상황을 다뤘다. 우리도 그의 본을 따라야 한다. 각각의 상황에서 우리는 기본 진리를 없애거나 부정하지 않고 성경에 원리에 의거한 해석을 하는 것이 필요하다. 우리는 각각의 개인과 상황을 각각 다뤄야 하므로 하나의 어떤 영구적인 해결책을 줄 수 없다.

우리는 먼저 주어진 상황에서 문제들을 다루면서 성령님께 도움을 요청해야 한다. 엄격한 규칙이 아니라 이해와 동정하는 마음을 가져야 이 모든 문제들을 해결할 수 있는 길을 찾을 수 있다.

하나님께서 우리 모두에게 마태복음(11:28-30; 12:19-20)에 쓰여 있는 예수님의 똑같은 '영'을 부어주시길 기도한다.

인도에서 결혼은 소년이나 소녀의 권리가 아니라 부모들의 사회적 책임이다. 이것은 부족 출신 크리스천과 남인도 출신 크리스천에게도 해당된다. 교육 받은 사람들 가운데서도 연애결혼, 특히 다른 카스트와의 연애결혼은 가족의 명예에 영향을 끼치기 때문에 아무도 장려하지 않는다. 자신의 배우자를 직접 선택하는 자녀는 자신의 문화에 대해 아무런 생각이 없는 것이고 성경을 명확하게 모독하는, 즉 부모를 기쁘게 하지 않는 것이다.

중매결혼 제도가 완전한 것은 아니지만 확실히 성경의 진리를 위반하는 것이 아니고 자녀들에게 부모를 존중하고 순종하게 하는 기회를 준다. 그래서 신자의 부모가 불신자와의 중매를 주선하면 신자는 순종해야 한다.

고린도후서 6:14-15을 인용하는 것은 여기서 유용하지 않다. 고린도후서의 전체에서 사도 바울은 어디서도 결혼문제를 다루지 않으므로 그 구절들을 이 문제에 바로 적용할 수 없다. '멍에'라는 단어를 택해서 결혼을 강요하는 것은 잘못된 해석이다. 결혼에 대한 사도 바울의 직접적인 가르침은 고린도전서 7장이다. 과부의 결혼에 대한 사도 바울의 가르침은 '믿는 자'와 해야 한다는 것이다. 왜냐하면 과부가 되는 것은 그녀가 자유로운 상태고 더 이상 부모님의 직접 통제 아래 있지 않다는 것이다. 그래서 그녀는 주님을 믿는 남편을 선택해야 한다. 반면에 부모와 함께 살고 있는 소년과 소녀의 경우에는 부모에게 순종하는 것이 필수적이다.

우리는 하나님이 모든 것을 통제할 수 있는 분이라는 것을 알고 있는가?

그리고 우리에겐 하나님이 돌봄이 필요한 자녀를 위해 부모를 다스릴 수 있다는 것을 아는 믿음이 없는가?

우리는 하나님을 신뢰하고 부모에게 순종해서 적당한 배우자들을 만난 신자들의 삶에서 몇 가지 사례를 볼 수 있다. 그들은 복 받은 사람들이다. 물론 개인이 선택권을 가지고 있다면 '주님 안에서' 결혼해야 한다.

믿지 않는 배우자가 믿는 배우자의 믿음을 후퇴하게 만들 것이라는 일반적인 말은 이런 주제를 빈약하게 이해하는 것이다.

믿는 배우자의 믿음이 어떤 상태인지 확인해야 하지 않을까?

왜 믿는 배우자는 예수님을 위한 증인이 되려고 하는 마음으로 인해 영적으로 다른 사람들을 이길 수 없는가?

인도에서 결혼은 중대한 문제다. 부모에게 불순종하는 것은 그 가족 안에 복음의 문을 영원히 닫을 수도 있다. 전임 사역을 하는 남자 신자들의 대부분은 크리스천 여자와 결혼할 수 있을 것이다 (라메쉬는 새 신자였다. 그의 부모의 첫 번째 걱정거리가 명확히 드러난 때는, 그 부모가 라메쉬에게 절대 '멍청한 크리스천 여자'와 결혼하지 않겠다고 내 앞에서 약속하라고 요구했을 때이다).

그러나 전임사역이라는 명목 아래 집에서 도망갈 수 없는 여자들은 어떻게 할 것인가?

게다가 단지 남편 또는 아내의 배우자가 신자라서 남편 또는 아내가 예수님을 믿을 것이라는 보장이 없다. 배우자는 제한적인 정도까지만 상대방의 성장을 돕거나 방해할 수 있다. 결과적으로 믿음은 배우자보다 개인적인 확신에 달려있다. 당신이 구약 성경의 솔로몬 왕을 인용하면서 아내들 때문에 한 남편이 믿음에서 타락한 것을 언급한다면 나는 예수님을 믿는 남편 또는 아내가 배우자를 이긴 사례를 많이 줄 수 있다. 하나님을 믿는 배우자와 결혼했지만 부모에게 불순종해서 부모가 예수님께 나아오는데 걸림돌을 만드는 것보다 부모가 소개해 준 불신자와 결혼하는 것이 낫다.

인도에서 결혼은 개인 문제라기보다는 사회 그리고 가족 문제다. 힌두자스(Hindujas)와 같은 부유한 가족의 사례에서도 결혼의 중대함을 볼 수 있다. 가족 모두가 아들의 결혼에 반대했다. 그리고 그들은 아들이 자살할 때까지 아들을 쫓아다니며 결혼을 막으려고 했다.

부모가 동의한 후 신자와 중매결혼을 할 수 있다면 그것이 선택할 수 있는 가장 좋은 것이다. 그러나 또 한 가지 질문이 있다.

결혼을 교회 건물 안에서 하는 것이 필수적인가?

특별히 새 신자에게 서양 옷, 악단, 케이크, 그리고 신부의 면사포가 왜 필요한가?

교회 안에서 거행되는 크리스쳔 결혼식도 정말 '세속적' 결혼이다. 예를 들어 세속 정부에서 결혼 집행 권한을 부여 받지 않은 목사는 결혼을 주례할 수 없다. 반면에 힌두 사회에서는 친척과 친구들이 결혼에 증인이 된다면 종교적 결혼 의식이 없어도 합법적이다.

북인도 깐뿌르(Kanpur) 출신의 S. P. 싱(Singh)의 경우 부모의 허락을 받아 크리스쳔 여성과 결혼을 했다. 그는 부모의 명예를 살려주기 위해 교회 밖에서 힌두 전통(부모의 발에 손을 대고, 화환을 교환하고 결혼 표시로 신두르를 찍는 등)에 따라 결혼식을 거행했다. 그런 행동이 부모에게 예수님의 증인의 모습을 보이는데 도움을 주고 있다. 최근에 한 CSI(남인도교회) 교단의 한 목사는 옷, 장식, 음악 등 정확히 남인도 방식으로 첸나이에 있는 성 조지 천주교회에서 결혼을 집행했다. 아난다비까단(타밀 주간지)의 리포터가 신랑의 집에서 그 이유에 대해 사람들에게 물었다. 그는 이렇게 답변했다.

"우리는 철저한 크리스천이지만 우리는 또한 타밀 사람이어서 우리 전통식으로 결혼을 거행하고자 했습니다. 이 결혼식을 위해 우리는 옛 영국식 전통을 없애고 타밀 전통을 찾아 사용했습니다."

신랑 스리 쁘렘(Prem)은 신학교 졸업생이고 신부의 아버지는 목사라는 점이 놀랍다. 인도에 있는 다른 크리스천들도 같은 비전을 품기를 바란다.

쑤브라마니안 라만(Subramanian, 최고의 탁구 선수이자 아르주나상 우승자[브라민 출신])과 그의 아내 부바나(Bhuvana, 국내에서 인정받는 탁구 선구[브라민 출신])는 혼란스러웠다. 어떤 크리스천들이 그들이 교회 안에서 결혼을 하지 않으면 가족에게 주님의 증인의 모습을 보이지 못하는 것이라고 주장했기 때문이다.

그러나 한 친구와 나는 두 사람을 만나 문제를 깨끗하게 해결했다. 결국 그들은 가족 전통에 따라 결혼하기로 동의했다. 내가 성경 구절(산스크리트어로 된)을 사용하며 하나의 작은 의식(라만이 실을 몸에 걸치는)을 집행했다. 두 가족은 모두 친척과 공동체 앞에서 자신들의 명예가 지켜진 것으로 인해 행복해했다. 그리고 또한 딸의 결혼을 승낙할 수 있는 아버지의 권리가 지켜진 것에도 행복해했다.

지금 그 부부는 부모와 친척들과 좋은 관계를 유지하고 있다. 그리고 전통 결혼식과 같은 의미 있는 방법으로 부모와 신앙에 대한 대화를 나눌 기회들을 얻었다. 흥미롭게도 그 양가 부모는 신랑과 신부가 크리스천이라는 것을 알고 있어서 부부의 종교를 고려해 결혼 의식을 짧게 거행했다.

결혼에 대한 부모의 주된 관심사는 사회적 의무와 관련이 있다. 결혼을 추진하는 것은 사회적 의무로서 부모들의 권리이자 의무이고 교회 안에서 결혼을 거행하는 것은 부모들의 의무를 빼앗는 것이라고 생각한다. 그들은 자신들의 자녀들의 종교에 대해서는 문제를 삼지 않았지만 단지 교회 안에서의 결혼식에 반대했다. 왜냐하면 교회 결혼식은 공동체 밖의 결혼식이자 서양식으로 간주되기 때문이다.

나는 개인적인 대화에서 몇몇 신자들이 결혼의 실상에 대해 알고 있다는 발견했다. 즉 남편과 아내 둘 다가 관계에 기초해 결혼 생활을 이끌어 가지 않는다면 신앙이 결혼에 많이 도움이 되지 않는다는 것이다.

물론 신자의 삶에 신앙이 서로 협력하는데 도움이 되겠지만 결혼은 신앙뿐 아니라 상호적인 헌신, 사랑, 그리고 존경에 기초해서 지속되는 것이다. 그래서 신앙이 있음에도 불구하고 몇몇 크리스천들은 이혼했다. 무엇보다도 '믿음'만이 신자의 결혼에 유일한 기준이라면 전통 크리스천들의 대부분의 결혼식은 비성경적이다. 왜냐하면 대부분의 상황에서 크리스천들은 믿음보다 자신들의 편리함(카스트 등)을 따지면서 결혼하기 때문이다.

크리스천 결혼에 있어서 잘 알려진 A, B, C, D는 다음과 같다.

① A는 능력(ability).
② B는 외모(beauty).
③ C는 카스트(caste).
④ D는 신부 지참금(dowry).
⑤ E는 교육 수준(education).
⑥ F는 가족(family).
⑦ G는 하나님(God. 종종 '거듭난 신자'의 믿음이 아니라 단순히 교회 다니는 것으로 충분함)

물론 하나의 실수로 다른 사람의 실수를 판단할 수 없지만 다른 사람의 눈에서 '티'를 제거하려고 시도하기 전에 우리 자신의 눈 안에 있는 '들보'를 제거해야 한다(마 7:5).

우리는 힌두 문화 속에서 예수님의 증인으로 사는 예슈 박따의 결혼을 판단하는 대신 그들의 어려운 입장을 받아들이면서 그들의 상황을 제대로 이해해야 한다.

5) 장례식

힌두 공동체에서 사람은 정말 이유가 있는 경우 결혼식에 참석하지 않을 수 있지만 가까운 관계에 있는 사람의 장례식에는 절대 빠질 수 없다. 특히 아들이 아버지에 대한 마지막 권리를 행하지 않으면 그는 가족과 공동체에서 쫓겨날 뿐 아니라 아버지의 재산을 상속할 수 없다. 이것이 문제가 되고 있다. 장례식 문제로 모든 '크리스천'이 선조의 재산을 잃을 이중의 위험에 처해 있다.

첫째, 그의 '개종' 때문이다.

둘째, 아버지를 위한 마지막 의식(rites)을 하지 않은 것 때문이다.

다른 의식과 마찬가지로 성경은 신자가 자신의 아버지를 위한 마지막 의식에 참여하는 것에 대해서 침묵하고 있다. 장례 의식 문제로 고민하는 '신자'의 상황에 처해보지 않은 신자들은 다른 신자가 장례 의식에 참석하는 것을 막아서는 안 된다. 하나님이 그의 믿음을 위해 그의 손실을 보상할 것이라고 말하면서 말이다. 예수님과 복음을 위해 거부당한 사람은 이 땅에서 아버지, 어머니, 형제와 자매를, 내세에서 영원한 삶을 얻을 것이라는 것은 사실이다.

그러나 여기서 상황은 다르다. 비슷하게 한 '신자'가 신앙 때문에 자신의 가족과 공동체에서 쫓겨나면 그는 모든 종류의 마지막 의식을 할 수 있는 기회를 상실한다. 그러나 우리의 목표는 가족과 공동체 안에 머물면서 예수님을 증언하는 예슈 박따로 사는 것이다. 그래서 결혼 전통과 쁘라싸드를 받는 것에 대해 우리가 말한 모든 것도 수용할 수 있다. 단지 재산 때문에 예수님의 제자가 장례의 마지막 의식을 행할 수는 없다. 그러나 효도와 무엇보다도 복음을 위해 그는 한층 더 노력해야 한다.

가족과 공동체에서 예수님의 증인으로서 살고 있는 예슈 박따의 아버지가 돌아가신 상황을 상상해 보라.

그는 독자로서 마지막 의식을 행해야 한다.

그 의식을 거부하는 아들에 대해서 그의 어머니, 형제들, 그리고 친척들은 그의 신앙을 어떻게 볼까?

그들 모두는 예수님을 따르는 것은 불효를 의미할 뿐 아니라 아버지의 권리(그의 아버지는 그의 아들한테서 마지막 의식을 받을 권리를 가지고 있다)까지 빼앗는 것이라고 생각한다. 아들은 뿟(Put)이라 불리는 지옥에서 아버지를 구하기 때문에 뿌뜨라(putra)라고 불린다.[60] 예수님을 믿는 사람은 이것을 믿지 않을지 모르지만 그의 친척들의 세계관에서 이것을 제거할 수는 없다.

친척들 중에 몇 명이 이것을 믿을지 모르지만 여전히 생각해야 할 질문이다. 아무리 신앙과 교리에 대해 설명을 해도 어머니와 친척들을 설득할 수 없을 것이다. 애도의 시간은 신학적 토론을 할 적절한 시간이 아니다. 그는 복음을 위해서 아버지를 위한 마지막 의식을 집행해야 한다.

힌두 장례식에 셀 수 없이 많은 의식들이 거행된다. 그러나 대부분은 의식 전문 제사장이 집전한다. 의식은 힌두 신학적인 의미가 거의 없고 제사장이 일반 사람들이 무슨 내용인지 보통 알 수 없는 산스크리트어로 기도문을 읊조린다. 우리의 신앙을 타협해야 하는 예배나 가르침이 아니므로 참석한다 해도 아무런 문제가 없다. 장례의식은 사회 행사이므로 제대로 참여하지 않으면 신학적인 확신을 소통하기는커녕 오히려 사회 전쟁을 야기 시킨다.

뒤따르는 애도 기간은 성경적 확신을 이교도의 신앙과 타협하

---

60 아들은 자신의 아버지를(선조들에게 봉헌함으로써) 뿟(Put)이라 불리는 지옥에서 구해야 한다. 그래서 아들이 뿌뜨라(putra)라고 불린다. Wendy Doniger O'Flaherty, *The Origins of Evil in Hindu Mythology*, UCLA Press, 1976, Paperback ed., 1980, 325.

는 것이 절대 아니다. 친척이 죽었을 때 머리를 깎거나 흰 옷을 입는 것은 애도의 표시지 신이나 철학과 아무런 관련이 없다. 그래서 모든 크리스천들은 친척들 특히 부모님을 위한 애도 기간에 참석해도 된다.

일부 복음주의 크리스천들은 쁘라싸드, 결혼, 그리고 장례식과 관련한 많은 것들을 격렬하게 비난하고 있다. 어떤 사람은 심지어 내가 기독교 내의 새로운 이단을 증진시키는 사람이고 내가 말하는 것이 단지 이교 신앙일 뿐이라고 말한다. 한 사람은 내가 주장하는 것을 '기독교-이교 신앙'일 뿐이라고 폄하했다. 그래서 내가 그에게 말했다.

"기독교-이교 신앙은 예수님 중심이기 때문에 당신이 갖고 있는 '서양-이교 신앙'을 가지는 것보다 낫다."

나는 이교도가 되어 주님을 사랑하는 것이 맹목적인 바리새인이 되는 것보다 낫다고 생각한다. 알렌(Allen)이 잘 묘사했듯이 새 신자들이 자기 민족의 방법으로 충실하게 성숙해지고 있는 동안 교단 교회들은 모든 종류의 이교 신앙을 만들어내는데 바빴다.

> 초대교회의 엄청난 이교 신앙들은, 알려지지 않은 선교사들이 아니라 가장 오래된 교회들과 주위의 이교도들에게 복음을 잘 전파하지 않았던 크리스천들이 급속하게 퍼트렸다. 교리를 위협한 것은 변두리에 살았던 문맹의 신자들이 아니라 에베소서와 알렉산드리아 같은 곳, 그리고 가장 교육을 많이 받고 철학적 사고를 한 크리스천들이었다. 그들의 눈에는 정

통 교리를 유지하려고 했던 교회가 거슬렸을 것이다.[61]

6) 새 이름

> 그러므로 누구든지 예수님 안에 있으면 그는 새로운 피조물이라 옛 것은 지나갔고 새 것이 왔도다!(고후 5:17)

인도에서 새 신자들이 예수님을 믿을 때 다가오는 첫 번째 문제는 기존 신자들이 지어주는 새로운 이름이다. 심지어 새 이름을 줄 때조차도 그들은 이상한 이름 즉 유럽, 그리스, 히브리어 이름들을 줘서 대부분의 새 신자들 특히 교육 받지 못한 사람들은 자신의 새 이름을 기억하느라 힘겨워해야 한다. 이것은 성경적으로나 실천적으로 변호할 수 없는 기독교 바리새주의의 측면이다.

'월슨'이라는 새 이름을 가진 신자이자 선교사(인도 사람)는 다른 신들의 이름을 부르고 싶지 않아서 그의 이름을 끄리슈나(Krishna)에서 로버트(Robert)로 바꿨다. 내가 '월슨'과 '로버트'의 뜻이 뭐냐고 물었을 때 그는 모른다고 대답했다. 그래서 나는 디도(Titus. A.D. 70년 예루살렘 신전을 파괴했던 로마 장군의 이름이기도 함), 디모데(Timothy), 누가(Luke), 리디아(Lydia) 등 성경에 있는 '이방' 이름으로 그의 관심을 끌었다. 사도 바울은 절대 그가 개종시킨 사람들의 이름을 바꾸지 않았다.

그리고 누가 알겠는가, 우리가 유럽과 그리스 이름의 기원을 추

---

61 Roland Allen, *The Spontaneous Expansion of the Church and the Causes which Hinder it*, WS Publishers, 1997, 48.

적하면 신약 성경에 나오는 위대한 설교자 아폴로(Apollos)처럼 그 나라에 있었던 '이방' 신들의 이름들이 있을지도 모른다. 어떤 크리스천들이 자신들의 딸들에게 지어주는 '성경적인' 이름인 아세나트(Ashnath)는 실제로 완전히 이교도의 이름이다. 아세나트는 '그녀는 니트(Neith, 이집트의 여신)에 속한다'는 뜻이다.[62]

사울이 바울이 되었다는 것은 거의 사실이 아니다. 성경은 새 이름을 지었다는 점에서 사울이 바울이 되었다고 말하지 않는다. 로마 시민인 그는 일생동안 그리스 이름인 바울을 유지했을 것이다. 다만 그는 이방인 사역을 하는 동안 강한 정체성을 가진 대변자가 되기 위해 히브리 이름인 사울 대신 그리스 이름인 바울을 사용했을 것이다. 그런데 사도행전 13:2에서 그가 여전히 사울로 불렸다는 것을 볼 수 있고 이것은 그가 두 이름을 가졌다는 것을 분명하게 말해주는 것이다.

어떤 힌두도 라마(Rama, 유쾌한 사람) 또는 크리슈나(Krishna, 검정색) 같은 이름으로 서로 부를 때 신들의 이름을 전혀 기억하지 않는다. 그것들이 정말 신들의 이름에서 따온 것임에도 불구하고 말이다.

우리가 그들이 서로 그런 이름을 부르면서 신들의 이름을 반복하고 있다고 인정한다면, 그들이 실제로 라마 또는 크리슈나라는 이름을 가진 사람과 싸울 때 그의 이름을 부르면, 그 신들을 야단

---

62 요셉을 '이집트 사람으로' 만들기 위해 바로는 요셉에게 이집트 이름과 아내를 줬다. 요셉의 이집트 이름은 확실하지 않다. 아세나트는 '그녀는 니트(Neith, 이집트의 여신)에 속한다'는 뜻이다. 온(On)은 태양신 예배의 중심지인 헬리오폴리스(Heliopolis)를 가리킨다. Charles C. Ryrie, *Ryrie Study Bible*, Chicago, Moody Press, 1978, 74.

치거나 위협한다는 의미인가?

사람들이 '라마가 죽었다'라고 말하면 그것은 그들의 신 라마가 죽었다는 말인가?

단순히 어떤 사람의 이름을 부르는 것이 그들의 신들을 부르는 것을 의미한다면 우리는 거의 모든 언어에서 사용하는 일요일(Sunday), 월요일(Monday) 등까지 새 이름으로 바꿔야 하는가?

요일들은 신들의 이름에서 유래한다. 어떤 사람들은 '이 새로운 (기독교적?) 이름들이 주님의 증인을 나타낸다'고 주장한다.

기독교 이름을 가진 밀수업자, 납치꾼, 살인자, 마약 중독자와 매춘부들은 어떻게 할 것인가?

18세 브라민 소년인 라메쉬(P. K. Ramesh)는 예수님을 믿은 후 부모에게 자신의 새 신앙을 글로 밝혔다. 그는 '공식적으로' 크리스천이 되어 '세례'를 받았으므로 빨라까두 끄리쉬나무르티 라메쉬(Palakadu Krishnamoorty Ramesh)에서 집안의 이름인 빨라까두 끄리쉬나무르티(Palakadu Krishnamoorty)를 사용할 수 없고 '바울 끄루빠까란'(Paul Krupakaran) 라메쉬가 되었다고 썼다. 내가 나중에 화해시키려고 부모를 떠난 그를 그의 아버지 집으로 데려갔을 때 그의 아버지의 분노하는 모습을 봤다.

이 사건을 통해 모든 전도자들은 자신들의 관점을 바꿀 수 있을 것이다. 라메쉬의 아버지는 크게 상처 받았고 어떤 말로도 그를 설득할 수 없었다. 그는 '내 이름 대신에 다른 사람의 이름으로 바꿔서' 어떻게 그의 어머니의 품위를 떨어뜨렸는가 보라고 말했다. 이런 불필요한 '크리스천의' 행동은 다른 사람의 마음과 생각에 걸림돌이 되고 복음의 문을 닫는다.

내 부모님은 내 '기독교' 이름인 크리스토퍼(Christopher) 때문에 많은 문제에 부딪혔다. 그것이 예수님을 위한 증인의 행동이었다고 말하지 말라. 그것은 내 부모님에게 걸림돌이 되었고 그것 때문에 부모님은 '기독교'라는 단어조차 싫어하기 시작했다.

한 번은 내가 빌리 그래함이라는 이름을 가진 남인도(타밀) 남자를 만났다. 나는 놀라지 않고 그에게 서양 이름을 사용하고 있는 이유를 물었다.

"빌리 그래함이 지어준 거예요."

"왜 빌리 그래함이 남인도 사람에게 성경에 나온 어떤 유대 이름이나 그리스 이름을 줄 생각을 하지 않았나요?

왜 이 미국 이름을 주었나요?"

나는 일본에서 '따마추꾸리'(Tamatsukuri)가 된 미국인 스리 윌리엄 F. 스탭플레톤과 인도에서 예수님을 위해 '구르밋 싱'이 된 또 다른 미국인에 대해 안다. 그런데 왜 남인도 사람은 인도에서 '빌리 그래함'으로 존재해야 하는가!

하나님께서 그들이 무엇을 하는지 모르는 것에 대해 용서해 주시길!

새 신자에게 성경 이름을 지어준다는 명목 아래 그리스, 로마, 그리고 유대 이름을 권유 또는 강요하고 있는 우리와 달리 브루스 올슨(Bruce Olson)은 모틸론족이 흥미로운 방법으로 성경의 인물들에게 새 이름을 지어주는 것을 소개한다.

> 예를 들면 모틸론족은 항상 의미 있는 이름을 짓는다. 켄트나 킴처럼 이름 이상 아무것도 아닌 것은 없다. 그래서 성경의 인

물들도 의미를 가지고 있어야 한다. 아브라함은 '하나님을 아는 사람', 세례 요한은 '알리는 사람'과 '밀림에 사는 사람', 그리고 예수님은 '우리와 함께 계신 하나님의 독자'. 우리는 항상 성경의 인물들에게 의미 있는 이름을 지어주기 위해 화롯가에서 몇 시간씩 토론했다. 자주 다른 모틸론족들이 와서 우리의 토론을 도왔다.[63]

우리는 복음을 전한다는 명목 아래 사회의 기본 구조를 전복시키려는 어떤 시도도 하지 말아야 한다. "절대 복음으로 사회 제도를 조각내서는 안 된다."[64]

---

63 Olson, op. cit., 168.
64 Ibid., 169. 라이트(Wright)가 이 중요한 구약 성경의 토대를 상세하게 설명했다. "… 하나님은 인간을 자신의 형상대로 만들어 개인적으로 평등하게 살도록 한 동시에 사회 권위 구조가 요구하는 조직과 함께 살도록 했다. 그래서 지역적으로, 국가적으로, 그리고 세계적으로 사회관계와 구조의 질서는 창조주 하나님께 직접적인 중요성을 띤다." Wright, op. cit. 105. 브라마반아브 우빠으야이(Brahmabandhab Upadhyay)의 삼촌인 깔리짜란 바누르지(Kali Charan Banurji) 목사의 삶이 이것을 잘 설명해 준다. "… 크리스천 깔리짜란(Kalicharan)에 대한 니스따리니(Nistarini)의 견해는 주목할만한 가치가 있다(in Barber, B. R., *Kali charan Banurji: Brahmin, Christian, Saint*. India, London, Madras: The Christian Literature Society, 1912:22, 39). '깔리짜란이 크리스천이라는 이유 때문에 가족 가운데 그를 무시한 사람은 아무도 없었다. 공식적으로도 문제 삼지 않았다. 깔리짜란은 다음의 문제를 지적했다. 즉 크리스천이 되면 힌두 친척으로부터 분리되고 의심할 여지없이 나중에 선교사들이 새 크리스천들을 아주 쉽게 서양 크리스천으로 만든다는 것이다. 깔리짜란은 바이-포따(Bhai-phota)와 자마이-싸쓰티(jamai-sasthi)의 관습을 관찰하곤 했다. 지식의 여신 사라스와띠 뿌자(Sarasvati Puja) 기간에 그는 정말 자신에게 지식을 제공하는 책들을 향한 소중한 마음을 품곤 했다. 그는 자신의 어머니를 한 신으로 간주했다.'" Lipner, 1994, op. cit., Fn. 24, 38.

8. 인도 공화국과의 관계

애국심은 좁은 사고방식이 아니며, 자신의 나라에 충성하는 것은 비성경적인 것이 아니다. 일반적으로 크리스천들은 삶을 몇 개의 독립된 구획으로 나누어 살려고 하는 경향을 갖고 있다. 예를 들면 교회건물 안에서 세 시간 동안 예배드리는 것이 하나의 구획이고 그 밖의 삶, 즉 6일 21시간은 다른 구획들이다. 그래서 크리스천들은 "나는 먼저 크리스천이고 그 다음에 인도 사람이다"라고 말하곤 한다. 그러나 그들은 다음과 같은 사실을 잊는다.

> 기독교 신앙에 대한 헌신은 어떤 식으로든 자신의 나라에 대한 헌신과 충성심을 떨어뜨리지 않는다. 왜냐하면 **사람은 한 번에 그리고 동시에 진정한 크리스천이자 진정한 인도 사람이 될 수 있기 때문이다.** '크리스천'이 되는 것과 '인도 사람'이 되는 것 사이의 외적인 충돌은 역사적 이유로 생겼다.
> 첫째, 전통적으로 사람들이 기독교를 서양에서 인도로 수입된 종교라고 생각한다.
> 둘째, 영국의 통치 기간에 영국이 인도, 더 정확히 말하면 인도 교회에 서양식 사고와 문화의 영향을 끼쳤다. 그래서 '인도 크리스천들이 외국 통치자의 도구가 되기 위해 개종을 하자'(sic)라고 생각했다.
> 사회-문화적인 면에서 서양식 사고의 영향에 대한 반응을 세 종류로 구분할 수 있다.
> 첫째, 힌두 극단적인 정통파들은 그들의 사고가 서양식 사고

로 오염되는 것을 거부했다.

둘째, 서양식 사고를 받아들여 거의 분별력을 잃었다.

셋째, '창의적인 소수' 즉 부활한 사상가들이 서양적인 것 가운데 가장 좋은 것을 흡수했다.[65]

대부분의 인도 크리스천들은 두 번째 영역에 속한다. 그들은 애국심 면에서 서양 사람들이 하는 것도 따르지 않고 있다. 나는 미국 감리교단에서는 교회들이 교회 안에 교회기와 국기 둘 다를 꽂는다고 들었다. 보고에 의하면 미국의 어떤 고교회파 성공회에서는 설교단 위에 국기를 꽂는다. 노르웨이 크리스천들은 큰 자부심과 기쁨으로 국경일을 지킨다. 북인도 럭나우에 사는 한 젊은 미국인은 미국 독립기념일을 축하하기 위해 7월 4일에 다른 사람들을 대접했다. 내가 남인도 마드라스에 있는 IIT(인도 공대)에서 강의하고 있었을 때 핍박에 대한 한 질문을 했다.

"여러분 가운데 인도 독립기념일을 축하하는 교회에 다니는 사람 있나요?"

기술 석사 과정에 있던 한 학생이 대답했다.

"교회가 왜 정치적인 행사(독립기념일)를 해야 하나요?"

그래서 내가 대답했다.

"그러면 크리스천들은 핍박받을 만하네요."

크리스천들은 인도 사람이면서 나라를 되찾기 위해 피를 흘린 선조들을 기억하지 않는다.

65　Rangarajan, op. cit., 192-193(강조는 원문의 것임).

그러고서 어떻게 힌두들에게서 따듯한 대접을 받을 수 있겠는가?
이런 사고방식으로는 힌두들의 분노를 자극해서 핍박받기 쉽다.

인도 크리스천들이 자신의 애국심을 증명하기 위한 어떤 노력도 하지 않은 채 힌두 민족주의자들을 단순히 비난하고 있는 것은 매우 슬픈 일이다. 비록 크리스천들이 진짜 애국심을 가지고 있을지라도 인도에서 그 정신을 제대로 표현하지 않고 있다. 최근에 나는 힌두 출신 크리스천이자 유명한 영자 신문의 편집장을 만났다. 그의 논리는 이랬다.

"우리의 믿음은 애국심을 초월하는 것입니다. 그래서 기독교 신앙 안에 애국심이나 민족주의를 표현하는 것은 옳지 않습니다."

어느 날 고등학교가 있는 지도자 훈련 센터에서 고등학생들이 국가(國歌)를 부르고 있었을 때 인도 크리스천 지도자들이 차를 마신 후 식당에서 나왔다. 소수를 제외하고는 아무도 인도 국가에 존경을 표하지 않고 그냥 이야기하며 걸었다. 그 가운데 몇 명은 안식년 가운데 참석한 선교사들이었다. 그 다음날 광고 시간에 식당에서 훈련소장이 전날의 사건을 언급하면서 말했다.

"우리가 국가에 존경을 표할 수 있도록 학교 당국에 국가를 우리 차 시간 전이나 후에 불러달라고 요청했습니다."

크리스천들이 먼저 국가를 부르는 시간을 존중할 수는 없었을까?

보통 인도 사람들이 국가에 얼마나 예의를 갖추는지를 알고 있다면 크리스천들은 정말 부끄러워해야 한다.

20년간 예슈 박따로서 나는 어떤 기독교 모임이나 대회에서도 인도 국가를 부르고 끝내는 것을 보지 못했다. 나는 크리스천들이

"힌두들은 자신들의 종교 모임에서 국가를 부릅니까?"라고 물어서는 안 된다고 본다. 왜냐하면 크리스천들이 항상 힌두와 비교하면서 살 수는 없기 때문이다.

내 주장은 참 예수님의 제자는 자신의 삶을 세속적, 영적, 사회적, 그리고 종교적 등으로 절대 나눌 수 없다는 것이다.[66] 우리 삶의 모든 영역은 '영적'이다. 그렇다고 해서 내가 예배 후에 우리가 국가를 불러야 한다는 의미는 아니다.

결코 아니다!

그러나 크리스천들이 선교대회 등의 각종 모임 때 대회 끝에 마침 기도와 축복 기도 후에 가끔씩 국가를 부르면 안 되는가?

최근 나는 남인도 뱅갈로르(Bangalore) 화이트필드(Whitefield)에서 한 크리스천들에게 강의했다. 마지막 강의를 끝내고 기도와 축도를 한 후 내가 모든 형제들에게 국가를 부르기 위해서 일어나 달라고 요청했을 때 모든 사람들이 기쁘게 따랐다.

그러나 같은 시간 그곳에는 다른 모임 참석 차 온 15명의 남인도교회 교단 소속 목사들과 소수의 침례교단 선교사들은 배구를 하고 있었다. 국가가 울려 퍼졌지만 그들 가운데 누구도 경기를 멈추지 않았다. 몇 명이 호기심으로 고개를 대회장 쪽으로 돌렸을 뿐 이었다. 그들은 단 2분간도 집중하지 않았다. 국가를 부르기 위해 필요한 시간 말이다(아마도 그들은 자신들의 삶 가운데 처음으로 기독교 모임에서 국가를 들었을 것이다).

---

66 "성경은 … 정치와 종교를 동일시하지 않지만 그렇다고 그 둘 사이를 부자연스럽게 분리하지도 않는다. 그 둘은 인간이 되기 위한 필수적인 특질이다. 예배자인 인간은 또한 정치를 추구하는 동물적인 면을 갖고 있다. 왜냐하면 하나님이 그렇게 만드셨기 때문이다." Wright, op. cit. 105.

1992년 8월 15일 나는 북인도의 한 기독교 지역에 있었다. 거기에는 거의 20명이 있었고 모두가 인도 사람이었다. 그러나 독립기념일을 축하하기 위해 어떤 것도 하지 않았다. 나는 손님이어서 그것을 부드럽게 지적했지만 국기를 게양하고 그 날을 축하하라고 강요할 수는 없었다. 교회에서 국경일을 지키는 것에 관해 한 감리교 목사가 말했다.

　"교회는 예배하는 곳이지 정치하는 곳이 아닙니다. 교회에 국기를 게양할 필요도, 게양할 수도 없습니다."

　그리고 또 다른 기독교 지도자는 이렇게 반대했다.

　"힌두들은 신전에 국기를 거나요?"

　내가 한 선교사 모임에 같은 문제를 나눴을 때 한 선교사가 말했다.

　"수상(Sri N. Rao)도 종교에서 정치를 분리시켜야 한다고 말하는데 당신은 왜 교회에 국기를 꽂고 독립기념일을 축하하라고 하십니까?"

　그런 견해를 듣고 놀라지는 않았지만 웃어야 할지 울어야 할지 모를 기분이었다. 이 모든 사건은 인도 크리스첸 사이에 있는 보통의 경향, 즉 그들이 교회 안에서 받은 교육 방법을 드러낸다.

　그들은 독립기념일을 축하하고 국기를 게양하는 것을 정치라고 생각한다!

　선교사들과 목사들도 국기와 국가가 정치의 상징이 아니라는 것을 이해하지 못하는 것 같다. '우리가 어떤 공동체의 소수 구성원에 기초해 그 공동체를 판단할 수 없지만' 인도의 보통 크리스천은 어디서 정치가 끝나고 어디서부터 민족주의 또는 애국심이 시작되는지 모르는 것 같다.

"힌두들은 자신들의 신전에 국기를 겁니까?"

이런 질문에 대한 내 대답이다.

"왜 그들이 자신들의 신전에 기를 걸어야 합니까?"

힌두에게 신전은 신이 거주하는 곳이고 힌두는 그곳에 개인 명상(sadhana)을 하러 간다. 반면에 교회는 예배 장소(교회 건물이 예배 장소라는 개념은 비성경적[67]이지만 교회가 그 개념을 관습적으로 신자들에게 강요하고 있다.[68] 행 17:24)가 아니라 예수님의 증인들이 모이는 공동체다. 그러나 요즘 교회는 단순히 신자들의 '출산,' '결혼,' 그리고 '장례'를 돌보는 사교 모임이 되어서 생명력과 신약 성경 시대의 의미를 잃었다.

사실 힌두는 자신의 애국심을 증명하기 위한 어떤 의무 아래에 있지 않다. 드문 예외가 있긴 하지만 무슬림과 크리스천은 자신들이 나라의 복지를 위해 할 일이 하나도 없다고 믿는다. 특히 크리스천은 자신들이 힌두의 나라에서 자신들이 차별받고 있다고 생각해서 가능하면 해외로 이민 가고자 한다. 차별받고 있는 것은

---

[67] 교회는 단순히 신자들의 모임을 위한 공동체 장소 즉 건물을 뜻한다. 셀바나야감(Selvanayagam)의 견해를 참고하라. "종교적 구조, 믿음과 관습 면에서 힌두들은 크리스천들보다 자신들의 원래 전통과 경전에 더 충실하다는 사실이 아주 의미 깊다. 그러나 인도 크리스천들은 문화 소통 면에서 무비판적이고 무의식적인 상태에서 복잡한 덫에 빠졌다. 결과적으로 … 예배와 봉사를 위한 신자들의 모임 장소인 교회 건물이 신전(temple)이라고 불리고 있다." Selvanayagam, op. cit., 143.

[68] 이 전통에 대해 로버트 슈미트(Robert Schmidt) 박사가 말한다. "초대교회 역사를 자세히 보면, 교회 건물은 전임 사역, 목사관 거주 형태, 직업적인 사무원이 생긴 거의 같은 때 생겨났다. 그때부터 크리스천들은 교회 건물을 빼고 교회에 대해서 상상할 수 없는 상태가 됐다. 그러나 초대교회 몇 세기 동안 교회는 건물 없이 아주 잘 성장했다. 그 시대와 우리 시대의 차이가 뭘까? … 교인들이 건물에다 쏟아 부은 돈은 서양 교회를 아주 메마르게 했다 …." Robert Schmidt, "Explanations to the Ninety-Five Theses on Church Control," 143.

어느 정도 사실이지만 자신들이 왜 그런 대접을 받고 있는지를 생각하지 않는 것 같다. 인도 인구의 다수인 힌두의 감정을 자극하기 때문이다.

인도에 살면서 자신들을 먼저 크리스천이고 그 다음에 인도 사람이라고 표현하는 것을 힌두들이 어떻게 생각하겠는가.

힌두는 대부분의 크리스천이 말하는 것처럼 자신이 먼저 힌두고 그 다음에 인도 사람이라고 말하지 않는다. 왜냐하면 모든 인도 사람은 힌두고 모든 힌두는 인도 사람이기 때문인데, '힌두'라는 단어는 어떤 사람의 개인적 종교적 충성보다도 사람들의 지역적 정체성과 더 관련이 있다. 힌두들은 외부인에게 자신의 신앙을 증명하기 위해서가 결코 아니라 영적으로 진보하고자 종교적인 의식과 명상을 하려고 모인다. 그래서 힌두를 크리스천과 비교하는 것은 빈약한 비교일 뿐 아니라 잘못된 비교다.

위의 사례에 나타난 크리스천들의 태도는 단순히 개인적인 의견이 아니라 자신들이 태어나고 양육된 공동체의 생각을 반영한 것이다. 기독교는 서양 복장으로 왔을 뿐 아니라 여전히 어색하게 그 옷을 입고 있다. 몇몇 크리스천들은 "창조주 앞에서 루시퍼가 보인 자만심은 역사 앞에서 영국이 보인 오만함과 절대 비교될 수 없었다"[69]는 의견이 무색하게 오늘날에도 영국의 통치를 영광스럽게 생각하고 영국에 충성심을 갖는다.

영국이 인도를 통치했을 때 소수의 크리스천들이 인도 독립운동에 참가했지만 대부분은 무관심했다. 남인도에서 특히 독립 투쟁

---

69 Ansar Hussan Khan, *The Rediscovery of India, A New Subcontinent*, Hyderabad, Orient Longman Limited 1995, 1995, 102.

과 관련 있는 사람들, 즉 찌뎀바람 삘라이(V. O. Chidembaram Pillai), 쑤브라마니야 쉬바(Subramaniya Siva), 바라띠야(Bharatiyar), 반시나탄(Vancinathan), 그리고 그 외의 많은 독립 운동가들의 이름 가운데 우리는 인도 크리스천의 이름을 거의 들을 수 없다(서양 선교사들이 중립을 취하기로 결정했기 때문에 자연스럽게 그들은 인도 크리스천들에게 독립운동에 적극적으로 참여하라고 격려하지 않았다. 그러나 중립은 가끔 한 쪽을 택하는 것보다 더 위험하다). 그리고 교회는 자주 다스(R. C. Das), 브라마반답 우빠드야이(Brahmabandab Upadhyay) 등과 같이 애국심을 보인 소수의 크리스천들을 은근히 무시한다.

엘리자베스 수잔 알렉산더(Elizabeth Susan Alexander)는 자신의 1920년대 마드라스 관구(Madras presidency in the 1920s) 연구에서 제국주의와 타협한 선교사를 명확하게 기록했다. 그녀는 선교사들이 어떻게 '말'만 늘어놓거나 중립적이거나 제국주의와 타협했는지 보여 준다.

> 선교사들은 큰 관심을 갖고 영국 정부의 행위에 대해서 비판했다. 그러나 1919년 잘리랴안왈라 바그 마사크(Jallianwala Bagh massacre)를 포함해서 영국이 펀잡(Punjab)에서 했던 행동을 비판했던 대부분의 선교사들은 공식 조사 위원회가 공식적으로 영국의 잘못을 발견해 문서로 출판할 때까지 자신들의 의견을 유보했다. 암베드까르(B. R. Ambedkar)가 주도한 1919년의 개혁 의결(Reform Act)의 시기와 내용을 비판했던 많은 선교사들은 비판할 때 아주 신중했고 정치적이었다. 그 선교사들은 1919년 암리챠르(Amritsar)에서 젠 다이어(Gen

Dyer)가 실시한 것과 같은 정부 법안을 항상 비판했다. 이 '비영국인'(un-English)들이 그렇게 '말'만 하거나 중립을 유지했던 이유는, 자신들이 어떤 행동을 해도 영국이 관대할 것이라는 것을 잘 알고 있었기 때문이다.

대부분의 인도 사람들은 비영국인 선교사들의 이런 경향을 영국이 인도를 자기네 땅이라고 우기고 인도에 영국을 설립하는 것과 같다고 여기고 불쾌해했다.[70]

감사하게도 일부 선교사들은 인도의 입장에 섰다. 스탠리 존스(Stanley Jones)는 인도 독립군을 폭넓게 동정해서 인도로의 입국을 거부당했다. 대부분의 크리스천들이 다수의 나약한 선교사들의 사례를 따랐지만 감사하게도 예외들이 있다.

1931년에 『신과 애국심에 헌신』(Daivabhaktiyum Desabhaktiyum)이라는 책을 쓴 띠룹빠뚜르(Tiruppatur)의 끄리쉬뚜꿀라 아쉬람(Kristukula Ashram) 출신인 싸바리라얀 예수다산(Savarirayan Yesudasan) 박사가 인상적인 사례다. 그는 "작년에 한 헌신된 기독교 학생이 싸뜨야그라하(Satyagraha) 투쟁에 가담해서 감옥에 갔을 때 한 목사가 엄청난 경멸을 표현하며 '어떻게 크리스천이 그런 행동에 동참할 수 있는지 이해가 안 됩니다'라고 말했다"라고 나에게 소개했다.[71]

---

70 E. S. Alexander, *The Attitudes of British Protestant Missionaries Towards Nationalism in India* (With Special Reference to Madras Presidency 1919-1927), New Delhi, Konark Publishers Pvt. Ltd. 1994, 103.

71 Savarirayan Yesudasan, *Daivabhaktiyum Desabhaktiyum*, (Tamil), Tirupather, [1931] 1940, 6.

이것은 과거의 역사가 아니다. 셀바나야감은 다음과 같이 관찰했다.

> 독립 전의 소수의 기독교 정치인들은 국민운동에 적극적으로 참여했을 뿐 아니라 항상 힌두-무슬림 충돌의 중재자로서 행동했다. 그러나 그에 비교해서 현재의 기독교 세대는 아주 내향적이고 이기적이어서 충돌이 있을 때 소극적이다. 그래서 그들은 신뢰를 잃고 있다.[72]

복음은 가는 곳마다 변화를 일으켜 사회를 완전히 바꿔 놓는다. 그러나 복음은 절대 성경이 침묵하는 현지인의 삶의 관점을 파괴하거나 거부하지 않는다. 유명한 역사가 기본(Gibbon)에 따르면, 외부인들은 초대교회 신자들과 외부인들 사이의 유일한 차이를 발견했다. 즉 '그들이 서로 사랑하는 법'이었다. 인도 크리스천은 서로를, 외부인을, 그리고 나라를 사랑하는데 부족함을 보이고 있다. 역사를 잘 알지 못하는 보통 힌두처럼 인도 크리스천도 영국의 통치와 선교사들의 봉사에 대해 혼란스러워 하는 것처럼 보인다.

대부분의 크리스천은 "영국이 통치하지 않았다면 인도가 결코 현재 세계 지도에 있는 인도의 모습이 되지 못했을 것이다"라고 주장한다. 그러나 현재의 인도는 영국 통치가 아니라, 오히려 영국 통치에 반대하고 애국심을 고취시킨 국민회의(the Congress) 정당

---

72 Selvanayagam, op. cit., 132.

의 헌신으로 생겼다. 영국의 잘 알려진 정책은 '나눠서 통치하라'였다.[73]

그리고 그들은 절대 인도가 독립한 후에도 하나가 된 인도를 떠나고 싶어 하지 않았다. 파키스탄을 만든 영국의 분리주의 정책은 오늘날에도 우리가 여전히 엄청난 대가를 치루는 비극이다. 영국 사람들은 인도 사람 싸르다르 빠텔(Sardar Patel)이 통치하고 있었던 남인도 하이데라바드 왕국도 인도 안에 독립된 주로 남기고 떠났다. 영국 정부가 인도를 떠났을 때 영국은 우리가 마주쳐야 할 많은 문제와 함께 빈 보물 상자만 남겼다.[74]

인도가 통일 국가가 된 것은 선한 영국 통치 사무실 때문이 아니라 우리의 영적이고 문화적인 유산 때문이었다. 그렇지 않으면 어떻게 힌두와 무슬림(크리스천은 아니고)이 엄청난 종교 차이를 극복하고 하나의 정신으로 동서남북에서 영국 통치에 대항하고 있었던 국가 지도자들의 호소에 응답했을 것인가. 물론 민족주의 정신은 최근에 발전된 것이고 통일 인도도 현대에 생긴 것이다.

---

73 "영국 정부는 그 정책을 자신들을 정복했던 로마의 언어로 불렀다. 'Divide et impera'(나눠서 통치하라) … 영국 사람들은 자신들이 국가 반란이라고 부르는 '세포이 항쟁'(Sepoy Mutiny)이 끝나자마자 자신들이 라틴(로마)에서 배운 것을 적용했다. '나눠서 통치하라'는 엄밀히 검토된 정책 이었다. 영국 사람들은 모든 것을 인도 사람과 백인 정부 사이를 이간시키는 쪽으로 추진했다. 영국인들은 자신들의 쐐기를 박을 곳을 찾기 위해 멀리 갈 필요가 없었다. 인도가 관대함으로 아주 오래 그리고 아주 순진하게 유지하고 있었던 종교적 특징 안에 자신들의 정책을 실행할 최적의 기회를 찾았다." Shashi Tharoo, *The Great Indian Novel*, Picador, 1994, 141.
74 영국의 실수에 대해 더 알고자 한다면 다음을 추천한다. Shashi Tharoor, *The Great Indian Novel*, 1994. 앞의 책은 소설이지만 사실로 가득한 글이다. Ansar Hussain Khan, *The Rediscovery of India: A New Subcontinent*, Hyderabad, Orient Longman Limited 1995, (A. P.) India, 1995; Tapan Raychaudhuri, *Perceptions, Emotions, Sensibilities: Essays on India's Colonial and Post-Colonial Experience*, New Delhi, Oxford Uni. Press, 1999.

그러나 민족주의 정신은 오랜 세월 동안의 탄탄한 영적인 그리고 문화적인 유산을 바탕으로 생긴다.

공산주의 조직이 무너졌을 때 USSR(소비에트 연방)은 며칠 안에 13개의 공화국으로 분리됐다. 체코와 슬로바키아는 스스로 분리했고 보스니아, 크로아티아와 세르비아는 현재에도 서로 싸우고 있다. 그러나 민족적, 인종적, 문화적, 그리고 종교적 차이에도 불구하고 우리 인도 사람들은 하나의 나라로 남아 있다. 정치적 통일성 때문이 아니라 우리의 문화적이고 영적인 유산 때문이다. 우리 인도가 깨진다면 그것은 부패한 정치가들의 탐욕 때문이다.

그래서 나는 문화적으로, 사회적으로, 정치적으로, 영적으로, 그리고 심지어 종교적으로도 인도 사람이다(내가 여기서는 언급하는 종교적이라는 뜻은 종파(sect)를 의미하는 '쌈쁘라다야'(sampradaya)가 아니라 의무 또는 법을 의미하는 '다르마'(Dharma)을 뜻한다). 확실히 영국 통치 때문이 아니라 내가 인도 사람이기 때문에 인도 사람이다. 그래서 나는 인도 예슈 박따다. 먼저 크리스천이고 그 다음에 인도 사람인 것이 아니라 예수님을 믿는 것과 인도 사람이 되는 것 두 가지는 동시에 하나다.

인도 영국 통치 기간에 인도가 발전했던 것에 대해서 말하고자 한다. 영국이 철도, 우편 제도, 교육 등과 같은 기본적인 것들을 가져왔지만 그것은 인도 사람의 복지를 위한 것이 아니라 자신들의 복지를 위해서 인도를 이용한 것이었다. 영국은 원재료를 빨리 항구로 보내고 완제품을 빨리 인도 시장으로 보내기 위해 철도를 부설했다. 우편 제도도 자신들의 이익을 위해 빠른 소통을 하려고 도입했다. 교육 제도는 자신들의 아래서 일할 하급 관리를 양성할 목적이었다.

우리가 이룩한 모든 진보를 영국 통치의 결과로만 돌리면 영국이 전혀 지배하지 않았지만 영국과 미국보다 더 빨리 강력한 나라가 된 일본의 경우는 어떻게 설명할 것인가?

비샬 망갈와디(Vishal Mangalwadi)는 지금 인도에 독립을 가져온 것은 간디가 아니라 복음이라고 말하고 있다.[75] 우리가 인도에게 자유를 준 것이 간디가 아니라 복음이었다는 것을 인정한다 해도 망갈와디는 자유에 대한 대가를 치른 것은 크리스천이 아니라 힌두와 무슬림이었다는 것을 인정해야 한다. 크리스천들은 인도의 독립에 기여한 것이 거의 없다. 그래서 자연스럽게 인도 사람의 생각에 떠오르는 질문이 있다.

'기독교 복음이 인도에 자유와 발전을 가져왔다면 왜 복음이 크리스천들에게 독립투쟁과 건국에 참여하도록 동기부여를 하지 못했을까?'

'무엇보다도 복음이 우리에게 자유를 줬다면 왜 여전히 서양 종교 제도의 노예로 남아 있는 인도 크리스천에게 종교적 자유를 줄 수 없는가?'

위에 언급된 예수다산의 책은 영국이 통치자로서의 당연한 의무도 이행하지 않은 모습과 인도에게 이익을 거의 주지 않은 영국의 통치법을 보여준다. 그는 영국 정부 지출 목록을 공개했다. 여기서 나는 반올림해서 기록한다.

---

75 Vishal Mangalwadi, *India: The Grand Experiment*, Surrey, Pippa Rann Books, 1997. 이 책을 논평한 다음의 책을 보라. The Week, R. Prasannan, Vol. 15 No. 35, Aug. 17, 1997. 이 책은 힌두의 의견을 제대로 반영했다. 이 책은 망갈와디가 힌두와의 소통한다는 명목 아래 선한 것보다 해를 더 끼치고 있다는 것을 보여준다.

① 군대: 55끄로르(core, 55끄로르는 5억 5천만 루삐)

② 경찰과 정부 공무원: 40끄로르

③ 퇴직한 영국 정부 관리 연금: 3끄로르

④ 정부 빚: 900끄로르 이상

위의 지출을 공공복지에 지출한 돈과 비교하라.

① 전 인도 교육: 11끄로르

② 의료: 3끄로르

③ 공중위생: 2끄로르

④ 농업: 2끄로르

⑤ 소규모 산업: 1끄로르[76]

    당신이 영국 정부가 튼튼하게 지은 다리와 댐을 가리킨다면 나는 1500년 전 깔라나이(Kallanai)의 트리치(Trichy) 지역의 쫄라(Chola)왕이 지은 댐을 가리킬 수 있다.

    그리고 샤자한이 지은 타지마할과 시크교도들이 암리챠르(Amristar)에 지은 황금 사원도 보여줄 수 있다. 나는 영국 통치 특히 선교사들로 영향 받은 일부 좋은 창의성까지 전부 부인하는 것이 아니다.

    그리고 나는 동시에 대낮에도 불법을 자행하는 우리의 현재 인도 지도자들과 인도 사람들 가운데 성실, 정직, 그리고 노력 부족

---

76 Savarirayan, op. cit., p. 30.

이 부족하다는 것을 부인하는 것도 아니다. 그러나 우리가 현재 약하다고 해서 영국의 과거 통치를 찬양해서는 안 된다. 한편으로 영국 통치 때문에 우리는 진정한 진보를 이루지 못했다. 영국의 실수인 파키스탄 분리 정책 때문에 우리는 국방에 엄청난 돈(일 년에 100억 루삐 이상)을 낭비하고 있다.

"… 영국 사람들이 남긴 유산은 분리의 저주였다."[77]

크리스천들은 현재의 인도를 비난하고 과거 영국 통치를 영광스럽게 여기는 대신 정치를 포함한 국가의 주류에 참여해 국가를 세우는 일에 함께 해야 한다. 자신들의 투표권도 행사하지 않는 크리스천들이 어떻게 정부를 비난할 자격을 가질 수 있는가?

> 우리는 인도가 독립한 후 대부분의 개발과 복지 분야에서 거의 밑바닥부터 시작해야 했다는 사실을 자주 잊는다. 또한 독립한 아기 인도는 약한 발로 아장아장 걷기 시작했고 완전한 혼란의 상황 속에서 망설이며 몇 걸음 내딛는 모험을 감행했다. 광범위한 폭동과 아마도 유사 이래 전례 없는 엄청난 인구의 유입으로 인해 인도가 생체해부 되는 혼란을 겪었다. 현재 2,000개 이상의 카스트, 826개의 언어, 소수 방언, 그리고 대부분의 주요 종교와 인종 단체를 가진 인도가 여전히 통일된 실체로서 존재하고 있다는 사실은 결코 작은 기적이 아니다. 그런 다양성과 그런 거대한 문제에도 불구하고 인도는 오늘날 아프리카·아시아의 상황에서 드문 사치라고 볼 수 있는 민주주의를 즐기고

---

[77] Khan, op. cit., 208.

있다. 그리고 그 인도 인구는 세계 민주주의 인구의 약 50 퍼센트를 차지하고 있다 ….[78]

애국심을 보이자. 애국심은 민족주의도 아니고 단순하고 좁은 마음자세가 아니다. 독립기념일과 공화국 선포의 날 행사를 당신의 교회에 기획하고 이웃을 초청하라. 당신이 인도 시민권을 갖고 있는 한 인도에 충성하라. 몇몇 크리스천들은 아직도 생각과 마음으로 영국에 충성하고 영국 밑에서 겪은 과거의 노예생활을 항상 영광스럽게 여긴다.

그런 태도는 진짜 인도 사람에게 상처를 주고 복음을 위한 마음과 생각을 닫아버린다. 국가적 자부심을 좋게 적절하게 표현하는 태도를 가지자. 1세기 훨씬 전에 있었던 깔리짜란 바네르제아(Kalicharan Banerjea)의 삶에서 볼 수 있는 것처럼 말이다. 깔리짜란은 크리스천 지도자였을 뿐 아니라 저명한 민족주의자였다. 깔리짜란의 삶의 주된 목적 중의 하나는 크리스천이면서 애국자가 되는 것이었다. 이런 시도에 있어 그는 개척자였다.[79]

결론은, 크리스천이 국제주의(internationalism)에 관하여 빛의 역할을 해야 한다는 것이다. 물론 우리는 세계에서 봉사하고 있는 큰 조직과 선교 운동 가운데 일어나고 있는 국제주의의 현재 경향에 대해서 심각한 질문을 해야 한다. 국제단체에 있는 일부 서양 지도자들이 자신들의 조직을 세계화(비서양화)하려고 심각하게

---

78 Ishanand Vempeny, *Krisna and Christ*, Anand, Gujart Sahitya Prakash, 1988, 436. 더 깊은 내용은 다음을 참고하라. '부록 3: 인도적 특성: 뭐가 잘못인가요?'

79 Lipner, 1999, op. cit., 38.

생각, 대화, 그리고 행동하는 것은 좋은 신호다.

그런데 염려되는 것은 그들이 그런 운동을 시도하면서 인식하지 못한 채 비 서양 출신자들에게 간접적으로 서양화를 강요하는 것이다. 그래서 그곳에 속한 인도와 아시아 사람들은 자주 서양 사람들보다 더 서양화되고 있다.

그리고 이런 서양화된 인도와 아시아 사람들은 그들의 조직 속에 있는 서양 동료들에게서 편안함을 느낄 수 있을지 모르지만 자신들의 나라에 있는 교회의 복음 소통과 크리스천들의 노력에는 효과적으로 기여를 할 수 없다. 이것이 극단적인 견해로 들릴지 모르지만 이 문제를 직접 경험한 관련자들은 우리가 말하고자 하는 것을 인식할 것이다. 이것은 전에 이미 말한 것이다.

> 인도 사람들은 서양 국가의 교회 제도, 서양 예배 형식, 그리고 서양 신학 공부로 인해 사고, 영혼, 그리고 마음에 가장 큰 피해를 입고 있다. 이런 상황으로 인해 인도 크리스천들은 결코 자신의 나라, 역사, 문학, 철학, 믿음, 문화, 그리고 태도에 대해서 쉬고 멈추고 생각할 기회를 얻지 못하고 있다.
> 인도 사람들은 서양 예술과 문화 안에 있는 모든 것을 찬양하고 있다. 정치 제도도 서양에서 온 것이다. 사람들은 항상 민족주의를 공공연히 비난하면서 국제주의를 높이 평가하고 있다. 사실상 국제화는 서양 국가주의를 의미하고 있다. 교파와 모든 종교간 협력을 추진하는 세계교회주의(ecumenism)는 실제로 어떤 형식에 있어서 서양 교회의 정책을 의미한다. 인도 형식은 존재하지 않거나 금기시되고 있다.

우리는 이 점에 대한 근거 사례를 들 수 있다. 이 문제는 여전히 신학 기관에서 아주 빨리 진행되고 있다. 국제주의와 민족주의(nationalism)에 대한 잘못된 생각이 교육을 통해 널리 퍼지고 있다.

강하게 살아있는 민족주의 없이 국제주의가 어떤 의미를 띠고 있는가?

왜 동양 민족주의만이 무시 받고 공격 받아야 하는가?

오늘날 국제주의는 공격적이고 배타적이지 않는가?

확대되고 승화된 서양 민족주의이외에 선교사들이 국제주의로 과시하는 것은 무엇인가?[80]

국제주의의 진보에 관여하고 있는 일부 인도 사람과 아시아 사람들은 위 내용에 대해 불쾌하게 여길지도 모르겠다.

---

80 Richard, op. cit., 189.

제4장
현대 인도의 예슈 박따

인도는 과학적 발전으로 인해 급속하게 세속 국가가 되고 있다. 사실 이미 인도는 국회가 존재하는 세속 국가다. 힌두들이 자신들의 종교 신앙을 급속하게 떠나고 있고 사회 구조도 급속하게 무너지고 있는 것처럼 보인다. 사실 그들은 전보다 물질주의를 더 추구하고 있다.

교육을 받고 도시에 거주하는 사람들은 더 이상 눈먼 신앙의 마법 아래에 살지 않는 것처럼 보인다. 시골 사람들도 음악과 스타 채널이 있는 TV와 같은 대중매체를 좋아하며 빨리 적응하고 있는 중이다. 사람들이 종교 체계(어느 정도 문화적 그리고 사회적으로도)를 잃고 있어서 일부 또는 대부분의 변화에 열려 있다. 전 세계와 마찬가지로 인도가 엄청난 변화의 시기에 있다는 말은 사실이다.

그러나 잘 조직된 사회는 사회 구조와 문화유산을 손상시키지 않으면서 혼란을 회복하고 긍정적인 변화를 받아들일 능력을 갖추고 있다. 그것은 지금까지 인도에서 입증되었다. 인도는 직면했던 몇 번의 충격과 변화에도 불구하고 여전히 오늘날까지 그대로다. 힌두교가 예전보다 오히려 더 강하게 전통을 고수하고 있다. 어떤 과학적, 물질적 영향이 있을지라도 혼란과 혼동과 그에 대한 대가를 치룬 후에 인도는 원래대로 돌아갈 것이다.

모든 힌두가 현대화되고 심지어 자신들이 맹목적으로 믿어온 신앙을 포기할지도 모른다. 그러면 카스트와 사회 제도가 급속한 변화를 겪으면서 두 개의 선택만 남길 것이다. 인도 사람으로서의 정체성을 잃고 완전히 붕괴되거나 엄청난 물질주의와 현대주의에 대해 혹독한 대가를 지불하고서 더 강하고 정제된 나라로 나타날 것이다. 이 희망은 과거가 아니라 미래를 향한 것이다.

신중해야 한다는 주장도 있어야 한다. 오늘날 힌두 '원리주의자'(Hindu fundamentalists, 불확실한 용어)들은 인도를 과거의 영광으로 되돌리자고 주장한다. 힌두 부흥운동가들이 정치적 결과를 덮기 위한 수단으로 종교를 사용하고 있다는 것은 사실이다.

> 정치 지도자들은 두 가지 모습을 보인다. … 정치가들은 세속적 가치 추구의 어려움을 호소하면서 힌두(종교)의 주장을 지지하고 있다. 정치화되는 현재의 종교와 자민족중심화되는 정치가 출현하는 이유는, 종교 또는 세속주의 둘 중의 하나에 제대로 헌신하지 못한 탓이라고 볼 수 있다. 인도에 존재하는 각각의 종교는 인도가 세속 사회가 되고 인도 사람이 세계적 민

족이 될 수 있도록 각각의 가치로 기여할 필요가 있다.[1]

이에 대해 동의할 때 우리는 동전의 다른 면을 봐야 한다. 세속주의의 보호자라 불리는 사람들은 종교적 원리주의에 반대한다는 명목 아래 정치적 성과를 얻기 위해 자민족중심주의(communalism)를 만든다. 그것이 바로 힌두 원리주의자들이 가짜 세속주의자인 자민족중심 세속주의자(the communal secularist)를 정죄하는 이유다. 두 극단 세력이 서로를 비난하는 동안 우리 불쌍한 서민들은 위기의식을 느끼고 있다.

이런 상황에서 영적인 사람들은, 자신들은 단지 종교적 평온 속에서 살고 싶기 때문에 정치 투쟁에 대해서 할 일이 전혀 없다고 말한다. 특히 기독교 공동체에서 사람들은 이런 현상을 인식하고 대화하는 것을 나쁜 일이라고 여긴다. 그러나 우리는 레슬리 뉴비긴(Leslie Newbigin)이 지적한 대로 말할 수 있다.

"구약 성경의 중심 가닥은, 그 시대의 세속적 사건에 관련된 하나님의 말씀을 선포하고 그 당시의 종교에 저항하는 것이다."[2]

---

[1] Selvanayagam, op. cit., 61. 또한 아므리따 바수(Amrita Basu)를 참고하라. "많은 비평가와 학문 분석가들은 종교적 상상의 옷감이 단지 덮개, 즉 정치적 결과를 위하여 인도 사람들의 종교적 감정을 비웃기 위해 사용한 도구였다고 논쟁하고 있다. 아드바니(Advani)조차도 람(Ram, 힌두 신 중의 하나)에 대한 헌신을 국가적 힘으로 바꾸는 것에 대해 연설했을 때 이런 견해를 보인 것 같다 …." Amrita Basu, "Mass Movement or Elite Conspiracy? The Puzzle of Hindu Nationalism," in *Making India Hindu: Religion, Community, and the Politics of Democracy in India*, ed. David Ludden, Delhi, Oxford University Press, 1996, 51-52.

[2] L. Newbigin, *Honest Religion for Secular Man*, Lucknow Publishing House, Lucknow, 1966, 95.

그래서 우리가 국가적 사건과 상관없이 산다면 우리는 사실상 우리를 통제하려는 원리주의와 자기민족중심주의를 돕는 것이다.

한 가지는 확실하다. 우리 크리스천들은 현대주의와 물질주의의 명목 아래 인도를 위협하고 있는 모든 문제에 대해 힌두와 그들의 사회 구조를 비난할 수 없다. 오히려 선 또는 악인 이 물질주의와 현대주의의 출현에 대해 우리는 '기독교'로써 어느 정도 기여해야 한다.

서양화된 기독교는 정말 인도의 문제들에 치료책을 줄 수 없다. 나는 현대주의와 물질주의가 힌두교의 기초를 흔들고 있는 이 시기가 힌두를 기독교로 개종시키기기 위한 아주 좋은 기회라고 제안한 경험 많은 한 기독교 지도자의 전략 논문을 들으면서 크게 놀라고 충격까지 받았다. 우리가 힌두를 이기는데 물질주의와 현대주의가 도움을 주기 때문에 그 둘을 변장된 복이라고 생각한다면 우리는 바람직하지 않은 방법으로 이익을 낚고 있는 것이다. 현대주의와 물질주의는 힌두보다 서양화된 인도 크리스천에게 더 큰 위협이다.

힌두교가 전보다 더 강하게 부활하고 있다. 나는 상류 카스트 출신의 예슈 박따(Yeshu Bhakta, 예수님을 따르는 자)를 만나서 복음 소통과 예수님을 따르면서 정말 인도 사람이 될 필요성에 대해 나눌 때마다 일반적으로 그들은 나를 즉각 지지한다.

그런 사람 가운데 한 명이 모한 꾸마르(Mohan Kumar)이다. 그는 단지 나와 한 시간 동안 대화를 나눴지만 한스 스태프너(Hans Staffner) 신부가 쓴 『예수 그리스도와 힌두 공동체』(*Jesus Christ and the Hindu Community*, 1988)와 다른 논문들을 읽고 나서 우리 문화유산의 위대함을 인식했다. 그리고 나에게 다음과 같이 썼다.

"당신이 우리의 위대한 나라에 대해 더 알고자 하는 내 불타는 마음에 연료를 주기 위해 몇 권의 다른 책들을 추천해 주신다면 정말 감사하겠습니다."

이것이 '예수님을 따르면서 인도 사람으로 남는' 정신을 일으킬 수 있는 예슈 박따의 사례라면 RSS, BJP와 VHP 등 힌두 원리주의자들이 인도 문화에 철저한 힌두 예슈 박따를 어떻게 비난할 수 있겠는가.

교육 받은 힌두들은 인도의 사회적 그리고 문화적 유산에 배어 있는 가치를 극단적인 현대주의에 대한 정확한 치료책과 해독제로 본다. 르네상스 운동 이후 힌두교가 다시 강하게 부흥하고 있다. 과학의 발전으로 인한 세속화와 현대주의가 힌두교를 '비신화적'으로 만들고 있지만 또한 동시에 세속화와 현대주의는 그들의 원래의 모습을 유지하게 했던 과거 유산^{3}으로 돌아가도록 이끌고 있다.

---

3 우리가 '과거 유산'을 언급할 때 일부 서양 학자들이 개발하고 19세기와 20세기에 영국 통치에 투쟁했던 인도 민족주의자들이 장려한 인공적인 '황금시대 이론'(Golden Age Theory)을 받아들여야 한다고 주장하는 것이 아니다. 이 주제에 대한 통찰력 있는 견해를 보라. "… 황금시대의 출현은 현지화와 현대 가치와의 조화 둘 다를 수용하면서 둘 사이의 긴장을 해결했다. 황금시대 사상은 힌두 민족주의의 초석 가운데 하나가 되었다(11). …민족주의를 다루면서 스미스(Smith)는 많은 지역에 끼친 유럽의 현대화의 영향에 대해 다음과 같이 분석한다. 유럽 사람들은 식민지화된 피지배층이 후진성과 퇴보의 감각을 갖게 했다. 그들은 주로 피지배층이 지식층과 타협하게 한 후 피지배층들의 전통을 개혁하기 시작했다. 결과적으로, 세뇌된 사람들은 이론적인 '황금시대'에 찬성하며 다시 새로워진 전통을 추구하는 것에 지대한 관심을 보였다. 사람들은 황금시대 이론을 과거를 이상적으로 재해석하고 서양의 도전에 맞서기 위해 완전하게 만들었다. 결론적으로, 유럽 사람들이 피지배층을 위협해 정복자의 강점을 본받게 했고 결국 피지배층 자아 존중 의식을 되찾아 민족주의를 이룬 과정에서 유럽의 현대화가 초석으로 작용했다 …(13)." Christophe Jaffrelot, *The Hindu Nationalist Movement and Indian Politics 1925-to the 1990s With a New Afterword*, Penguin Books, (1993), 1999. 황금시대에 관한 다른 중요한 주장은 같은 책의 6, 13, 16, 27, 76-77을 참조하라. 그리고 황금시대의 기원과 동양학자

오늘날 상류 카스트뿐 아니라 교육 받은 하류층은 기독교가 인도 사람의 정체성을 위협하고 있는 것으로 보기 때문에 '기독교'를 따르려고 하지 않는다. 이 모든 상황에서 우리는 어떤 새로운 것이나 비성경적인 것을 추구하지 말아야 한다. 유럽식 사상을 버려야 한다. 그리고 신약 성경의 방법으로 돌아가야 한다. 동시에 우리는 흉내만 낼 것이 아니라 정확히 사도 바울과 같이 할 필요가 있다. 눈먼 채 다른 사람들에게 서양 전통을 강요할 것이 아니라 성경의 원리를 소개해야 한다.

내가 강의할 때나 이야기 할 때 크리스천들에게 가장 큰 혼란과 충격을 주는 것은 "나는 크리스천이 아니라 힌두이자 예슈 박따다"라고 말하는 것이다. 내가 '힌두'의 의미를 아무리 설명해도 크리스천들은 이해를 못한다. 나는 이 부분에 대해 곧 출간될 책 『힌두교 이해하기』(*Understanding Hinduism*, 2005)에 충분히 실었다.

크리스천들이 논쟁하면서 사용하는 유일한 근거는 사도행전 11:26에 나오는 단어 '크리스천'이다. 그들은 계속해서 예수님을 따르는 사람들을 크리스천이라고 부를 것이다. 그리고 당신이 예수님을 따르면 자동적으로 크리스천이 되는 것이고 더 이상 힌두로 남지 않는다는 것이 그들의 생각이다.

(Orientalist)의 기여에 대해서 람바짠(Rambachan)이 말한다. "황금시대에 대한 개념은 람 모한 로이 같은 개혁가들에게 직접적으로 영향을 끼쳤다. 아마도 초기 동양학자들이 다음과 같은 큰 기여를 했을 것이다. 황금시대에 대한 지식은 공동체에 대한 새로운 마음을 강조하는 접착력 있는 사상이 될 것이다. 공동체 의식 없는 민족주의가, 자아 존중에 대한 집단적 감정이 없으면서 공동체 의식을 가진 민족주의가, 그리고 황금시대의 재해석에 눈뜨지 못하는 자아 존중이 가능한 민족주의가 출현할 수 있을지 의심스럽다." H. H. Wilson의 이 글이 인용된 출처는 David Kopf, *British Orientalism and the Bengal Renaissance,* Berkeley: University of California Press, 1969, 284. quoted by Rambachan, op. cit., 14.

한 사람은 다음과 같이 말하며 격렬하게 논쟁했다.

"당신은 힌두이면서 예슈 박따라고 말할 수 있을 것입니다. 그러나 다른 사람들은 당신을 '크리스천'이라고만 봅니다."

그러나 이에 대해서 누가 비난 받아야 하는가?

예수님을 믿으면, 문화적으로 그리고 사회적으로 힌두로 남지 못하고, 자동적으로 힌두에 대한 모든 것을 포기하고 '크리스천'이 되어야 한다는 개념을 인도의 기독교가 만들었다. 그러나 그 논쟁에서 그들은 한 가지를 잊었다.

그들은 성경에서 온 단어 '크리스천'에 대한 그들의 입장을 적절하게 표현하지 못하고 있다. 그들이 말하고 심지어 강요하는 것은 다른 사람들이 그들에게 물려주거나 짐 지운 전통이다. 흥미롭게도 유대 문화를 따르면서 예수님을 믿는 유대인들은 자신들을 '크리스천'이 아니라 '메시아닉 유대인'(Messianic Jews, 예수님을 자신의 구세주로 여기는 유대인)이라고 부르고 기독교 세계는 이것을 쉽게 받아들인다. 그러나 여전히 많은 크리스천들은 힌두 예슈 박따가 '크리스천'이 되기를 기대한다.

우리는 성경적이거나 비성경적인 모든 관습이 인정받지 못하는 수준에서 시작됐고 대중적이고, 도전받지 않고, 질문 받지 않는 위치로 성장하기까지 수백 년이 걸려 사람들의 마음과 사고에 영구적인 인상을 남겼다는 것을 기억해야 한다. 그리고 어떤 사상이 생겨나 오래된 전통에 도전할 때 그 사상은 그 사상을 믿고 고백하는 사람들을 혼란스럽게 할 뿐 아니라 많은 반대에 직면한다.

반대의 주된 이유는 눈먼 채로 따르는 전통을 제대로 이해하지 못해서 새 사상을 그들의 정신 안정을 해치는 위협으로 보기 때문이다. 가장 좋은 사례는 과학자들을 핍박한 중세교회다. 어쨌든 다른 사람들이 편안해야 한다는 이유만으로 우리가 믿는 것을 다른 사람들에게 나누는 것을 멈출 수는 없다. 새 길을 걷고자 하는 사람은 자신들의 신념에 대한 무거운 대가를 치룰 준비를 해야 한다.

힌두 경전에 '힌두'라는 단어의 학문적인 설명이 존재하지 않는다. 이것이 이 단어를 다룰 때 첫 번째로 고려해야 할 주장이다. '신두강'(Sindu River)에서 유래한 이 단어 '힌두'는 원래 종교적인 의미보다 지정학적인 의미로 사용되다가 나중에 '인도'(India)와 '힌두'(Hindu)가 되었다. 이에 대해 한스 스태프너가 요약한다.

> 어떤 경전이나 준(semi)경전도 '힌두'라는 단어로 특정한 종교를 묘사하지 않았다. 산스크리스어에도 '힌두'라는 단어가 존재하지 않는다. 베다, 우빠니샤드, 바가바드 기타, 스므리티, 뿌라나 같은 경전도 힌두 종교에 대해 전혀 언급하지 않는다. 힌두 신을 따른 박띠(bhakti) 시인들도 바가바타 다르마(Bhagavata dharma)에 대해서는 말을 하지만 힌두 다르마(Hindu dharma)에 대해서는 말하지 않는다. 다른 종교들을 묘사할 때는 사이바, 바이쉬나바, 자인 등과 같은 적절한 용어들을 사용했다. 식민 시대 전에 어떤 사람이라도 '힌두 종교'에 대해서 말을 한 적이 있는지 의심스럽다.[4]

항상 모든 면에서 새로운 발명품에 관심을 갖고 있는 유럽 사람

---

4 Stafffner, op. cit., 91.

들은 힌두교(Hinduism)라고 불리는 종교를 '발명'한 개척자였다. 그들은 자신들의 생각을 다른 이들에게 '강요'하는 것으로 유명해서 그들은 점차 인도 사람들과 다른 사람들에게 비기독교인과 무슬림이 아닌 사람들의 종교를 '힌두교'라고 세뇌시켰다. 독일 튜빙겐(Tubingen)대학교의 인도학과 비교 종교학 교수인 하인리히 본 스티텐크론(Heinrich von Stietencro)은 이렇게 썼다.

> 인도에 있는 어떤 종교도 자신을 **힌두교**라고 하지 않는다. 힌두교는 유럽 사람들이 개발한 어떤 종교다. 이 단어는 힌두의 종교를 가리킬 의도였다. 그런데 불행하게도 이 단어를 발명한 사람들은 힌두에 대해서 충분히 알지 못했다. 그들은 힌두가 많은 종교를 갖고 있다는 것을 뒤늦게 발견했다.
> 힌두교는 위대한 세계 종교 가운데 하나로 인식된다. 인정하기 어렵지만 우리는 오늘날 힌두교는 유럽 학자들이 인공적으로 경작해오고 있는 어떤 식물이라는 사실을 인식하고 있다. 즉 정말 아름다워서 버릴 수 없는 식물이지만 여전히 그것은 인공적인 식물이다. 그리고 그것은 자연에서 자라지 않는다.[5]

---

5 Ibid., 95(강조는 원문의 것임). Heinrich von Stietencro은 그 사실에 대해 학문적으로 요약하고 설명한다. "서양 행정가, 학자, 그리고 페르시아에서 온 상인들이 '힌두'(Hindu)라는 단어를 사용했고 그 단어에서 '힌두교'(Hinduism)라는 말이 유래되었는데 그 단어는 서양에서 오해를 불러 일으켰다. '힌두'라는 단어는 산스크리트어 신두(sindhu)의 페르시아어 변형이다. 신두는 인더스 강을 지칭한다. 아베스타(Avesta, 경전)에서 신두는 이미 인더스 강과 그 강이 흐르는 나라 둘 다를 일컫는다. 복수형(sindhus)으로 쓰이면 그 단어는 그 지역의 사는 사람들, 즉 인더스 사람들(the Indus people. 오늘날의 인도 사람들, the Indians)을 가리킨다. 기원전 517년에 인더스까지 영토를 확장한 다리우스(Darius) 1세의 시대 때 쓰여 진 고대 페르시아 설형문자 비석이 이 뜻을 증명한다. 천 년 이상 힌두(Hindus, 복수형)는 일반적으로 인도 사람들을 지칭했다. 그러나 기원후 712년 이래 무슬림들이 인더스 계곡에 영구적으로 정착하기 시작하면서 하층 카스트 힌두들을 개종시켰을 때 페르시아 작가들이 인도에 사

물론 스티텐크론의 연구는 학문적이거나 심지어 '인공적인' 답변이다. 이것이 '올바른' 정보를 주고 있음에도 불구하고 너무 학문적이다. 인기 있는 책에서도 힌두는 자기 믿음과 상관없는 특정한 공동체 또는 사회지만 지금은 '힌두교'라 불리는 '종교'를 자칭하는 사람들을 가리키는데 사용되고 있다. 이 '인공적인 식물'은 현실에 존재하고 있지 않지만 '인도를 힌두'로 만들고자 원하는 힌두 원리주의자들이 조심스럽게 영양분을 제공하고 있다.[6]

'힌두교'는 또한 크리스천들의 생각에 널리 존재한다. 크리스천

는 힌두와 무슬림을 구분했다. 그러므로 힌두는 무슬림이 아닌 인도 사람이었다. 우리는 페르시아 학자들이 힌두 가운데 있는 많은 종교를 구분할 수 있었다는 것을 안다. 그러나 유럽 사람들이 힌두(Hindoo)라는 단어를 사용하기 시작했을 때 그들은 그 단어를 학문적으로 구분하지 않고 인도의 비 무슬림들에게 적용했다. 대부분의 사람들은 '힌두'(Hindu)라는 단어가 그 단어에서 유래된 '인도 사람'(Indian. 이 단어에서 India가 유래. 이 두 단어의 기원은 Indus river. 그리스어로는 Indos)이라는 단어와 정확히 같다는 것을 인식하는데 실패했다. 그들은 힌두가, 서쪽 무역 지대로 알려진 인도 해안에 거주하는 무슬림, 유대인, 크리스천, 조로아스터교도, 그리고 자이나교도와 다른 사람들을 가리키기 위해 '힌두'라는 단어를 채택했다. 이것이 이 단어에 대한 기초적인 오해다. 그리고 '힌두'(Hindu)에서 '힌두교'(Hinduism)라는 단어가 추상적으로 생겼다. 즉 인도 인구의 광범위한 다수가 믿는 상상의 종교, 인도 사람들의 의식에 '종교'(서양적인 의미로) 전혀 존재하지 않았던 것이 만들어진 것이다." Heinrich von Stietencron, 'Hinduism: On the proper use of a deceptive term' in *Hinduism Reconsidered*, Sontheimer, Gunther D. Kulke, Hermann, South Asian Studies No. XXIV, South Asia Institute, New Delhi Branch, Heidelberg University, Manohar Books, 1991, 11-12.

6 데이빗 루든(David Ludden)의 통찰력 있는 견해를 참고하라. "인도 사람들을 '힌두'라는 단어로 칭하는 관습 때문에 끝없는 혼란이 생기고 있다. 종교와 각종 조사 범주에 선을 그을 수 없는 것이다. … 이 습관화된 단어를 통해 독자는 힌두교가 인도를 비현실 쪽으로 이끌어 가고 있다는 생각을 굳힌다. 그러나 인도 정부는 눈에 띄게 힌두 정부는 아니거나 사실 미국 정부가 크리스천 정부라는 것보다 덜한 힌두 정부다. 왜냐하면 대부분의 인도 정당들이 명백하게 힌두 정치에 반대하기 때문이다. 이 습관화된 단어는 힌두로 정의되는 인도, 인도 사람들, 그리고 인도 정부를 힌두로 정의하고 있다. 이런 정체성을 정치적 현실로 만드는 것은 사실상 힌두 민족주의의 계획이다(내가 쓰듯이 1995년 7월 10일 뉴욕 타임지는 카시미르를 놓고 파키스탄과 벌이는 충돌, 넌지시 힌두 민족주의를 시인하는 말들을 설명하며 인도를 '눈에 띄는 힌두'로 묘사한다)." David Ludden, "Introduction: Ayodhya, A Window on the World," Ludden, in *Making India Hindu: Religion, Community, and the Politics of Democracy in India*, ed. David Ludden, Delhi, Oxford University Press, 1996, 7-8.

들은 자신들의 각각의 교단 시장으로 보낼 '기독교 바구니'를 채우기 위해 몇 개의 과일(힌두)을 따려고 그 인공적인 식물에 다가가다가 알레르기와 고통(아마도 어떤 종류의 숨겨진 증오가 있는)을 느낀다(크리스천들은 대부분의 경우에 하나님의 은혜로 제대로 익어서 떨어진 것들을 줍거나 어떤 경우에는 익기 전에 강한 바람으로 인해 떨어진 것들을 줍는다).

'크리스천'이라는 단어 역시 복잡한 역사를 가지고 있다. 복음주의 크리스천들은 '크리스천'이라는 단어의 정의를 '그리스도를 따르는 사람'이라고 정의 내린다. 이를 위해 그들은 사도행전 11:26을 인용한다. 그들은 '명목상,' '전통적,' '교단적' 크리스천도 존재하지 않고 '크리스천들'의 다양성도 존재하지 않는다고 말한다. 그러나 모든 사람은 이 또한 인공적인 정의라는 것을 안다.

아래의 목록을 보면 이미 다양한 크리스천이 존재한다. 전도 사역에서도 그들은 많은 고통과 혼란스런 상태로 '명목상 크리스천'과 '거듭난 크리스천'의 차이를 설명하느라 자신들의 시간의 90%를 낭비한다. 그들이 생각하는 '그리스도 안에 있는 사람 또는 크리스천'을 열거해 본다:

〈그리스도 안에 있는 사람 또는 크리스천〉

① 거듭난   크리스천
② 생각이 바뀐   크리스천
③ 하나가 된   크리스천
④ 관습적인   크리스천

⑤ 성탄절을 지키는   크리스천
⑥ 걱정 없는   크리스천
⑦ 개종한   크리스천
⑧ 죄를 깨닫는   크리스천
⑨ 교리적인   크리스천
⑩ 교단적인   크리스천
⑪ 모태신앙   크리스천
⑫ 결혼을 통한   크리스천
⑬ 명목상   크리스천
⑭ 새로운   크리스천
⑮ 신앙을 회복한   크리스천
⑯ 교회에서 쌀을 받는 크리스천
⑰ 전통적인   크리스천
⑱ 참된   크리스천
⑲ 로마 천주교   크리스천
⑳ 정교회   크리스천
㉑ 개신교   크리스천
㉒ 오순절파   크리스천

오, 주님! 이 세상의 크리스천 가운데 당신이 진짜 그리스도 안에 있다고 인정할 수 있는 한 명의 참된 크리스천이라도 발견할 수 있습니까!?

특별히 보통 힌두에게뿐 아니라 대부분의 '크리스천들'에게 크리스천은 예수님이 세운 '크리스처니티'(Christianity, 기독교)라 불리는 종교를 믿는다고 고백하는 사람이라고 알려져 있다. 그들은 두 단체(Group, 정확히 말하자면, jatis[인종, 부족의 단위]. 위에 인용한 예수다산 박사가 자신의 책에 사용한 같은 단어)를 가지고 있다. 두 단체는 정말로 크리스천이 아니면서 서로를 해산시키려고 싸우는 로마 천주교와 개신교다. 그리고 많은 사람들은 '거듭난 크리스천'이 '진짜 크리스천'이라는 것을 절대 모른다.

복음주의 교단에서 더 큰 문제는 '그리스도를 따르는 사람'을 '크리스천'이라고 정의하는 것이 전통에 기초한 유일한 정의라고 말하는 것이다. 그것은 가치가 있을 수 있지만 비성경적이다. 이 사실을 설명하기 위해 많은 근거를 제공할 수 있다.

첫째, 사도들도, 초대교회 신자들도 우리가 오늘날 사용하는 것처럼 '크리스천'이라는 단어를 사용하지 않았다. 안디옥에 있는 신자들이 처음으로 크리스천이라고 불렸다는 것을 인정하지만 그 용어는 사도들이 받아들이지도 사용하지도 않았다(행 11:26; 26:28; 벧전 4:16을 제외하고).

우리가 나중에 보겠지만 그 모든 지역에서 그 단어가 오늘날 우리가 사용하는 것 같은 의미를 가지고 있지 않았다. 다른 사도들을 하늘나라로 떠나보낸 사도 요한은 오래 살았고 사도 가운데 마지막 남은 사람이었다. 그는 초대교회의 성장, 핍박, 그리고 이단의 출현을 봤지만 그는 그의 어떤 글에서도 '크리스천'이라는 말을 사용하지 않았다.

둘째, 안디옥에서 사용된 '크리스천'이라는 단어는 칭찬의 말이 아니었다. 그 단어는 다른 사람들이 안디옥 크리스천들을 칭찬과 존경으로 '크리스천'이라고 불러서 안디옥 신자들이 영광스럽게,

영적으로, 그리스도 같은 삶을 살았다는 것을 의미하지 않았다. 다른 사람들은 크리스천들을 구분하기 위해 어쩌면 그들을 놀리기 위해서 그 단어를 사용했을 것이다.

서양 사람들을 '파랑기'(Paranghis)라고 부르고, 브라민들을 빠빤(Paapan), 그리고 무슬림들을 타밀어로 뚤룩깐(Tulukkan), 힌디어로 미야(Miya)로 부르는 것처럼 말이다. 브라민을 존경의 표시로 부를 때는 타밀어로 '싸미'(Sami) 또는 힌디어로 '빤디트'(Pandit), 무슬림을 존경의 표시로 부를 때는 타밀어로 '바이'(Bhai), 그리고 힌디어로는 '모울비지'(Mowlviji)다.

그러나 일단 안디옥 사람들이 신자들의 간증, 즉 영적인 삶을 본 후 매우 감동 받고 그들을 '주 예수 그리스도를 엄격하게 따르는 사람들'이라는 의미로 '크리스천'이라고 불렀다는 것을 인정하자. 비슷한 의미로 힌두와 비기독교인이 우리 안에 영적으로 충만한 삶, 즉 그리스도 같은 삶을 본 후 우리를 '크리스천'이라고 부른다면 우리는 기쁘게 크리스천이라는 정체성을 받아들일 수 있다.

그러나 우리가 힌두(심지어 크리스천들도)가 해석하는 '크리스천'이라는 단어의 대중적인 의미를 알고 있는 상태에서 그 단어를 받아들여야 하는가?

인도에서 '크리스천'이라는 단어는 서양 종교, 남의 문화를 파괴하는 종교, 외국이나 교회에서 돈을 받는 종교, 부도덕한 종교(미국 영화에서 보이는 동거, 인도 크리스천 여성들이 결혼을 하고도 결혼 표시를 하지 않는 모습), 남의 나라를 침략하는 종교(미국과 유럽 국가들), 서양 문화를 강요하는 종교, 이중적인 종교, 영적이지 않은 종교라고 본다.

　신약 성경에 3번 나오는 '크리스천'이라는 단어에 대해서 주석들에 어떤 내용이 있는지 보자.

　첫째, 사도행전 11:26이다.

이 모든 행동 가운데 하나의 중요한 결과는 처음으로 제자들이 '크리스천'이라고 알려진 것이었다(W. Grundmann, TDNT, IX, 536). 누가는 그가 사도행전을 썼던 특정한 시기에 '크리스천'이라는 단어가 특정한 지역에서 친근한 용어가 되었다고 특별히 언급한다. 2세기 초반 그 단어는 로마, 아시아 미노르와 안디옥에서 사용되었고 그 모든 지역에서도 그 단어를 안디옥에서처럼 똑같은 의미로 사용했다. 그 어휘(Christianos)의 어미(nos)는 그 단어가 헤롯왕을 따르는 사람(Herodian)처럼 라틴계 어휘라는 것을 가리키고 의미는 그리스도를 따르는 자라는 뜻을 내포한다. '그리스도'(Christ)는 원래 '메시아'(the Messiah, 구세주)인 예수님을 위한 호칭으로 사용됐지만 사람들이 예수님을 '메시아' 대신 '그리스도'라고 표현한 것도 예수님을 제대로 이해한 것이다. '불렸다'(were called)라는 동사는 모든 가능성으로 볼 때 '크리스천'이 안디옥 대중이 부른 별명이었다는 것을 암시한다.

비록 이 때 크리스천들이 스스로 그 단어를 사용했을 지라도 안디옥 사람들이 '그리스도'라는 뜻을 제대로 이해했더라면 좋았을 것이다. 머지않아 사람들은 점점 더 그 호칭을 예수님의 이름처럼 사용했다. 그 호칭은 조롱의 요소를 포함했던 것 같다(행 26:28; 벧전 4:16). 크리스천들은 '제자들'(disciples), '성도들'(saints), 그리고 '형제들'(brothers) 같은 다른 이름을 선호했다.[7]

말 그대로, 크리스천들은 크리스천이라는 이름을 받아들였다. 즉 타협 또는 사업(그리스어로 chrematizo임)을 한 것이다. 그래서 그들이 크리스천이라는 이름으로 일반적으로 알려졌다. 이방인들이 '그리스도'(Christ)라는 말을 단순히 한 사람의 이름으로 인식했기 때문에 크리스천들은 '그리스도의 사람들'이라는 의미의 이 이름(크리스천)을 받아들일 수 있었고, 유대인들은 '메시아의 사람들'이라고 이해했다.[8]

둘째, 사도행전 26:28이다.

아그리파(Agrippa)는 자신이 사도 바울의 질문에 동의하면 자신이 무엇을 양보해야 하는지 깨달았다. 그가 선지자들의 신앙을 믿는다고 고백했다면 "그러면 당신은 확실히 예수님이 메시아라는 것을 믿습니까?"라는 질문을 받았을 것이다.
한편으로 그가 선지자들을 믿는다는 것을 부인하는 것은 충성스런 유대인에게 생각할 수 없는 일이었다. 그래서 그가 대답했다. "짧은 시간에 내가 나를 크리스천으로 만들려고 생각하는가!" 그의 대답은 비꼬는 것이 아니라 민첩한 것이었다.

---

7 I. Howard V. Marshall, *The Acts of the Apostles*, Tyndale New Testament Commentaries, London, Inter-Varsity Press, 1983, 203.

8 F. F. Bruce, in D. Guthrie and J. A. Motyer (eds.), *New Bible Commentary*, Leicester, Inter-Varsity Press, third ition, 1978, 987.

아그리파는 자신이 빠진 그 지역의 위험한 덫에서 빠져나오려고 시도했다.[9]

그래서 그는 "짧은 시간 안에 네가 나를 권하여 크리스천이 되게 하려고 하는가"라고 말했고, 그 말은 사실이었다.[10]

셋째, 베드로전도 4:16이다.

'크리스천'이라는 단어는 신약 성경(행 11:26; 26:28)에서 오직 두 경우에만 나타난다. 두 경우 모두 그 단어는 다른 사람들이 경멸의 용어로서 사용했다고 추정되지만 두 개의 중요한 다른 가능한 유래가 있다. 헤롯의 지지자들이 'Herodians'(마 3:6 등)로 불렸던 식으로 '지지자'를 가리키기 위해 그리스도라는 그리스 단어에 라틴어 접미사 'ianus'가 덧붙여졌을 것이다.

한편으로, 입양에 따른 로마 관습을 보면, 로마 가정에 입양된 사람은 자신의 이름에 이 접미사를 붙여 자기 것처럼 사용했다. 도미티우스(Domitius)의 가정에 입양된 사람은 자신을 도미티아누스(Domitianus)로 불렀을 것이고 안디옥이 로마 도시 가운데 하나여서 크리스천들은 그리스도의 가정에 입양된 것처럼 크리스천이라는 이름을 잘 사용했을 것이다.[11]

물론 아무리 많이 논쟁을 한다고 해서 우리가 이 문제에 대한

---

9 Marshall, op. cit., 399-400.
10 Bruce, op. cit., 1007.
11 Wheaton, David, H., in Guthrie, D etc. *New Bible Commentary*, op. cit., 1246.

해결책을 즉시 찾을 수는 없을 것이다. 왜냐하면 힌두들조차도 예수님에 대한 우리의 신념을 들은 후, 심지어 우리가 "우리는 예슈 박따이지 크리스천은 아닙니다"라고 말할 때 우리의 이론을 받아들일 준비가 되어 있지 않다.

힌두들은 예수님을 믿는다고 고백하면 크리스천이 '되는 것'이라고 명확하게 이해한다. 즉, 한 사람이 예수님을 진짜 믿든 안 믿든, 또는 교회 구성원이든 아니든, 크리스천이 되었기 때문에 자신의 종교 공동체를 바꾼다고 생각한다.

이것은 다음 사건을 통해 이해할 수 있다. 남인도 뱅갈로르에 사는 상류 카스트 출신의 한 신자 부부(디네쉬와 레까)는 처음에 자신들을 힌두 예슈 박따라고 불렀다. 그러나 그 후 그들이 자신들을 '크리스천'이라고 '공식적으로 선포'했을 때 그들의 부모에게 큰 문제가 되었다. 그의 아버지가 나에게 말했다.

"우리 가족은 내 세대로 끝났습니다."

그에게 있어서 '크리스천'이 '되는 것'은 마음의 변화가 아니라 '공동체'의 변화이며 심지어 가족의 대가 끝났다는 것을 의미했다. 디네쉬의 어머니가 나에게 말했다.

"지금까지 디네쉬가 자신은 힌두이며 예슈 박따라고 했어요. 바라띠 당신도 힌두이면서 예슈 박따인 것을 우리는 알고 있어요. 나는 당신의 삶과 말을 통해서 우리가 힌두이면서 예슈 박따로 남아 있을 수 있다는 것을 알고 있어요.

그런데 왜 디네쉬와 레까는 그들의 생각을 바꿨나요?

당신이 그들을 설득할 수 없나요?"

그녀는 말을 하면서 눈물을 흘렸다. 그녀는 주님을 위해 마음을 열었지만 디네쉬 부부의 변화가 그녀의 마음에 급격한 동요를 가져왔다. 나는 그 두 사람의 결정은 그들의 개인적 생각이며 내 원칙은 아니라고 말했다. 디네쉬와 레까가 나에게 자신들의 변심을 정당화하려고 했을 때 나는 그들의 결정이 교인 숫자를 늘리는 데 도움을 줄지 몰라도 가족이 주님을 따르는 데는 도움이 되지 않을 것이라고 지적했다.

우리는 예슈 박따의 존립을 위해 싸워야 한다. 우리가 이미 지적했듯이 모든 제도는 미약한 수준에서 시작해서 인정을 받기까지 수백 년이 걸렸다. 비슷하게 '예슈 박따이자 힌두'라는 우리의 주장도 인도와 다른 곳에서 제대로 인정을 받기까지 수백 년이 걸릴 것이다. 다른 사람들과 달리 우리는 두 막다른 곳, 즉 크리스천들 그리고 힌두들과 싸워야 한다.

그런데 이 싸움은 자신들의 정치적 목적을 성취하려고 하는 힌두 '원리주의자'들과 '가짜 세속주의자들' 사이에서 더 복잡해지고 있다('자기민족중심주의'와 '가짜 세속주의' 사이의 중간 길에 대해서는 곧 출간될 '힌두교 이해하기'를 보라).

그러나 예슈 박따로서 확신을 가지고 사는 것이 작은 일이 아니다. 우리는 마땅히 지불해야 할 비용을 계산해야 한다. 인도 상류 카스트 가운데 하나님의 나라가 임하는 것을 보기를 원하는 사람은 이 책의 내용 안에서 우리가 싸워온 도전을 받아들여야 한다. 인도의 모든 예슈 박따들은 자신들의 경험을 통해 배우면서 많은 인내로 버텨야 한다. 그리고 힌두 사회에서 예수님을 따르는 대가를 치루기 위해 모든 곳에서 오는 모든 비판을 받아들일 준비를 해야 한다. 따타쓰뚜!(그렇게 되기를!) 샨띠!(평화!)

부록 1
크리스천 여성이 빨간 점을 찍는 것의 적절성[1]

P. 쩬찌아(P. Chenchiah)

    선생님, 당신이 자랑스러워하는 잡지의 칼럼에서 시작되고 저명한 사람들이 설명한 '빨간 점(빈디, 기혼 여성이 기혼을 표시하기 위해 이마에 찍는 빨간 점. 과부는 하지 않음) 논쟁'은 우리의 지성으로나 영으로도 믿기 힘든 것이라는 점을 드러내고 있습니다.

    빨간 점이 단순히 하와만큼 늙은 여인들의 화장품 상자에서 온 것이라는 사실을 알아야 합니다. 그에 대해 신학적이고 인류학적인 문제로 토론하는 것은 웃기는 일입니다. 그것은 단지 유행이고 유행은 이유나 논리가 없습니다.

    남근 상징과 빨간 점의 결합은 립스틱과 파우더 상자를 원시 드루이드교(Druid)의 의식과 결합시키는 것보다 덜 과학적입니다. 당신이 그 오래된 기원을 추적하기 시작한다면 당신은 우리 인도의 옷, 장신구, 그리고 음식이 이교와 이단에서 발생하지 않았고

---

[1] From The Guardian, 1951, 429, reprinted in Thangasamy, D. A. (ed.), The Theology of Chenchiah), YMCA/CISRS, 1966, 233-4.

거의 아무 의미도 없다는 것을 발견할 것입니다.

많은 서양 사람들의 위를 즐겁게 하는 절반만 익힌 음식과 마음을 즐겁게 하는 탱고 춤은 아프리카 전통에서 직접 수입한 것입니다.

빨간 점 반대 운동의 우승자가 립스틱, 파우더 상자, 탱고, 그리고 설익은 음식에 대항해서도 전쟁을 벌일까요?

한 가지 더 말하자면, 이교와 관련 있는 것은 빨간 점만이 아닙니다. 더 심한지 덜한지는 의심해봐야겠지만, 성탄절 의식, 성직자의 복장, 교회 건물(고딕 양식), 성례들, 그리고 축제들이 이교 기원을 가지고 있다는 것을 보여줄 수 있습니다. 무엇보다도 주님과 나는 큰 일은 소홀히 하고 작은 일에 온통 신경을 쓰는 바리새파의 위선을 정말 싫어합니다.

Living Water
and
Indian Bowl

부록 2
옴(OM) 이해하기

다음은 크리스천 예배에서 옴을 사용하는 것에 대해 비전문가인 내가 다양한 곳에서 연구와 정보 수집을 한 후 내 지식에 기초해서 정리한 것이다.

1. 옴은 일반적인(인격을 갖지 않은, impersonal) 단어일 뿐이다. 나중에 사람들이 옴에게 어떤 의미를 덧붙일지라도 마찬가지다. 그것은 스리(Sri) 람 등과 같이 어떤 신들에게 사용되는 스리(Sri, 님)와 같다. 그래서 우리는 그것에 말을 걸거나 기도하거나 심지어 명상할 수도 없다.
 우리가 스리(Sri)라는 단어를 대상으로 명상할 수 있는가?
2. 사도 요한이 로고스(logos, 말씀 [그리스인들 즉 우상숭배자들이 사용한 단어])를 사용한 것처럼 우리가 예수님을 위해 옴을 사용한다고 해서 인도 기독교계에 새로운 신학적 통찰력을 덧붙이는 것이 아니다.

3. 문화적 상징과 종교적 상징을 사용하는 것은 다른 문제다. 인도의 어떤 지역들에서는 문화와 종교가 서로 섞여있다. 그런데 옴의 경우, 완전히 종교적인 상징으로 쓰이는 곳도 있다. 그래서 우리는 그것을 주의 깊게 사용해야 한다. 나는 개인적으로 크리스천 아쉬람(Ashram: 종교, 명상, 수련회 목적의 건물)에서 그림과 금속 두 개를 사용해 옴을 표시하는 것을 우려한다.

샨띠바남(Shantivanam)의 지부로서 타니르빨리(Thanerpalli)에 있는 지반죠띠(Jeevanjyothi) 아쉬람의 사례를 보면, 그들은 십자가가 아니라 금속으로 만든 옴의 글자를 걸어두고 있다. 바라나시에 있는 마뜨리담(Matridham) 아쉬람은 예수님이 못 박힌 십자가 상 아래에 옴을 놓고 예수님과 마리아의 '형상'들과 함께 아르띠(종교 의식)까지 한다. 현재의 아쉬람 지도자가 옴을 없애서 지금은 볼 수 없다. 크리스트 깔리사(Khrist Chalisa)의 소책자에는 옴이 표지에 인쇄되어 있다. 이런 행동들은 사람들에게 인도 용어로 예수 그리스도의 말씀을 이해시키기보다는 잘못 인도할 소지가 있다.

4. 옴 자체가 중요한 주제는 아니다. 사회 문화적으로 힌두로 남으면서 예수님 안에 우리의 믿음을 일치시키기 위한 한 가지 방법으로 다루는 것일 뿐이다. 그리고 이런 식으로 우리는 랑골리(rangoli, [kolam])로 집을 장식하고, 양초 대신 디야(diya, 기름등잔)에 불을 붙이고, 산야시(sanyasi, 수도자)들은 오렌지색 옷을 입는 등 종교적인 의미보다 문화적 의미를 더 가지고 있는 상징들을 사용할 수 있다. 그러나 우리는 옴과 같은

상징에 신학적인 해석을 할 수 없다는 것을 알고 사용해야 한다.

5. 동시에 나는 우리의 바잔(bhajan, 인도 전통 찬양)에 옴을 사용하는 것에 반대하지 않는다. 신비로운 상징으로서 우리는 옴을 바잔과 "옴 나마 크리스타야"(om namah khristaya, 오! 그리스도시여, 인사드립니다) 등처럼 나마발리스(namavalis)에 사용할 수 있다. 마찬가지로 우빠니샤드식(Upanishadic) 기도를 할 때 끝에 옴을 사용할 수 있다. 이것처럼 말이다. 옴 샨띠! 샨띠! 샨띠!(Om Shanti! Shanti! Shanti!, 평화! 평화! 평화!)

Living Water and Indian Bowl

부록 3
인도의 특성: 뭐가 잘못인가?

"문화에 대해서 너무 많이 생각하거나 말하지 말라. 하나님은 문화를 초월하시는 분이므로 문화라는 명목 아래 하나님의 손을 제한할 수 없다"는 것이 보통 내가 듣는 또 다른 반응이다. 이 말을 한 후 사람들은 보통 인도의 단점을 적은 목록을 만든다. 즉 카스트, 불가촉천민, 뇌물, 부패한 정치, 게으름 등.

"우리 인도 사람들은 이와 같고 절대 성장하지 못할 것이다. 서양 국가들을 보라. 어떤 진보를 이뤘는지" 등이 뒤따르는 그들의 견해다. 그들은 논쟁을 위해 몇 개의 카스트 사례 연구를 인용하면서 크리스천들도 카스트 제도에 속해 있다는 것을 잊는다. 그러나 진짜 비극은 그들이 서양 국가들과 '일 중심'의 개념을 찬양하면서 과거 영국의 통치를 직간접적으로 여전히 좋게 생각하는 것이다. 그런 생각은 이 땅의 진짜 백성들에게 상처를 준다.

어떤 문화도, 어떤 나라도 완전하지 않다. 인도도 마찬가지다. 그런데 인도 크리스천들은 인도가 완전하지 않다고 생각하며 인도의 문화유산과 전통을 부인하고 자신들이 아무도 없는 곳에 살고 있거나 '서양 문명' 가운데 최고인 칵테일, 즉 '크리스천 문화'를 발명하고 있는 듯이 행동한다.

나는 인도를 찬양하기 위한 것이 아니라 모든 사람들에게 알려져 있지만 쉽게 인정받지 못하고 있는 사실을 그대로 알리기 위한 목적을 가지고 이 책을 썼다. 나는 인도에서 태어나 풍요로운 문화유산, 즉 삶을 어떻게 살 것인가에 대해 배운 것을 하나님께 감사드린다.

예를 하나 든다. 부유한 상인이었던 내 아버지는 어느 날 은행 빚 변제 불능으로 인해 극빈자가 되었다. 그때 내 외할아버지는 내 어머니에게 아버지의 상태가 나아질 때까지 아이들을 데리고 자신과 함께 살자고 요청했다. 그러나 어머니는 이렇게 말했다.

> 람(Ram)이 있는 곳이 시따(Sita)에게 아요드야예요(남편이 있는 곳이 아내에게 가장 좋은 곳 이라는 말이다). 내가 지금까지 그와 함께 부유함을 즐겼다면 이제 고통도 나누게 해주세요.

이것이 인도의 문화유산이다. 발미끼(Valmiki)는 이 목적으로 라마야나(Ramayana)를 썼을 뿐이며, 우리가 람(Ram)과 싸우도록 부추길 의도가 아니었다.

아름다운 연회가 우리나라에 있는데 우리 인도 사람들은 다른 나라의 식탁에 남은 찬밥을 고르고 있을 정도로 시대가 변하고 있다. 문화를 존중하는 것은 크리스천 사역뿐 아니라 모든 인도 사람의 삶에 영향을 미치는 일이다. 우리는 우리 문화를 무시한 것에 대한 혹독한 대가를 치룰 것이다. 그러나 진짜 문제를 모르면서 일부 크리스천들은 '서양화된' 교회교(Westernized Churchianity)의 형식이 '교회 왕국'(Church Kingdom)을 급속하게 확대시키는 결과를 낳을 것이라고 생각하며 혼란을 틈타 한몫을 보려고 한다. 그리고 그들은 인도에 대한 모든 것을 자유롭게 비판하면서 단지 서양이라는 이유 때문에 서양을 찬양한다.

외부인이 우리나라를 비판할 자유 또는 권리를 갖고 있듯이 우리 인도 사람들도 자아비판을 할 모든 권리를 갖고 있지만 어떤 사람들이 진실을 모른 채 다른 사람들만 찬양하기 시작하면 나는 반대할 것이다.

인도는 지난 천 년이래 여러 번의 외부 침입을 겪었다. 그 시간 동안 우리는 육체적 그리고 도덕적으로 다른 나라로부터 약탈당했다.

> … 이 모든 것은 영국 사람들이 역사에서 세금에 대해서 전혀 배우지 못해서 시작됐다. 흥분한 불량배 같은 영국 사람들이 인도 사람들을 세금으로 괴롭혔다. 또한 그들은 타지마할에 있었던 보석이 장식된 상감세공에서 코히누르(Kohinoor, 1849년 이래 영국 왕실이 소장한 유명한 106캐럿의 인도산 다이아몬드 [영국 여왕의 왕관에 박혀 있음])까지 몇 세기 동안 모든 것을 성공적으로 약탈했다. 인도 일꾼들이 수고한 문화유산을 힘들이지 않고 빼앗다 ….[1]

---

1 Tharoor, op. cit., 120.

그런 식으로 인도를 침략한 나라들은 부자가 됐다. 즉 인도가 몇 나라를 부유하게 만들었다고 말할 수 있다. 약탈당한 후 자유를 되찾았을 때 먹여야 할 수억 명의 사람들과 호전적인 이웃 나라(파키스탄)와 함께 빈 보물(kajana, 까자나) 상자만 남았다. 자유를 되찾은 50년 이내에 어떤 기적적인 발전을 기대한다면 우리는 아마도 제 정신이 아닐 것이다.

무엇보다도 우리는 우리나라에 모든 종류의 부패가 있었을 때조차 우리가 굳건한 발전을 이룩해 왔다는 것을 알아야 한다. 부패를 끝낼 수 있게 기여하지 않고 있다면 최소한 우리나라에 더 많은 문제를 더하지 말아야 한다.

미국 케네디 대통령의 말을 빌자면, "당신의 나라가 당신에게 무엇을 했는지 묻지 말고 당신이 나라를 위해 무엇을 해왔는지 물어라."

우리는 일본을 포함해 미국과 영국과 다른 나라들을 찬양한다. 그러나 미국은 다른 나라로부터 약탈당하거나 침략받지 않았다. 오히려 미국은 400년 간 세계의 모든 지역으로부터 사람(노예까지), 돈, 힘 등을 얻었다.

당신은 미국의 원주민에 대해서 말할 수 있는가?

그들은 어디로 갔는가?

미국은 다른 사람들을 가난하게 만들고, 약점을 이용하면서 부유해졌다. 인도는 그런 행동을 하지 않았다. 영국에 대해서는 우리가 진실을 알고 있으므로 많이 이야기 할 필요가 없다. 역사가들은 '시장에서 가장 낮은 등급의 노예는 영국 출신이다'라고 썼다.

그러나 그들이 어떻게 자부심 강한 나라가 되었는가?

그들이 비록 몇 개의 국내 문제를 안고 있었지만 나는 그들도 역시 외부인에게서 약탈당하거나 침략 받지 않았다고 생각한다. 반면에 우리 인도는 우리의 '살고 살게 해라'(live and let live)의 전통 때문에 외부인들을 관대하게 대했고 그로 인해 외부인들에게 노출되어 모든 면에서 이용당했다.

우리는 이 문제들에 대해 이미 잘 알고 있다. 지난 천 년 동안 세계의 어떤 나라도 인도처럼 고통을 겪지 않았다. 영광스러운 영국 정부는 행정제도를 도입했는데 인도가 자유를 되찾았을 때 나라를 이끌 정도로 능력 있고 훈련 받은 사람이 거의 없었다. 영국은 인도 사람들이 제대로 훈련 받는 것을 허락하지 않았다.

영국이 이룩한 모든 진보는 인도를 부유하게 만들기 위함이 아니라 영국의 이익을 위한 것이었다. 영국은 원재료를 빨리 항구로 보내고 완제품을 빨리 인도 시장으로 보내기 위해 철도를 부설했다.

우편 제도도 자신들의 이익을 위해 빠른 소통을 하려고 도입했다. 교육 제도는 자신들의 아래서 일할 하급 관리를 양성할 목적이었다. 그들은 우리에게 빈 손, 배고픈 위, 그리고 호전적인 이웃 국가(파키스탄)를 남기고 떠났다. 그럼에도 지금 우리 인도 사람들은 다른 사람들의 피로 이룬 영국과 미국의 발전을 찬양하고 싶어 한다.

지금도 미국은 자신들을 전 세계의 대부라고 생각하고 다른 사람들의 권리가 아니라 자신들의 관심사를 보호한다. 미국이 모든 면에서 다른 나라의 국내 문제에 직간접적으로 간섭하는 것은 잘 알려진 사실이다.

그래서 나는 GATT(General Agreement on Trade and Tariff, 무역과 관세에 관한 일반 협정)를 GATT(Great American Trade Tricks, 위대한 미국 무역 속임수)라고 부른다.

우리는 인도 사람들은 게으르고 서양 사람들은 아주 바쁜 사람들이라고 자기비하 한다.

그렇다면 서양 문명의 결과가 무엇인가?

깨어진 가정, 미혼 부모, 십대 성문제, 그리고 심지어 에이즈다. 서양 사람들이 세계에 가장 기여하는 것이 무엇인가?

락과 하드 메탈 음악이다. 우리는 카스트 그리고 심지어 불가촉천민 문제에 직면하고 있다.

그렇다면 서양의 인종 문제는 어떤가?

나는 우리의 단점을 정당화하기 위해 그들과 비교하는 것이 아니다. 그러나 나에게 완전한 나라를 보여 달라.

우리는 서양에서 부패한 정치 제도까지 받아들였다. 최소한 우리는 세계에서 가장 큰 민주주의 국가이자 세속 국가다. 세계는 인도를 '잠자는 거인'으로 묘사하고 언젠가 인도가 깨어날 때 세계에서 강력한 나라가 될 것이라고 말한다. 이에 대한 두려움 때문에 우리 이웃 국가는 우리의 발전을 저지하기 원하는 다른 나라들의 지지를 받아 군대를 선동하여 우리를 방해한다.

지금 이것은 사실이다. 그러므로 어떤 사람들이 이 모든 문제를 받아들이면서 국가에 기여하려고 자아비판을 한다면 그들만이 우리나라를 비판할 권리를 갖고 있다. 그러나 그들이 자신들의 이상을 실행할 기회가 부족해서 인도에서 다른 나라로 가려는 갈망을 몰래 숨기고 있다면 그들은 먼저 자신을 냉정하게 살

피고 최소한 이 나라가 자신들에게 공급해 주는 빵과 물에 충성해야 한다.

　우리가 인도 사람으로서 몇 개의 단점을 가지고 있는 것이 사실이지만 나는 아직까지 완전한 나라를 찾지 못했다. 그리고 나는 모든 문화유산과 계승할 전통을 가지고 있는 인도에서 태어난 것에 대해 하나님께 감사한다. 참된 예슈 박따는 주님 안에서 자신의 영적인 삶의 이해에 진정한 풍요로움을 더해주는 문화와 전통(특히 인도)을 찾는다.

Living Water
and
Indian Bowl

부록 4
로랜드 알렌의 『자발적인 교회 확장과 방해 요인』
– 다야난드 바라띠의 견해를 붙인 개요

　　교회개척의 명목 아래 진행되는 선교 단체의 확장은 자주 교회개척의 방해물이다. 교회개척의 본성과 용어로 볼 때 기독교 선교는 외부인이 어떤 사회에 어떤 것을 소개하거나 강요하는 것이다. 처음에 교회개척이 잘될지 모른다. 그러나 일단 현지 교회가 세워지면 선교 단체(교단 선교부와 각각의 교회에서 운영하는 선교 조직 포함)는 현지 신자들이 자연스럽게 교회를 확장할 수 있도록 사라져야 한다. 선교 단체가 현지인들 가운데 권위를 계속 갖고 있으면서 일시적인 보호자 역할을 하면 자발적인 교회 확장에 영구적 피해를 준다(제2장을 참고하라).

　　로버트 슈미트(Robert Schmidt) 박사의 말을 빌자면, 선교 단체는 현지인들에게 교회개척이라는 명목 아래 세운 낯선(외국적) 교회에 나오라고 하는 대신 현지인들 안에 교회가 있다고 느끼게 해야 한다. 즉 현지인들 자신이 교회라는 인식을 갖게 해야 한다.[1]

1　Schmidt, "Explanations to the Ninety-Five Theses on Church Control," 1998 in

이런 일이 생긴다면 모든 사회와 공동체에 자연스럽게 자발적인 교회 확장이 일어날 것이다.

알렌(Allen)은 교회와 선교 단체들이 사도 바울과 다른 사도들이 개척한 신약 성경의 가정교회의 모습으로 돌아가야 한다고 요구했다. 신약 성경에서 사도 바울은 가정교회를 세운 후 자신이 지명한 많은 장로들에게 지도력을 넘겨줬다(행 14:23). 게다가, 그는 이 일을 상대적으로 짧은 시간에 했는데 많은 경우 6주 후 정도에 끝냈다. 그 결과는 극적이었다. 가정교회들은 외부 자금을 요구하지 않았다. 가정교회들은 또 다른 가정교회를 시작할 준비가 되어 있는 각각의 크리스천들과 함께 급속히 성장했다. 그때만큼 교회가 그렇게 급속하게 성장한 적이 없었다.

가정교회들의 급속한 성장의 일부 원인은 가정교회가 현지 문화에 적절했기 때문이었다. 사도 바울은 그 교회들에게 복음의 단순한 요소 즉 세례와 성만찬 같은 신자의 삶에 필요한 가르침만을 남겼다. 그래서 초대교회는 스스로 자신들의 문화와 상황에 적절하고 단순한 원리를 개발했다. 그 원리를 현대의 인도 상황에 적용한다면 복음은 힌두 문화, 힌두의 아름다움, 그리고 힌두의 힘에 영향 받은 사람들에게 훨씬 더 적절한 모습을 띠어야 할 것이다.[2]

그리고 알렌은 이 놀라운 책에서 문제의 핵심을 가리킨다. 즉 현지 교회(local or native church)가 모 교회(mother church)에게 의

The Transformation of the Church(출판년도 언급되지 않음), Oregon, Transformation Media, 15.

2 나는 이 글을 쓴 로버트 슈미트(Robert Schmidt) 박사에게 감사드린다.

존하는 것(제3장), 예수님과의 개인적인 관계를 유지하기 위해 높은 수준의 교리를 지켜야 하는 것(제4장), 크리스천 도덕 표준의 명목 아래 그들에게 우리의 도덕 기준을 강요하는 것(제5장), 복음 전파의 명목 아래 유럽 문명을 확장 시키는 것(제6장), 교회를 대체하는 선교 단체들(제7장), 그리고 진짜 현지 교회를 세우기보다는 선교 단체가 되고 있는 교회 조직(제8장)이 자발적인 교회 확장을 방해하는 원인들의 일부라고 말한다. 그리고 알렌은 더 나아가 자발적인 확장을 위해 가치 있는 제안을 한다(제9장).

어떤 선지자도 자신의 시대 또는 자신의 민족들 가운데 존경을 받거나 인정받지 못했다는 것은 사실이다. 그러나 동시에 선지자는 머리(추상적이고 철학적인 용어)가 아니라 가슴으로 말하기 때문에 누구도 그의 외침을 영원히 억누를 수 없다.

때가 오면 선지자가 다시 역사에서 부활해 사회를 변화시킬 것이다. 왜냐하면 선지자가 특정한 시대에 출현했고 주어진 상황에서 자신의 견해를 밝혔지만 그가 나눈 원리는 영원한 가치를 가지고 있어서 신실한 사람들이 자신들의 문제와 싸울 때 선지자가 나눈 원리를 무시할 수 없기 때문이다. 이 이야기는 재인쇄 된 알렌의 다음의 책에서 다시 볼 수 있다(『자발적인 교회 확장과 방해 요인』[*The Spontaneous Expansion of the Church and the Causes Which Hinder It*]).

참 선지자는 백성들을 위한 하나님의 마음, 생각, 그리고 뜻을 하나님에 대해, 하나님을 위해, 그리고 하나님을 통해 말하기 때문에 그의 목소리가 단순히 차가운 지적인 공식이 아니라 정말 감정적인 호소력을 지닌다. 우리는 성경과 모든 역사를 통해 이에 대한 안목을 가질 수 있다. 알렌의 말은 절대 이 규칙에 예외가 아니고 그의 책을 읽으면 우리는 '선교'라고 불리는 하나님의 목적이 어떻게 인간의 프로그램과 정치에 의해 망쳐졌는지 볼 수 있다. 그리고 그가 가진 마음의 짐을 느끼지 않을 수 없다. 그가 말하는 원리들은 이 세상에 우리 주님의 정의를 알리기 위한 노력에 여전히 가치 있는 것들이기 때문에 계속해서 다시 읽고 또 읽는 것을 제외하고 이 책에서 논평할 것이 아무것도 없다.

이 책의 가치는 하나님의 나라 확장을 '방해하는 것'이 여전히 똑같이 남아 있다는 사실 때문에 증가한다. 왜냐하면 '선교지'에서 선교사와 피부와 국적은 상당히 바뀌었음에도 불구하고 그가 토론하는 모든 '원인들'은 여전히 똑같이 남아 있기 때문이다. 알렌은 1927년 판에 자신이 쓴 머리말을 예로 든다.

> 그러나 우리가 교회보다 선교 단체를 세우면 명백하게 두 가지의 악마적인 결과 즉 불임(sterility, 교회 성장이 멈춤)과 대립(antagonism, 교회 분열)이 일어난다. 그 두 가지 결과는 지금 우리가 크거나 작게 어디서나 보고 있다(Allen, 2).

이 세기의 끝에 똑같은 일이 계속되고 있다. 내가 개인적 경험으로 관찰했듯이 '현지화된 선교'라고 불리는 것조차 교회를 세운다고 하면서 사실 선교지에 선교 단체들의 영역만 키우고 있다. 선교위원회나 선교본부가 선교지를 위해 무엇을 결정하든 말 그대로 똑같이 선교지에 있는 교회에 실행된다. 그리고 정말 그 결과는 대립과 불임이다.

이런 말은 어떤 사람들에게는 냉소적이고 과장처럼 들릴지 모른다. 하지만 하나님의 나라를 확장 한다는 마음을 가지고 주님의 부르심에 신실한 사람들은 그런 선지자나 자신의 의식에서 들려오는 목소리를 무시할 수 없을 것이다. 알렌이 문제 제기하고 토론하고 있는 방해 원인들은 그의 시대에서조차 새로운 것이 아니었다. 인간으로서 우리는 문제 해결에 통찰력을 주는 일반적인 유산을 갖고 있다. 그리고 알렌이 제안하는 해결책은 사도들이 했던 것에서 유래한다. 눈에 보이는 하나님 나라의 상징인 초대교회도 똑같은 문제들에 직면했다. 그래서 우리는 알렌이 제안하는 이 모든 것들을 무시할 수 없다. 그는 특정한 시대나 장소나 인종이나 나이를 고려해 문제를 다룬다.

나는 알렌의 책을 읽기 시작했을 때 습관대로 중요한 것들을 표시하기 시작했다. 그런데 계속 표시하면서 그의 책 전부를 옮겨 써야할 것 같은 느낌을 받았다. 결국 내가 요약한 일부 중요한 내용을 독자들에게 소개해 그들이 알렌이 제기하는 문제들을 고민하도록 해야겠다고 생각했다.

이 책은 평신도가 아니라 선교사들을 위한 것이다. 그러나 기도하고 후원하는 사람들은 자신들이 기도하고 자원을 나누는 것에 대한 '방해 요소들'을 알아야 한다. 제국주의가 키운 인도 교회들은 성경적인 교회의 모습을 띠지 못했고 단지 과거 서양 선교사들의 선교 단체 지부였을 뿐이었다. 선교사들이 자신들의 개인적 경험(이것에 대해 알렌이 분명하게 말함)에 기초를 둔 선교를 멈춰야 현재 교회와 선교 단체 양쪽 모두에 계속 발생하고 있는 같은 실수의 반복을 없앨 수 있다.

오래전부터 선지자(선각자)들이 나타나 특정한 단체를 향해 문제를 제기했다. 그러나 사실 그들은 특정한 단체가 아니라 그 단체가 속해 있는 민족에게 말하는 것이다. 선지자들이 다시 나타나 현재의 선교 사역에 다시 도전을 줄 것이라는 희망을 품어라. '정치화되는 종교와 자기민족중심화되는 정치'의 환경 안에 있는 선교 사역에 선지자가 바람직한 길을 안내할 것이다.[3]

알렌은 교회개척(위에 언급함)이라는 명목 아래 현지 교회가 아니라 선교 단체의 영역만 확장하는 것에 대해 실제로 걱정을 표한 후, 더 나아가기 전에 '한 가지 흔한 어려움이 일반 용어로 선교 전략에 대해 쓸 사람을 괴롭힐 것'이라고 경계시킨다(Allen, 4). 그 어려움은 보편적으로 옳은(또는 예외가 없는 어떤 규칙) 표현을 찾기가 쉽지 않다는 것이다.

그 결과, 그가 어떤 말을 하는 순간 다른 사람이 자기 경험에 의해 자기 지역에는 그의 표현이 맞지 않다고 외친다. 그래서 표현이 과장되고 쉽고 작가는 부주의하고 성급하게 일반화 하는 사람이라는 인상을 남긴다(Allen, 4). 이것이 그런 책들을 쓰거나 자신들의 경험을 나누는 사람들이 겪는 일반적인 경험이다.

예를 들면, '신자' A는 아마도 자신이 주님의 증인으로 성장하는 데 방해가 되는 것들의 일부를 설명한다. 그러나 같은 배경을 가진 또 다른 '신자' B는 A에게 반대할지 모른다. 그리고 문제의 현실을 직면하고 싶지 않은 사람들도 자신들의 견해를 지지하기 위해 신자 B의 이야기에서 피난처를 찾는다. 그리고 그 문제를 지나

---

3 Selvanayagam, op. cit., 61.

치게 강조하고 일반화하는 신자 A를 비난한다.

그러나 우리가 그 문제에 직면하고 해결하기 위해 싸울 준비가 되어 있든 그렇지 않든 문제의 현실은 바뀌지 않는다. 배우고자 하는 사람들은 자기 방어를 위한 피난처를 찾거나 다른 사람들에게서 보호를 받기보다 과장과 일반화 안에도 진실의 요소가 있기 때문에 들을 준비를 한다.

동시에 우리는 알렌이 말하는 바를 실천하기 위해 뉴비긴(Newbigin) 주교의 말처럼 성급하게 결론을 내리는 일을 피해야 한다.

> 한편 나는 한 선교위원회가 알렌의 제안을 '적용'하기로 결정하고 그대로 '선교지'에 진행했다는 말을 들었다. 그러나 그 결과는 재앙을 불러올 수 있다. '적용'한다 해도 실제로 '작동'시킬 '전략'이 없기 때문이다. 감독자이신 성령님이 모든 사람에게 대대로 내려온 교회 생활양식을 내려놓고 성령님의 인도하심을 따르라고 말씀할 것이다(Allen, iii).

따라서 우리는 어떤 원리를 제안할 때 한 사례 연구로서 자신의 사역에서 작동한 몇 개의 '전략' 또는 '형식'의 원리를 소개할 수 있을 것이다. 그러나 같은 방법을 따라하는 것이 성공의 지름길은 아니다. 대신 우리는 주어진 상황에서 생긴 원리들과 씨름한 후 모방하고 그런 다음 돌아보고 마지막으로 우리의 상황에 따라 받아들여야 한다. 그러나 빠른 성공을 원하는 사람들은 오직 방법만을 모방하다가 비참하게 실패한다. 왜냐하면 어떻게 원리들을 자신들의 상황에 적용할지 모르기 때문이다.
 나는 위의 문제에 대해 기본적으로 뉴비긴 주교에게 동의하지만 그가 다음에서 알렌의 견해에 가정하는 것에 대해서는 회의적 입장이다. 뉴비긴 주교는 좋은 글들을 많이 썼지만 그의 일부 글들은 빈약한 통찰력을 보이고 있다.

> … 알렌은 다음과 같이 말한다. "한 분이신 하나님이 이끄시는 크리스천 사회는 하나의 교제 안에 서로 연결돼 있고 신성한 삶 안에서 서로 볼 수 있다. 그리고 그 교제 안에 주님과 그의 사도들이 있다. 성령님은 모든 방법으로 일하신다."
> 그러나 나는 그의 입장이 교회 안에 존재해야 하는 질서의 중요성을 간과하는 것이라고 본다. 그가 이에 대해서 적절한 답변을 하지 못한다면 그는 내 말을 인정하는 것이다. 또한 알렌은 말한다. "성령님이 어떤 방향으로 일하시는 지에 대해 듣고 싶다. 내가 자란 교회 전통 안에서 성령님이 너무 많이 무시 받고 있다."
> 그런데 전통은 교회 질서, 사역, 그리고 종교 의식에 대해 거의 융통성을 발휘할 여지를 주지 않으므로 우리가 반드시 따라야 한다. 내 말을 잊고 성령님께서 모든 방법으로 일하신다는 것을 받아들이면 알렌이 확실히 거부했을 결과, 즉 교회가 질서를 잃고 파괴되는 것이 초래될 수 있다(Allen, iv).

 뉴비긴 주교의 말을 인정하는 것은 중요하다. 그러나 알렌이 소개하는 원리들은 그가 자양분을 얻은 특정한 전통과 관계된 것이지 우리 상황에 적절한 것은 아니다. 여기서 방법의 의미를 갖는 특정한 '전통'이 그 원리들을 성공시키기 위해 동등하게 중요하다고 말하는 것은 자기모순이다. 뉴비긴 주교가 말하는 자기모순이 원리를 어떤 형식 속에 가둘 것이다.

그러나 우리는 그 주교의 걱정을 이해할 수 있다. 왜냐하면 그는 질서를 중시하는 성공회 교인으로서의 의견을 내는 것이기 때문이다. 그리고 그는 적절한 보통 교회 생활 밖으로 나가고 심지어 성장까지 하는 극단적인 독립 교회들에 반대하고 경고하는 것이다.

그러나 무엇보다도 성경은 모든 사람이 교회 생활의 명령을 따르기 위한 획일화된 '질서정연'을 결코 원하지 않는다. 특정한 교회 전통 관점에서 다른 교회 전통을 볼 때 '무질서'가 보인다면 어쩌면 그것은 성령님이 그 교회 생활에 주신 '질서'일 수 있다. 성령님의 일하심을 믿는 사람들은 다른 교회 안에 있는 무질서에 대해서 걱정할 필요가 없다. 왜냐하면 성령님은 그들의 필요성과 상황에 따라 어떻게 가르치고 어떻게 고칠지를 아시기 때문이다.

어떤 사람의 견해로는 어떤 교회가 무질서하게 보일지 모르지만 질서 잡힌 교회에서도 고통을 겪는 사람들이 있다는 것을 인정해야 한다. 그리고 성령님은 그런 고통 가운데 있는 삶 속에서도 일하신다. 로버트 슈미트 박사가 한 예를 든다.

> … 다양한 성탄절 축하 행사를 볼 때 우리는 멕시코 사람들이 자신의 방법으로 즐기는 것처럼 독일 사람들도 자신만의 구별된 방법을 가졌다는 것을 볼 수 있다. 두 나라의 성탄절을 함께 보면 표현 방식과 의미에 있어서 차이점을 발견할 수 있다.

왜 성탄절 때 성만찬을 하면 안 될까?
우리가 다른 전통 안에서 성탄절의 매력을 경험하는 것처럼 왜 다른 종류의 성만찬에 새로운 의미를 줄 수 없는가?
우리가 다른 식의 성탄절 행사에서 낯선 감정을 느끼는 것을 통해 우리는 우리가 한 전통에 익숙해지면 다른 사람이 지키는 행사에서 절대 편안함을 느끼질 못한다는 것을 알 수 있다. 그러나 다양한 행사에서 우리는 관습과 통찰력이 다름에도 불구하고 하나의 성령님을 볼 수 있다.[4]

기독교계는 특히 유럽과 중남미에서 제2차 세계대전과 공산주의의 확장으로 큰 고통을 받았다. 그것은 하나님이 내리신 벌이다. 이에 대해 케네스 그루브(Kenneth G. Grubb)가 자신의 책 서문에 썼다.

후손들에게 우리의 문명을 물려줄 때 비전과 선교 의식을 가르치지 못했다. 그래서 벌을 받은 것이다. 성경이 말하는 진짜 선교는 항상 주 예수 그리스도의 못 박히심과 부활하심의 복음을 선포하는 것이다. 알렌은 이에 대해 말하고 호소했지만 우리는 무시했다. 이 글을 읽는 소수의 사람들은 그의 호소에 대해 고민하고 해결책을 찾기 위해 도전할 것이다. 정말 전혀 지혜롭지 않은 것보다 도전한 후에 지혜로워지는 것이 낫다(Allen, vi).

---

4 Schmidt, "The Babylonian Captivity of the Churches," 110-111.

그루브의 말이 알렌의 의도를 이해하는데 도움을 줄 것이다. 그런데 알렌의 안내를 따를 때 한 가지 어려움이 생긴다. 알렌이 '새로 시작'하라고 제안하기 때문이다. 우리 모두가 이미 배운 것을 새로운 시작을 위해 제쳐 놓아야 하므로 많은 사람들이 오해할 수 있다. 그루브의 말이 그런 불편함을 강조한다.

> 알렌은 처음부터 시작하는 방법을 보여주지만 우리 대부분이 경주의 중간에 있다는 것을 잊는다. 그래서 그는 중간에서 시작해야 하는 방법을 명확하게 제안하지 않고 있다. 나는 여기서 그의 미래에 대한 통찰력이 약간 잘못되었다고 생각한다. 그는 선교사들이 모두 잘못된 방법으로 일하고 있다고 말하지만 나는 선교사들의 사역이 진정한 예수님의 교회의 존재를 이끌고 있고, 지금까지 이끌었고, 전도의 열심을 가지고 교회를 확장하고 있는 것을 아주 분명하게 보고 있다(Allen, vii).

우리 자신이 삶 속에서 지금까지 당나귀 같이 했던 엉뚱한 행동을 돌아보기 시작했을 때, 어떤 사람도 처음부터 시작할 수 없다는 사실을 기억해야 한다. 특정한 실수를 바로 잡으려는 사람이라도 실수와 함께 배웠던 몇몇 좋은 점을 포기할 수 없다. 그들이 처음으로 돌아간다 해도 사실 적절한 것을 배우지 않기 시작한 경주의 중간 지점에서부터 시작하게 된다. 물론 새로운 통찰력을 가지고 말이다. 이 중간에서의 새로운 시작을 '새로운 시작'으로 부를 수 있다. 우리는 알렌이 제안하는 것을 따르면서 우리 대부분이 '경주의 중간에서 시작'해야 한다는 것을 기억해야 한다.

알렌의 책을 언급하는 지금, 그 책 속으로 들어가 보자.

■ 제1장 교회의 확장이 아니라 선교 단체(교단 선교부와 각각의 교회에서 운영하는 선교 조직 포함)의 확장

우리가 현재 복음 소통 운동을 주의 깊게 보면 알렌이 자신의 시대에 말한 모든 것이 지금도 똑같이 적용된다는 것을 알 수 있다. 현재의 주류 교회들은 교회 성장을 특정 선교 단체에게 맡기면서(제7장과 8장) 거의 아무것도 하지 않고 있다. 알렌이 자신의 시대에 선교에 집중하는 교회에 대해 말한 모든 것은 오늘날의 선교 단체에게 해당되는 것이다.

그래서 선교 단체들이 실제로 했거나 지금도 하는 일은 선교 단체에 종속된 기지이며, 각각의 공동체와 사회에서 현지인들이 자발적으로 배가운동을 할 수 있는 진짜 교회는 아니다. 그리고 분명하게 두 가지 나쁜 결과가 나타나고 있다. 즉 알렌의 말로 '불임과 대립'(sterility and antagonism)이다(Allen, 2). 그 이유에 대해 알렌이 다음과 같이 말한다.

> … 나는 우리에게 특별히 훈련 받은 소수의 현지 사역자들에게 안수를 주지 않는 것, 현지 사역자들이 자신과 가족의 생계를 우리나 작은 현지 크리스천 공동체가 공급하는 월급에 의존하는 것, 그리고 처음에 현지 교단을 절대로 인정하지 않는 것이 폭넓은 교회 확장을 불가능하게 한다고 본다. 또한 처음

부터 외국 통치자 아래서 시작한 교회들은 필수적으로 외국적인 모습을 띨 수밖에 없다고 본다(Allen, 1).

따라서 선교기지에 종속된 현지 교회는 선교 본부에 의지하기 때문에 불임(교회 성장이 멈춤)이 생길 것이고, 자발적인 교회 성장을 위한 어떤 자유가 없기 때문에 결국 노예의 신분으로 전락할 것이다.[5] 그는 이 주요 원리를 서문에 나눈 후 자신의 책을 다음과 같이 요약한다:

> … 나는 자발적인 확장과 그것을 막는 위험한 것들의 문제들, 즉 힘의 본성을 설명하면서 시작하고자 한다. 그런 다음 나는 현대에 자발적인 확장을 인정하고 실행할 여지를 주려고 망설이는 시도들을 지적하려고 한다. 그런 후 자발적인 확장을 방해하는 요소, 즉 우리를 막는 끔찍한 두려움, 우리가 교리에 대해 갖는 두려움, 우리의 도덕적 기준, 문명화된 기독교에 대한 우리의 생각, 그리고 우리의 조직을 설명할 것이다.

---

5 "그러나 우리가 교회보다 선교 단체를 세우면 명백하게 두 가지의 악마적인 결과 즉 불임(sterility. 교회 성장이 멈춤)과 대립(antagonism. 교회 분열)이 일어난다. 그 두 가지 결과는 우리가 지금 어디서나 크거나 작은 정도로 보고 있다. 첫 번째는, 현지 신자들이 외국 감독(주교)의 도움 없이 스스로 배가 운동을 할 수 있도록 완전히 준비되지 않으면 현지 교회는 감독(주교)을 기다려야 하고 새로운 선교기지를 세우거나 감독할 수 있는 선교사를 공급 받기 위해 감독(주교)의 힘에 의지해야 한다는 것이다. 그런 방법이 불임을 낳는다. 최초의 현지 신자들이 스스로 배가할 수 있는 완전히 조직화된 교회가 아니라면 행동하기 위해 외국인 감독을 기다려야 한다는 것이다. 그러면 현지 신자들은 감독의 속박에 빠지게 된다. 여러 해 아마도 몇 세대 동안 그들은 이 속박을 받아들여야 한다. 정말 현지 신자들도 외국인 지도자들도 그런 현실을 인식하지 못한다. 그러나 조만간 그들은 깨어나야 한다. 그래야 내가 그들이 실패해 분노한 모습을 보지 못할 것이다." Roland Allen, *The Spontaneous Expansion of the Church and the Causes Which Hinder It*, WS Publishers, 1997. 2.

이런 것들을 다루면서 나는 그런 두려움이 실제로 자연스럽게 존재하고 있지만 약하다는 것을 말하고자 한다. 그리고 우리가 아주 높이 평가하는 기준들이 우리의 복음이 아니라는 것도 드러내고자 한다. 그리고 우리가 두려워서 계속 이런 것들을 유지하는 것은 잘못된 생각이라는 것을 주장하고자 한다(Allen, 5).

■ 제2장 자발적인 표현의 본성과 특징

행정기관, 즉 조직(우리의 현대 기계장치의 역작)은 행정을 위협하는 어떤 종류의 자유도 통제하려고 시도한다. 그래서 조직은 한편으로 우리가 일을 제대로 하도록 준비시키면서 다른 한편으로 자발적인 교회 확장을 '혼란시키고 무감각하게 하고 죽인다'(Allen, 8).[6] 무엇보다도 조직은 자신의 권위가 지켜지는 틀 속에서 원칙을 유지한다.

자발적인 확장의 본성과 특징의 원리들이 있다.

첫째 원리는, 이상적인 것을 말하는 사람의 확신과 믿음이 정말 강해 누를 수 없을 정도라면 그가 말할 수 있도록 허락해야 한다

---

6 "… 조직의 부담 속에서 힘겨워하는 우리가 삶의 욕구에 따른 자유가 그리워 한숨 쉰다면 그 이유는 자유 안에 있는 신성한(divine) 것을 알기 때문이고, 자유의 본성 안에서 있는 아주 효과적인 것을 알기 때문이고, 우리가 기쁘게 되찾을 수 있는 어떤 것이라는 알기 때문이고, 우리의 조직이 혼란시키고 무감각하게 하고 죽이고 있는 어떤 것을 알기 때문이다." Ibid., 8.

는 것이다.[7] 그러나 그가 어떤 조직에게서 돈을 받기 때문에 말한다면 그것은 자발적인 확장을 막을 것이다.

> 전하는 사람도 스스로 진리를 표현하려고 노력할 때 심오한 효과를 체험할 수 있다. '자신의 경험을 표현할 때' 한층 더 강렬한 효과를 낳는다. 경험을 표현할 때 새로운 효과가 생긴다. 경험을 표현할 때 효과가 지속적으로 나타난다. 경험을 표현할 때 효과가 빛난다. 경험을 말할 때 그는 다시 표현을 경험한다.
> 다른 사람 앞에서 자신의 경험을 말하는 것이 새로운 빛 안에 있는 자신의 경험을 표현하는 것이다. 그는 경험을 표현하는 것의 실체와 힘과 의미에 대해 더 깊은 감각을 얻는다. 경험을 말할 때 그는 경험과 관련된 행위와 삶에 스스로 맹세한다. 그는 자신이 경험과 강력한 관계를 가지고 있다고 선포한다. 그리고 자신의 말이 다른 사람에게 영향을 줄 때마다 효과가 자신에게 작용한다. 즉 자신의 진리를 더 확실하고 더 강하게 붙잡게 한다(Allen, 10-11).

---

[7] "확신이 있어야 자발적인 행동을 한다. 이상을 말하는 사람은 열정이 충만해 말하는 것을 멈출 수 없기 때문에 진정으로 말한다. 그가 관심 갖는 주제가 그를 붙잡는다. 그는 자기가 아는 것과 경험으로 아는 것을 말한다. 그가 전하는 진리는 그 자신의 진리다. 그는 진리의 힘을 안다. 그는 자신의 말을 듣는 사람의 마음을 바꾸는 만큼 자신을 구하기 위해 말을 한다. 그리고 그는 자신의 마음을 구하는 만큼 그의 말을 듣는 사람을 변화시키기 위해 열심을 낸다. 왜냐하면 그가 새로운 진리를 말해야만 자신의 마음을 구할 수 있고 그의 진실은 다른 사람이 받아들일 때까지 공유되지 않기 때문이다. 듣는 사람이 그것을 깨닫는다. 듣는 사람이 분명하게 감동 받는다. 듣는 사람은 스스로 그 진리를 경험하기 전에 전하는 사람과 함께 그 진리를 공유한다." Ibid., 10

그러나 이것은 그가 자원하고 자발적일 때만 유효하다. 전하는 사람이 돈을 받는 사람이면 그 자신과 듣는 사람 모두가 돈에 영향을 받는다. 듣는 사람들이 돈을 받고 전하는 사람에게 "이번 주 얼마나 받으셨나요?"라고 묻지는 않지만 말이다(Allen, 11).

둘째 원리는, 진리를 개인적으로 체험하는 것이다. 체험이 전하는 사람에게 힘을 준다. 두뇌에 입력되어 있는 이중적인 답변에 의지하는 것보다 개인적인 체험이 진리를 배우도록 힘을 준다.

전하는 사람이 발견한 진리를 자발적인 마음으로 다른 사람에게 표현할 때 나타나는 위대한 장점 가운데 하나는 다음과 같다. "그는 자신이 과거에 체험한 것을 새롭게 평가할 뿐 아니라 자신이 과거에 진리를 많이 무시했다는 것을 발견한다. 그리고 보통 배우기 위해 열심을 내고 자신에게 더 깊은 질문을 한다." 그는 부지런하게 문제에 대한 답을 찾는다. 그는 권위 있고 허가받은 설교자가 아니다. 그는 전문적인 박식함을 가지고 있지 않다. 그는 무지할 수 있고 무지를 고백할 것이고 도움을 찾을 것이다. 그는 진리의 암시들을 계속해서 강하게 생각할 것이다. 그는 다른 사람들이 이미 만든 이중적인 대답을 거의 모른다. 그가 계속 진리를 추구할 때 그의 행동이 많은 열매를 맺을 것이라는데 의심의 여지가 없다. 하지만 이미 만들어진 이중적인 대답들을 가지고 있는 사람들은 참된 경험을 하지 않고서는 처음에 많은 열매를 맺을 수 없다. 따라서 경험한 진리를 자발적으로 표현하는 것은 전하는 사람에게 힘을 주고 그 사람을 발전시킨다(Allen, 11).

그러나 조직 기관 즉 타 문화 선교사들은 어쩌면 현지 신자들의 모습을 '거친 열정'(Allen, 12)이라고 부르면서 반대하고 통제하려고 할 것이다. 왜냐하면 그들은 상황의 필요에 따라 행동하는 것, 즉 자발적인 진리를 표현하는 현지 신자들에게서 위협을 느끼기 때문이다. 그러나 대부분 '경험보다 상상'에 기초해서 그렇게 반대한다(Allen, 11).

전통을 떠받친다는 명목 아래 자발적인 표현을 통제하면 결국 자발적인 표현은 사라지게 할 것이다.

"당신은 자발적인 확장의 효과를 아십니까?"

이 질문에 알렌은 이렇게 말한다.

> … 우리는 먼저 본능적으로 이단, 분열, 당파 관습과 논쟁, 개인적 해석에 대한 우려섞인 염려를 떠올렸다. 그렇게 생각하는 것이 사실이라면 그것은 자발적인 확장을 향한 우리의 태도가 올바르지 않다는 말이다. 자발적인 확장을 정말 희망하는지 아닌지 의문이 생긴다. 그리고 우리 마음에 있는 본능적인 생각이 자발적인 확장을 종교적 진보를 위한 바람직하지 않은 수단이라고 정죄했다.
>
> 내가 말한 모든 장점을 취할 때 자발적인 확장이 거친 열정을 가지고 균형 잡히지 않은 방식으로 시작될 것이다. 그리고 우리는 지금부터 확실히 이전 것보다 미래의 것 안에 살려고 마음을 먹을 것이다. 이 사실 자체만으로 우리의 선교 안에 상대적으로 자발적인 확장이 결여되어 있다는 것을 설명하기에 충분하다(Allen, 12).

물론 진리가 약하지 않다는 사실을 보고자 하는 사람들은 자발적인 표현을 권장한다는 명목 아래 자발적인 확장과 관련된 사람들을 가르치기 원한다면 인내해야 한다. 그리고 자신들에게 가치 있는 것이라도 내려놓고 통제하지 말아야 한다. 단순한 통제가 자발적인 자유를 제한한다. 넓은 마음을 가지고 신실하게 지도해야 한다.

> … 아굴라는 아볼로에게 하나님의 방법을 더 완벽하게 가르칠 수 있었다. 그러나 가르침은 통제가 아니다. 배우는 사람들은 가르침을 거부할 수 있지만 통제는 거부할 수 없다. 가르침이 통제라면, 가르침은 통제에서 더 나아가 제한까지 하려고 시도한다.
> 그러므로 자발적인 열심을 통제하려고 시도하는 것은 자발적인 열심을 제한하려고 시도하는 것이다. 그리고 어떤 것을 제한하는 사람은 자발적인 열심을 약간 환영하지만 많이 환영하지 않는다. 그래서 선교사들 가운데 많은 사람들이 제한하려는 목적 때문에 너무 심하지 않은 자발적인 열심만 환영한다. 약간의 물이 수로를 채울 것을 예상하고 수로를 계획하는 한 기술자가 있다고 하자. 그는 자신의 제방을 쓸어갈 정도의 홍수를 원하지 않을 것이다. 그런 선교사들은 성령의 바람을 위해 기도하지만 큰 바람이 오는 것을 원하지 않는다(Allen, 12).

선교지에서 우리가 통제하는 주된 이유는 우리의 안전과 정체성을 지키고자 하는 두려움 때문이다.

… 교회의 자발적인 확장과 관련해서 우리가 우리의 신조나 문명이나 우리의 도덕이나 조직을 고려하든 그렇지 않든, 우리는 자발적인 확장이 재앙을 낳지는 않을까 하는 공포에 사로 잡혀 있다. 우리는 이상적인 개념으로 스스로 후원하기, 스스로 전도하기, 그리고 스스로 다스리는 교회에 대해서 얼마든지 대화할 수 있다.

그러나 우리가 성경적인 의미에서 자립, 자치 교회를 설립하는 것에 대해서 생각하는 순간 우리는 다음과 같은 끔찍하고 치명적인 공포를 느낀다. 그들이 정말 자립을 하고 우리에게 더 이상 후원을 의지하지 않는다면 우리의 자리는 어디에 있을까?(Allen, 13)

우리가 먼저 우리의 안전과 정체성을 유지하려고 하는 순간 '우리는 현지 크리스천들을 향한 우리의 영향력을 멈추기보다 현지 신자들의 선교적 열심의 부재를 현지 신자들의 무능 탓으로 돌리기 쉽다. 그것은 우리가 눈멀었다는 충분한 증거다'(Allen, 13-14).

선교사들은 현지 신자들이 자신들의 생각을 자발적으로 표현하는 것을 선교사들이 세운 질서에 대한 위협, 즉 무질서로 볼 수 있을 것이다. 그러나 선교사들은 자신들의 단순히 눈먼 열정으로 현지 신자들의 자발적인 표현을 멈추게 할 수 있다고 생각해서는 안 된다. 오직 사회적 요인으로 통제된다.

자발적인 표현의 본능은 위급함을 알리는 것만큼 강력하지만 그것이 질서에 반대하는 본성을 갖고 있는 것은 아니다. 본

능은 필수적으로 사회적인 것이다. 이슬람은 개종자의 자발
적인 행동을 통해 주로 아프리카에 퍼지고 있지만 그런 행동
이 이슬람 규율에 반대하거나 즉 무질서하지 않다. 본능은 이
슬람을 셀 수 없이 많은 교파로 나누지 않는다. 본능은 이슬람
정통 가르침을 배척하지 않는다. 본능은 무질서와 분열을 선
호하지 않는다.

타고한 본능이 질서와 대립하지 않는다면 성령님은 질서에
훨씬 덜 대립한다. … 우리는 자발적인 확장을 낳는 정신이 정
말 질서를 해치지 않는다는 것을 영국의 개혁 역사에서 볼 수
있다. 영국 사람들은 새 희망을 준 '구원'의 교리를 받아들였
을 때 전하지 않을 수 없었다.

그러나 그 당시의 종교 권위를 가진 사람들은 평신도들의 변
화를 반대했다. 그러나 평신도들은 위험을 무릅쓰고 기쁨, 즉
다른 사람들을 구원시킬 은혜를 나누는 본능을 계속해서 표
현했다. 그들은 자신들이 알고 있는 모든 질서를 깨버리고 거
칠게 행동했다. 그러나 비록 그 운동이 종교적 규율에 반대
를 했다고 해도 아주 거친 행동들은 상대적으로 거의 없었고
대다수는 질서를 희망했고 놀랍게도 짧은 시간 안에 분열 속
에서도 질서를 회복했다(Allen, 14).

질서가 없다면 어떤 자발적인 교회 확장도 오래 지속되지 않을 것
이다. 동시에 '인간의 자기 의지와 자기 주장들이 무질서의 원천이
라는 것을 기억하자. 그리고 행복하지 않은 사람은 순수한 열정을
가진 사람이 전해준 복음을 듣는다고 해도 감동 받지는 않는다.'

또 알렌은 말한다. 우리가 자기 의지의 표현의 본능에 민감하지 않으면 자연스런 본능의 표현과 영적인 은혜를 체험하기 위한 무제한적인 자유에 대해서도 민감할 가능성이 없다. 정말 가능성이 없다(Allen, 14-15).

한편 우리가 견고한 토대를 쌓으려면 자기 의지를 제한하는 것과 자기 의지를 실행하는 것 사이에 균형을 잡고 자발적인 열심을 억압하지 말아야 한다. 여기서 다시 우리는 밀과 함께 자라는 잡초를 허락하는 성경적인 원리를 실행해야 한다. 자발적인 확장이 하나님으로부터 오는 것이라면 어떤 수단으로도 제한할 수 없다.

> 인간의 행동에 영향을 끼치는 동기들은 아주 복잡하다. 한 가지 행동에 대한 자신의 동기들을 분석하고자 하는 사람은 이 점을 고려해야 한다. 권위를 추구하는 사람은 권위에 복종하거나 저항하는 사람보다 복잡한 동기들을 갖고 있다. 우리는 가라지와 함께 밀을 뽑지 않고서 가라지를 뽑을 수 없다.
> 자기 의지의 표현을 억누르는 행동은 경건한 열정의 표현을 억누른다. 정말 경건한 열정은 보통 아주 가벼운 재갈로 억눌러진다. 우리가 경계를 정해 놓고 우리의 자기 의지를 강하게 유지하기 위해 열정적으로 권위를 추구하면 우리는 자주 열정을 아주 강하게 억누르게 된다(Allen, 15).

우리 모두가 질서와 규율을 유지하기 위한 희망을 품으면서 한 가지를 잊지 말아야 한다. 즉 복음은 '현지인들'이(질서와 단련의 대가를 치루는 한이 있더라도, 빌 1:18) 자발적으로 전해야 한다는 것이다.

어떤 이유로도 자발성을 제한하는 것은 새 신자들의 열정에 재갈을 물리는 것이 될 것이다. 첫 사랑이 이성적이지 않은 것처럼 새 신자들도 한 동안 첫 열정을 마음껏 분출할 수 있어야 한다. 신자들은 결국 진짜 사랑은 단순한 감정이나 감상이 아닌 것을 깨닫고 자신의 열정을 이성적으로 적용하고 자신의 질서를 세울 것이다.

> 새 신자가 새로 발견한 기쁨 즉 다른 사람들을 구원하고자 하는 하나님의 희망을 나누어 주려는 자연스런 본능을 다른 사람의 지시가 있을 때만 표현할 수 있다는 인상을 일단 받으면, 그들은 창고에 갇히고, 방해 받고, 족쇄를 찬 것이다. 열정이 죽어 버린다.
> 그리고 교회는 사람들이 예수님을 믿고 교회가 확장될 때 느끼는 감동을 경험할 수 없게 된다. 그리고 누가 어떻게 그런 상태로 만들었는지 아무도 모른다. 어떻게 교회가 그렇게 영적으로 약탈당했는지 아무도 모른다. 그러면 서서히 신자들이 교회에 저항하는 마음을 품는다. 즉 교회의 통제에 반대하는 마음이다.
> 머지않아 새 신자들은 자신들의 지도자들에게 반기를 들고 그들을 비난한다. 새 신자들은 뭐가 잘못인지 모른다. 그리고 더 이상 이웃들에게 복음을 전파하려는 열망을 품지 않는다. 이 문제의 진짜 원인은 우리가 신자들이 첫 열정을 표현할 수 없게 억압한 것이다(Allen, 15).

알렌의 경고 가운데 두 가지는 아주 중요하므로 이 장(chapter)

에서 기억해야 한다. 즉 임시적 안전과 외부에서 온 권위 둘 다가 영원히 해를 끼친다.

> … 우리 외국인 선교사들이 질서를 위해 안전을 확보할 때 그리고 현재의 상태를 유지하려고 할 때 현지인 감독(주교)과 자치를 인정하지 않으려고 한다. 그러나 그런 행동은 자전(self-propagation)을 위한 본능을 억누르고 완전함을 추구하는 삶을 손상시킨다. … 순간적인 안전은 심각한 대가를 치르고 잠시 동안 유지될 뿐이다.
> 우리는 현지인들의 표현하려는 아주 강한 본능을 오랫동안 막을 수 없다. … 현지인들의 본능은 무질서를 생산하려는 희망이 아니라 불합리한 질서를 깨부수는 희망이다. 왜냐하면 그들은 불합리한 질서 안에서 스스로를 표현할 수 없기 때문이다. 표현할 수 없는 것은 통탄할 일이다. 그것은 몸을 잘게 부수는 것이다. 그리고 남의 감정을 해치는 악이고 몸 전체에 해악을 주는 원천이다.
> 그것을 대체할 수 있는 유일한 방법은 전체 질서 안에서 자유로운 흐름을 가지는 것이다. 외부의 힘은 자연스런 본능도, 복음의 은혜도, 인간의 자기 의지도 영원히 뿌리째 뽑을 수 없다. 자기 의지는 질서에 대한 타고난 적(敵)이다. 거룩한 열정은 자기 의지의 자연스런 협력자다. 사람들은 속박 받을 때 질서에 반대하는 거룩한 열정을 품는다. 머지않아 거룩한 열정이 속박을 깬다. 거룩한 열정이 질서에 반대해서 일시에 속박을 깨면 자기 의지와 자기 주장이 거룩한 열정을 돕는다.

영원히 깰 수 없는 것을 금지하는 것은 위험하다(*Naturam expellas furca tamen usque recurret*, 너는 갈퀴로 본성을 내쫓을 수 있을 것이다. 그러나 본성은 다시 돌아올 것이다). 우리가 위험을 감수하기보다 두려움 때문에 현지인들이 하나님께로부터 받은 자기 의지 표현의 본능을 금지하면 우리는 심각한 무질서의 큰 위험에 처해질 것이다(Allen, 16).

■ 제3장 자유가 없는 현대 교회개척 운동

교회개척의 명목 아래 새 선교 단체를 개척하는 주제를 계속 다루면서 알렌은 현지 교회(local or native church)가 다양한 필요성을 채우기 위해 모 교회(mother church)에 의존하는 것과 그 결과로 나타나는 필연적인 문제에 주의를 끌며 이 장을 시작한다.

오늘날 세계에서 가장 많은 재정을 지출하는 선교 단체 가운데 일부는 가장 큰 현지 교회를 운영하고 있다. 확실히 언젠가 이런 것이 끝나야 한다. 교회를 세우는 일이 성공하면 할수록 다양한 욕구를 채우기 위한 모 교회의 책임도 더 커진다는 것은 사실이다. 그러면 어렵지 않게 재앙을 예견할 수 있다(I. R. M. October 1921, Vol. X. 481; Allen, 18).

그런 일은 큰 변화 없이 오늘날에도 계속된다. 의존성 문제는 주로 훈련 과정이 빈약하기 때문에 나타난다. 훈련이 복음을 증진시키기 위해 독립적으로 생각하고, 행동하고, 자신들의 교회를 세우는데 도움이 되지 않는다. 이 문제를 이해하는데 알렌의 자세한 설명이 정말 도움이 된다.

> 지금 우리는 예수님의 지도자 훈련 방식과 이 시대 지도자들의 훈련 방식을 관찰하지 않을 수 없다. 예수님은 자신의 제자들을 2년 또는 3년간 훈련시켰지만 이 시대의 지도자들은 자신의 제자들을 2세대 또는 3세대 이상 훈련시키고 있다. 예수님은 제자들을 데리고 다니면서 가르침과 치유 즉 선교사가 할 일을 훈련시켰다. 그러나 우리는 기관에서 훈련시킨다.
> 예수님은 자신과 개인적으로 아주 친한 관계였던 아주 소수를 훈련 시켰다. 그러나 우리는 시험과 임명이라는 관점을 가지고 단순히 학교 과정을 이수하는 많은 사람들을 훈련시킨다. 예수님은 제자들이 자신들의 공동체 구성원들과 친밀함을 손상하지 않고 공동체의 한 사람으로서 공동체 안에서 자유롭게 활동할 수 있도록 공동체 사람들 가운데 사람들을 뽑아서 훈련시켰다.
> 그러나 우리는 온실 안에서 사람들을 훈련시켜서 그들이 공동체 사람들과의 친밀함을 유지할 수 없게 되고 결국 절대 공동체의 한 사람으로 살 수 없거나 생각을 나눌 수 없게 된다. 나는 인도 신학생들이 인도의 종교에 대해서 아주 무식해서 외국인 교수들한테 강의를 들었다는 말을 들었다.
> 따라서 우리가 훈련에 헌신한 시간의 양, 훈련 받은 사람들의 숫자, 훈련의 특색, 훈련에 임하는 태도, 훈련의 방법을 고려

하든 그렇지 않든 우리는 즉시 우리가 언급하는 지도자 훈련 방식이 성경적인 사례와 아주 다르고 우리가 원하는 지도자의 모습과도 아주 다르다는 것을 알 수 있다(Allen, 20-21).

자신들의 관심에만 집중하는 선교 단체들은 현지 교회 일꾼들을 훈련시키고 있지만 지도자들과 하나님께 충실한 일꾼이 아니라, 화만 잘 내는 현지 지도자들을 배출하고 있다. 선교사들은 자신들의 실패를 덮기 위해 자신들에게서 훈련 받은 현지 지도자들의 분노를 민족주의 때문이라며 비난했다.

그러나 선교사들과 현지 지도자들이 충돌하는 이유는 문제 안에 있는 선교사들의 성품 때문이지 외부 영향 때문이 아니다.[8] 선교사들이 배출한 현지 지도자들은 세속 세계의 도전에 직면할 역량을 갖추고 있지만 선교사들은 현지 지도자들이 인격이 성숙하지 않고 교회 행정에서 어떤 위치를 차지하기에 부족하다고 여긴다. 선교사들은 자신들[9]에게 반대하는 현지인들을 반역자라고

---

8 "… 외국 선교사들의 통치에 반대하는 현지 신자는 훈련을 많이 받고 지식을 갖춘 사람들이다. 선교사들은 자주 그들의 분노를 국민성의 한 부분이며 지난 몇 년간 두드러진 모습이라고 말한다. 그러나 그건 정확한 설명이 아니다. 현지인들은 흔한 국내 사역의 불안 요소를 이용해 분노를 표현한다. 외국인 선교사들과 현지인 지도자들 사이의 충돌은 피할 수 없다. 현지인들의 분노는 어떤 식으로든 표현된다. 왜냐하면 선교사들에게 문제가 있기 때문이다." Ibid., 23.

9 "현지 훈련생들은 외국인 선교사들이 하는 일들을 정확히 하면서 다른 사람들을 이끄는 방법과 권력을 표현하는 법을 배운다. 선교사들은 훈련 받은 사람들만이 위대하고 중요한 일을 지시할 수 있는 성품과 능력을 갖출 것이라고 쉽게 말한다. 그러나 현지인은 훈련 받으면서 자신들은 하위직만 맡을 수 있다는 것을 알게 된다. 외국인 선교사들이 현지인 지도자들의 능력을 신뢰하지 않기 때문이다. 그러나 현지 크리스천 지도자들은 세속 사회에서 큰 사업, 정치, 그리고 사회 운동을 이끌고 자신의 나라 사람들을 보며 '외국인 선교사가 우리를 지도자로 훈련시킨다면 그는 우리를 지도자의 자리에 위임해야 한다'고 말한다." Ibid., 24.

여기고 '현지의 규칙, 법, 그리고 현지인들의 기도를 들으시고 현지 관습을 인정해 줄 하나님이 계시는 현지 교회'를 세우는 것을 허락하지 않는다.[10]

서양 선교사가 세운 교회에서 어느 곳에라도 사도 정신에 의해 재정적으로 자립하는 현지 교회가 생겨났는지 질문하고 싶다. 보통 서양 교회들은 물질적인 세계관을 드러낸다.

자립을 단순한 재정의 문제로 인식한다(Allen, 26). 자립도, 자치도 못하는 교회는 스스로 배가할 수 없다(Allen, 27). 그래서 우리는 일본 교회, 중국 교회, 우간다 교회, 남아공 교회, 인도 교회 등의 교회들을 언급하지만 그런 교회들은 사도 교회, 즉 사도 바울이 세운 교회들의 자립, 자치, 그리고 자전과 아주 다르다(Allen, 28).

서양 선교 단체에서 보낸 외부인 사역자가 선교지에 거주하면 그는 현지인들이 스스로 개최할 수 없는 화려한 행사를 개최한다. '돈'이 있기 때문이다.[11] 선교 단체가 현지 단체에게 월급을 제공하면 자발적인 교회 확장은 생기지 않는다. 그것뿐이 아니다.

---

10 "많은 반투(Bantu) 지도자들이 모든 반투 사람들(아프리카의 중·남부에 사는 흑인종)에게 유럽식 교회에서 나와서 현지 규칙, 현지 법, 그리고 현지인의 기도를 들으시고 현지 전통을 인정해 줄 하나님이 있는 현지 교회를 세우라고 외치고 있다." Bishop W. Gore Brown's letter in Jimberley and Kuruman Dioceasan Magazine Oct. 1923, 3, quoted in Roland Allen, *The Spontaneous Expansion of the Church and the Causes Which Hinder It.* Fn. 1. 25.

11 "서양 선교 단체가 세운 교회는 하나의 중요한 특징 면에서 사도적인 교회와 또 다르다. 그런 교회들은 모든 소수의 신자 모임을 위해 사역자들과 사역들을 제공하는 독특한 모습을 보인다. 반면 대다수의 신자들은 거주하는 사역자 없이 살도록 강요받고 그들의 사역자들은 현지인들과 거주하는 전문직 사람들이 아니라 단순히 비정기적 방문자다. 그리고 사역의 행정이 평범하게 지속되고 종교생활에 필수 요소가 되는 대신 임시적이고 드물게 보인다 …." Ibid., 28.

> … 문제 제기를 하는 사람들과 다른 종교의 사람들은, 선교사들이 훈련 받지 않은 신자들의 자발적이고 자유로운 가르침을 월급 받으며 일하는 단체의 가르침보다 낮게 평가한다는 것을 파악한다.

문제 제기를 하는 사람들과 다른 종교의 사람들은 크리스천들이 선교 단체에게 재정적으로 후원하는 것을 당연하게 여긴다는 것을 알게 된다. 자연스럽게 그들은 무료로 가르치는 사람보다 월급을 받으면서 가르치는 사람이 더 중요하다는 생각을 한다(Allen, 33). 그리고 이 원리를 지지하게 위해 알렌은 말한다.

> 우간다에서 급속하게 교회가 확장됐을 때 확장 운동의 지도자들은 새 신자들이 우간다의 모든 교회 건물과 모든 현지 사역자들을 재정적으로 후원해야 한다고 떠벌렸다(Allen, 35).

우리는 오늘날조차 깊이 한숨을 쉬어야 한다. 인도 교회 특히 현지 선교 단체들도 이런 똑같은 방식으로 다른 지역과 부족지역에 교회 건물을 세우기 위해 인도와 외국 교회에 엄청난 액수를 당연한 듯 호소하고 있다!

선교 단체와 교회들이 자신들의 선교지에서 무슨 일이 생기고 있는지에 대해 눈을 똑바로 뜨고 봐야 하는 도덕적 책임감을 갖고 있지만 돕는 것에 대해서는 신중해야 한다. 알렌의 의견을 들어보자.

> 우리는 선교지에서 사람들이 이미 자발적으로 하고 있는 것

을 똑같이 할 목적으로 절대 선교 단체를 보내서는 안 된다. 현지인들이 우리에게 도와달라고 눈물을 흘린다면 우리는 그들의 지위를 뺏거나 열정을 죽이는 것이 아니라 그들의 위치를 지지하고 열정을 도와주는 방식으로 도와줘야 한다. 즉 그들을 우리에게 종속시키는 것이 아니라 현지 지도자인 그들의 힘을 강화시켜야 한다(Allen, 38).

어떤 이유로라도 선교 단체가 현지인들의 자발적인 열정을 프로그램과 계획으로 대체해서는 안 된다. 왜냐하면 그런 것들은 자연적인 표현에 인공적인 것들을 불러일으키고 영원히 교회 성장을 막기 때문이다. 과거에 현지인들이 백인 선교사들에 대해 한 말은 오늘날 인도인 선교사들에게도 아주 딱 들어 맞는다.

> … 선교사들이 모든 면에서 현지 신자들의 신앙생활의 자유를 통제하면 부정적인 인상을 남긴다. 즉 백인 선교사들과 월급 받는 선교 단체의 사역자들이 현지인들에게 지시하는 분위기를 말한다.
> 현지인들이 자유를 누리지 않는다면 어떻게 자신들의 믿음을 전할 수 있겠는가?
> 기독교 조직은 외국인들한테 훈련 받지 않은 현지인들의 자발적인 열정은 미성숙하다는 인상을 현지인들에게 주고 있다. 기독교 조직은 어느 정도 훈련 받고 월급 받는 사역자들만 현지인들이 할 수 없는 것을 할 수 있다고 생각한다. 선교사들은 현지 사역자들이 훈련 받고 월급을 받아야 현지 교회

를 견고히 유지할 수 있다고 생각한다.
외국인과 외국인들에게 훈련 받은 현지인들만이 현지 신자들을 관리할 수 있는 상황에서 교회 성장은 심하게 제한된다 …. (Allen, 39).

자신의 한계를 아는 사람은 복 받은 사람이다. 선교 단체 또는 교회는 몇 가지 면에서 정말 한계가 있다는 것을 알아야 한다. 그러므로 자발적인 교회 확장이 선교 단체 또는 교회를 대체하도록 해야 한다. 그렇지 않으면 선교 단체 또는 교회가 현지인의 자발적인 헌신을 감소시킬 것이다.

… 선교사들은 자신들 앞에 기회의 문이 열리는 순간 후원을 찾는다. 그들은 가장 큰 어려움, 가장 심각한 걱정, 가장 쓰디쓴 실망이 후원금 부족으로 인해 생긴다고 믿고 계속해서 슬퍼한다. 후원금을 모금하지 못했을 때 실패했다는 마음으로 울고 기회의 문이 닫혔다고 본다.
모든 현지 신자들은 교회 확장이 훈련된 선교 단체가 있느냐 없느냐에 좌우된다는 것을 배운다. 즉 자신들이 믿기 시작한 종교를 자신들 스스로 유지할 수 없다고 믿어버린다.
그들은 외국인들이 파송한 외국인 감독자 또는 외국인들이 파송한 현지 지도자만 관리할 수 있다고 생각한다. 그런 분위기에서 어떻게 자발적인 교회 확장이 일어날 수 있겠는가?(Allen, 40).

■ 제4장 교리에 대한 두려움

절대적인 교리가 없으므로 "교리의 기준을 유지하는 것에 대한"(Allen, 44) 우리의 주장들은 아무것도 아니고 사도신경에 대한 우리의 해석의 일부만이 중요하다.[12] 우리의 절대적인 기준이 갑자기 생긴 것이 아니라 몇 세대에 걸쳐 신자들이 힘들게 고민하고 애쓴 결과라는 것을 생각하면 우리는 자연스럽게 모든 새 신자가 우리의 기준을 곧바로 받아들일 것이라고 기대할 수 없다.

우리와 마찬가지로 새 신자들도 교리에 대해 스스로 분투하는 것이 필요하다.[13] 이 장에서 알렌은 선교지에서 생기는 기본적인 문제에 우리의 관심을 끈다. 우리는 시대와 민족에게 적절한 것을 유지하고자 한다. 현대에 살고 있는 우리의 교리와 원시 신자들의 교리가 대체적으로 같을 수 없다(Allen, 45). 새 신자들이 우리의 교리의 기준을 지킬 것을 기대하는 것은 모순이다.

> 새 신자들이 반드시 우리가 그들에게 복음을 전해준 지점에서 신앙생활을 시작해야 할지 말지는 고려해야 할 문제다. 외

---

12 "우리가 교리의 기준을 유지하는 것에 대해 말할 때, 우리가 가리키는 것은 사도신경이 아니라 사도신경에 대한 일부 해석이다. 그리고 우리가 사도신경의 용어의 모든 것에 대해 동의하는 것이 아니므로 우리는 어디서 기준을 찾아야 할지 모른다." Ibid., 44.

13 "대부분의 신앙고백과 신조는 역사의 특정한 상황 때 생겼다. 우리 가운데 있는 많은 사람들처럼 사람들은 오랫동안 옛것에 더 많은 무게를 싣는 경향이 있다. 그들이 말한 상황이 오래 전에 끝났지만 신조들은 살아 있다. 후세 사람들은 처음 쓴 사람들이 전혀 의도하지 않았던 기능들을 더하기 시작한다. 사람들은 그런 기능들이 특정한 입장을 나타내는 긍정적인 것들이라고 주장했다. 나중에 사람들은 그런 기능들을 반드시 지키라고 강요하거나 추방시키는 관행의 기준으로 삼았다." Schmidt, op. cit., op. 46.

부 세력이 피지배 계층을 통치하며 교리의 기준을 유지하는 것이 좋은지 아니면 내부의 상황을 정말 이해하고 믿는 내부 세력이 교리의 기준을 만들고 유지하는 것이 좋은지는 여전히 더 심각하고 중요한 문제다. 내가 보기에, 내부 사람들이 확신을 가지지도 않고 자발적으로 실천하지도 않는 교리를 유지하는 것을 교리의 유지라고 부를 수는 없는 것 같다. 이 말이 옳다면, 우리가 교리의 기준을 유지하는 것은 용어의 모순이다(Allen, 46).

이 뿐만이 아니다. 우리의 기준을 유지하는 것을 고집하면서 우리는 훈련을 통해서 사람들을 세뇌시킨다.

그런 다음 우리는 교사들을 훈련시킨다. 우리는 아주 어린 학생들을 데려다가 초중고등학교와 신학교에서 특별 훈련을 시켜서 그들이 우리의 추상적인 용어들을 이해하고 최소한 우리의 교리를 말로 표현할 수 있도록 한다.

그리고 우리는 그들이 대부분의 상황에서 자신들이 배운 것을 정확히 반복하는 것 이외에 적절하게 뭘 할지 모른다는 것을 알면서 그들을 소수의 신자들 위에 지도자로 앉힌다(Allen, 46).

그래서 서양 또는 동양 선교사들한테서 훈련 받은 현지 교회 지도자들은 "우리는 배운 대로 하지만 우리가 하는 것을 이해하지 못한다"고 말한다(Allen, 47). 알렌은 "새 크리스천들에게 우리의 교리 기준을 강요하면 '불임인 상태에서 반감'이 생긴다"고 말한다.

내가 몇 년 전 인도에 있었을 때 나는 젊고 교육 받은 인도 사람들이 "우리는 당신이 전해준 서양의 교리를 따르지 않을 것입니다"라고 말하는 것을 계속 들었다. 그러나 내가 보기에 그들이 서양의 교리에 반대할 이유를 거의 갖고 있지 않았다. 내가 할 수 있는 만큼 나는 스스로에게 물었고 나는 그들의 반응이 사실이라는 것을 알았다.
내가 그들에게 교리의 어떤 부분에 대해 불쾌하게 생각하는지 물었을 때 내가 얻은 유일한 답은 "당신이 우리에게 강요하기 때문에 그렇습니다"였다. 따라서 압력으로 우리의 교리의 기준을 유지하면 '불임인 상태에서 반감'이 생긴다(Allen, 48).

비극은, 과거에 소수의 의식 있고 교육 받은 인도 사람들이 외부 압력에 반대했을지라도, 여전히 오늘날에도 인도 사람들이 교회와 신학교에서 서양의 교리만 지키고 있다는 사실이다. 그리고 말 그대로 복음 소통이라고 말하면서 강요한 똑같은 교리들이 오늘날에조차 선교지에 존재하고 있다.

교리를 유지하는 것은 이단을 멀리하기 위해서 필수적이다. 초대교회가 새 신자들을 지도하고 교리를 유지한 방법이 흥미롭다. 알렌은 이렇게 말한다.

초대교회에서 우리는 아주 다른 모습을 발견한다. 교회가 처음 로마 제국 전체에 퍼지고 있었을 때 교회는 교리의 기준을 확실히 유지했다. 그리고 다수의 신자들(전문적인 훈련 받지 않은 사람들)의 자발적인 행동이 그 기준을 위태롭게 하지 않았다. 이 알려지지 않은 선교사들은 자신들이 배운 교리를 아주 적절하게 가르쳤다.

그래서 교회의 주교(감독)들이 그들을 신학교에서 길거나 특별한 훈련을 시키지 않고 새 교회들을 위한 주교(감독)로 임명하기도 했다. 즉 주교들은 훈련 받지 않은 신자들의 가르침을 수용하는데 주저하지 않았다. 초대교회의 엄청난 이교 신앙들은 알려지지 않은 선교사들이 급속하게 퍼트린 것이 아니라 가장 오래된 교회들과 주위의 이교도들에게 복음을 잘 전파하지 않았던 크리스천들이 만들었다. 교리를 위협한 것은 변두리에 살았던 문맹의 신자들이 아니라 에베소서와 알렉산드리아 같은 곳, 그리고 가장 교육을 많이 받고 철학적 사고를 한 크리스천들이었다. 그들의 눈에는 정통 교리를 유지하려고 했던 교회가 거슬렸다(Allen, 48).

알렌은 기독교 교리를 존중하면서 계속해서 신약 성경의 선교 방식을 언급한다. 그는 자신의 초기 작품 『선교 방법론: 바울의 선교 vs 우리의 선교』(Missionary Methods: St. Paul's or Ours?, 1956)에서 직접적으로 사도들을 언급하며 자신의 근거를 들었다. 그는 다음과 같은 문제제기를 한다.

"현대 선교는 기독교 교리에 대해서 큰 관심을 가지고 있다. 그런데 왜 사도들은 교리에 대해 우리와 동등한 관심을 가지지 않았을까?"

우리는 사도들이 자신의 문화 안에 있는 사람들에게 복음을 전하기 위해 평신도들을 불렀다는 것을 볼 수 있다.

그렇다면 우리는 어떤 방법을 택하고 있는가?[14]

지금 교회에 무슨 일이 벌어지고 있는가?

교회는 신학자들에게는 새로운 이교들을 만드는 지적인 즐거움을 누리도록 허락하면서 순진한 크리스천들에게는 교리를 강요한다. 알렌이 비교한 것을 보자. 이 세기 우리의 교회에서 정말 일어나고 있는 사실이다.

> 다음은 우리에게 낯선 것이다. 당시의 교회는 배운 사람의 인간적 의견을 두려워했다. 반면에 우리는 문맹자의 무식함을 두려워한다. 당시의 교회는 의식을 갖고 개혁하려는 사람들에게 대항하기 위해 교리를 유지했다. 반면에 우리는 배운 진리를 무의식적으로 잘못 소개할지 모르는 사람들에게 대항하기 위해 교리를 유지하고 있다.
>
> 당시의 교회는 신자를 신뢰하며 교리를 유지했다. 반면에 우리는 교리를 수용할 신자의 능력을 신뢰하지 않는 마음을 가지고 교리를 유지한다. 당시의 교회는 누구나 이해할 수 있는 명확한 교리를 생각함으로써 교리를 유지했다. 반면에 우리는 신학자들만 이해할 수 있는 복잡한 교리를 취급함으로써 교리를 유지한다.
>
> 결론적으로, 당시의 교회는 예수님을 믿는 모든 사람이 자신이 알고 있는 것을 다른 사람들에게 가르칠 수 있도록 준비시켰다.

---

14 Roland Allen, *Missionary Methods: St. Paul's or Ours?*, London, World Dominion Press, 1956. 나는 여기서 참고한 알렌의 주제에 대해 연구하지 않았다. 그래서 그 주제로 이 단락을 쓴 로버트 슈미트 박사에게 감사드린다.

> 반면에 우리는 가르칠 수 있도록 특별히 훈련 받은 사람들만 준
> 비시키고 있다. 우리가 특별히 훈련시키지 않은 사람들이 자발
> 적으로 다른 사람들을 가르칠 때 우리는 그들의 위치를 대신할
> 훈련된 사역자들을 보내려고 서두른다. 물론 이런 것은 교리의
> 기준을 유지하려는 것일 뿐 초대교회들이 하지 않았던 것이다
> (Allen, 49).

따라서 이교 신앙의 위험은 교리에 대한 기본적이고 초보적인 지식을 가지고 자신의 믿음을 유지하려고 적극적으로 배우고 자신들을 고치려는 평신도들에게 해당하는 것이 아니다. 오히려 이교 신앙을 번식시키는 정신은 자신의 지식에 대한 옳지 않은 마음을 가지고 우쭐대며 자만하고 배우지 않으려는 마음이다(Allen, 49). 그런 태도는 대부분 우리 시대의 신학자들 가운데서 볼 수 있다.

평신도의 믿음은 단순히 머리로만 생각하는 지적인 말이 아니라 마음의 경험이기 때문에 올바른 가르침을 "영적 경험을 위해 필요한 것으로 인정해" 기쁘게 받아들인다. 그러므로 "그런 분위기에서 기독교 교리는 거의 위험하지 않다. 왜냐하면 잘못되고 정확하지 않은 가르침일지라도 평신도들이 받아들이면 한 동안 널리 보급되지만 참된 가르침이 올 때 그들은 명백하게 잘못된 것을 제거하기 때문이다"(Allen, 50). 왜냐하면 다음과 같기 때문이다.

> 경험의 완성인 교리는 대대로 원래의 뜻을 갱신하지만 경험
> 과는 별개의 것이다. 왜냐하면 교리는 지적인 이론 이상의 것
> 이 아니기 때문이다. 그리고 지적인 과정을 만든 것들을 신

되하는 것은 지적인 과정을 파괴할 수 있는 것을 신뢰하는 것
이다. 지적인 만족이나 권위적인 말 가운데 하나를 받아들여
서 경험과 분리된 교리는 힘이 없다. …
교리가 거짓이거나 거짓으로 만들어져서 실패했다고 하는 것
은 헛된 말이다. 교리가 거짓이거나 거짓으로 만들어져서 실
패한 것이 아니라 단순히 경험과 분리되었기 때문에 실패한
것이다. … 예수님의 힘에 대해 전하는 것이 복음이다. 복음
과 별개인 것은 단지 교리일 뿐이다. 그리고 모든 교리가 그런
것처럼 복음과 상관없는 교리 안에는 생명이 없다(Allen, 51).

그러므로 교회의 자발적인 확장을 위해 두 가지가 필수적이다.

첫째, 문맹이지만 영적인 힘을 체험하고 있는 신자가 자유롭게 표현하도록 허락하는 것이다.

둘째, 경험을 보충하도록 우리의 교리를 가르치는 것이다(Allen, 51-52).

어떤 강경한 신학자들은 수준 높은 교리를 유지한다는 명목 아래 "교회와 교리는 과거에 그랬던 것처럼 무지의 홍수에 침수될 수 있다"(Allen, 52)고 두려워하며 새 신자들이 교리를 자유롭게 표현하는 것에 반대할지 모른다. 그러나 사실 이렇다. 자발적인 확장은 단순히 지적인 가르침을 전하는 것보다 훨씬 더 경험을 표현하면서 진행된다. 이 경험의 증인들은 영적인 계몽을 가져오고 영적인 계몽은 지적인 능력을 북돋고 지적인 것을 가르칠 수 있도록 마음을 준비시킨다.

영적인 계몽은 또한 가르침을 받아들이도록 준비시킨다. 결과

적으로 자발적인 확장이 있는 곳에는 예수님의 힘을 믿는 다수의 증인들만 생기는 것이 아니다. 그곳에는 가르칠 준비뿐만 아니라 가르침을 받아들일 많은 교사들이 생긴다(Allen, 52). 알렌은 "무지의 홍수"에 대한 두려움 뒤에 있는 이유에 대해 동의하지만 다음에 대해 논쟁한다.

> 나는 아주 급속한 자발적인 확장이 있었던 곳에 위험하게도 많은 수의 무지한 신자들이 있었을 것이라는 점을 부정하지 않는다. 나는 무지의 홍수를 걱정하는 사람들이 표현한 두려움이 이성적인 두려움이었다고 본다. 내가 말하고자 하는 것은, 기독교 교리의 개념이 너무 지적이라는 것이다. 그리고 교회가 서양식으로 훈련 받은 소수의 전문 사역자들에게 교리의 개념을 지나치게 제한하며 가르친다는 것이다.
> 그 결과 서양의 지적인 교육은 별개의 문제로 하고, 사역자들이 교리를 제대로 이해하지 못하고 있다. … 성경을 보면 예수님의 말씀이 아주 완전하게 지적인 것은 아니다. 그러므로 기독교 교리를 이해하는 것은 아주 지적인 것은 아니다(Allen, 53).

한편으로, 우리는 예수님의 증인이 되는 것은 "예수님의 신성에 대해 긴 설교를 하는 것보다 교리에 대해 훨씬 더 멋진 설교를 하는 것 …"이라고 오해하고 있다(Allen, 54).

나는 적절한 신학 훈련이 특히 평신도들이 자신의 믿음을 표현할 때 도움이 된다고 생각한다. 그러나 동시에 일단 신학 훈련을 통해 적절하지 않은 사고체계를 배우면 자신의 믿음을 잘못 표현하는 위험을 정말 줄일 방법이 없다. 특히 현대 다원론적 사회 상황에서 훈련 받은 사람들이 짜놓은 대화법을 보면 알렌이 첫 번째 목적의 대가로 부차적인 목적들을 추구하게 된다고 한 말이 옳다는 것을 알 수 있다.

> … 우리가 훈련을 받으면 유혹에 빠진다. 즉 전달 받은 내용에 따라 살려고 하면서, 전달 받은 내용이 과정을 앞질렀다는 것을 잊는다. … 우리는 신자들을 불신자들과 구별 짓는 것이 우리가 사는 첫 번째 큰 목적이라고 생각한다. 그러나 불신자들은 크리스천들의 삶에 부차적인 목적들이 있다고 생각한다. 우리가 부차적인 목적으로 살 때 우리는 첫 번째 목적을 드러내기보다는 흐리게 하고, 예수님의 증인으로 인내하며 사는 대신 논쟁을 유발시킨다.
> 우리는 절대 논쟁으로 우리의 목적을 충분히 설명할 수 없다. 그리고 논쟁으로 상대방을 설득하기 어렵다. 게다가 우리가 듣는 사람을 설득할 때 논쟁으로 이긴다면, 우리는 논쟁이 통할 때까지만 논쟁으로 그를 설득해서 이길 수 있다. 그 논쟁을 사용할 수 없는 어려움이 생기는 순간 그는 사용할 수 있는 또 하나의 논쟁거리를 찾거나 지게 될 것이다. … 따라서 부차적인 목적을 너무 자주 소개하면 우리는 예수님에게서 영광을, 사람들에게서 예수님의 구원을 빼앗게 된다. 반면에 예수님의 증인들은 예수님을 영광스럽게 하고 사람들을 진리의 길 위에 세워 놓는다(Allen, 54-55).

교리가 수준 높은 생각을 하는 사람들에게 지적인 답을 줄 수 있는 여지가 있음에도 불구하고 교리를 설득하는 것은 복음을 전하는 것과는 별개의 문제다.

> 우리는 마치 복음과 교리 즉 예수님을 전하는 것과 기독교를 전하는 것이 같은 것처럼 말한다. 나는 기독교, 즉 교리는 사고와 관습의 체계이고 예수님, 즉 복음을 전하는 것은 예수님을 드러내는 것이라고 본다(Allen, 56).

지적인 논쟁을 통해 일시적으로 상대방을 이길 수 있지만 주님을 위해 영구적으로 상대방의 마음을 얻을 수는 없다.

예수님과의 개인적 관계를 쌓는 대가로 높은 수준의 교리를 유지하는 것에 지나친 중요성을 부여하는 사람들은 소수의 신자를 얻을 수 있을지 모른다. 그러나 위험은, 그런 신자는 또 다른 사상을 위해 사고와 관습의 체계를 포기한다는 것이다. 그리고 새로운 사고와 관습 체계를 수용하는 것은 구원의 방법이 아니다. 신자는 교리 체계가 아니라 예수님을 믿는 사람이다. 그가 믿는 것은 예수님이지 교리나 도덕 체계가 아니다(Allen, 58).

■ 제5장 크리스천의 도덕 기준

지금까지 어떤 사람도 자신의 신념을 초월해서 살지 않았다. 그러나 선교사들과 신자들에게 찾아오는 가장 큰 유혹은 교회가 지금까지 존재할 수 있었던 기준보다 더 높은 기준을 유지하려는 것이다. 선교사들과 기존 신자들은 자신들이 제대로 지키지도 못하는 기준을 유지하려고 하면서 자신들의 방식을 새 신자들에게 강요한다. 그러나 새 신자들은 그들의 모습을 지켜보면서 갈등한다. 어떤 학생도 자신의 스승을 초월해서 살 수 없기 때문이다. 그런 현상은 알렌이 말하는 대로 지금도 더 심해지고 있다.

> … 대단한 규칙들을 만들 때 우리는 신자 앞에 높고 이상적인 도덕이 아니라 타협 불가능한 행동 규칙을 놓고 순종을 요구한다. 말하자면, 우리가 여러 문화적 배경으로 만든 행동 규칙을 신자의 도덕 기준이라고 하면서 강요한다(Allen, 61). [15]

그리고 이런 행동 규칙의 문자나 율법에 순종하는 사람들은 하나님 나라의 신실한 신자로 포함되는 반면, "죄의 삶이라 부르는 삶의 환경에 갇혀" 있지만 "가장 예수님 같은 인내를 보일지라도" 율법에 순종할 수 없는 사람들은 신실한 신자의 범주에서 제외

---

15 "그러나 코란에 순종하는 것이 무슬림의 도덕 기준이라고 알려진 것을 보면서, 우리도 하나님의 명령에 나타난 크리스쳔의 도덕 기준이 무엇이냐 그리고 그것을 어디에서 공식적으로 발견할 수 있느냐고 물을 수 있다. 우리는 일단 이 질문에 어떤 명확한 답이 없다는 어려움에 직면한다. 답은 성경에 없다. 왜냐하면 우리가 유대인의 모든 율법을 받아들이지 않는 한 성경 전체에 크리스쳔들을 위한 명확한 명령이라고 할 수 있는 도덕률이 없기 때문이다. 신약 성경에는 더더욱 없다. 정말로 성경의 명령들은 모든 크리스쳔들을 완전하고 지속적인 하나의 규칙으로 묶지 않는다. 성경의 명령들은 단지 향기다. 그리고 성경은 그 향기들을 어떤 크리스쳔 원칙으로 선택하지 않았다. 그러므로 신자들도 그 향기들을 원칙으로 선택할지 말지 선택할 수 있다. 우리는 육체의 죄, 즉 기질과 마음의 죄를 율법 실천의 문제로 취급한다. 그러나 복음서는 예수님을 율법의 수호자로 묘사하지 않는다. 그는 교만과 자기 주장의 죄를 육체의 죄 못지않게 비난한다 …." Roland Allen, *The Spontaneous Expansion of the Church and the Causes Which Hinder It*, 61.

된다.[16]

> … 우리 모든 외국 크리스천들이 율법이나 도덕을 적용하는 것에 각자 다른 의견을 갖고 있는 상황에서 … 어떻게 현지 신자들에게 우리가 생각하는 신자의 범주를 강요할 수 있는가?(Allen, 62).

알렌은 선교사들의 율법이 관심자와 신자들을 영원한 하나님의 법에 반항하도록 이끌 수 있다고 말하고 그 예를 제시한다.

> … 빅 헌터(Big Hunter)의 예를 들자. 빅 헌터는 미국에서 캐나다로 도망해서 자신들을 캐나다 정부의 보호에 맡긴 시옥스(Sioux)족의 추장이었다. 장로교 선교사들이 그들을 방문해서 가르쳤고 많은 사람들이 크리스천 가르침을 받아드렸다. 빅 헌터가 크리스천이 되고자 했을 때 그는 한 명을 제외하고 나머지 아내들을 버려야 한다고 들었다.
> 오랜 갈등 후에 그는 결국 순종하기로 결정했지만 어떻게 순종할지를 몰랐다. 그래서 나머지 아내들을 목매달아 죽였다. 그런 후, 그는 선교사들에게 가서 자신이 선교사들의 요구를

---

[16] "… 병 치료 중에 가장 예수님 같은 인내심과 온화함을 보이지만 죄의 삶이라 부르는 삶의 환경에 갇혀 피할 수 없는 상태(문제 제기를 할 수 있는 도덕성을 제외하고)에 있는 사람보다, 일이 자기가 좋아하는 방향으로 가지 않을 때마다 인내심 없는 모습을 보이는 사람이 외부의 순결함의 기준에 순응한다고 해서 덜 죄인인가? 왜 우리는 그렇게 보는가? 왜 우리는 예수님의 사례로 후자의 사람을 가리키고 그가 예수님의 은혜를 입으면 예수님은 그를 가르치고 힘을 주고 자유롭게 할 것이라고 확증하는가? 반면 왜 우리는 전자의 사람에게는 율법을 소개해서 그를 무시하고 그의 죄를 확인하지도 않은 채 율법의 문자에 순종하도록 요구하는가?" Ibid., 61-62.

이행했다고 말했다. 그러나 선교사들이 그를 살인자로 쫓아 버리자 그는 절망했다. 그리고 크리스천이 되고자 하는 모든 희망을 영원히 포기한 후 이방 신들에게 돌아가서 두 명의 신부와 결혼했고, 자신의 자녀들은 크리스천이 됐지만 자신은 죽을 때까지 이교도로서 살았다(Allen, 65-66).

우리 크리스천들 때문에 예수님의 이름을 거부한 불신자 남편들이 가끔 우리를 소름끼치게 하는 행동을 한다. 불신자 남편들이 기독교 율법에 순종하려고 한 명의 부인을 제외하고 나머지 부인들을 버리면 그 부인들은 우리를 곤란하게 하는 상태[17]가 된다. 그리고 좋은 크리스천이 됐을 많은 사람들이 우리한테 와서 예수님을 찾다가 율법을 발견하고 예수님을 믿지 않고 예전의 모습으로 돌아갔다. … 우리가 규칙을 강조할 때 '많은 현지 신자들과 이교도들은 예수님의 법보다 서양 문화의 노른자를 강요하는 것으로 느낀다'는 것은 놀랄 일이 아니다 …(Allen, 66).

마음을 다하고 목숨을 다하고 뜻을 다하여 주 너의 하나님을 사랑하고, 네 이웃을 네 몸과 같이 사랑하라(마 22:37-39)

우리 주님이 만드신 황금률을 제외하고 "신약 성경에 형식적이고 힘이 있는 법적 표현의 기준으로 삼을 수 있는 도덕의 기준이 존재하지 않는다. … 그리고 복음은 절대 수준 높은 도덕 규칙을

---

17 어떤 아프리카 나라들에서 남편들이 사회적, 경제적 이유로 일부다처제의 관습을 지키고 있었다. 그러나 선교사들이 일부다처제에 반대하자 남편들이 선교사들의 율법에 순종하기 위해 자신들의 아내들을 버렸고 그들은 생존하기 위해 매춘부가 되었다.

계시하지 않는다"(Allen, 68).[18]

예수님은 "외부의 규칙을 가지고 사람들에게 행동을 지시하기 위해서 온 것이 아니라 사람들에게 오신 성령님의 존재와 힘으로 사람들을 감동시키고 세워주기 위해서 왔다"(Allen, 68).

> … 그는 그런 것들을 성육신으로 보여주고, 사람들이 자신처럼 될 때까지 인도하시고 가르치시는 성령님을 나눠주기 시작했다(Allen, 69).

> 그는 우리를 죄에서 구원하시기 위해서 죄 **안에** 있는 우리에게 오신다(Allen, 69)는 말처럼 … 사람들은 예수님과 그의 도덕률로 구원받은 것이 아니라 예수님 **안에서** 구원받았다(Allen, 72, 강조는 원문의 것임).

알렌이 보기에, 모든 기독교 선교는 성령님이 하신 것이다. 즉 예수님의 선교는 선물이었다는 말이다. 선물은 통제되거나 단속받지 않는다. 사람들은 선물에 대해 감사했고 신뢰했다. 이런 내용을 알렌은 『자발적인 교회 확장과 방해 요인』과 『선교 방법론: 바울의 선교 vs 우리의 선교』만큼은 잘 알려지지 않은 "오순절과 세상: '사

---

18 "… 신약 성경에는 형식적이고 힘이 있는 법적 표현의 기준으로 삼을 수 있는 도덕의 기준이 없다. 즉 특정 기준에 도달하는 사람만 신자라고 부르고 그렇지 않은 사람은 신자가 아니라고 부를 수 있는 기준이 존재하지 않는다. … 우리는 우리가 만든 현지의 임시적 도덕 기준이 얼마나 타락했는지 알지 못하고 오직 추측할 뿐이다. 참 크리스천 이상들과 비교하면, 크리스천의 도덕 기준들은 가장 낮은 이교도의 도덕 기준보다 정말 더 타락했다. 그리고 복음은 절대 수준 높은 도덕 규칙을 계시하지 않는다." Roland Allen, *The Spontaneous Expansion of the Church and the Causes Which Hinder It*, 68.

도들의 행동' 안에 드러난 성령님의 계시"(Pentecost and the World: The Revelation of the Holy Spirit in the 'Acts of the Apostles')[19]에 썼다.

알렌은 현대선교의 문제가 단순히 잘못된 방법을 채용한 것만이 아니라고 말한다. 그는 더 깊이 비판한다. 그는 선교사들이 정말로 성령님이 새 신자와 지도자를 모든 진리로 인도하실 것을 믿었는지 그렇지 않았는지 묻는다. 여기서 알렌은 자신의 견해가 아니라 신약 성경에 있는 모든 선교 접근법을 들면서 주장한다. 그는 선교 접근법을 하나님과 '평신도들'이라고 부르는 신자들에게 맡기는 근거는 성령님이라고 한다. 즉 그것은 인간이 논쟁할 것이 아니라 하나님의 영역이라는 말이다.

성령님이 원하시는 대로 하셨다는 것을 강조할 때 선교 사역에 기쁨과 평화를 느낀다. 그러면 더 이상 '제도적인 관심사'가 마음과 교회 토론의 핵심이 아니다. 사람들은 '하나님의 충만함,' 즉 '하나님의 놀라운 은혜와 예수님 안에서의 자유'와 같은 성령님이 하시는 중요한 일과 예슈 박따로서 예수님 안에 사는 것에 집중할 자유를 가지고 있다.

예수님이 하나님 앞에서 우리의 의로움이라는 것을 생각하면서 우리는 자기 의로움(self-righteousness)을 먼저 없애야 한다. 그렇지 않으면 '내부의 진리'로서 신자의 도덕 기준을 유지할 수 없다. 신자의 도덕은 우리 마음 안에 있는 진리여야 한다. 우리는 그것을 유지

---

19 이 글은 다음의 책에 수록되어 있다. Roland Allen, *The Ministry of the Spirit*, Grand Rapids: Wm. Eerdmans Pub. Co., 1960. 나는 여기서 참고한 알렌의 주제에 대해 연구하지 않았다. 그래서 그 주제로 이 단락과 다음 두 단락을 쓴 로버트 슈미트 박사에게 감사드린다.

할 수 없다. 우리가 할 수 있는 모든 것은 외부의 법을 집행하는 것이다. 그러나 우리는 집행도 하지 말아야 한다.

그런데 우리가 외부의 법을 집행**해야 한다**고 말하기 때문에 행함에 있어서 율법을 중시하며 유대인화되고 있는 신자를 정말 정죄하는 것이다. 그리고 우리는 반대로 행한 사도 바울을 찬양하는 이중적인 모습을 보인다(Allen, 73, 강조는 원문의 것임). 알렌은 이것을 더 명확히 설명하기 위해 이슬람의 도덕 기준과 비교한다.

> … 여기에 이슬람의 침체의 비밀을 소개한다. 이슬람은 도덕 기준을 갖고 있다. 이슬람은 사람을 그 기준까지 올려놓을 수 있지만 그 후에는 아무것도 할 수 없다. 무한한 발전이 없다. … 예수님 안에는 그런 기준이 없지만 무한한 진보의 약속이 있다. 이교도들이 예수님의 성령님에게서 감동을 받고 그의 은혜에 힘을 얻어 예수님을 믿는다고 해도 현재의 서양의 도덕과 율법 기준을 앞서지 못할 것이지만 그 이상의 것에서 무한한 진보를 이룰 것이다. 우리가 현지인들에게 어떤 기준을 강요하면서 우리와 우리의 신자에게 어떤 이익이 되고 있다고 느낄지 모르지만 결국 미래로 진보할 수 있는 용수철을 약화시킨다(Allen, 73-74).

따라서

> … 우리가 먼저 신자들이 우리의 율법을 받아들여야 한다고 주장하지 않으면서 예수님을 믿는 사람들이 세례를 받게 했

더라면, 그리고 우리가 현지의 사회 질서를 깨지 않고 현지인들이 스스로 자신들의 지도자들 아래서 현지 마을에 교회를 세우도록 허락했더라면, 우리의 도덕 기준이 결코 낮아지지 않았을 것이다. 학교에 유치원을 세우는 것이 학교의 교육 기준을 낮게 하는 것이 아닌 것처럼 말이다(Allen, 74).

그러나 슬픈 사실은 "우리가 성령님이 일할 곳에 율법 문자를 넣어서 율법 문자를 집행하면서 성령님을 무시하고 있는 것이다. 우리는 율법을 만들어 하나님의 사랑을 무시한다. 우리는 현지인들을 잘못된 길로 인도하고 있다. 우리는 자발적인 교회 확장에 가장 심각한 장벽을 만들고 있다"(Allen, 75).

■ 제6장 문명과 계몽

유럽 선교사들은 현지인들에게 예수님의 복음뿐 아니라 자신들의 문명도 포장해서 가져왔다.

그들은 사역의 큰 부분으로서 서양 문명을 소개하는 것을 고려해서 새 신자들이 서양 종교의 한 부분인 서양 문명을 받아들이게 할 것이라고 밝혔다. 그들은 다음과 같이 예언했다. 기독교의 확장은 선교기지(mission compound)의 배가처럼 쉽고도 어려울 것이다. 유럽 사람들은 자신들이 배가시킬 수 있는 만큼 선교기지를 전파시킬 것이다. 현지인들도 배가할 수 있는 만큼 선교기지를 전파할 것이다. 선교기지가 선교사 사회의 정책(교회의 역사)을 통제할 것이다. 그 선교기지는 신자들의 앞에서 영향력을 행사하고 있었다(Allen, 77).

알렌은 이 그림을 통해 선교사들이 다른 세계 특히 인도에서 기독교이라는 명목 아래 유럽 문명을 퍼트리는 이야기를 전한다.

울타리 쳐진 기독교는 선교사들에게 의지하는 크리스천 공동체를 만들었다. 물론 "어떤 경우에는 울타리의 문을 열어 이교도에게 죽기 직전의 크리스천들을 구하기도 했다"(Allen, 77).

그러나

어떤 경우 또는 대부분의 경우 선교사들이 현지에서 권위를 가진 약간의 개인적 영향력으로 그들을 구할 수 있었다. 어떤 경우 선교사들이 유럽 통치자에게 호소해서 국가와 군대가 크리스천들을 보호했다. 명백하게 선교사들은 보호자, 후원자, 신자의 고용자가 되었다. 의심할 여지없이 현지인들은 선교사에게 의지하는 법을 배웠다(Allen, 78).

선교사의 피부색과 국적은 변했지만 이런 똑같은 이야기는 오늘날에도 계속되고 있다.

인도 기독교 선교의 슬픈 이야기 가운데 하나는 힌두 공동체 가운데 분리된 '크리스천 공동체'를 만든 것이다. 그에 대한 선교사와 그들의 선교기지의 역할이 대단치 않았다 하더라도 의도치 않게 선교사와 그들의 선교기지는 힌두 공동체를 대체하는 '새로운'

공동체를 만들었거나 만들려고 노력했을 것이다.

　무슬림들은 무력으로 이슬람교를 강요했지만, 기독교 선교사들은 기독교라고 불리는 종교를 전도하면서 강요했다. 무슬림들은 종교의 이름으로 인도를 침략해 인도 문명과 문화를 파괴하고 공개적으로 칼의 힘으로 힌두들을 개종시켰다. 무슬림들은 자신들의 규율 아래 다른 문명을 포용하지 않았기 때문에 무력으로 개종시키고 자신들의 문명을 강요했다. 근본 이슬람 신학 아래 다른 공동체를 인정할 수 없어서 그들은 어떤 수단을 동원해서라도 힌두를 무슬림 공동체로 개종시키려고 했다. 그들은 모든 힌두들을 자신들의 공동체로 개종시킬 수 없다는 것을 알았을 때야 그들은 관용을 베풀기 시작했다.

　선교사들의 경우도, 전부는 아니지만 대부분이 하나님과 복음이라는 명목 아래 인도 문명과 가치를 파괴하려는 목표를 세웠다. 그리고 그들은 정말 무슬림들처럼 했다. 즉 칼이 아니라 복음과 함께 서양 문명을 강요해서 '크리스천 공동체'를 만들었다. 그러나 그것은 예수님의 복음이 아니다.

　네팔의 로카야(K. B. Rokhaya) 박사는 네팔의 현대 기독교의 경향에 대해 다음과 같이 논평한다.

> 물고기가 물 없이 살 수 없듯이 어떤 공동체도 자신의 문화와 별개로 존재할 수 없다.
>
> 당신이 한 공동체를 파괴하고 싶다면 당신은 그들의 문화를 파괴하라.
>
> 그렇게 해서 당신은 그들을 그들의 과거 역사로부터 떼어낼

수 있다.
특별한 존재인 그들의 정체성을 더럽혀라.
자부심을 느꼈던 것을 빼앗아라.
그런 식으로 그들이 스스로 가치 없다고 느끼게 해서 다른 사람들에게서 후원, 도움, 목적, 의미, 그리고 정체성을 찾게 하라.[20]

이런 일은 현재에도 사실이다. 우리는 유럽 문명이 기독교의 명목 아래 인도로 왔던 지난 몇 세기 동안 무슨 일이 생겼을 것이라는 것을 아주 잘 상상할 수 있다. 알렌이 생생한 그림을 보여준다.

> 신자들은 자신들의 동족이 전혀 이해할 수 없었던 그리고 자신들 스스로도 아주 잘 이해할 수 없었던 기독교 율법을 따르면서 동족의 사회에서 절단되고 그들의 친근한 조직과 권위에서 떨어져 나와 표류한 채 길을 잃었다. 사람들은 사회 질서 없이 살 수 없다. 우리는 그들의 질서를 파괴하고 대신 새로운 질서를 건설해야 한다. 우리는 그들이 표류한 곳을 찾기 위해 어떤 관습을 그들에게 가르쳐야 한다. … 우리는 가르쳐야 하고 그들은 즉시 새로운 사회 질서를 배워야 한다.
> 어떤 관습을 그들에게 가르칠 수 있는가?
> 명백하게도 오직 크리스천 관습 즉 울타리 쳐진 크리스천 관습이다. 다른 말로, 그들은 가능한 만큼 우리의 문명을 수용해

---

20 본서의 "추천사 3" 20페이지를 보라.

야 한다. 다행히 신자들이 빈곤하고 무지해서 우리를 정확히 복사할 수 없었다. 우리가 그들에게 소개한 것은 무엇이든지 좋은 관습이었다. 우리가 지킨 어떤 관습도 그들은 무차별적으로 질문하지 않고 따랐다. 아주 불편한 상황을 만들지 않는 한 말이다. 그러나 그들은 자신들이 무엇을 하고 있는지 이해할 수 없었다. 새로운 문명은 뿌리를 갖고 있지 않았다.

… 현지인들은 노출이 심한 옷을 입거나 미개하게 입은 선교사들을 보고 선과 악을 합성한 끔찍한 모습이라고 인식했다. 그런데도 선교사들은 자신들의 처지를 모르고 현지 새 신자들에게 서양식 옷을 입히고 부끄러움을 알도록 가르쳤다. 유럽식 의복은 그 때 들어왔고 여전히 국민성을 빼앗은 상징으로 남아 있다 (Allen, 78).[21]

다른 문화와 사회 가치, 특히 자신 것을 남에 것과 비교해 판단하는 마음 때문에 이런 행동을 한다. 남인도 출신 선교사들이 여전히 인도의 다른 지역의 신자들을 대상으로 이런 행동을 하고 있다.

---

21 로카야 박사가 한 말과 비교하라. "1973년 꼴까따의 자다브뿌르대학교(Jadavpur University)의 공학도였던 나는 당시 영적으로 심각한 정체성 위기를 겪고 있었다. 그때 나에게 예수님을 소개해 준 인도 친구들에게 감사드린다. 예수님의 말씀과 크리스쳔 친구들과의 교제가 나를 살렸다. 나는 캐리 침례교회(Carey Baptist Church)에서 침례를 받았다. 침례 후 일요일에 교회에 가기 위해 처음으로 넥타이와 양복을 샀다. 자주 뱅갈리(Bengali) 친구들이 나에게 와서 '교회에 가고 싶지만 넥타이와 양복이 없어요'라고 말했다. 그들은 정직하게 말했다. 그들은 내가 일요일 아침마다 양복과 구두를 신은 것을 봤기 때문에 교회에 가려면 넥타이와 양복을 입어야 한다고 생각했다. 신실했고 진리를 찾던 많은 뱅갈리(Bengali) 친구들은 단지 그들이 넥타이와 양복을 살 수 없거나 그들의 인도 정서 때문에 그렇게 입을 수 없어서 결국 예수님을 알 수 있는 기회를 가질 수 없었다. 이런 상황이 여전히 많은 네팔 사람들 그리고 내가 믿기로 대다수의 인도 사람들의 마음속에 그려진 기독교의 모습이다. 얼마나 슬픈가." Ibid., xi.

진짜 문제는, 우리가 특정한 관습을 장려하거나 장려하지 않는 것이 아니라 어떤 것이 적절한지를 판단하고 있는 것이다. 우리가 현지의 관습을 존속시키거나 회복시키는 것이 아니라 이런 일들을 직접적으로 다루고 있는 것이 진짜 문제다. 우리가 우리 선배 선교사들이 만든 금지 사항과 강요를 폐지하고 다른 것들을 만들거나 유지하는 것은 정확히 우리 선배 선교사들이 했던 원칙이다. 우리 선배들은 현지 관습을 판단하는 위치에 있었다. 즉 그들은 어떤 관습을 용인할지를 결정하는 것이 자신들이 할 일이라고 생각했다. 그리고 전에 어떤 관습이 있었거나 없었거나 신자들의 관습을 금지하는 일도 자신들의 의무라고 확신했다. 그리고 자신들의 능력과 지식을 최대한 동원해서 그 의무를 끝냈다. 그들은 가장 힘들고 위험한 길에 들어섰던 것이다. 그들이 실수했다면 우리도 확실히 많은 실수를 할 것이다. 우리가 그들처럼 똑같은 일을 한다면 말이다(Allen, 79).

이에 대한 해결책이 무엇인가?
알렌이 적절하게 다음과 같이 말한다.

… 현지 신자들은 처음에 신자 수와 지식 면에서 자신들이 사회의 잘못된 것과 악을 고칠 수 있을 정도로 강해질 때까지 자신들의 이교 신앙 환경에 남아 있어야 한다. 태생적으로 느리고 조용한 사회의 내적 진보를 완전히 이해하면서 그들처럼 살며 그들의 일부가 되어야 한다. 바로 엄청나게 전진할 수

있는 상황처럼 보일 때조차도 우리는 현지 신자들이 단숨에
우리의 명령을 수용 또는 거부하도록 강요해서는 안 된다 …
(Allen, 79).

그러나 또 다른 이야기에서는 무슨 일이 있었을까?

… 우리 기독교 학교에서 교육 받은 신자들은 시골 사람들로
부터 여전히 크게 분리되었다. 그리고 고등학교와 대학교에
서 우리에게 교육 받은 이교도들 가운데 예수님을 믿은 사람
이 많지 않았다. 그리고 그들은 자신들이 받아들이거나 거
부한 교리의 고향인 서양 문명에 대해 날카로운 비판을 했다
(Allen, 80).

오늘날 현지 조직이 운영하고 있는 선교지에서도 똑같은 일이 생
기고 있다. 선교사들은 이교도들을 문명화시키는 것을 백인의 일
로 간주하고 사회 개혁의 명목 아래 종교를 번식시키기 위한 새로
운 계획을 도입했다. 결국 그 계획 안에는 하나님 나라의 자리가 없
었다. 이런 변화는 오늘날에도 신자의 사고와 선교에 지속적으로
영향을 끼치고 있다. 그러나 우리는 다음을 기억해야 한다.

사회 개혁 그리고 현지인의 삶의 고통 완화를 종교와 혼합하
지 않고 분리해서 추진하는 것은 극단적으로 쉽다. … 신자들
이 사회 개혁을 하는 것은 필수적인 일이 아니고 비록 특별한
의도를 가지고 현지인들의 삶의 조건을 개선한다 해도 현지

인들이 반드시 예수님을 믿는 것은 아니다(Allen, 81).
우리는 처음에 지적이고, 도덕적이고, 사회적인 발전을 도모
하면서 신자들의 삶의 상태를 개혁했다. 우리는 현지인들에
게 그런 인식을 분명하게 줬다 …(Allen, 82).

비록 다른 주제로 벗어났지만, 비샬 망갈와디(Vishal Mangalwadi) 같은 크리스천 사상가들이 사회 개혁을 제안했다. 그에 대한 우리의 논평을 읽으면 이 견해를 잘 이해할 수 있을 것이다.

모든 개혁은 사람들의 마음과 생각에 변혁을 요구한다. 제도를 '갑자기' 바꿔서 사람들에게 안전성과 정체성 둘 다를 주는 사회의 어떤 가치에 도전하고자 하는 개혁가가 있다면, 그는(외부인 포함) 개혁이 아니라 혁명으로만 성공할 수 있다.

예를 들면, 기독교계에서 노예제도를 없애는데 1,800년이 걸렸다. 그렇다면 인도 사회를 바꾸려면 얼마나 많은 시간이 필요할 것인가. 복음은 먼저 '변혁'과 개혁[22]을 이끌고 그 다음에 필요하면 사회 내부에 개인적 신학과 철학을 이끈다. 다음의 견해가 내 생각을 더 명확하게 한다.

---

22 "개혁(Reformation)에 대한 정의. 개혁은 인간의 신학을 순결하게 이끌기 위한 성경적 진리의 회복이다. 개혁은 모든 생각과 행동을 판단하고 안내할 수 있는 자격을 갖춘 성경을 재발견하는 것과 관련이 있다. 즉 개혁은 해석의 오류를 바로잡는다. 교리 고백에 대한 정확한 뜻을 알려주고, 통일성을 부여하고, 용기를 준다. 개혁은 삼위일체 하나님을 함께 예배할 수 있는 형식과 힘을 준다. 개혁이 모든 교회와 예수님의 몸 안에 항상 계속되어야 하지만 가장 날카로운 개혁은 신학적, 도덕적, 영적, 그리고 교회학적으로 엄청나게 타락할 때 나타난다." Tom Nettles, "A Better Way: Church Growth Through Revival and Reformation," in Michael Scott Horton, Editor, *Power Religion, The Selling Out Of The Evangelical Church?*, Chicago, Moody Press, 1992, 162.

블래미르(Harry Blamires)는 문명을 위해 싸우는 것은 썩은 공화국을 다시 건설하는 것과 같은 것이며, 그것은 하나님 나라를 위해 싸우는 것이 아니라고 말하며 다음과 같이 경고한다.

> 우리 크리스천들이 부도덕과 타락의 물결에 저항해야 한다는 사실이 절망적이다. 우리가 정말 크리스천으로서 자격이 있다고 핑계대지 말아야 한다. 우리가 공중도덕 붕괴의 책임을 이교도의 탓으로 돌리는 것은 그들에게 모욕적인 일이다. 우리도 이미 불법 낙태와 포르노 등 많은 것을 묵인해 왔기 때문이다.
> 우리의 이중적인 모습에 끔찍함을 느꼈을 사람은 사도 바울, 성 아우구스티누스(St. Augustine), 존 번연(John Bunyan) 또는 존 웨슬리(John Wesley)만이 아닐 것이다. 확실히 버질(Virgil, 고대 로마 시인, B.C. 70-19)과 세네카(Seneca, 로마의 정치가·철학자·비극 작가, B.C. 4?-A.D. 65), 플라톤(Plato)과 플로티누스(Plotinus)도 느꼈을 것이다.[23]

마이어(Kenneth A. Myers)도 다음과 같이 말한다.

> 서양까지 확장된 기독교의 죽음은 복음주의 사회에 최소한 두 가지 면에서 유혹을 주고 있다.
> 첫째, 복음주의 사회는 특이하게 십자군의 자격을 가지고 문명화된 행동을 회복시켜야 한다는 것과 하나님 나라를 보호

---

23 Harry Blamires, *Where Do We Stand? An Examination of the Christian's Position in the Modern World*, Ann Arbor, Mich.: Servant, 1980, 17

하기 위해 미개인들을 몰아내는 것에 대한 개념을 정리하지 못해 혼란스러워하며 과장과 감정에 치우쳐 있다.

둘째, 복음주의 사회는 정치 수단을 이용해서 자신들의 영적인 정체성으로 삼고 있는 십자군을 위해 종사한다. 여기에서 문화적인 것들은 정치적인 것들에 비해 중요성이 축소된다.

독특하게 신자의 원리와 의무, 이 두 가지의 변혁을 추구하는 것은 타협하거나 혼란에 빠질 위험이 있다. 그러나 세속적 관심사에서 신학은 도덕에 비해 중요성이 축소된다. 그리고 도덕은 이념에 비해 중요성이 축소된다. 낙태 병원 또는 대학교 영어학과 또는 다국적 회사에서 미개인들의 진보가 있을지 없을지 모르지만 그런 현상은 복음주의 사회에게 엄청난 열정과 방어의 자세를 부추긴다.

그러나 신자는 적이 누구인지, 원인이 무엇인지, 그리고 어떤 무기가 전투에 적절한지 명확하게 알아야 한다. 그렇지 않으면 교회는 확실히 도덕적으로 재무장한 사회 그리고 그 이상 아무것도 아닌 쪽으로 타락할 것이다. 이것이 바로 신학적 자유주의가 많은 주류 교회에 영향을 끼친 것이다. 도덕적 복음주의 사회가 가진 열정이 교회들을 똑같은 결말로 이끈다면 끔찍한 일이 될 것이다.

그러므로 이 상황에서 우리가 추구해야 하는 '보다 나은 방법'은 '최고의' 신학자들이 아니라 평신도들을 위해 신학적으로 검증된 분별력을 찾는 것이다. 이것은 하나님 나라와 세상 나라 사이의 차이점을 인식하기 위함이며 한 사람을 다른 사람으로 바꾸지 않고 둘을 위해 우리가 할 수 있는 역할을 받아들이기 위함이다.

신자들이 정치, 특히 민주주의에 관련된 일을 하는 것에 아무 문제도 없다. 사실, 신자들은 삶의 모든 면을 하나님 자체로 인식하고 관심을 가져야 한다. 그러나 사회 문화에 관련된 일이 중요하다 할지라도 그것은 하나님 나라를 세우는 것은 아니다. 우리는 하나님이 자신의 나라를 세울 때 우리가 그 분 옆에 서 있으면 어떤 장애물도, 어떤 정책도, 어떤 이념도, 심지어 지옥의 문도 끼어들지 못할 것이라고 확신한다.[24]

개혁이 목표가 되면 복음은 오직 수단이 된다. 그것은 복음의 목표가 아니다. 그러나 복음을 전하면 복음이 목표가 되고 개혁은 자동적으로 부산물이 된다. 라다끄리쉬난(Radhakrishnan) 박사가 제대로 말했듯이 예수님은 세례 요한 같은 개혁가(reformer)가 아니라 살리는 사람(regenerator)이다.

개혁가는 자신이 속한 사회의 가치를 개선하려고 하거나 황금시대로 돌아가라고 외친다. 반면 살리는 사람은 새 가치를 소개하지만 분리된 공동체와 사회와 나라를 만들지 말고, 분리되지 않는 새 사회와 새 나라를 세우라고 외친다. 예수님이 만들고자 하는 새 이스라엘, 즉 새 예루살렘은 특정한 문화, 전통 또는 문명이 아니다.

'이념'을 가진 개혁은 병이 아니라 증상에 대해 말한다. 원래 바리새인 출신이었던 사도 바울은 예수님을 만났을 때 자신의 공동체와 비유대공동체 둘 다에 개혁가가 되어 증상을 말하는 대신,

---

24   Kenneth A. Myers, "A Better Way: Proclamation Instead of Protest," ibid., 56-57.

병의 원인을 말하는 신학자가 되었다. 그가 로마 사회에서 개혁가 였다면 자신의 생명이 위험해졌을 뿐 아니라 이방인들에게 우리 주님의 의를 소개하는데 실패했을 것이다. 감사하게도 그는 형식이 아니라 원리를 소개했다.

신학자(최고의 신학자가 아닌)도 자연적으로 개혁가가 된다. 반면에 개혁가는 우리가 마이어의 글 "더 나은 방법: 저항 대신 선포"(A Better Way: Proclamation Instead of Protest)에서 본 것처럼 개혁에 대해 개인적 신학을 갖고 있는 사람은 신학자가 될 필요가 없다. 그는 신학자가 아니더라도 자신의 이념을 '정당화'하기 위해 성경적 신학을 사용할 것이다. 물론 성경 신학이 자신의 이념을 '비난'하는 것을 허용하지 않으면서 말이다.

우리에게 부흥을 추구하는 신학자와 개혁을 추구하는 개혁가 둘 다가 필요하다.[25] 그러나 두 사람 모두 사회 안에서 자신의 필

---

[25] "부흥의 정의. 부흥은 개혁의 진리를 인간의 경험에 적용하는 것이다. 부흥은 한 번에 한 사람에게 나타나고 주위의 무관심으로 인해 고립된 개인들에게 나타날 수도 있다. 또는 전체 교회, 공동체 또는 심지어 나라의 영적인 얼굴을 급격하게 바꾸면서 상대적으로 거대한 규모로 나타날 수도 있다. 그래서 보통 부흥은 세 가지와 관계가 있다. 첫째, 설교나 글이나 다른 방법으로 개혁의 신념 출현. 둘째, 경험을 조심스럽게 조사하는 대신 사랑으로 신념을 실험적으로 적용. 셋째, 많은 사람들에게 경험을 확대시킴." Tom Nettles, op. cit., 166.
"개혁은 진리고 부흥은 사랑이다. 사랑이 없는 진리는 억압하고, 조롱하고, 모욕하고 궁극적으로 모든 것의 목을 벤다. 그런 과정에서 진리는 무섭고 추한 모습을 띠면서 정체성을 잃는다. 그런 진리는 소통할 수 있는 상황을 제거한다. 우리는 '사랑으로 진리를 말하라'라는 말을 인식하고 있다. 시편 기자는 '인자함과 진리가 주님 앞에 있다'(시 89:14)라고 우리에게 가르친다(174). … 사랑이 없는 진리는 이미 모든 도덕적 완전함의 종합(사랑)을 배제한 것이므로 진리가 될 수 없다. 진리 없는 사랑은 무형식 속으로 용해된다. 그것은 목표 의식이 부족한 동기와 의무 의식이 부족한 감정이다. 진리의 필요성에 무감각한 사랑은 자신의 본질을 제거한다. 사랑은 잘못해서 고통 받는 경우를 고려하지 않는다. 용서의 마음은 의의 기준을 당연히 여기거나 악이 행한 것을 절대 인정하지 않는다. 진리가 부족한 사랑은 기쁨을 누릴 수 없다. 왜냐하면 사랑은 진리 안에서 기쁨을 누리기 때문이다. 사람이 얼마나 열정적인지에 상관없이 진리가 없다면 사랑은 파멸시키는 사랑일 뿐이다

요와 역할을 알아야 한다. 신학자와 개혁가 모두는 죄와 제도에 도전하며 사람들에게 모든 진리를 말해야 한다. 그러나 썩은 제도를 다른 것으로 대체하기를 원하는 개혁가는 자신의 이념을 실현하지 못할 것이다. 왜냐하면 그는 하나의 문제를 또 다른 것으로 교환하기 때문이다.

개혁가 비샬 망갈와디와 같은 크리스천 사상가들은 인도의 일부 제도를 바꾸고자 한다. 사실 그는 교회나 서양화된 인도 선교 단체의 힘으로 자신이 원하는 것을 성취할 수 없어서 문제가 없는 인도 제도 자체에 직접적으로 도전하기 시작했다. 그는 인도의 부패[26]에 기여하고 있는 힌두 철학, 힌두 신학, 힌두 이념을 비난

…." Tom Nettles, op. cit., 174-75.

[26] "정치 제도의 실패는 우리의 문제가 아니다. 그것은 우리의 영혼이 병들었다는 것이다. 선거 전에 스와미 아그니베쉬(Swami Agnivesh)와 아리에 사마즈(the Arya Samaj) 단체는 10명의 가장 부패한 정치가들을 찾아내서 낙선 운동을 전개하려고 했다. 그리고 머지않아 수크 람(Sukh Ram), 랄루(Laloo)와 자야랄리타(Jayalalitha)와 같은 중요한 정치가들을 찾아냈다. 우리의 진짜 문제는 힌두 종교 철학이 우리에게 온순함이 아니라 권력을 추구하라고 가르치는 것이다. 우리는 정의가 아니라 권력을 숭배한다. 민주주의는 이상적인 도덕 구조를 지향하는 정치 제도다. 대조적으로 우리의 종교 철학은 절대적인 도덕 구조를 부인한다. 예를 들면, 쌍까라의 비이원론은, 선과 악의 이원론이 환상(Maya)이라는 것을 우리에게 가르친다. 바르나쉬람 다르마(Varnashram Dharma, 네 개의 카스트와 삶의 네 단계)는, 도덕은 카스트에 따라, 삶의 장소에 따라, 사람이 가지고 있는 권력에 따라 다르다고 우리에게 가르친다. 포기(renunciation)는 인도에서 상당한 종적 가치를 가지고 있다. 우리의 종교 스승들은 '자아 초월'(self-transcendence)에 대해서 아주 많이 이야기 한다. 그러나 그들이 말하고자 하는 것은 자아 전념(self-absorption)이다. 왜냐하면 그들은 우리의 '자아'는 영구한 존재라고 주장하기 때문이다. 그래서 우리가 포기 또는 초월할 때조차도 대중이 아니라 자아의 관심을 둔다. 우리의 정치가들은 국가의 관심을 자아의 관심 이상으로 올려놓을 능력이 없다. 왜냐하면 우리 문화는 남을 위한 자아 희생의 철학을 주는 십자가 같은 것을 갖고 있지 않기 때문이다. 우리가 민주주의 제도를 제거하거나 우리의 영혼을 치료하는 것 가운데 하나를 택해야 한다면 우리 영혼이 이미 병들어 있다는 것이다. 여기서 치료라는 말은 우리의 세계관 개혁을 통해 우리 문화를 변혁하는 것을 말한다." Vishal Mangalwadi, "Who's Sick - The System or the Society? Indian Election Analysis," *The International Indian*, Dubai, UAE, 마지막 단락.

한다. 그러나 그가 추천하는 것은 성경의 재생 신학이 아니라 자신의 책 『선교사의 모략: 포스트모던 힌두에게 쓰는 편지들』(Missionary's conspiracy: Letters to a Postmodern Hindu, 1994)과 『인도, 그 거대한 실험』(India: the grand experiment, 1997)에 쓴 서양 이념이다. 그는 그 이념에 성경뿐 아니라 몇 가지 다른 가치, 즉 세속적 것, 정치적인 것을 더했다. 의심할 여지 없이 그는 서양 이념과 선교사들이 인도의 현대화에 주된 기여자였다고 말한다.

비샬 망갈와디(Vishal Mangalvadi)는 말한다.

"서양 선교사의 정신은 여전히 현대의 인도에 유익한 모든 것을 생산했다. 그러나 분명하게 인도 문화는 힌두 전통 때문에 이 모든 것을 유지할 능력이 없다."

그는 인도를 위대하게 만들기 위한 개혁가로서 다음과 같은 질문을 한다.

"우리에게 필요한 문화 자원들이 성경에서 와야 하는가 아니면 힌두 전통에서 와야 하는가?"

나도 서양 선교사들이 현대 인도에 약간의 유익을 줬다고 동의하지만 그렇다고 그들이 "현대 인도에 여전히 좋은 모든 것"을 만든 것은 아니다. 왜냐하면 다른 요인들도 기여했기 때문이다.[27] 그

---

27 "사람들이 자주 말하는 것처럼 '현대 인도에 여전히 좋은 모든 것'을 크리스천 문화를 이룬 서양의 영향으로 분석하는 것은 잘못이라고 볼 수 있다. 사실 유럽이 인도로 가져온 것은 크리스천 가치와 세속 가치의 혼합이었다. 종교보다 사회적 변환이 훨씬 더 관심을 끌었다. 당시의 지도자들은 거의 종교적 개념에서 사회적 진보를 떼어 생각하지 않았기 때문에 자신들의 종교 전통에 대한 비판적 재조사를 통해 인도 사회의 병을 치료할 수 있는 약을 찾아야 했다. 19세기 유럽은 종교적 위기를 겪고 있었고 합리주의와 실증주의의 목소리가 믿음을 향한 복종에 대항해 일어났다. 인도는 종교적, 정신적 지주로부터 분리된 크리스천 사상들을 소중히 배우면서도 합리주의의 정신을 환영했다. 많은 경우, 프랑스 혁명의 반향이 복음의 물결보다 더 깊은 영향력을 끼쳤다. 개인의 자유, 사회 평등, 그리고 궁극적으로 정치적 자유는 인도가 서양에서 배운

러나 나는 선교사도, 그들의 정신도 인도에 성경적 문화 전통, 철학을 소개하지 않았다고 본다.

선교사들은 영국 제국주의 정부에 영향을 끼치면서 인도 사람들이 자신들에게 충성하도록 민주주의, 교육 등을 제공했다. 즉 약간의 뼈들을 개들(인도 사람)에게 던진 것이다. 선교사들은 영국 제국주의 정부가 인도를 개혁하기 위해 도입한 서양의 문화, 전통, 철학을 막을 수 없었다.

물론 선교사들은 자신의 나라에 살든 세계의 다른 곳에서 살든 예전부터 자신들이 갖고 있는 비성경적인 것이나 크리스천 문화, 전통, 철학을 버릴 수 없다. 비샬(Vishal)이 지금 서양적인 것을 따르면서 인도 또는 힌두의 것이 아니라 다른 문화, 전통, 철학(이런 것들을 성경적 또는 기독교적인 것으로 생각하며)을 통해 인도를 다시 개혁 하고자 한다면 그는 좋거나 나쁜 제도를 다른 것으로 대체하는 것일 뿐이다. 그는 인도 문화, 전통, 철학에 새로운 가치(복음)를 소개할 수 없다. 새로운 가치란 인도 것이든 힌두 것이든 파키스탄 것이든 무슬림 것이든 사람들의 기본 정체성을 빼앗지 않고 변혁하는 것이다.

"우리에게 필요한 문화 자원들이 성경에서 와야 하는가 아니면 힌두 전통에서 와야 하는가?"

이에 대한 내 답변은 '인도에서'다. 왜냐하면 성경은 어떤 문화 자원도 제공하지 않기 때문이다.

우리가 성경에서 어떤 종류의 '문화적' 자원들을 발견하는가?

위대한 것들이었다 …." R. Antoine S.J., "Reform Movements of Modern India," in *Religious Hinduism*, Fourth Revised Edition, 1997, 343.

구약 성경에서도 하나님은 원리를 가르치기 위해 몇 개의 의식을 명령했는데 그것들은 현실에서 상징이었을 뿐이었다. 신약 성경에서 우리는 형식의 바탕에 깔려 있는 많은 문화적, 전통적 가치들을 찾을 수 있다. 나는 복음이 형식이 아니라 원리(기준)만을 준 것에 대해서 감사한다. 복음이 전해질 때마다 복음은 먼저 현지 문화적 가치를 성육신을 위한 수단으로 사용했고 그 다음에 비성경적인 문화적 관점을 제거하고 나머지를 유지하면서 문화를 변혁했다.

비샬(Vishal) 자신이 성공적인 개혁가가 되고자 한다면 그는 성경의 원리를 따르는 것 이외에 다른 선택을 할 수 없을 것이다. 하나님은 사람들의 '썩은' 문화 또는 전통을 뿌리 채 뽑는 것이 아니라 사람들이 존재하는 양식 안에서 일하기 시작한다. 그렇지 않으면 사람들은 하나님을 이해할 수 없다.

돈 리차드슨(Don Richardson)의 『화해의 아이』(Peace Child, 1974)가 좋은 사례다. 적의 아이와 자신의 아이를 교환해 부모에게서 자녀 양육의 기쁨을 빼앗는 것은 좋은 전통이 아니다. 그러나 그런 문화 또는 전통만이 선교사가 그 부족에게 복음을 전하는데 도움을 줬다. 브루스 올슨(Bruce Olson)은 자신의 책 『밀림 속의 십자가』에서 이 사실을 더 명확하게 설명했다. 그는 선교지에 새로운 것을 소개하기 위해서 마법사를 이용했고 그것이 마지막에는 복음을 전하는 길이 되었다.[28]

---

28 사회와 종교 관습에 대한 민감한 태도와 그것들을 진리를 전하는 수단으로 사용해서 성공할 수 있는 사례를 유명한 『밀림 속의 십자가』(Bruchko)에서 찾을 수 있다. 그 책의 저자 브루스 올슨은 남미 콜롬비아의 모틸론(Motilone) 부족에게 복음을 전했다. 그는 현대의 약을 소개하기 위해 마법사를 이용하기조차 했다. Bruchko,

어떤 이념을 가지고 외부의 상황을 개혁했을 때 결국 내부 재생 신학(Theology of Inward Regeneration)을 대체해 버리는 결과가 생겼다. 그런 과정에서 신학은 도덕에 비해서 덜 중요하게 취급되고, 도덕은 이념에 비해서 덜 중요하게 취급된다.[29] 다시 알렌의 말을 들어보자.

> … 어떤 개혁의 경우, 선교사들은 중요한 율법을 유지하기 위해 압력을 넣는 방법을 사용했다. 왜냐하면 선교사들이 현지인들을 속박하면서 스스로 타락하고 있는 상황 아래서 현지인들이 선교사의 삶을 본받기 불가능했기 때문이다. 한 인도 출신의 선교사는 그런 상황을 다른 날 또 다른 관점으로 나에게 표현했다. 그는 선교사들이 현지인들을 속박하는 것을 멈추고 스스로 타락에서 돌이키지 않는 한, 무지와 타락의 막대기에 갇혀 있는 현지인들이 복음을 받아들이기란 불가능하다고 말했다. 선교사들이 현지인들을 속박하고 스스로 타락하는 상황에서 현지인들이 복음을 받아들이기는 아주 힘들다. 그런 상황에서 현지인들은 예수님보다 조건을 중시한다. 그러나 역사적으로 보면, 그것은 사실이 아니다. 인도뿐 아니라 다른 나라에서조차 그런 상태에 있는 사람들이 삶의 조건들이 변하기 전에 크리스천 또는 아주 좋은 크리스천이 되었다. … 로마 제국의 이교도 주인 아래에 살았던 인간 노예

England, New Wine Press, 1973, 133-34. 나는 그 내용을 『인도의 눈으로 본 예수』(*Living Water and Indian Bowl*)의 제2장에 있는 '4. 문화인류학적 연구'에 인용했다.

29　Kenneth A. Myers, op. cit., 56.

들은 자신의 주인들의 뜻에 절대적으로 복종했지만 그런 상태에서 그들은 크리스쳔이 되었고 크리스쳔의 삶을 살았다 (Allen, 82).

"예수님이 모든 조건들을 초월하는 존재라면"(Allen, 82), 그는 인간의 모든 무지를 초월할 수 있고 우리는 사람들의 필요에 따라 복음을 전하는 방법을 알 수 있다. 조건들을 개선하거나 무지를 제거하는 것이 예수님을 따르기 위한 필수적인 것이라면 복음은 인간의 약함을 초월할 힘이 없는 것이다.

> 예수님은 모든 무지를 초월하신다. 인도 출신의 내 친구가 "무지가 사람들이 복음을 받아들이는 것을 막는 막대기였다"고 말한 것을 기억할 것이다. 그 말이 정말 맞을지도 모른다. 복음이 쉬운 형식으로 돼 있는 것도 아니고, 복음 전도자들이 상대방을 진짜 이해하는 마음을 가지고 쉬운 표현으로 전하는 것도 아니다. 그러나 지구상에서 가장 무지한 사람이 예수님을 믿을 수도 없고 예수님 안에 있는 은혜와 도움을 발견할 수도 없다면 우리가 예수님의 본성과 힘을 이미 경험한 것을 어떻게 설명할 수 있겠는가(Allen, 82-83).

예수님과 복음을 믿는 사람들은 하나님 나라의 확장에 대해 어떤 다른 것에 기초를 둘 수 없다. 정말 가치 있게 보이고 정말 중요하게 보여도 그것들은 복음을 준비하는 것으로만 인정할 수 있다.

예수님을 믿기 전에 지적인 도덕과 사회적 발전을 먼저 추구해야 한다면 그런 과정에서 예수님보다 다른 어떤 다른 것에 기초를 두게 된다. 그리고 예수님을 믿을 때 이 계몽과 개선이 걸림돌이 된다고 생각하면 예수님이 아니라 사회적, 도덕적 진보의 돌 위에 믿음의 기초를 두게 된다.
우리가 먼저 사람들의 지적이고 도덕적이고 사회적인 발전을 위해 일하려고 한다면 다음의 결론을 진지하게 생각해 봐야 할 것이다. 우리가 잘 알고 있는 사실은, 모두는 예수님에게서 지도를 받지 않으면 지적인 계몽이 끔찍한 결과를 가져오고 그 자체로 파괴의 도구가 될 수 있다는 것이다. 세계가 진보라고 부르는 것은 불안정한 기초위에 세워져 있다. 전쟁이 바로 그것을 증명한다(Allen, 83).

실패하는 이유는 하나님 나라를 인간의 제도와 동일시하기 때문이다. 예수님이 문명과 상관없이 소개하는 새 가치와 선교사들이 '크리스천 가치'로서 도입한 유럽의 가치는 하나로 통일돼 있지도 않고 같지도 않다. 하나님은 질투하는 분이므로 자신의 가치를 어떤 것으로도 대체하도록 허락하지 않는다.
"하나님 나라와 그의 의를 사회적 그리고 정치적 신념과 동일시하는 것은 항상 재앙을 불러왔고, 재앙을 불러와야 한다"(Allen, 83-84).
그런 시도를 한 사람들은 알렌이 다음에서 보여주는 것처럼 비참하게 실패했다.

우리가 사회 발전과 지적인 계몽을 먼저 추구한다면 사람들을 잘못된 길로 인도하게 된다. 우리는 그들을 인간 권력으로 끝나는 길에 올려놓는 것이다. 우리가 세계 역사를 보면 문명이 생기고, 물질적이고 지적인 발전 후에 인간 권력이 다할 때까지 문명이 지속되다가 결국 사라지는 것을 본다. 이에 대한 중국 속담이 있다. '끝까지 올라가면 반드시 내려와야 한다.' 예수님만 영원한 발전을 약속한다.

불신자들이 이 '기독교' 문명, 즉 '기독교 계몽'을 받아들일 수 있지만 사실 그것은 예수님을 믿는 믿음과 상관없고 심하게 제한적이다. 우리는 우리 자신이 '기독교 사회 상태,' 즉 '기독교 문명'을 알고 있다고 생각할 뿐 아니라 다른 사람들에게 나눠줄 수 있다고 이야기 한다.

그러나 사실 우리는 기독교 문명이 무엇인지 모른다. 그것은 크리스천들이 얻으려고 애쓰는 이상일 뿐이다. 그것은 우리와 무한히 떨어져 있고 우리는 그 아름다움 안에 있는 것이 무엇인지 모른다. 우리가 아는 것은 그것이 예수님 안에 있어야 하고 예수님을 배우면서 예수님 안에서 획득해야 한다는 것이다. 그 지식은 불신자들에게 나눠줄 수 없다. 우리가 다른 사람들에게 직접적으로 나눠줄 수 있는 기독교 문명은 기독교 영국 문명, 즉 서양 문명이다. 그러므로 그것은 기독교 문명이 아니다. 이것을 사람들에게 가르치는 것은 정말 그들을 잘못 인도하는 것이다.

아주 자주 이교도들은 우리보다 기독교 문명 안에 있는 불법을 더 명확하게 본다. 사람들이 예수님의 가르침을 서양 문명과 구별하지 못한다면 그들은 예수님의 가르침과 서양 문명

둘 다를 피할지도 모른다. 우리가 '기독교 문명'과 '우리의 문명' 또는 '우리의 관습' 또는 '우리의 사회 관념'이라는 단어를 서로 호환할 수 있는 용어로서 사용하면서 우리의 관습과 우리의 사회 관념을 '기독교적인 것'으로서 선교지 사람들에게 가르칠 때 우리는 항상 위험의 모서리에 있는 것이다. 그리고 우리가 그런 개념을 모든 사람들 즉 신자와 불신자 모두에게 소개해서 적극적으로 알리려고 시도하면 정말 그 개념 안에서 실패한다(Allen, 84).

말 앞에 마차를 묶는 것처럼, 개혁은 사회적 개혁의 영역 안에 제한될 뿐 아니라 인간 힘이 내포된 성경 교리를 소개하는 계몽(뉴에이지 운동 같은)의 영역 안에도 제한된다.

… 신념은 지적인 주장과 함께 유지되거나 붕괴한다. 어떤 신념, 즉 지적인 주장에 기초를 둔 종교적 확신은 항상 인간 지성의 힘과 함께 존재한다. 그러나 인간 지성을 세울 수 있는 인간 지성은 전복될 수 있다. 어떤 순간에도 인간의 주장은 더 강한 인간의 주장을 만날 수 있고 더 강한 주장이 부정적인 주장이여도 질 수밖에 없다(고전 2:2). … 그래서 사도 바울은 사람들에게 신념을 강요할 목적을 추구하지도 않았고 신의 실재에 대한 어떤 성명서도 채택하지 않았다. 대신 스스로 하나님의 힘의 통제에 복종하게 했다 …(Allen, 86).
… 사도 바울은 자신의 가르침의 결과로 생기는 신념에 대해 논쟁하는 대신 신념대로 살았다. 당시에 십자가의 힘을 알고

있는 사람들만 십자가 안에 있는 하나님의 지혜를 말하거나 이해할 수 있었다. 이 철학을 통해 신자들은 예수님 안에 하나님의 계시를 이해했다 …(Allen, 87).

알렌은 다음과 같이 요약한다.

… 우리는 예술과 과학의 소개와 설립이 복음을 받아들이기 위한 예비 단계고 그런 목적을 위해 사역한다고 밝힌다. 사회가 먼저 서양 사상을 받아들여야 사람들이 예수님을 믿을 것이라고 생각한다. 우리는 또한 다음과 같이 생각한다.
'우리가 현지인들의 무지를 없애기 위해 현대 과학적인 방법으로 가르쳐야 사람들에게 예수님을 믿을 능력이 생길 것이다. 사회적 악습을 개혁해야 사람들에게 예수님을 믿을 능력이 생길 것이다. 사회 윤리를 되풀이해 가르쳐야 사람들에게 예수님을 믿을 능력이 생길 것이다.'
그러나 가난한 농부가 더 나은 농부가 되도록 우리가 그에게 농업 개선책을 가르치거나 기술자가 더 나은 기술자가 되도록 가르치는 것과 사람들이 크리스천이 되도록 이런 기술들을 가르치는 것은 별개의 문제다. 후자를 추구하면 우리는 사람들을 크리스천으로 만들기 위해 기술을 가르치면서 우리의 사상을 '강요'하게 된다 …(Allen, 89).

그래서 목적이 수단을 정당화하는 대신 수단이 목적을 정당화할 때 둘 다 신뢰를 잃을 것이다.

정말 사도 바울의 시대처럼 신념(교리)은 지적인 주장의 강점 또는 약점으로 인해 유지되거나 쇠퇴했다. 오늘날에도 신념은 현재의 물질적인 장점과 함께 인기를 얻으며 유지되거나 쇠퇴하고 있다.

우리가 서양 문명과 예수님을 향한 믿음을 아주 가까운 관계로 인식한다면, 우리의 기독교 문명, 우리의 기독교 사회학, 우리의 기독교 교육, 우리의 기독교 사회 조건, 우리의 계몽, 우리의 문명을 판단할 때 '서양 문명과 예수님을 향한 믿음을 섞은 인식에 기초해' 그것들을 받아들이거나 거부해야 하는가?…

머지않아 사람들은 우리 문명 안에 있는 잘못된 것들을 보기 시작할 것이다. 그리고 그들이 예수님의 가르침을 우리의 문명과 분간하지 못하면 아마도 그 두 가지 모두를 거부할 것이다. 그리고 우리의 가르침을 받아들이는 사람들의 믿음은 자신들 앞에 놓인 기독교 문명이 자칫 심각한 공격을 받을 것이라고 생각할 때 흔들릴 것이다.

… 예수님은 기독교 문명 그 자체가 걸림돌인 것을 증명했다. 그러나 우리는 기독교 문명 그 자체가 예수님을 준비하는 길이라고 희망했지만 길을 잃었다는 것을 고백해야 한다. 그리고 우리는 진리의 기초, 즉 우리 문명을 정죄한 예수님의 십자가를 흐리게 했다. 우리의 서양 계몽, 우리의 기독교 사회의 신념, 우리의 기독교 과학은 예수님을 믿기 위한 어떤 기초도 될 수 없다(Allen, 90).

우리는 세상의 기준으로 신자를 신뢰한다. 그러나 성령님은 인기주의를 추구하지 않으시므로 참 예슈 박따는 성령님을 신뢰하며 자신의 방법으로 예수님을 향한 헌신을 표현할 수 있다. 비록 예슈 박따의 모습이 서양 기독교 문명에 딱 들어맞지 않다고 생각해도 말이다.

> … 우리는 우리의 신자 가운데서 가끔씩 예슈 박따의 모습을 표현할 수 있고, 우리가 다 헤아릴 수 없는 십자가의 사랑을 그들이 깊게 이해하고 표현하는 것을 본다. 예슈 박따의 모습은 지성보다 더 깊이 관통하는 철학이다. 예슈 박따의 모습은 사랑, 감정, 의지와 사상을 한 마디로 즉시 전체적으로 포용한다. 우리는 성령님께서 감동을 주시는 예슈 박따의 모습을 영적으로 이해해야 한다.
> 우리는 가끔 예슈 박따의 낮은 교육 수준에 놀란다. 그러나 우리는 그런 사람의 교육 수준을 따지지 말아야 한다. 아주 다른 입장을 가지고 그의 교육 수준에 왈가왈부 하는 것은 세상적인 생각이다.
> 예슈 박따를 꼭 세상적인 생각으로 판단해야 하는가?
> '그가 놀라운 사람이지만 교육 수준이 낮다'고 판단하는 것을 중지해야 한다 …(Allen, 91).

참된 종교 또는 믿음은 관계지 관계를 다른 것으로 대체하는 제도가 아니다. 특히 크리스천 믿음 안에서 종교는 예수님과의 관계의 대가로 인간 가치를 나눠주는 것이 아니라 예수님과의 개인적 관계 그 자체다. 위에서 본 것처럼 인간 가치를 나눠주는 사람들은 예수님보다 다른 것에 기초를 두고 있는 것이다.

… 기독교 교육은 예수님 안에 있는 교육이고 교육 받는 사람이 예수님과 특정한 관계를 유지하고 있다는 것을 전제로 한다. 우리가 교육에서 예수님과의 관계에서 제거하면 교육 받은 사람은 크리스천이 되는 동시에 예수님과 단절된다.
같은 맥락으로 우리가 불신자들도 크리스천처럼 치유될 수 있다거나 크리스천 사회사업을 마치 불신자들도 크리스천 같은 사회적 진보를 이룰 수 있다는 식으로 말하는 것은 어불성설이다. 이 모든 사례에서 우리는 불신자들에게 '그들과 예수님의 관계'가 아니라 '우리와 예수님의 관계'를 전달한다. 그런 식으로 우리는 예수님을 전하면서 점차 예수님의 본질을 잊은 채 다른 기초로 세워진 건물 속으로 발을 헛디딘다 … (Allen, 93).

그래서

… 자발적인 확장은 필수적으로 현지인의 물질과 사회 조건 아래서 이뤄져야 한다. 그런 조건 아래서의 자발적인 확장이란 모든 작은 교회의 배가를 뜻한다. 의심할 여지없이 신자들은 그런 조건 아래서 살 수 있다.
본능적으로 우리가 그런 조건 아래에 있는 삶을 신자의 삶이라 부르려고 하지 않는다면, 그리고 반드시 '신자의 삶'이 서양에 익숙한 문명화된 삶의 종류를 의미한다면, 우리가 우리 본국 문명에서 온 사상을 예수님의 사상과 분리해서 생각할 수 없다면, 현지인들의 것들을 '성경적인 것'이 아니라고 선언하기 위해 우리의 문명 사상과 조화를 이루지 않는 것 같은 모든 것을 본능적으로 제거한다면, 우리가 어떻게 자발적인 교회 확장을 장려할 수 있겠는가?

물론 우리는 할 수 없다. 어려운 상황에서 예수님께 헌신하고 예수님께 영감을 받는 삶보다 적절하게 문명화되어 살지만 공허한 믿음을 가진 삶에게 신자라는 이름을 붙여주기가 더 쉽다. 우리가 한 면은 보고 있지만 다른 면을 보지 못하고 있는 것이다(Allen, 94-95).

■ 제7장 선교 단체(교단 선교부와 각각의 교회에서 운영하는 선교 조직 포함)

'선교 단체'에 관한 이 장은 팽팽한 줄을 타는 것처럼 민감한 주제다. 이 장의 중심 견해는 다음과 같다.

> 선교 단체가 우리의 선교사들을 움직이지 못하게 하고 있다고 말할 수 있다. 선교 단체는 큰 선교기지와 기관을 만든다. 그리고 우리는 그런 것들에 우리 힘의 대부분을 쏟는다. 그래서 우리는 자유롭게 움직일 수 없다. 선교기지는 용어로 볼 때 정말 모순이다. 즉 선교는 움직임을 암시하고, 기지는 멈추는 것을 암시하기 때문이다 …(Allen, 105).

우리가 이 장을 읽을 때 우리는 '선교 단체가 교회의 자리를 차지했다, 즉 선교 단체가 교회의 자리를 빼앗았다'는 생각을 하지 말아야 한다. 이 책의 목적을 이해하는 사람은, 선교 단체가 교회를 개척하는 것이 아니라 선교지에서 자신들의 조직만을 배가시키고 있기 때문에 선교 단체가 교회를 빼앗는다는 질문을 절대 하지 않을 것이다. 선교 단체는 놀라운 선교 사역을 하고 있다. 이 장에서 알렌이 심각하게 위험하다고 강조하는 것은 우리가 영원히 교회 밖에 존재해야 한다는 원칙을 가지고 '선교 사역을 조직'하는 문제다.

종교가 체계적으로 조직되어 있지 않으면 믿음을 전파하는데 있어 얼마나 제대로 일을 할 수 있겠는가. 행정이 우리 삶의 효과적인 기능을 위해 중요하기는 하지만 조직을 통해 통제하려고 하면 자유로운 영을 죽이게 된다. 이것은 특히 머리가 아니라 마음으로 하는 전도 사역에 있어서 사실이다. 이것을 기억하면서, 알렌의 책에서 중요한 몇 부분을 읽으면 이해가 될 것이다:

> … 우리의 교회는 대부분 자기 확장을 멈췄다. 대부분의 역할에서 신자들은 선교사의 정신(character)을 잊어버렸다. 교회 조직은 퇴보했고 경직됐고 완고해졌다. 그러나 선교사의 열심(spirit)은 죽지 않았다. 자연스럽게 선교사의 열심은 스스로 이 시대의 서양 사람들의 특성으로 표현됐다. 선교사의 열심은 정교한 조직의 형식을 취했다. 선교사의 열심은 교회 안에 새 선교 조직을 만들었다. 우리가 현대 선교 사역을 초대교회의 선교 사역과 비교하면, 그 둘의 차이를 식별할 수 있다. 우리

의 선교는 특별한 조직의 특별한 사역이지만 초대교회의 선교는 특별한 사역이 아니었고 특별한 조직도 없었다(Allen, 96).

… 그 결과들은 우리 조직에 기인하는 것이 아니라 예수님께서 고양시켜주신 죽지않는 사랑의 정신에 기인한다. 우리는 이 정신을 선교 단체라는 유일한 형식으로 표현하고 있다. 우리에게 절대적으로 필요하게 보이는 선교 단체의 필요성이 사라지거나 거의 인식하기 힘든 다른 형태로 변할지도 모르는 때가 올지도 모른다. 왜냐하면 선교 단체는 임시적인 특징, 즉 약한 요소를 가지고 있기 때문이다(Allen, 97).

… 교회 안의 어떤 조직도 교회를 의미하는 어떤 독점적인 권리를 갖고 있지 않다. 내가 말하는 대로, 교회는 자신의 본질 안에 선교 공동체를 가지고 있다. 그런 의미에서 교회 안의 어떤 조직도 단독으로 교회를 대표할 수 없다 …(Allen, 97).

모든 크리스천은 선교사(a missionary) 아니면 실수(a mistake)로 생긴 존재라고 스티븐 닐(Stephen Neil)은 말한다.

… 지금 정교한 선교 단체는 사람들의 마음에 이상한 매력을 심어주고 있다. 그리고 이것이 다른 조직 못지않은 우리의 선교 조직의 참 모습이다. 선교 단체는 스스로 끝나는 경향을 가지고 있다. 선교 단체는 결국 빛을 잃고 자신을 위해서 그곳을 떠나기 시작할 때까지 중요한 역할을 하려는 끔찍한 경향을 가지고 있다(Allen, 98).

… 사람은 가르치는 방법을 서서히 발전시킨다. 그리고 그런

방법이 기계적으로 작동할지 생각하기 시작한다. 그러면 즉시 그 방법은 힘을 잃는다. 이런 경향은 영적인 일에 더 짙게 나타난다. 그러나 사람들은 마치 조직의 확대가 스스로 영적인 결과를 만들 것처럼 말한다. 그들은 이렇게 말한다.

"우리에게 많은 돈과 많은 사람을 주시오. 그러면 복음이 크게 확장될 것이오."

이런 결론은 정말 신뢰하기 힘들다. 그것은 마치 사람들이 그런 일을 하려고 선교 단체에 의지하기 시작하고 있다는 것을 확실히 보여주는 것 같다(Allen, 99). 우리가 지속적인 사역을 보증하는 선교 단체에 대해서 말할 때 우리는 사역의 지속성은 선교 단체의 지속성에 달려 있다고 말한다. 지속성은 정말 선교 단체에 달려 있다. 선교 단체가 멈추면 사역도 멈춘다. 어떤 사람들은 사역의 지속성을 선교 단체의 책임으로 돌리면서 선교 단체는 현재 정말 그런 책임을 갖고 있고, 미래에도 정말 그런 책임을 가지고 있어야 한다고까지 한다. 그들이 이렇게 말할 것이다.

"선교 단체를 중지시키면 선교 사역도 멈출 것이다"(Allen, 100). 그러나 사역이 생명을 확장하는 것이면, 그리고 사역이 인간에게 생명을 주시는 생명의 예수님을 알게 하는 것이라면, 사역의 지속성은 생명을 줄 수 없는 근원에 의지한 것이 아니라 유일하게 생명을 주장하는 근원에 달려있다. 의식적으로 또는 무의식적으로 선교 단체가 예수님의 자리를 빼앗도록 허락하지 않는 한 말이다(Allen, 101).

… 선교 단체는 우리에게 물질에 대해 큰 중요성을 부여한다.

즉 선교 단체는 우리가 영적인 힘을 만들어 낼 수 있는 것처럼 느끼게 한다(Allen, 101).

… 한 중국인 작가가 그런 현상을 다음과 같이 썼다.

"중국에서의 선교 사역은 매년 **천 2백만** 달러를 지출하고 있다. 이 막대한 금액에서 중국 크리스천들은 **백만** 달러만 기부하고 있다. 중국 교회를 좌지우지하는 것이 재정이라는 것을 의미한다면 중국 교회는 감당할 수 없는 경제적인 부담에 직면하게 된다."

결론은 명확하다. 우리는 우리의 크리스천들에게 돈 없이는 도울 수 없다는 것을 가르쳐 오고 있는 것이다(Allen, 103, 강조는 원문의 것임).

… 영적 운동에서 하나님의 대행자가 되려면 우리는 이끌 것이 아니라 따라야 한다. 우리가 이끌기 원하고, 이끌려고 시도하면 정말 뒤쳐진다(Allen, 104).

… 왜냐하면 우리가 영적 운동의 외부적인 결과는 조직할 수 있지만, 영적 운동 자체를 조직할 수는 없기 때문이다(Allen, 105).

… 영적 사역을 위한 조직으로 존재하는 선교 단체가 너무 자주 영적 사역을 소유한 조직이 된다. '**위해서**'(for)에서 '**의**'(of)로 미끄러져서 그런 일을 계속하는 것은 아주 쉽다. 우리가 선교 단체를, 전략적인 관점에서 선택하는 모든 것, 우리 제도에서 만드는 모든 것, '진보하기'에 필요한 모든 것이라고 부를 때 우리는 계속해서 우리 자신이 마치 영적인 힘을 조직하는 것처럼 말하고 생각하며 불법의 모서리에 있게 된다(Allen, 105, 강조는 원문의 것임).

선교 단체가 우리의 선교사들을 움직이지 못하게 하고 있다고 말할 수 있다. 선교 단체는 큰 선교기지와 기관을 만든다. 그리고 우리는 그런 것들에 우리 힘의 대부분을 쏟는다. 그래서 우리는 자유롭게 움직일 수 없다. 선교기지는 용어로 볼 때 정말 모순이다. 즉 선교는 움직임을 암시하고, 기지는 멈추는 것을 암시한다 …(Allen, 105).

우리의 선교 단체에 소속된 선교사들에게 선교는 직업이다 …(Allen, 106).

우리는 현지인들의 편에서 그들의 자발적인 선교 열정을 지원하지 않을 뿐 아니라 현지인들의 자리까지 빼앗도록 직업 선교사를 만들었다. 같은 식으로 우리는 우리의 신자들의 자발적인 선교열정을 지원하지 않으려고 직업 선교 단체를 만들었다. 왜냐하면 우리는 자발적인 선교사의 열정이 아니라 현지인들의 자리를 빼앗는 것만 꿈꿨기 때문이다.

우리는 인도에서 선교 사역을 지속하기 위해 직업적인 선교 단체에게 월급을 지불해야 한다고 설득 당해 월급 제도를 인정해 버렸다. 우리가 전 세계 모든 곳에 복음의 필수적 조건인 것처럼 월급 제도를 유지하고 있다는 것은 우리의 현대 종교 사상 안에서 가장 궁금하고 놀라운 일 가운데 하나다 …(Allen, 107).

히버트 웨어(Hibbert Ware)씨는 1915년 남인도 텔루구(Telugu) 선교회와 연결된 기숙학교(boarding school)에 대해서 썼다.

"이 모든 것들은 오직 선교를 위한 목적을 갖고 있었다. 수업료를 내면서 학교에 다니고 있었던 다른 학교의 소년들과 달리 그 학교의 소년들은 무료로 교육을 받고 있었다. 교육 과정에는 완전히 선교회의 요구가 반영됐다.

그들은 고학년이 아니어도 일정한 단계에 이르면 자신이 7년간의 의무 학습 기간 후에 선교회를 돕겠다는 서약을 할지 말지를 대답해야 했다. 하지 않겠다면 장학금을 포기해야 했다. 왜냐하면 그 장학금은 선교 사역을 할 학생을 훈련시키기 위한 의도로만 제공되었기 때문이다. 실제로 모든 소년들은 처음에 기숙학교에 들어갈 때부터 장래에 선교회를 돕는 것을 생각한다"(『동양과 서양』[The East and the West], April. 1916; Allen, 107).

일련의 명령 체계가 있었다. 선교사들은 등급으로 나눠져 있었고, 정부 공무원처럼 등급에 따라서 월급을 받았다. 등급은 월급을 기초로 나눠졌고 열정적인 모습은 승진과 봉급 인상으로 보답 받았다(Allen, 107).

이와 같은 제도 아래서 성장한 선교사들은 네 가지 심각한 유혹에 빠지기 쉽다.

첫째, 선교사들은 월급 인상을 진보의 기준이라고 생각할 유혹에 빠지기 쉽다.

둘째, 선교사들은 자신들의 일에 대해 낮은 이해도를 가질 유혹에 빠지기 쉽다. 그들은 선교 단체에서 월급을 받기 때문에 선교 단체를 위해 일하는 유혹에 빠지기 쉽다. … 보편적으로 우리의 신자들이 선교 사역을 선교 단체의 일이라고 생각한다. 실제로 선교사는 사역에 참여해 월급 받는 사람이다. … 일단 그런 인상을 가지면, 그들 주위의 이교도들은 더 이상 다른 것을 볼 수 없을 것이다. 이교도들이 어떻게 생각하는지는 아주 중요하다(Allen, 108).

셋째, 생각과 실행에 노예근성의 유혹이 있다. … 선교 단체에 속한 현지인은 종교에 의해서 자신의 종족으로부터 분리되고, 교육에 의해서 자신의 신자들로부터 분리되고, 경쟁에 의해서 선임들로부터 분리된다. 그는 개인적으로 고립된 위치에 서 있게 된다. 그는 명령을 받으면 옳든 그르든 위험이 있든 없든 외국인에게 복종하는데 절대 주저하지 않을 것이다. 한편, 독립적인 행동을 하려면 항상 위험을 무릅써야 한다. 그런 환경에서 독립을 하려면 아주 강한 성격이 필요하다(Allen, 108-109).

넷째, … 시골 사역의 초기에 선교 단체에 속한 현지인의 위치는 부러워할 정도로 대단한 것이었다. 그는 자신의 신자들보다 더 교육을 받았고 절대 빈곤의 공포를 느낄 필요가 없을 정도로 보호를 받았다. 그러나 세속 직업에서 똑같은 안정을 획득하는 다른 신자들은 선교 단체에서 적은 월급을 받는 선교 단체 소속 사람들을 우습게 보는 경향이 있다 …(Allen, 109).

… 선교 단체 소속 현지인들은 선교사들이 동등한 조건으로 자신들과 협력하지 않는다고 불평한다. 즉 자신들을 하인으로 취급하고 영국에서 온 젊은 사람이 경험 많은 현지인들 위에 군림하는 것에 대해 지속적으로 항의한다. 그리고 그들은 자존심 때문에 자연스럽게 유럽 선교사들의 위치와 월급을 몹시 탐낸다 …(Allen, 109).

… 비교해서 말하면, 한 세기 동안의 가르침과 신자의 배가가 있었지만 선교 단체의 위치는 거의 차이가 없다. 즉 선교 단체는 전처럼 혼자서 지시하고 일할 수 있게 존재하고 있다. 소수

의 예외를 제외하고, 선교 단체는 인도 사람들을 자신들에게 종속시키고 있다. 반면 많은 인도 크리스천들은 선교 단체 안에 적당한 자리를 찾지 못하고 있는 상태다. 선교 단체는 현지인들이 복음 전파를 조력하도록 허용하지도 않고 현지들이 자신들의 단체로 오는 것도 막고 있다. 왜냐하면 선교 단체는 현지인들을 이해하지도 못하고 사용할 수도 없기 때문이다 (Allen, 110).

… 현지 신자들이 선교 단체가 가진 능력 이상의 월급을 원해서 선교 사역이 쇠퇴하고 있다는 것은 정말 사실이 아니다. 현지인들이 외국인들에게 평생 복종할 수가 없어서 그들이 사라지고 있다고 말하는 것이 훨씬 더 맞는 말이다. 그 외국인들은 돈이 남을 이기는 힘이고 돈이 가장 중요한 것이라는 외국 제도를 유지하는 사람들을 가리킨다 (Allen, 110-111).

… 오래 전에 한 서양 학교에서 교육 받은 아프리카 사람이 기독교를 전파하려는 서양 사람들의 시도를 영국에 로마 문명을 전파하려고 했던 로마 사람들의 시도와 비교했다. 비교는 고통스럽게도 적절하다. 로마 문명은 로마가 강한 영향력을 가졌을 때 번영했지만 현지인들은 로마 문명을 깊이 이해하지 못하고 로마가 쇠퇴했을 때 사라졌다 (Allen, 111-112).

… 우리는 조직의 기초 위에 어디서나 월급 제도를 유지하고 선교사들에게 월급을 줘서 전도하게 하는 것이 의무라고 신자들에게 가르친다. 그래서 선교 단체는 대리인이 운영하는 조직이라고 할 수 있다. 그런 직업 제도 안에서는 자발적인 행동이 일어날 여지가 거의 없다 …(Allen, 112).

… 우리는 자주 주님의 모든 사람들이 선지자였기를 바란다고 말하지만, 사실 그 말은 일반적으로 선교 단체 지도자들의 지도 아래 선교 단체 안에서 그리고 선교 단체를 위해서 모든 일을 부지런하게 했기를 바란다는 것을 의미한다(Allen, 113).

선교 단체의 형식은 서양의 특성과 경험을 가진 사람들에게는 자연스럽다. 그러나 그것은 어떤 면에서도 보편적인 표현 형식이 아니다. … 복음 전파를 위한 정교한 물질 장치는 불신자들에게 거의 터무니없는 것으로 보인다. 당신은 사상이나 믿음을 전파하기 위해 건물과 기계를 원하지 않는다. 다만 사상과 믿음을 원한다. 선교 단체와 건물은 사상과 믿음의 사역을 자연스럽게 따라야 한다. 우리의 선교 단체는 사상과 믿음을 잘못된 곳에 놓는 것 같다. …(Allen, 113).

모든 지식 무엇보다도 종교 지식은 하나님의 선물이어서 그것을 돈과 연결시키는 것은 일종의 성물매매 죄다. 월급 받는 선교사는 하나님에게서 은사를 받은 사람이 아니라, 자신에게 월급을 지불하는 사람들에게서 배운 것을 가르치도록 고용된 사람이라고 의심 받는다(Allen, 113).

돈을 모아 하나님에 대한 믿음을 가진 선교사들에게 월급을 주는 선교 단체는 사람들이 보기에 기괴하고 정말 영적이지 않게 보이는 것 같다. 그런 일을 지시하는 선교 단체들이 설교 장소, 학교, 그리고 병원을 세워서 믿음을 전파하기를 기대한다면 자신들이 영적인 힘이 무엇인지에 대해 또는 일하는 방법에 대해 전혀 개념이 없다는 것을 이교도들에게 보여주는 것이다.

일부 신자들이 우리와 함께 오랫동안 협력하면서 영적인 힘과 일하는 방법에 대한 개념을 떨쳐 버리는 것을 배우고, 일부 불신자들도 우리에게서 이런 터무니없는 현상을 다른 서양 관습처럼 답습한다는 것은 사실이다. 그러나 다수는 우리의 선교 단체를 절대 이해하지 못한다. 선교단체는 그들에게 정말 이질적인 것이다(Allen, 113).

… 우리 가운데 일부가 보기에도, 훈련과 월급을 제공받지 않으면 절대 복음을 전하지 않는 사람들에게 건물과 월급을 제공하는 선교 단체가 위험한 길을 걷고 있는 것처럼 보인다. 외국으로 진출하는 선교 단체가 자국에서조차 급진적인 변화를 겪을 때가 곧 올지도 모른다(Allen, 114).

… 신자는 더 정교하고 정밀한 사회 조직의 질서를 교회의 질서에 덧붙일 필요가 없고 그냥 있으면 되기 때문에 계속해서 교인과 선교 단체 회원으로 남아 있다. 교회 신자들이 아주 적극적이지 않은 이유는 자신들의 선교 열정을 적절하게 표현하는 사람은 교회 안의 다른 조직으로 가야하고 교회에 대한 소속감이 충분하지 않다는 오해를 받을 수 있다는 생각에 사로잡혀 있기 때문이다(Allen, 115).

이전에 많은 사람들은 교회의 선교 부서의 한계와 제한을 넘어 자유롭게 자신들의 열정을 표현하고자 한다면 교회 밖으로 나가야 한다고 생각했다. 그러나 그것은 터무니없는 말이다. … 어떤 사람들은 선교 부서의 존재를 싫어하거나 선교 부서가 하지 않고 있는 특별한 일을 하고자했다. 그래서 그들은 선교 부서 밖에서 행동하는 것을 주저하지 않았다. 새로운 단체를 세우는 것에 대해 절대 교회의 질서를 어기고 있다고 생각하지 않았다.

그러나 한 무리의 사람들이 교회의 질서를 어기지 않고 무엇을 할 수 있는가. 어떤 개인이 교회의 질서를 어기지 않고 무엇을 할 수 있는가 …(Allen, 115).

… 이미 선교지에서 구별이 생기고 있다. 그리고 교회는 '선교 조직'에서 '교회 조직'으로 변화되고 있다. 정도의 차이는 있겠지만 그 둘의 차이를 구별한다는 것이 중요하다는 것을 인식할 것이다. 우리가 우리 본국에서 가르치는 것처럼 현지 신자들에게 예수님의 힘으로 모든 신자가 선교사가 돼야 한다고 가르친다면, 신자들은 '다른 사람들을 가르칠 권리를 얻기 위해 교회 조직에 어떤 다른 조직을 덧붙일 필요가 없다'고 결론 지을 것이다. 그들은 우리 서양 사람들보다 이 결론에 더 쉽게 도달할 수 있을 것이다. 왜냐하면 현지인들은 특별히 우리 서양 사람들의 정밀한 조직 안에서 자연스런 기쁨을 느끼지 못하기 때문이다.

교회 조직이 한 번 더 원래의 모습대로 자유로운 조직이 된다면 신자의 속박 받지 않는 진실한 열정이 인정되고 강화될 수 있다(Allen, 116).

■ 제8장 교회 조직

이전의 장에서 '선교 단체'에 대한 알렌의 마음과 생각을 나눈 후 이 장에서는 선교 단체를 만들도록 이끄는 이유와 상황을 추적한다. 교단처럼 우리가 이 현상의 세계에 사는 한 선교 단체는 존재하게 된다. 교회는 선교 단체(선교 조직)가 교회에서 분리해 독자적으로 활동하는 것을 허가하지 않지만 우리 인간의 약점 때문에 그 선교 단체의 존재가 용인된다. 여기서 교회의 약점은 교회가 이 세상에 존재하는 원래의 목적에 실패한 것이다.

> … 마찬가지로, 오늘날 크리스천들은 전 세계에 흩어졌지만 그들은 개인적으로 교회와 함께 일하지 않는다. 그들은 조직되지 않았다. 그들은 아주 자주 자신들이 사는 곳에서 복음을 전하려고 하지 않는다. 그들은 불신자를 교회로 초대하지 않는다. 그래서 선교 단체들이 이런 일을 하려고 생겼다. 원래 교회의 본성은 지역 교회를 배가 시켜서 자신들의 경계를 확대시키는 선교 단체와 다르다. 그래서 선교 단체들이 그런 일을 하려고 생긴 것이다. 그러나 분명하게 선교 단체들은 그 일을 제대로 할 수 없다(Allen, 117).

이 장에서 알렌의 생각을 이해하려면 우리는 교회 선교 역사의 측면에서 알렌의 시대의 역사적 배경으로 돌아가야 한다. 그러면 이 장에서 나누는 토론을 이해하기가 어렵지 않을 것이다.

> 우리는 교회와 선교 단체의 관계를 이혼 제도와 비교할 수 있을지 모른다. … 인간들이 불법적으로 이혼을 만들어서 첫 번째 제도(결혼)에 대한 하나님의 완전함을 결코 회복하지 못하고 있다. 왜냐하면 하나님이 만드신 제도의 완전함은 인간이 보는 이혼의 합법성이나 불법성에 좌우되는 것이 아니라 인간의 관계에 대한 하나님의 이해에 좌우되기 때문이다. 그래서 선교 단체로 존재하는 교회에 대한 하나님의 완전함은 선교 단체를 폐지하고 '교회가 자신의 선교 단체가 되라'고 말하는 것으로 단순히 회복될 수 있는 것이 아니다(Allen, 117-118).

선교 단체로서의 교회 역할을 회복하기 위한 유일한 소망은, 선교 단체로서의 역할을 회복해야 하는 모 교회(mother church)에 달려 있는 것이 아니라 선교지에 선교 단체로서 선교지를 확장하는 것보다 선교지에 진짜 '교회'를 개척하는 것에 좌우된다(이 주장은 이 책의 중심 주제이며 모든 장에 퍼져있다).

예루살렘에 있는 교회가 모든 내부 행정 문제(구제와 다른 일)로 정체되었을 때 하나님은 자신의 목적을 유지하기 위해 예루살렘 밖에 새로운 교회들을 일으켰다. 예루살렘 밖에 있는 교회가 모 교회에 도움을 요청하지 않고 스스로 차례차례 배가했다는 것을 아는 것이 중요하다(사실 현지 교회들이 돈을 모아 예루살렘 교회 즉 모 교회를 돌봤다). 교회개척의 명목 아래 선교지를 더 확장한 것이 아니라 현지 교회를 스스로 배가할 수 있도록 했다면, 위와 똑같은 현상이 반복될 것이다.

… 교회에 대한 인간들의 이해가 선교 단체와 선교 위원회를 허가했고 그들이 교회 조직을 이용하는 것은 초대교회의 모습과 아주 동떨어진 상태다.

그렇지만, 이혼이 인간의 완악함으로 인해 허가되었음에도 불구하고 하나님이 인간에게 물려준 첫 번째 독특한 유산은 완전함이었다. 그리고 완전함은 예수님이 회복해야 했다. 교회를 선교 조직으로 만든 하나님의 제도는 크리스천들에게 주신 독특한 유산이다. 그러나 우리는 그것을 아직 회복하지 못하고 있다고 볼 수 있다. 우리가 그 유산을 회복하지 못하고 있다고 고백해야 하는 순간이다. 우리가 오늘 선교지에 교회를 세운다면 우리는 내일 선교지에서 그 유산이 회복된 것을 목격해야 한다(Allen, 118).

빈곤의 악순환처럼, 선교 단체가 현지 교회의 이름으로 선교 단체의 영역만 확장하는 역할을 수행하자 교회들이 차례차례 진짜 현지 교회가 되는 대신 선교 단체의 한 부분이 되고 있다. 다음은 알렌의 분석이다.

지난 장에서 나는 선교 단체가 교회에게 교회 본래의 모습을 상기시키는 것이 아니라 자신을 위한 선교 사역을 시작했다는 것을 가리켰다. 결론적으로 그런 시도를 하면서 선교 단체는 자연스럽게 자신들의 방법으로 사역을 조직했다. … 그래서 선교지에 선교 단체의 하위조직의 모습을 띠면서 교회와 쉽게 구별되는 신자들의 조직이 생겼다.

그러나 선교 단체는 자신들이 교회를 대표해서 선교사들을 보내 선교지에 현지 교회를 설립하고자 했다. 이것은 선교 단체가 할 수 없는 일이다. 오직 교회만 스스로를 전파하고 세울 수 있다. 선교 단체는 자신들의 선교사들이 현지인들에게 성직을 수여할 수 없고 오직 평신도들의 질서만 유지할 수 있다는 것을 인식했다. 교회를 세우기 위해서는 감독(주교)이 필수적이었다. 그래서 선교 단체들은 선교지 교회를 돌볼 수 있는 감독(주교)을 요청했다. 그런 다음 천천히 그리고 머뭇거리며 선교지 교회를 조직할 수 있는 감독(주교)들이 임명됐다.

본국의 감독과 선교 단체의 지도자도 교회에 대해 같은 식으로 이해하고 있었다. 그들이 생각하는 교회는 신약 성경에 나오는 사도적 교회(the apostolic church)와 아주 동떨어진 것이었다. … 우리는 감독에 대한 사도적인 개념을 잃었다. 영적 가족의 아버지 그리고 모든 신자의 이름을 알아야 하는 목사의 자격을 갖고 있는 감독에 대해 말하는 것이다. … 감독과 목사 모두 공식적 직함이었고 월급을 받았고 훈련과 형식적인 태도와 관습으로 인해 평신도들로부터 크게 분리돼 있었다(Allen, 118-119).

따라서 이 악순환은 하나의 칼집에 두 개의 칼을 꽂을 수 없는 것처럼 선교지에서 긴장을 유발했다.

… 우리는 일단 사도적인 교회의 조직과 우리가 영국에서 수입한 선교 단체 사이의 차이점을 알아야 한다.

당시 영국에서 파송 받은 감독들은 사도적인 교회 조직을 설립했지만 많은 지역에서 선교 단체가 설립한 현지 신자들의 조직들도 함께 존재했다. 일단 한 선교 단체가 스스로를 교회의 단순한 몸종이라고 밝히고 자신들이 감독의 지시를 받아야 한다고 희망해도 다른 선교 단체들은 자신들의 방법으로 선교 사역을 지시하겠다고 했을 것이다. 이런 일이 있는 곳에는 의심할 여지없이 어려움이 생겼다. 왜냐하면 같은 지역에 두 개의 교회 조직이 존재했기 때문이다. 선교 단체는 교회를 세우고자 하는 신자들이 있는 곳마다 감독을 세우는 대신 감독이 존재하지 않는 많은 교구를 만들었다. 그러나 이런 불행한 행동은 선교 단체가 교회가 아니었다는 사실을 선명하게 해줬다. 교회 조직을 대표하는 감독과 선교 단체를 대표하는 선교 단체 지도자들 간에 분명한 경쟁이 있었다(Allen, 120-121).

교회와 선교 단체 사이에 갈등이 시작됐을 때 현지 신자들은 자동적으로 다음의 풍경 속으로 끌려 들어갔다:

… 선교 단체가 설립한 현지 교회들은 선교 단체의 모습을 보며 세속 정부의 이상한 형식이라고 생각했다. 왜냐하면 그들은 행정 위원회의 역할을 이해하지도 못했는데 위원회에 참석할 대표를 선출해야 했기 때문이다. 보통 행정 위원회는 현지인들이 선교 단체에 더 기여해야 한다는 결론을 도출했다. 반면 감독이라고 불리는 높은 지위의 통치자는 가끔씩 방문했다.
현지 신자들은 행정 위원회가 교회의 재정과 정책을 통제하고 조정하는 것을 보면서 교회 조직을 그런 것으로 이해했다. 교회가 아닌 신자가 더 배가되자 그런 혼란을 통제해야 하는 문제가 계속 대두됐다.

… 현지 신자들 가운데 지적인 교육을 받은 사람들은 재정과 행정 위원회의 힘을 인정하기 시작했다. 그리고 그들은 자연스럽게 위원회가 교회 조직의 중요한 요소라는 고정된 생각을 가졌다. 그리고 그들은 자신들이 교회 위원회를 통치할 수 있다면 자신들이 지역의 일 또는 모든 교구와 더 큰 지역에서 위원회에 있는 현지 신자들을 다스릴 수 있다고 생각했다. 그리고 자신들이 교회를 대표하면서 자신의 나라에서 일하고 있는 외국 선교 단체의 정책과 재정을 확실히 통제하는 권리를 주장할 수 있을 것이라고 여겼다. 그래서 더 지적이고 부유한 현지 신자들이 대표로 있는 교회와 선교 단체 사이에 갈등이 생겼다.

현지 교회가 선교사들의 통제로부터 자유로워지는 것이 첫 번째 필수적인 과제다. 그리고 다음에 위원회를 대표하는 현지 교회에게 선교 단체를 복종시켜 통제해야 한다(Allen, 122-123).

그리고 "감독과 위원회를 대표하는 현지 교회는 서양의 어떤 선교 단체가 후원을 하는 것을 자신의 것이라고 주장할 것이다"(Allen, 124). 그러나 다음의 방법이 그 문제를 더 복잡하게 하는 것을 해결할 수 있을 것이다.

그러나 우리가 선교 단체와 교회를 세우기 위해 정말 많은 노력을 기울였음에도 불구하고 세계의 많은 지역에서 두 개의 교회 조직이 만든 어려움들을 볼 수 있다. 우리는 선교 단체의 우두머리로서 감독(주교)을 보내기 시작했다. 이론적으로는 오직 한 개의 교회 조직만 있었다. 그러나 불행하게도 그 교회 조직은 이미 내가 묘사한 종류다. 느부갓네살(Nebuchadnezzar)의 상상처럼, 동상의 머리는 금으로, 복부는 놋으로, 그리고 다리는 철과 진흙으로 되어 있었다. 철과 진흙으로 된 다리로 서 있었다. 동상이 교회에 속하지 않는 평신도들과 크리스천들에게 월급을 지불했다. 머리가 높은 곳에 놓여 있었다. 즉 그들은 외로운 권력을 가진 감독이다. 그리고 감독들 사이에 모든 사람에게 영양분을 공급할 수 없을 정도로 아주 미숙한 제사장(목사)들이 이었다. 제사장들은 놋쇠로 만들어져 강하고 딴 곳에서 구할 수 없는 것들이었다(Allen, 124).

이 모든 일들은 알렌이 계속해서 우리의 주의를 끌듯이 현지 교회를 세우는 대신 선교 단체들이 교회개척의 명목 아래 스스로를 배가시켰기 때문이다. 이것은 두 개의 경쟁과 시대 사이의 문제가 아니라 원칙과 마음의 문제다.

> … 현지 신자들도 역시 분명하게 선교 단체와 교회의 차이를 구별한다. 선교 단체는 현지인들이 있어야만 일할 수 있는 선교사들로 구성되어 있다. 선교사들은 현지인들을 선발하고 훈련시켜 자신들을 돕게 한다. 선교사들은 선교지가 속해 있는 국가 출신이 아닐 수도 있다. 선교사들은 아프거나 다른 사

람들이 요청하면 어떤 순간에 책임을 지고 먼 지역으로 물러날 수도 있다.

우리는 우리가 모든 곳에 선교 단체를 설립했고 그것들은 교회가 아니라는 것을 인정하지 않을 수 없다. 초대교회가 선교사들을 파송했지 선교 단체를 설립한 것은 아니었다. 우리는 항상 선교 단체를 과도기의 모습이라고 말하면서 설립하지만 일단 설립하면 영구적으로 유지한다. …

… 선교 단체는 교회를 설립해야 한다. 그런데 선교 단체는 자신들의 단체를 설립해서 교회와 대항하며 존재한다. 이것은 성경적이지 않다. 이것은 우리가 항상 말하는 것처럼 시간, 환경, 경쟁, 그리고 시대의 문제가 아니라 원리와 마음의 문제다 …(Allen, 124-125).

교회 밖에 존재하는 선교 단체가 어떻게 계속 선교 단체를 설립할 수 있었는가?

선교 단체의 비전이 더 확장될 수 있도록 외부에서 힘을 생산함으로써 가능했다. 알렌은 여전히 백인 선교사들이 교회 밖에 있는 현지 선교 단체에 속한 현지인들에게서 그 힘을 끌어온다고 말한다.

감독(주교)은 경쟁을 통해 권위 있는 자리를 얻게 하는 전통적인 훈련을 완전히 무시한다. 그러나 그도 자신의 생각에 완전히 확신을 갖고 있지 못하다. 왜냐하면 오랜 경험을 갖고 있는 그 훈련 방식은 모든 종족과 부족 안에 자연스럽게 다른 사람들을 이끄는 주님의 제자들을 키웠기 때문이다.

신자들은 전통적인 지혜가 축적한 거대한 유산을 계승하고자 한다. 그들은 이웃과 친척과 친구들이 제기하는 어려운 질문을 해결하기 위해 시도하고 시험해 오고 있다. 신자들은 자신들의 종족들을 알고 종족들은 신자들을 아주 친밀한 사람이라고 생각한다. 그들은 자신들이 중요한 관습에 대해 말하고 관습을 유지하는 방법을 알고 있다. 신자로서 그들은 확실히 선교사들을 확실히 지지해야 한다. 그러나 킹(King) 감독은 다음과 같이 말한다.

"그것은 아니다. 정말 아니다. 경쟁의 가장 중요한 요소는 경험이 아니라 소년들이 갖고 있는 빠른 재치다. 중요한 것 가운데 하나는 경험이나 무게가 아니라 새롭고 이상한 정보를 빨리 획득할 수 있는 날카로운 지성이다. 수학과 지리와 독서와 작문을 배우는 것은 소년이 어떤 곳에서 가치 있게 된다는 것을 증명한다."

나는 이것이 확실히 사실인지 아닌지 궁금하다. 소년을 쉽게 '교육'시킬 수 있는 외국 선교사들이 소년이 복음 전파 또는 교회개척에 가장 좋은 도구임을 증명하고 있는지 묻고 싶다.

훈련은 '외국인 선교사들이 사용할 수 있는 힘을 생산한다.' 여기서 외국인 선교사들이 전통적인 방법을 사용하는 대신 소년들을 훈련시키는 이유, 즉 비밀이 드러난다. 이것이 외국인 선교사들이 자신들의 힘을 생산할 수 있는 가능성 있는 유일한 방법이다. 선교사들은 이렇게 생각한다.

"이런 일은 '선교사의 일'이고 선교사의 방법으로 해야 한다.

선교사가 사용할 수 없는 도구는 쓸모없는 것이다. 선교사는 죽음을 앞둔 시골 지도자들을 선교사가 원하는 대로 사용할 수 없다. 그래서 시골 지도자들은 선교에 좋은 사람들이 아니다."

그런 식으로 선교사는 어린 아이를 자신이 다루기 쉽고 자신이 원하는 것을 정확히 할 수 있도록 만든다. 그러나 그런 것이 교회에 도움 되는 것인가?(Allen, 127).

장기적인 면에서 교회와 선교 단체 사이의 이 경쟁은 "교회를 위한 사역이 아니라 사역을 위한 교회"가 될 수 있다(Allen, 129).[30]

신자를 위한 사역자를 지명할 때 개인의 성품과 교육을 고려할 뿐 아니라 교회의 필요를 고려하는 것이 중요하다. 그러나 개인만 보면 교회를 잊을 수 있다. 초대교회에서 우리는 현지인들이 현지 교회를 위해 성직을 임명한 것을 볼 수 있다. 현지인들은 현지 교회를 위해 성직을 임명받았다. …

그러나 현재의 제도에서 사람들은 사역이 완전히 개인적인

---

30 "… 킹 감독은 이 단계에서 말한다. '우리는 여전히 '사역'에 대해 잘못된 개념을 가지고 있다. 즉 우리는 충분히 신뢰할 만하고 경건하고 우리에게 거룩한 질서의 선물(사역)을 다른 사람들에게 소개하도록 허락할 수 있는 잘 훈련된 사람들을 외면하고 있다'(*The East and the West*, April. 1909, 166). 거룩한 질서의 선물(사역)이 완전히 개인적인 일이라는 생각은 아주 위험하다. 사역을 하는 것은 교회지 개인이 아니다. 다른 사람들이 사역을 완전히 별개이고 개인적인 일로 생각하도록 허락한다면 우리는 심각한 실수를 범하는 것이다. 즉 타락의 위험에 있는 것이다. 다시 말하자면 선교사는 자신이 사역하는 교회와 별개로 존재한다. 선교사는 '책임', '영혼의 치료', '사역지'를 받아서 아주 많은 영혼들을 담당한다. 그래서 선교사가 영혼들을 책임을 져야하고, 교회의 책임은 무시된다. … 정말 교회가 사역의 부속품이 아니고 사역이 교회에 속한 것이다." Roland Allen, *The Spontaneous Expansion of the Church and the Causes Which Hinder It*, 129-130.

은사라고 생각한다. 그래서 사람들은 연결된 문제들을 고려하지 않고 이런저런 자리를 차지하기 위해 스스로 행동하거나 지도자에게서 임명 받는다. 그리고 사람들은 '교회'를 단순히 은사를 실행할 수 있는 기회를 제공하는 장소나 승진의 사다리로 여긴다. … 현지 교회와 사역자 사이의 관계는 아주 중요하다. 그리고 현지인들을 대상으로 사역할 낯선 사역자와 그의 가족을 외부에서 데려오는 것은 정말 심각하게 악한 일이다(Allen, 130).

따라서 "켈리(Kelly) 신부가 언급했듯이 성직자들이 아주 비싸기 때문에 가난한 신자들은 성직자의 생활비를 감당할 수 없어 대부분 성례들을 거행할 수 없다"[31](Allen, 132). 실제로 가난한 교회들은 성례들의 권리를 부여 받았지만, 자신들의 사역자를 고용할 만큼 사치스러운 형편이 아니어서 성례들을 거행할 수 없었다.

사도들이 죽은 후 몇 세대 동안 교회에는 월급을 받는 사역자가 없었다. 그러나 킹 감독은 합법적인 사람들 즉 훈련 받은 사람인들에게 거룩한 질서의 권리(성직)를 부여해서 성례들을 거행하게 해야 한다고 말했다.
사도 바울과 그의 제자들이 킹 감독의 계획대로 했다면 유럽 교회는 감독을 고용할 수 있는 재정 형편이 아니어서 감독이란 단어도, 각종 성례들도 몰랐을 것이다. 우리는 현지 신자들

---

31 *The East and the West*, Oct. 1916, 435, quoted in Ibid.

이 직접 성직을 수여하도록 해야 한다. 킹 감독의 말은 사역이 교회의 부속품이 아니라 교회가 사역의 부속품이 되어야 한다는 것이다(각주 28번을 보라)(Allen, 132).

그러나 가난한 교회가 자신의 기본 종교 권리를 빼앗기는 동안 현지 사역자들은 다른 식으로 이 덫에 걸려 있다.

> … 월급을 받는 현지 사역자들에게 재정자립은 먼 나라의 이야기일 뿐이다. 현지 사역자는 보통 부양할 아내와 가족이 있다. 그가 외국인들에게 재정을 의지하면 할수록 재정자립을 실천하기 힘들다. 사역을 하면서 받는 월급은 언제 줄어들지도 끊길지도 모른다. 세속 사회에서 일하며 재정자립을 하는 보통 사람들과 아주 다른 상황에 놓여 있는 것이다.
> 교단을 움직이는 외국인들의 잘못된 통찰력은 이렇듯 현지 사역자를 파멸로 몰고 갈수 있다. 외국인들은 현지 사역자가 늘 외국인들에게 재정을 의지해야 하는 구조를 유지하고 있다.
> 그런 상황에서 현지 사역자가 외국인들을 의지하지 않을 수 있겠는가?(Allen, 133)

따라서 사역자와 현지 신자 모두 서양 제도의 희생양이 된다:

> … 자신의 환경에서 멀리 떨어진 선교학교에서 외국인들한테 훈련 받고 시골 신자를 대상으로 사역하기 위해 파송 받은 현

지인 선교사의 외로움과 그 위치의 위험에 대해서는 이미 잘 알려져 있다. 선교지에 대한 지식을 갖고 있는 모든 사람들에게 그리고 최소한의 상상력을 가진 사람들에게 말이다. 선교지에서 외롭게 고립된 현지인 선교사뿐 아니라 더 큰 교구를 관할하는 현지인 목사도 외롭게 고립된 상태다 …(Allen, 134). 시골 교회는 대부분 신자들만 있고 성직자가 없다. 교회도 없고, 목사도 없어서 성례들 마저 할 수 없는 신자로 이뤄진 수많은 모임을 감독이 마지막으로 책임진다. 그래서 그는 쉽게 지친다(Allen, 135).

그렇게 조직된 교회에 재앙이 닥치는 것은 놀라운 일이 아니다. 마구잡이로 한 가지 사례를 살펴보자.

까짜리스(Kacharis)는 인도 북동부 아쌈(Assam)의 부족이다. 외국인 엔들(S. Endle) 목사는 40년 동안 까짜리스의 언어인 까짜리어(Kachari) 대신 그 주의 공용어인 아쌈어로 사역한 결과 약 1,000명이 예수님을 믿었다. 그는 교회와 학교를 지었고 계속해서 복음 전파가 잘 될 것이라고 기대했다. 13년 전 엔들이 죽었다. 놀라운 일은 그 지역에 까짜리어(Kachari)를 제대로 아는 사람이 아무도 없었다는 것이다. 아쌈의 주류 사회와 고립된 그들은 아쌈어도 제대로 구사하지 못했다. 신자가 400명으로 감소됐다. 외부에서 사역자들이 자주 방문했지만 그들은 까짜리스 사람들이 제대로 이해하지 못하는 아쌈어로 사역을 해야 했다(『동양과 서양』, Oct. 1920, 325; Allen, 135-136).

그러나

> 예수님은 성례들을 사치가 아니라 은혜의 필수적인 수단으로 정하셨다. 우리가 특히 우리 서양 방식으로 훈련시키고 월급을 주는 사역자를 유지해야 한다면 사역자에게 월급을 줄 수 없는 교회는 사역자가 없어서 성례들을 거행할 수 없다. 이런 구조는 하나님의 은혜를 입은 사람들의 누려야할 권리(성례들)를 빼앗는 것이다. 우리는 그런 재앙이 닥칠 때 놀라지 말아야 한다(Allen, 137).

따라서 "우리가 제2장에서 본 것처럼 자발적인 교회 확장은 단순히 신자의 확장이 아니라 교회의 배가와 관계가 있다." 그러나 서양 체계대로 하면 "현재 인도 교회는 스스로 새로운 교회를 세울 수 없다. 새로운 감독직을 감당할 충분한 후원금이 올 때까지 기다려야 한다. … 그러나 우리가 사도적인 감각으로 교회를 생각하는 순간 즉시 우리는 신자 개인의 자발적인 행동이 급속하게 인도의 모든 곳에 교회의 배가를 이룰 수 있다는 것을 알 수 있다"(Allen, 137).

참된 영적인 삶은 발전적이고 자연스런 흐름인 반면 참된 영적인 삶을 우리의 특별한 계획으로 어떤 제도 안에 조직하는 것은 인공적이다. 선교사들은 거룩한 마음으로 시작했지만 세상적인 마음으로 끝냈다. 이를 보여주는 사례는 선교사들이 세운 교회 조직이다. 선교사들은 특별히 '월급 받는 현지인 사역자'에 대한 계획을 세웠고, 교회를 사역의 부속물로 전락시킨 후 훈련 과정을 시작했다.

신학 훈련이 심각한 위험에 처해 있다. 모든 전문적인 훈련이 너무 기술적이고 추상적으로 운영되고 있는 것을 말한다. 현재 우리는 신학 교육에 이 위험한 방법을 취하고 있으면서 해로운 것은 아무것도 없다고 생각한다.

나는 한 현지 선교사가 한 이교도의 마을 사람들에게 한 시간 동안 기독교 발전의 역사에 대해 나름의 논리를 가지고 설교하는 것을 들었다. 시골 농부와 이교도 제사장의 무지는 전혀 위험 요소가 아니다.

위험이 될 수 있는 무지는 훈련을 많이 받은 직업적인 선교사다. 그는 자신의 끝없는 설교를 정당화하려고 절반 또는 그보다 약간 더 알고 있는 가짜 지식을 동원했다. 그리고 기독교가 선을 행한 사실만 택해 기독교의 유래를 소개했다(Allen, 139).

이 장에 대한 알렌의 결론은 우리의 귀에 계속해서 울려 퍼져야 한다.

… 우리는 선교지 신자들의 위대한 몸(교회)이 형성되기 전에 경험을 중시하는 자연스런 훈련을 우습게 알아 무시하고 인공적이고 지적인 훈련으로 대체했다. 그로 인한 명백한 결과는, 인공적이고 지적인 훈련을 받은 사람들이 자신들의 종족과 아주 큰 틈을 사이에 두고 분리됐다는 것이다(Allen, 140).

■ 제9장 자발적인 교회 확장의 방법

자발적인 교회 확장을 제안하는 이 마지막 장에서 알렌은 자발적인 교회 확장이 실패한 이유를 다시 추적한다.

> … 우리 새 신자들의 자발적인 행동이 교회에 반영되지 않은 유일한 이유는 우리의 현대 감독들이 초대교회의 감독들이 했던 것과 다르게 새 신자들을 다뤄왔기 때문이다. 초대교회의 감독들은 새 신자들을 가르치고 자유를 줬다.
> 반면 우리는 새 신자들을 복음의 일꾼으로 만드는 것을 거부해 왔고 그들을 외국 선교 단체의 조직에 가둬오고 있다. 우리는 우리가 훈련시키고 월급을 지불하는 평신도 선교사들을 앞장세우는 방법으로, 자신들의 이웃들과 친구들에게 복음을 전하고자 하는 자발적인 열정을 가진 새 신자들을 낙담시키고 있다 …(Allen, 144).

선교 단체 또는 외국 교회 아래서 일하는 선교사들의 국적이 바뀐다고 해서 진짜 현지 교회가 생기지는 않을 것이다. 알렌은 외국 선교 단체나 외국 교회가 세운 교회를 "가짜 국내 교회"(pseudo-national churches)라고 말한다(Allen, 146). 그러나 그는 희망을 품고 있다. 왜냐하면 그는 지금 선교 단체들이 사회복지 사업을 통해 진짜 자발적인 교회 확장의 길을 닦고 있다고 보기 때문이다. 물론 우리는 알렌의 말의 행간에서 그가 의도하는 풍자를 읽을 수 있다.

… 현재의 선교 단체들은 자발적인 교회 확장의 모범이 아
니다. 현재 선교 단체들은 자발적인 교회 확장으로 가는 길을
준비하기 위해 일을 하고 있다. 선교 단체들은 지금 전보다 훨
씬 더 의료, 교육, 사회복지에 집중하는 경향을 보이고 있다.
그리고 그런 일을 하려고 분명히 직접적인 전도 사역에 인력
과 재정을 훨씬 더 적게 투자할 것이다. 그리고 전도 사역은
현지 신자들이 해야 할 적절한 일이라고 여길 것이다.
실제로 많은 복음주의 선교사들이 확실히 이 방향으로 가고
있다. 그래서 자발적인 교회 확장 운동이 적당한 때에 이뤄질
수도 있을 것이라는 희망을 품을 수 있다(Allen, 146).

현지 신자들이 자신들의 교회를 가질 수 있는 권리라는 주제로
돌아가 보자. 알렌은 이렇게 말한다.

… 우리는 세례 교인들이 권리를 가지고 있다는 것을 인정해
야 한다.
그 권리들이 무엇인가?
그들은 예수님을 위한 성례들을 유지하는 조직화된 교회의
신자들로서 살 수 있는 권리를 말한다. 그들은 예수님의 명
령에 순종할 권리와 예수님의 은혜를 체험할 권리를 가지고
있다. 다른 말로, 그들은 자신들의 사역자들을 적절하게 조직
할 권리가 있다. 그들은 단순한 신자가 아니라 교회가 될 권리
를 가지고 있다 …(Allen, 147).

그러나 알렌은 자신의 시대와 서양 영국 전통으로 만든 교회를 "조직화된 교회"(organized Christian church)라고 부른다. 종교가 조직화되지 않은 인도에서 우리는 현지 신자들을 제대로 훈련시켜야 한다는 말을 조직화되고 제도화된 교회교(Churchianity)를 만들어야 한다는 말로 혼동해서는 안 된다. 알렌은 현지 신자들이 자신의 교회를 이끌 수 있는 권리를 갖도록 다섯 가지 중요한 것을 지적한다.

> (1) 감독(주교)은 사도 바울은 '전통'이라고 부른 것(사도신경은 이것에 대한 더 나중의 표현이다)을 현지 신자들에게 전수해야 한다 …(Allen, 147).

위의 말하는 전통은 반드시 어떤 특정한 교회 교리이어야 하는 것은 아니다.

> (2) 감독(주교)는 복음을 전수해야 한다 …(Allen, 147). … 문맹 신자들은 일상에서 심오한 영적인 지식과 기독교 진리를 실제적으로 적용할 수 있는 감각을 더 많이 갖고 있다. 신앙을 학문적으로 배운 학생들에게서는 그런 모습을 찾아볼 수 없다. 이것이 내가 복음에 순종해야 한다고 말하는 의미다 …(Allen, 148).
>
> (3) 성례는 교회들에게 전수되어야 한다. … 사람들이 세례를 기독교 규칙을 지키는 능력을 증명한 사람에게 주는 확인 절차라고 생각하지 않도록 해야 한다. 그들이 세례를 하나

님의 은혜 없이 살 수 없는 신자의 삶의 시작으로서 생각하게 해야 한다 …(Allen, 148).[32]

(4) 현지 교회가 사역자들을 임명해야 한다. 사역자들은 교회 경영과 의무적인 종교 의식에 따른 일이 제대로 진행되도록 크리스쳔 행정과 사역자들을 담당할 수 있을 것이다 (Allen, 149). … 월급에 대한 문제가 있어서도, 고려되어서도 안 된다. 사도 바울은 월급을 모금하지 않았다. 우리도 그렇게 할 필요가 없다.

사역자들이 교회를 유지하는 것이 아니라 한 몸인 교회가 사역자들을 유지한다. 교회가 사역자들에게 속한 것이 아니라 사역자들이 교회에 속해야 한다. 그리고 사역자들이 교회가 선한 행동을 하도록 하는데 책임이 있는 것처럼 한 몸인 교회는 사역자들이 선한 행동을 하도록 하는데 책임을 져야 한다 …(Allen, 149-150).

(5) 자발적인 교회 확장을 위해서 감독이 교회를 감동시켜야 한다고 한 것에 대해서도 달리 생각해 볼 수 있다고 본다. 감독이 책임을 갖고 현지 신자들에게 복음을 전하라고 호소해야 한다는 말이 아니다. 감독은 현지 신자들이 함께 신앙생활을 할 수 있는 곳에서 너무 먼 곳에 새 신자를 만들었을 때 또는 이웃 마을에서 사람들이 신자의 삶에 대해

---

32 "나는 성례들에 힘이 있다는 것을 굳게 믿는다. … 이것이 내가 교회에게 성례들을 전수해야 한다고 말하는 이유다. 성례들은 한 몸인 교회에 전수되어야 한다. 그리고 한 몸인 교회는 성례들을 제대로 유지할 책임 있다. 고린도 교인들이 성만찬을 잘못 사용했을 때 사도 바울은 한 몸인 고린도 전체 교회를 꾸짖었다." Roland Allen, *The Spontaneous Expansion of the Church and the Causes Which Hinder It*, 149.

> 배우고자 왔을 때 현지 신자들에게 어떻게 해야 할지에 대해 말할 수 있는 사람이 돼야 한다. 현지 신자들이 전도했을 때 감독은 현지 신자들에게 먼저 새 신자가 정말 예수님을 믿는지, 신조의 **유용함**(the use), 복음, 성례들, 그리고 사역을 이해하는지 확인하도록 해야 한다. 그런 다음 감독에게 연락하라고 해야 한다(Allen, 150, 강조는 원문의 것임).

비록 알렌이 자발적으로 '생각하고 집필했음'에도 불구하고 그도 역시 자신이 '생각'할 수 없는 '선교사'의 전통에 묶여있다. 그러므로 우리는 그가 쓴 문자가 아니라 그가 제안하는 마음을 봐야 한다. 우리는 그의 견해에 담긴 원리들을 받아들이지만 그가 제안하는 형식을 따를 수는 없다(예를 들면, 새 신자를 설립된 교회에 연결하는 것을 말한다). 오히려 새 신자는 자신의 공동체와 사회 안에 자신의 현지 모임을 시작해야 한다. 왜냐하면 그들은 자신들에게 어떤 교단 형식의 '크리스천'이라는 상표를 붙이고 싶어 하지 않기 때문이다.

알렌이 제안하는 다음의 중요한 단계는 현지 교회를 버리는 것이 아니라 현지 교회에 자유를 주는 것이다. 특별한 방법으로 소수의 현지 신자들을 선택하는 대신, "교회 안에서(in), 교회에 속하게 해서(of), 그리고 교회가 선택해서(by)" 전체 신자들을 교육시키는 것이다.

> … '선교사 또는 감독들은 교회의 원래 모습을 찾기 위해 교회를 놔둬야 한다'는 말이 교회를 방치해야 한다는 뜻이 아니다.

왜냐하면 그것은 신자들을 어떻게 교육시킬 것인가에 대한 말이기 때문이다. 우리는 그들 스스로 배울 수 있는 것을 배우기 위해 신자들을 놔두는 것과 그들을 포기하는 것 사이의 차이를 배워야 한다.

우리는 그 차이를 어렵게 느낀다. 그것은 우리가 배우기 어렵다고 생각하는 교훈이다. … 경험으로 배우기 위해 새로운 교회를 놔두는 것은 사도의 정신이지만 그 교회를 포기하는 것은 사도의 정신이 아니다. 새로운 교회를 돌보는 것은 사도의 정신이지만 그 교회에게 항상 젖 먹이는 것은 사도의 정신이 아니다. 새로운 교회에게 교육 방법을 안내하는 것은 사도의 정신이지만 그 교회에게 교육을 제공하는 것은 사도의 정신이 아니다. 선교사 또는 감독은 신자들의 교육에 관심을 갖고 돌봐야 한다.

우리는 즉시 우리가 언급하고 있는 교육이 보통 선교사 교육이라고 말하는 것과 아주 다른 것이라는 것을 인식한다. 보통 선교사 교육이라고 일컬어지는 것은 작은 학교와 대학교에서 소수를 위해 하는 것이다. 우리가 지금 말하고 있는 교육은 교회에서 주관해서 모든 기독교 공동체를 품는 교육이다. 우리가 말하고 있는 교육은 교회 안에서(in), 교회에 속하게 해서(of), 그리고 교회가 선택해서(by) 실행하는 교육이다. … 이것은 한 몸인 교회의 관리와 방향을 위한 교육이고 신자 가족에게 필요한 가족 교육이다. 종교적인 삶은 하나의 주제를 갖고 있을 뿐 다른 것은 없다. 우리 신자들이 배워야 할 것은 우리의 정체성과 사회 질서 안에서 예수님을 믿는 것이다(Allen, 150-151).

교회 교육도 교사가 학생에게 문법을 가르치는 방법이 아니라 아이가 손발을 사용해 자연스럽게 걷는 방법을 배울 수 있도록 돕는 엄마의 방법처럼 자연스러워야 한다(Allen, 151).[33]

비록 우리가 아이가 자연스럽게 걷도록 돕는 엄마처럼 교회를 교육시켜야 하지만 교사처럼 역할이 끝났을 때 학생을 놓아줘야 한다. 교사는 학생이 어려운 문제를 상담할 수 있도록 준비하지만 엄마처럼 항상 옆에 서서 보호하지 않는다.

이처럼 교회를 안내하고 교육을 돕는 사람은 분명하게 교회에게 자유를 주기 위해 역할을 마친 후에는 반드시 떠나야 한다. 왜냐하면 그가 머물거나 외부에서 담당자를 데려와 배치한다면 교회는 움직일 수 있는 자유를 얻지 못할 것이기 때문이다.

그러나 교회가 심각하게 타락하거나 실패할 위험에 처했을 때 그는 떠나기 전에 먼저 교회를 보호해야 하고 교육을 통해 경고해야 한다. 그런 경고가 필수적인지에 대한 질문이 있을 수 있다. 정확한 답은 그가 교회와 친하고 교회에 대해 세심한 마음을 가졌느냐와 관련이 있다. 그런 질문은 본능과 보호자의 마음을 가진 교육가의 통찰력으로 해결할 수 있다. 어떤 사람을 위해서도 규칙을 판단하거나 지레짐작으로 정할 수는 없다(Allen, 151-152).

이 교육 문제는 선교역사에서 가장 혼란스런 주제였다.

---

33 "교회 교육은, 학생에게 라틴어 문법을 가르치는 방식보다 오히려 아이가 자신의 기능을 사용하도록 돕는 것에 비교될 수 있다. 좋은 교사는 학생에게 라틴어 문법을 가르칠 수 있다. 그러나 그것은 엄마가 아이에게 걷거나 보고 관찰하는 법을 가르치는 것과 아주 다르다. 아이들은 손발을 사용하는 것을 허락받으면 대부분 본성으로 걷는 법을 배운다. 교회도 기능 사용에 허락을 받는다면 본성으로 기능 사용법을 배울 수 있다." Ibid., 151.

일반적으로 말하자면 자신들의 친구들과 이웃들을 자발적으로 가르친 대부분의 성실한 신자들은 어떤 기본 교육을 받았고, 읽는 방법을 배웠기 때문에 다른 사람들을 가르칠 수 있었다. 이 점을 생각하는 것이 중요하다. 그러므로 우리가 문맹 공동체를 생각한다면, 교회 교육을 맡은 사람은 문맹 공동체 사람들이 성경을 읽을 수 있게 하고 공동체를 자신이 할 수 있는 만큼 보호하려고 할 것이다. 우리는 이에 대해 동의해야 한다(Allen, 152).

그러나 교회와 선교 단체가 제공했고 여전히 제공하고 있는 세속 교육은 다른 시각에서 봐야 한다. 건강, 교육, 그리고 사람들의 다른 기본 필요들은 교회와 선교 단체가 아니라 정부의 책임이다. 그러므로 교회와 선교 단체는 과거처럼 그런 영역에 시간과 자원들을 투자하지 말아야 한다. 물론 선교사들의 수고로 우리 인도 사람들이 받은 복을 아무도 부인할 수 없다. 그러나 선교사들은 성공적으로 복음을 전파하지 못했다. 그래서 알렌이 다음과 같이 말한다.

> 자발적인 교회 확장의 관점에서 우리는 세속교육을 생각할 필요도 세속교육을 제공할 필요도 전혀 없다. 엄격하게 종교적 목적을 위해 읽는 방법을 배운 사람들은 어떤 상황이 되면 자신들과 자녀들의 고등교육, 즉 세속교육을 소망하고 성취할 것이다. 선교 단체에서 운영하는 학교가 없다면 그들은 자녀들을 정부 학교에 보낼 것이다. 정부 학교가 없다면 그들은 적당한 때 스스로 학교를 설립할 것이다 …(Allen, 153).

알렌은 '선교사들은 빈민 공동체'가 자신의 다리로 설 수 있도록 안내해서 그 공동체가 참된 현지 교회들을 세우도록 해야 한다고 말한다. 빈민 공동체에게 직접적인 행동 지침이나 충고를 주기 시작하는 선교사들에게 치료약을 주고 그들의 실수를 고치게 하는 일은 쉽지 않을 것이다.

왜냐하면,

> 우리가 월급 제도와 후원 제도를 없앤다면 현지 신자들은 자신들의 나이 많고 경험 있는 아버지들을 따라 그 다음 날 예전의 이방신에게 돌아갈 것이고 훈련 받은 현지인 선교사들을 떠날 것이다.
> 내가 말하고자 하는 것은 물질을 사용해서 교회를 설립해서는 안 된다는 것이다. 그것은 슬픈 일이지만 그럼에도 불구하고 사실이다. 처음부터 사도들의 모습을 따라 월급 제도와 후원 제도를 만들지 말아야 한다. 훈련 받은 사람들은 교회개척에 적당하지 않다. 외국인 선교사들, 현지인 선교사들, 그리고 현지 신자들도 지시 받고 배웠지만 교회개척에 어느 누구도 준비되지 않은 상태다(Allen, 154).

그러나 알렌은 희망을 포기하지 않고 계속해서 말한다.

> 그러나 빈민 공동체들을 살리는 방법을 아마도 나 스스로 찾을 수도 있을 것이다. 우리 편에서 주는 직접적인 행동이나 충고보다 복음의 자유 안에서 자발적으로 발전하는 젊은 교회

의 영향력을 통해 돕는 방법을 말한다. 나는 제대로 개척된 교회는 자신들의 힘을 느끼고 알 때 확장될 것이라고 확신한다.
 아주 오래된 선교 단체를 바꾸려면 그들에게 실제로 자발적인 교회 확장이 무엇을 의미하는지를 보여주는 것이 좋다. 내가 말했듯이 자발적인 교회 확장은 자발적이다. 그것은 충고로 이뤄지지 않는다. 자발적으로 일어난다. 사람들이 자발적인 교회 확장을 보면 그들은 자신들도 그대로 하길 바란다.
아주 오래된 선교 단체의 신자들이 자발적인 교회 확장을 보면 자신들도 그렇게 하고 싶어 한다. 사람들은 소망을 갖고 자발적인 교회 확장을 추구하기 시작하고 추구하면서 표현할 것이다. 그러면서 그들은 자신들의 정체성을 계속해서 유지할 것이다. 자발적인 교회 확장을 안내하는 현지 선교사는 현지 신자들에 대해 너무 걱정할 필요가 없다. 복음을 빨리 전파하기 위해 서두를 필요가 없다. 그는 외국인 선교사가 자신의 일을 가로챌 것이라는 걱정을 하지 않고 현지 신자들을 자신의 외국인 지도자들에게 맡길 수 있다.
때가 되면 외국인 지도자들도 바람직한 사역을 깨달을 것이다. 현지 선교사는 외국인 선교사가 존재하는 것 때문에 자신이 할 수 있는 일이 적다고 느끼지 않을 것이다. 왜냐하면 외국인 선교사들이 결코 모든 땅을 차지하지 못했고 앞으로도 그럴 것이기 때문이다(Allen, 154-155).

마지막으로 참된 자발적인 교회 확장을 성취하는 사람들은 참된 현지 교회들이 아니라 월급을 받지 않는 참된 현지 감독들이다. 알렌이 다음에서 그의 관심을 나타낸다.

> … 현지 출신의 월급 받지 않는 목사들을 임명할 수 있는 감독을 찾는 것은 가능할지도 모른다. 그러나 현지 출신의 월급 받지 않는 감독들을 임명할 감독을 찾는 것은 불가능한 것 같다. 나는 그것을 유감스럽게 생각하지만 그것은 사실이다. 현지 교회들을 위한 장로들을 임명하는 것이 최선의 방법도, 가장 지혜로운 방법도, 가장 안전한 방법도 아닐 것이다. 그러나 나는 그것이 현지 감독들을 세우기 위한 길을 준비하는 것이라고 믿는다(Allen, 156).

알렌이 자신의 책 전체에서 조직화된 서양 교회 전통의 영향을 강하게 나타내고 있지만 그럼에도 불구하고 우리는 위에서 말한 것처럼 그가 제안하는 원리와 마음의 중요성을 봐야 한다. 그가 말하는 형식이 필수적인 것은 아니다.

자발적인 운동은 자신들의 문화 전통에 한정된 참된 현지 교회들을 세울 수 있을 것이다. 이에 대해 어떤 사람들은 말한다.

"그런 식으로 교회를 세우면 현지 교회들이 모든 사람들에게 영향을 미치는 더 큰 국가적 문제에 제대로 맞설 준비를 갖추지 못할 것입니다."

현지 교회들이 어떤 국내 교단이나 나중에 쓸모없어질 교회 운동의 흐름과 발맞추어 미리 자신들을 조직화해서 그런 도전에 잘 맞설 준비를 해야 한다는 말이다.

그리고 그들이 질문할 것이다.

"무엇보다도 일단 현지 교회들이 스스로 큰 숫자로 성장하면 그들이 어떻게 적절한 준비 없이 큰 문제들을 다룰 수 있겠는가?"

이것은 자신의 땅에서의 자발적인 교회 확장에 대해 심각하게 생각하는 사람들의 마음에 일어나는 진짜 의문일 것이다. 그러나 알렌은 감각 있는 답을 내놓는다. 더 나은 방법으로 작은 일을 하는 것을 배운 사람들은 같은 식으로 더 큰 일을 할 수 있다.

> … 현지 교회가 성장해서 넓게 퍼질 때 더불어 복잡한 문제들이 생긴다. 그리고 그런 문제들은 많은 작은 교회들로 이뤄진 한 교회가 훌륭한 지도자들을 배출할 능력이 있을 때만 생긴다. 그 지도자들은 현지 신자들을 지휘할 준비가 된 사람들이다. 그들은 작은 일들을 다루며 배운 사람들이다.
> 그러므로 큰 국가적 문제에 맞설 지도자를 어떻게 준비할 것인가에 대해 고민할 필요가 없다. 오늘날의 작은 교회들의 지도자들이 경험을 통해서 배울 것이다. 지도자들이 그런 문제의 해결 방법을 미리 배울 수 없다. 경험이 필요하다(Allen, 156).

알렌의 책은 뛰어나다. 그러나 그가 예수님의 몸으로서의 자발적인 교회 성장을 이끌 올바른 '원리들'을 '진정'으로 나눴지만 결국 자발적인 교회 성장을 한 가지 또는 다른 방법으로 제도화해서 끝내는 것 같다. 왜냐하면 그는 제도화된 교회교(churchianity) 출신이기 때문이다. 그러나 우리는 그의 외침을 무시할 수 없다. 동시에 우리는 최소한 인도에서 기독교는 여전히 몇 개의 선교 단체를 포함한 교회교(churchianity)로 존재하고 있다는 것을 인정해야 한다.

우리는 교회와 선교 단체들이 알렌같은 선지자의 목소리를 언제쯤 들을 수 있을지에 대해 궁금해 하면서 깊은 한숨을 쉬어야 한다.

■ 제10장 결론

나는 그루브(Kenneth G. Grubb)가 알렌의 이 책에 대한 자신의 서문에 쓴 다음의 내용이 알렌의 주장의 적절한 결론이 될 것이라고 생각한다. 그의 결론은 알렌의 뛰어난 책에 있는 올바른 견해와 적용이 완전히 무시될 수 있는 여지를 보여준다.

우리는 만장일치로 동의할 수 있다. 선교사가 현지 교회를 통치하는 시대는 사라졌고 더 이상 선교사가 현지 교회를 통치하는 것이 가능하지도 않다. 선교사가 현지 교회를 통치하는 것은 항상 바람직하지 않았다. 자주 그리고 너무 분명하게 서양의 기준과 사고방식에 깊이 영향을 받은 사람들이 교회를 움직이고 있다. 그들은 자기 나라의 교회들이 문화에 적절한 모습이 되는 것에는 관심을 갖지 않고 교회를 좌지우지하고 있다. 이 토론에서 더 많은 것을 나눌 수 있겠지만, 서양의 선교는 아마도 알렌이 인정하는 것보다 더 많이 성령님의 인도하심을 따라 그리고 놀라운 재능을 발휘하며 쉽지 않게 수십 년 간의 사역을 해오고 있다.

이 역사의 무대에서 뚜렷하게 드러나는 사실이 있다. 즉 역사가 무엇인지에 대해서 특별히 신성불가침(거룩하고 성스러워

함부로 침범할 수 없음)적인 것이 아무것도 없고, 무엇이 국가적이거나 현지 문화에 적절한 것인지에 대해서도 특별히 신성불가침적인 것이 아무것도 없다는 것이다.

이에 대해 당연하고 아주 적절한 이유들이 있다. 그 이유들은 신학적인 질서보다 단순하고 실용적이다. 그 이유들을 다음과 같은 질문으로 이해할 수 있다.

왜 교회가 삶, 문화, 그리고 한 나라의 표현의 형식에 깊이 뿌리 박혀야 하는가?

왜 교회가 외부가 아니라 현지 신자들로부터 재정적인 후원을 받아야 하는가?

왜 교회가 신약 성경의 질서를 따르면서 스스로 다스려야 하는가?

물론 교회의 참된 본성은 민족을 초월하고 보편적인 신앙을 추구한다. 동양이든 서양이든 과장된 민족주의에서 비롯된 거만하고 모호한 주장을 꾸짖기 위해 교회의 참된 본성이 존재한다. 교회가 기꺼이 다른 교회들과 협력할 때 칭찬 받아야 한다. 그리고 그런 관계를 맺을 때 국적이 결정적인 요인이 되어서는 안된다(Allen, vii-viii).

현지 교회의 기능에 대한 중요한 요소를 고려할 때 단순하고 실용적인 이유들이 바탕이 돼야한다. 그리고 '신학적인 질서'가 "민족을 초월하고 보편적인 신앙을 추구"(supra-national and ecumenical)하는 신학자에게는 중요할지 몰라도 현지 신자에게는 필요 없다. 왜냐하면 참된 신자에게 민족주의는 중요한 문제이기 때문이다. 교회의 '민족주의 초월'은 아드바이틱 구원(advaitic mukti), 즉 비인격적인 영원한 삶을 약속하는 것과 같다. 민족주의 초월은 인격이 부족한 영혼과 같다.

우리가 지금과 영원을 믿는다면 우리 자신의 인격을 가져야 한다. 인격은 배우고 가르치는 교제에 장애물이 아니라 복이 될 것이다. 현지인들은 교회에서 민족주의를 표출해야 한다. 마치 개인이 인격을 표출하는 것처럼 말이다.

또한 보편주의(ecumenism)가 무엇인가?

보편적인 교회를 세우기 위해 기초 신학의 차이를 덮어 두고 적군의 나라에서 생존하기 위해 함께 진군하는 것인가?

민족주의가 좁은 마음자세라면 '민족주의 초월과 보편주의'(supra-nationalism and ecumenism)는 타협이다. 현지 신자들의 '본능과 사고방식'도 하나님께서 주신 것이므로 문제가 생기면 '신약 성경의 질서,' 즉 성령님의 도우심으로 개혁할 수 있다. 나는 예수님의 몸인 보편적인 교회를 믿음에도 불구하고, 우리가 현실 세계에 살고 있는 한 하나님 나라의 확장을 위해 민족주의가 필요하다고 본다. 그러나 민족주의가 우리의 미래의 고향인 천국에서 우리 관계와 교제에 결정적인 요소가 되지는 않을 것이다.

민족적인 것을 초월하는 보편적인 교회는 "동양이든 서양이든 과장된 민족주의에서 비롯된 거만하고 모호한 주장을 꾸짖"어서는 안된다. 왜냐하면 그런 교회는 현지 교회의 주관적인 필요성을 이해하지 못하기 때문이다. 현지 교회는 자신의 공동체에서 생존하고 예수님의 증인이 되어야 하는 두 가지 어려움에 처해 있다. 이런 상황에서 민족적인 것을 초월하는 보편적인 교회는 아마도 메마르고, 객관적이고, 최고 수준의 신학적인 통찰력을 줄 수 있을지 몰라도 생존해야 하는 현지 신자에게 도움을 주지는 못한다.

교회의 참된 본성은 민족적인 것과 보편적인 것을 초월한다. 동양이든 서양이든 과장된 민족주의에서 오는 지나친 믿음의 모호한 주장을 꾸짖기 위해 교회의 참된 본성이 존재한다. 교회가 기꺼이 다른 교회들과 상호 도움의 관계를 가질 때 칭찬 받아야 한다. 그리고 그런 관계를 맺을 때 국적이 결정적인 요인이 되어서는 안 된다.

예를 들면, 어떤 사람은 다음과 같이 제대로 말했다.

"인도 교회는 진정한 인도 기독교 신학(a true Indian Christian theology)에 기여하지 않고서 결코 신학에 대한 결론을 쓸 수 없다."

그것이 사실이라면 민족주의(좁은 사고방식을 의미하는 것이 아님)에 상관없이 어떤 진정한 인도 기독교 신학도 나타날 수 없다. 그래서 내가 민족주의를 제대로 이해하고 소개했다면 민족주의는 또한 우리가 다른 교회와 상호 도움의 관계를 가지기 위해 사용해야 하는 하나님의 복이자 선물이다.

"서양의 선교는 아마도 알렌이 인정하는 것보다 더 많이 성령님의 인도하심을 따라 그리고 놀라운 재능을 발휘하며 쉽지 않게 수십 년 간의 사역을 해오고 있다"에 대한 마지막 말을 생각해 보자. 아무도 지난 세기에 하나님 나라의 확장에 기여한 서양의 역할을 과소평가할 수 없지만, 그들이 정말 "놀라운 재능"으로 선교를 해오고 있는지 의심하지 않을 수 없다. 그리고 또한 성령 하나님의 인도로 해오고 있는지도 모르겠다. 오히려 그들의 놀라운 재능은 우리가 현대에 하나님 나라의 확장을 위해 피해야 하는 실수들이다. 우리의 일은 수단뿐 아니라 결과로도 판단된다.

그루브가 가장 적절하게 인정한 사례는 "자주 그리고 너무 분명하게 서양의 기준과 사고방식에 깊이 영향을 받은 사람들이 교회를 움직이고 있다. 그들은 자기 나라의 교회들이 문화에 적절한 모습이 되는 것에는 관심을 갖지 않고 교회를 좌지우지하고 있다"이다. 가장 좋지 않은 부분은, 서양 선교 단체들과 교회들이 서양화된 현지 신자들과 지도자들을 배출해오고 있다는 것뿐 아니라 그들이 현지 신자들에게 영향을 끼쳐 오늘날에도 현지 신자들이 똑같은 실수를 하고 똑같은 방식을 만들고 있다는 것이다.

최소한 인도에서 현재의 교회들과 선교 단체들을 관찰하면서 우리는 알렌의 말에 귀 기울여야 한다. 우리는 그루브의 말대로 "확실한 피난처에 숨기보다" 자발적인 교회 확장을 막는 제도에 반대하기 위해 일어서야 한다. 그루브를 인용해서 말하자면, 오늘날 "성경과 문화에 적절하게 사역하는 현지 선교 단체"가 자발적인 교회 확장을 위해 아주 큰 가능성을 갖고 있다고 보기 때문에 나는 일어서라고 말을 하는 것이다. 현지 선교 단체들이 알렌의 원리를 적용한다면 알렌의 예측보다 더 크게 성공할 가능성이 있다.

어떤 선지자도 사람들에게서 존경 받거나 이해받지 못한다. 사람들은 선지자의 말을 무시하면서 선지자를 묻을 무덤을 판다. 알렌의 책과 그루브의 서문은 '선지자들의 무덤'에 묻히게 될지도 모른다. 우리의 인도 크리스천들이 자신들의 선조들만큼 관심을 기울이지 않고 있기 때문이다.

성경에 토대를 두고 인도 문화에 '적절하게' 복음을 전하고 있는 인도 선교 단체가 더 큰 반응을 보이며 적극적으로 일어날 것인가?

인도의 눈으로 본 예수
Living Water and Indian Bowl

2017년 02월 20일 초판 발행

지 은 이 | 다야난드 바라띠
옮 긴 이 | 이계절

편   집 | 변길용, 곽진수
디 자 인 | 박희경, 이보람
펴 낸 곳 | 밀알서원
등   록 | 제21-44호(1988. 8. 12)
주   소 | 서울시 서초구 방배로 68
전   화 | 02) 586-8761~3(본사) 031) 942-8761(영업부)
팩   스 | 02) 523-0131(본사) 031) 942-8763(영업부)
홈페이지 | www.clcbook.com
이 메 일 | wbbkor@gmail.com
온 라 인 | 기업은행 073-085404-01-017
           예금주: 박영호(밀알서원)

ISBN 978-89-7135-071-3 (93230)

* 낙장·파본은 교환해 드립니다.

총 판 처 | 사) 기독교문서선교회

이 도서의 국립중앙도서관 출판시 도서목록(CIP)은 서지정보유통지원시스템 홈페이지(http://seoji.nl.go.kr)와
국가자료공동목록시스템(http://www.nl.go.kr/kolisnet)에서 이용하실 수 있습니다.
(CIP제어번호: CIP2017001336)